【权威解读】

中华人民共和国
科学技术进步法
释义

主编
李学勇　王志刚　张勇

中国法制出版社
CHINA LEGAL PUBLISHING HOUSE

本书编委会

前　言

2021 年 12 月 24 日，科学技术进步法经十三届全国人大常委会第三十二次会议修订通过，同日，国家主席习近平签署第一〇三号主席令予以公布，于 2022 年 1 月 1 日起施行。修订科学技术进步法，是贯彻落实习近平总书记关于科技创新系列重要论述和党中央有关重大决策部署的重要举措，是全面建设社会主义现代化国家、实现中华民族伟大复兴的客观需要，是应对世界百年变局、加快实现高水平科技自立自强的迫切要求，是完善中国特色社会主义法治体系、推进科技创新治理体系和治理能力现代化的有力支撑。新修订的科学技术进步法，为全面促进科学技术进步，发挥科学技术第一生产力、创新第一动力、人才第一资源的作用，促进科技成果向现实生产力转化，推动科技创新支撑和引领经济社会发展，全面建设社会主义现代化国家提供了更加完善有力的法治保障。

为配合新修订科学技术进步法的学习和宣传工作，帮助广大读者准确理解立法原意和法律规定，推动法律顺利实施，全国人大教育科学文化卫生委员会、全国人大常委会法制工作委员会和科学技术部组织参与立法工作的有关同志编写了《中华人民共和国科学技术进步法释义》，供大家学习参考。本书力求简明扼要、通俗易懂，准确反映这部法律的立法原意，但由于时间和水平有限，不妥和疏漏之处在所难免，敬请广大读者批评指正。

编　者

二〇二二年七月

前 言

科学技术进步法修订情况介绍

2021年12月24日，科学技术进步法经十三届全国人大常委会第三十二次会议修订通过，同日，国家主席习近平签署第一〇三号主席令予以公布，自2022年1月1日起施行。科学技术进步法是我国科技领域具有基本法性质的法律，这次修订为促进实现高质量发展和高水平科技自立自强，加快建设创新型国家和世界科技强国提供了更加完善的法治保障。

一、科学技术进步法修订的必要性和重要意义

随着经济社会发展和科教兴国战略、人才强国战略、创新驱动发展战略的深入实施，我国科技领域取得历史性成就。在新发展阶段，我国科技事业发展也面临新的形势、任务和要求，迫切需要通过修改完善科学技术进步法，深入总结发展经验成果，破解发展制度瓶颈难题，依法保障科学技术进步再上新台阶。

（一）修订科学技术进步法，是贯彻落实习近平总书记关于科技创新重要论述和党中央有关决策部署的重要举措。党的十八大以来，习近平总书记站在国家富强、民族复兴的战略高度对科技创新提出系列新思想新论断，对加快科技创新提出新期待高要求，为科学技术进步法修改指明了方向。党中央深入研判国内外发展形势，分析国际科技创新竞争态势，把科技创新摆在国家发展全局的核心位置，全面谋划科技创新工作，作出系列重大决策

和前瞻部署。贯彻落实习近平总书记关于科技创新系列重要论述和党中央有关重大决策部署，需要修订科学技术进步法，把科技创新既定方针和决策部署转化为国家意志，发挥法律的规范、引导和保障作用，确保科技领域重大改革创新举措贯彻执行。

（二）修订科学技术进步法，是全面建设社会主义现代化国家，实现中华民族伟大复兴的客观需要。科技创新是国家繁荣富强的立身之本，决定着世界各国力量对比的变化，也决定着民族的前途命运。习近平总书记指出，我们比历史上任何时期都更加接近实现中华民族伟大复兴的宏伟目标。实现这个目标必须坚定不移贯彻科教兴国战略和创新驱动发展战略，坚定不移走科技强国之路。当前，正值全国各族人民在党的坚强领导下如期完成第一个百年奋斗目标，开启全面建设社会主义现代化国家新征程、向第二个百年奋斗目标进军的历史交汇期，需要进一步完善科技创新法治保障，为全面建设社会主义现代化国家提供战略支撑，为顺利实现中华民族伟大复兴奠定坚实基础。

（三）修订科学技术进步法，是应对世界百年变局，加快实现高水平科技自立自强的迫切要求。新一轮科技革命和产业革命突飞猛进，科技创新成为国际战略博弈主要战场，围绕科技制高点的竞争空前激烈。面对错综复杂的国际环境，党中央牢牢把握世界发展大势，统筹规划科技事业目标方向，明确提出把科技自立自强作为国家发展的战略支撑，要求加快科技创新，突破关键核心技术，推动实现高质量发展，建设创新型国家和世界科技强国。因此，有必要修订科学技术进步法，健全科技创新保障措施，完善国家创新体系，着力破除自主创新障碍因素，为走中国特色自主创新道路，促进实现高水平科技自立自强提供法治保障。

（四）修订科学技术进步法，是完善中国特色社会主义法治体系，推进科技创新治理体系和治理能力现代化的有力支撑。科学技术进步法作为我国科技领域具有基本法性质的法律，对促进科技事业长足进步、推动科技为经济社会发展服务发挥了重要作用。随着经济社会发展和科技领域改革深入推进，科技事业发展环境发生历史性变革，原科学技术进步法已不能完全适应新时期加快建设创新型国家和世界科技强国步伐的任务需要，亟需加强制度顶层设计，系统整合相关法规政策，充分体现当前我国科技领域重大改革发展成果，反映加快科技创新面临的实际需求。因此，有必要修订科学技术进步法，贯彻落实习近平法治思想，完善科技领域规范体系，建立健全法律框架制度，为推进科技创新治理体系和治理能力现代化提供有力支撑。

二、科学技术进步法修订的指导思想、遵循的原则

这次科学技术进步法修订坚持以习近平新时代中国特色社会主义思想为指导，全面贯彻落实党的十九大和十九届历次全会精神，坚持把科技创新摆在国家发展全局的核心位置，把科技自立自强作为国家发展的战略支撑，聚焦“四个面向”，加快科技创新步伐，完善国家创新体系，深入实施创新驱动发展战略，为建设科技强国提供有力法治保障。

修订过程中，着重把握以下原则：一是坚持以党关于科技的创新理论为引领。把习近平总书记关于科技创新的重要论述贯穿修订工作全过程，全面贯彻党中央有关重大决策部署，强化科技创新核心地位，既是修订工作的重点任务，也是修订工作的首要原则。二是遵循科学规律。把握科技立法特点，遵循科学研究、创新发展、人才成长、成果转化等规律，建立完善激励保障机制。

三是注重系统观念。正确处理好继承与创新、局部与整体、当前与长远之间的关系，既注重完善保障举措，也注重搭建制度框架，提前预留制度接口，为未来实践留足改革创新空间。四是总结经验成果。把科技改革发展中的成果经验和做法上升为法律规范，激发科技创新主体活力，形成支持全面创新的基础制度。五是回应实践需求。坚持问题导向，立足国家紧迫需求和长远规划，抓关键、补短板、强弱项，调整和完善相关法律制度。六是坚持改革开放。在紧密围绕科技自立自强理念，推进完善国家创新体系的同时，注重增进国际科学技术合作交流，协力探索科学前沿，应对人类共同挑战。

三、科学技术进步法修订的工作过程

科学技术进步法修改是列入十三届全国人大常委会立法规划的重要立法项目。2018年11月，全国人大教育科学文化卫生委员会会同科学技术部，双方负责同志担任双组长，与十五个部门和单位组成修法领导小组，并成立起草工作小组，扎实有序推进修法工作。在起草过程中，赴地方、科研院所、高校和企业开展实地调研，多次召开座谈会听取科技界、产业界、有关部门、地方人大和科技工作者的建议。全国人大常委会两次听取审议国务院关于实施创新驱动发展战略和科学技术进步法实施情况专项报告。2021年8月，全国人大教育科学文化卫生委员会提请十三届全国人大常委会第三十次会议对科学技术进步法修订草案进行审议。

修订草案审议过程中，认真学习、深刻领会习近平总书记关于科技创新系列重要指示批示和中央有关文件精神，坚持科学立法、民主立法、依法立法，深入践行全过程人民民主，扎实细致地开展了以下工作：

一是落实委员长会议精神和常委会审议意见。2021 年 8 月，十三届全国人大常委会第三十次会议对修订草案进行初次审议，常委会组成人员高度关注，为完善修订草案建言献策。2021 年 12 月，十三届全国人大常委会第三十二次会议对修订草案进行二次审议时，常委会组成人员进一步提出了修改意见建议。修订草案审议期间，委员长会议对做好科学技术进步法修订工作提出明确要求，指出要为科学技术人员提供更加自由的科研环境等。修订过程中，认真学习贯彻了委员长会议精神，落实常委会组成人员意见建议，并在修改完善草案时充分体现。

二是广泛征求意见建议。初次审议后，我们将草案印发各省（自治区、直辖市）、部分基层立法联系点和中央有关单位等六十多家单位及部分全国人大代表广泛征求意见，并在中国人大网公布草案全文征求社会公众意见，将行之有效的方案措施充实完善到法律条文中，积极回应各方面关切。

三是深入开展立法调研。在起草部门充分调研的基础上，全国人大宪法和法律委员会、全国人大常委会法制工作委员会赴海南、福建、浙江、上海等地进行调研，深入了解当地科学技术进步工作基本情况，广泛听取全国人大代表、政府部门、科研机构、高等学校、科技型企业等的意见建议，研究分析制约科技创新的制度难题。

四是加强部门沟通协调。深入贯彻民主立法要求，发挥人大在立法中的主导作用，注重加强沟通协调，就修订草案主要问题与科学技术部、财政部等部门开展座谈交流，充分听取相关部门意见建议，逐步凝聚共识，对修订草案进行研究完善。

四、科学技术进步法修订的主要内容

这次科学技术进步法修订，修改幅度大、涉及条文多，由原法八章七十五条增加至十二章一百一十七条，除新增设的四章分别对“基础研究”“区域科技创新”“国际科学技术合作”“监督管理”作出规定外，其他章节也作了较多修改，篇章结构更加完善、条文内容更加丰富。总结这次修订的主要内容，包括以下方面：

（一）充实总则内容，明确原则导向。一是完善立法目的，明确立法目标。二是总结科技事业发展根本经验，明确坚持中国共产党对科学技术事业的全面领导。三是规定国家坚持新发展理念，坚持科技创新在国家现代化建设全局中的核心地位，把科技自立自强作为国家发展的战略支撑，实施科教兴国战略、人才强国战略和创新驱动发展战略，走中国特色自主创新道路，建设科技强国。四是强调科学技术进步工作应当面向世界科技前沿、面向经济主战场、面向国家重大需求、面向人民生命健康，为促进经济社会发展、维护国家安全和推动人类可持续发展服务；支撑实现碳达峰碳中和目标，催生新发展动能，实现高质量发展。五是明确国家完善高效、协同、开放的国家创新体系，构建和强化国家战略科技力量。六是围绕保障国家科技安全作出规定，提出统筹发展和安全，提高科技安全治理能力，支持国家安全领域科技创新。七是指出要超前部署重大基础研究、有重大产业应用前景的前沿技术研究和社会公益性技术研究；加强原始创新和关键核心技术攻关，加快实现高水平科技自立自强。八是明确要为科学技术人员提供宽松的科研环境，保护科学技术人员自由探索等合法权益。九是规定注重发挥高等学校在科学技术研究中的重要作用。十是强调科学技术人员应当受到全社会的尊重，国家坚持人才引领发展的战略地位，深化人才发展体制机制改革，充分发挥人才第一资源作用。十一是规定加强科学技术普及基础设施和能力建设，建立健全科学技术普及激励机制。十二是规定科学技术评价应当坚持公开、公平、公正的原则，明确以科技创新质量、贡献、绩效为导向。十三是规定制定中长期科学和技术发展规划、科技创新规划，确定国家科学技术重大项目、与科学技术密切相关的重大项目。十四是增设每年5月30日为全国科技工作者日，并规定国家建立和完善科学技术奖励制度，设立国家最高科学技术奖等奖项。

（二）增设专章规定基础研究，提升原始创新能力。该章对基础研究基本制度作出全面规定，包括以下内容：一是明确国家加强基础研究能力建设，为基础研究发展提供良好物质条件和有力制度保障。二是规定国家财政建立稳定支持基础研究的投入机制，地方合理确定基础研究财政投入，引导企业加大投入等。三是规定国家设立自然科学基金，资助基础研究，支持人才培养和团队建设。四是规定国家完善学科布局和知识体系建设，推进学科交叉融合，促进基础研究与应用研究协调发展。五是规定国家加大基础研究人才培养力度，建立与基础研究相适应的资源配置机制、评价体系和激励机制。六是规定国家强化基础研究基地建设，完善基础条件建设，支持高等学校加强基础学科建设和基础研究人才培养。

（三）加强应用研究，推动科研成果转化。一是明确国家鼓励以应用研究带动基础研究，促进基础研究与应用研究、成果转化融通发展的导向，通过完善共性基础技术供给体系，促进创新链产业链深度融合，保障产业链供应链安全。二是规定建立完善科研攻关协调机制，加强重点领域项目、人才、基地、资金一体化配置，推动产学研紧密合作和关键核心技术自主可控。三是规定完善关键核心技术攻关举国体制，组织实施体现国家战略需求的科学技术重大任务，系统布局具有前瞻性、战略性的科学技术重大项目，超前部署关键核心技术研发。四是规定加强面向产业发展需求的共性技术平台和科学技术研究开发机构建设。五是规定加强科技成果中试、工程化和产业化开发及应用，加快科技成果转化；利用财政性资金设立的科学技术研究开发机构和高等学校，应当积极促进科技成果转化，加强技术转移机构和人才队伍建设，建立和完善促进科技成果转化制度。六是规定鼓励相关单位健全合作机制，推进研究开发与科技成果转化，提高科技成果转移转化成效。七是对利用财政性资金设立的科学技术计划项目所形成的科技成果转化作出规定。八是明确国家实行以增加知识价值为导向的分配政策，按照国家有关规定推进知识产权归属和权益分配机制改革，探索赋予科学技术人员职务科技成果所有权或者长期使用权制度。九是规定鼓励新技术应用，按照包容审慎原则，推动开展新技术、新产品、新服务、新模式应用试验。十是规定国家培育和发展技术市场，鼓励创办相关中介服务机构，引导建立技术交易服务体系和创新创业服务体系。

（四）加强保障制度举措，激发企业创新活力。一是明确支持企业牵头国家科技攻关任务，发挥企业在技术创新中的主体作用，培育具有影响力和竞争力的科技领军企业。二是规定国家加强引导和政策扶持，多渠道拓宽创业投资资金来源。三是增加规定对科技型中小企业、投资初创科技型企业的创业投资企业施行税收优惠。四是要求国有企业建立健全有利于技术创新的研究开发投入制度、分配制度和考核评价制度，完善激励约束机制。

（五）强化研发机构建设，建立健全管理制度。一是增加规定国家在事关国家安全和经济社会发展全局的重大科技创新领域建设国家实验室，建立健全以国家实验室为引领、全国重点实验室为支撑的实验室体系，完善稳定支持机制。二是要求利用财政性资金设立的科学技术研究开发机构，坚持以国家战略需求为导向，提供公共科技供给和应急科技支撑。三是规定完善科学技术研究开发机构享有的绩效考核及薪酬分配、职称评审、科技成果转化及收益分配、岗位设置，以及开展科学技术研究开发、技术咨询、技术服务活动等权利保障内容。四是要求科学技术研究开发机构健全章程，并按照章程开展相关活动，加强科研作风学风、科研诚信、科技伦理等方面的管理。五是规定完善利用财政性资金设立的科学技术研究开发机构的评估制度。六是鼓励社会力量设立的科学技术研究开发机构在合理范围内实行科学技术资源开放共享。七是规定支持发展新型研究开发机构等新型创新主体，完善发展模式。

（六）注重创新人才教育培养，激发科研人员创新创造活力。一是强调从社会环境、制度环境和生活环境上为科学技术人员潜心科研创造良好条件，采取措施提高科学技术人员的社会地位。二是明确禁止以任何方式和手段不公正对待科学技术人员及其科技成果。三是规定加快战略人才力量建设，优化科学技术人才队伍结构，完善战略科学家、科技领军人才等创新人才和团队的培养和建设。四是强调完善创新人才教育培养机制，加强技术技能人才培养，加强完善战略性科学技术人才储备等。五是规定利用财政性资金设立的科学技术研究开发机构和高等学校的科学技术人员，在履行岗位职责、完成本职工作、不发生利益冲突的前提下，经所在单位同意，可以从事兼职工作获得合法收入。技术开发、技术咨询、技术服务等活动的奖酬金提取，按照科技成果转化有关规定执行。六是鼓励科学技术研究开发机构、高等学校、企业等采取股权、期权、分红等方式激励科学技术人员。七是实行科学技术人员分类评价制度，对从事不同科学技术活动的人员实行不同的评价标准和方式，激发科学技术人员创新活力。八是要求有关部门和单位完善科学技术人员管理制度，增强服务意识和保障能力，保障科研时间。九是鼓励、支持青年、老年和女性科学技术人员在科学技术进步中发挥积极作用。十是规定营造鼓励创新、宽容失败的良好氛围。此外，要求科学技术人员信守工作承诺，履行岗位责任，完成职务或者职称相应工作；弘扬科学家精神，坚守工匠精神，遵守学术和伦理规范，恪守职业道德，诚实守信。

（七）增设专章规定区域科技创新，优化区域创新布局。一是规定统筹科学技术资源区域空间布局，推动中央科学技术资源与地方发展需求紧密衔接。二是要求地方政府支持科学技术研究和应用，为促进科技成果转化创造条件，为推动区域创新发展提供良好创新环境。三是要求地方制定科学技术规划，体现产业发展需求，确定科学技术计划项目，鼓励企业平等竞争和参与实施。四是对建立科技园区作出规定，发挥集聚和示范带动效应。五是鼓励、支持有条件的地方建设重大科技创新基地平台、科技创新中心和综合性科学中心，发挥辐射带动作用等。六是建立区域科技创新合作机制和协同互助机制，鼓励地方开展跨区域创新合作，促进各类创新要素合理流动和高效集聚。七是规定国家重大战略区域可以依托区域创新平台，构建利益分享机制，促进人才、技术、资金等要素自由流动，推动科学仪器设备、科技基础设施、科学工程和科技信息资源等开放共享，提高科技成果区域转化效率。八是鼓励地方积极探索区域科技创新模式，尊重区域科技创新集聚规律，因地制宜选择具有区域特色的科技创新发展路径。

（八）增设专章规定国际科学技术合作，加强对外开放交流。一是明确国家促进开放包容、互惠共享的国际科学技术合作与交流，支撑构建人类命运共同体。二是鼓励各类创新主体开展国际科学技术合作与交流。三是鼓励建设国际科技创新合作平台，参与和发起国际科学技术组织，增进国际科学技术合作与交流。四是支持国内外优秀科学技术人才合作研发，积极参与和发起组织实施国际大科学计划和大科学工程。五是完善国际科学技术研究合作中的知识产权保护与科技伦理、安全审查机制。六是鼓励在华外资企业、外籍科学技术人员等承担和参与科学技术计划项目，完善境外科学技术人员参与国家科学技术计划项目的机制。七是规定完善社会服务和保障措施，鼓励在国外工作的科学技术人员回国，吸引外籍科学技术人员到中国从事科学技术研究开发工作，要求相关单位为境外科学技术人员提供工作和生活上的便利。

（九）强化完善保障措施，营造良好创新环境。一是扩大、完善财政性科学技术资金投入事项范围。二是规定设立国家科学技术计划，建立科学技术计划协调机制和绩效评估制度，加强专业化管理。三是规定国家设立基金，资助中小企业开展技术创新，推动科技成果转化与应用；在必要时可以设立支持基础研究、社会公益性技术研究、国际联合研究等方面的其他非营利性基金，资助科学技术进步活动。四是完善科技活动的税收优惠范围。五是规定加大对境内科技创新产品、服务的支持力度，在功能、质量等指标能够满足政府采购需求的条件下，首次投放市场的，政府采购应当率先购买，增加规定不得以商业业绩为由予以限制。六是规定国家加强学术期刊建设，完善科研论文和科学技术信息交流机制。七是规定利用财政性资金设立的科学技术研究开发机构、高等学校和企业，在推进科技管理改革、开展科学技术研究开发、实施科技成果转化活动过程中，相关负责人锐意创新探索，出现决策失误、偏差，但尽到合理注意义务和监督管理职责，未牟取非法利益的，免除其决策责任。

（十）增设专章集中规定监督管理，保障科技事业长足进步。一是规定加强科技法治化建设和科研作风学风建设，建立和完善科研诚信制度和科技监督体系，健全科技伦理治理体制。二是规定改革完善重大科学技术决策咨询制度，扩大公众参与度等。三是规定加强财政性科学技术资金绩效管理，提高资金配置效率和使用效益，加强对利用财政性资金设立的科学技术计划实施情况的监督。四是规定建立科学技术计划项目分类管理机制，强化对项目实效的考核评价。五是规定建立科技伦理委员会，完善科技伦理制度规范，加强科技伦理教育和研究，相关单位应当履行科技伦理管理主体责任。六是规定加强科研诚信建设，建立科学技术项目诚信档案及科研诚信管理信息系统。七是规定建立健全科学技术统计调查制度、国家创新调查制度和科技报告制度。八是要求加强科学技术保密能力建设。九是规定对严重违反科学技术活动管理规范的组织和个人，由科学技术行政等有关部门记入科研诚信严重失信行为数据库。

此外，还对科技领域相关违法行为的法律责任作了较多修改，进一步完善惩罚措施，加大对违法行为的处罚力度。

目　录

第一章　总则

第 一 条　【立法目的与依据】 …… 1
第 二 条　【指导思想和战略目标】 …… 6
第 三 条　【发展方向和定位】 …… 12
第 四 条　【国家创新体系和战略科技力量】 …… 17
第 五 条　【保障国家科技安全】 …… 22
第 六 条　【促进科技协同创新】 …… 25
第 七 条　【国家推动科学技术活动的原则和重点】 …… 29
第 八 条　【保障科学技术研究开发自由及合法权益】 …… 33
第 九 条　【科学精神和创新精神培养】 …… 36
第 十 条　【科技人才】 …… 40
第十一条　【科技创新的社会环境与科学风尚】 …… 43
第十二条　【科学技术普及】 …… 46
第十三条　【知识产权战略与知识产权意识】 …… 49
第十四条　【科学技术评价制度】 …… 53
第十五条　【国务院和地方各级政府科学技术进步工作职能】 …… 58
第十六条　【科学技术行政部门以及其他有关部门科学技术进步工作职能】 …… 61
第十七条　【科学技术进步工作协调机制】 …… 63

第 十 八 条 【全国科技工作者日和科技奖励】 …………66

第二章 基础研究

第 十 九 条 【国家对基础研究的支持】 …………70
第 二 十 条 【基础研究投入】 …………75
第二十一条 【自然科学基金】 …………80
第二十二条 【学科布局和知识体系建设】 …………84
第二十三条 【基础研究人才培养】 …………88
第二十四条 【基础研究基地建设和基础条件建设】 ……92
第二十五条 【高等学校开展基础研究】 …………96

第三章 应用研究与成果转化

第二十六条 【统筹推进基础研究、应用研究与成果转化】 …………101
第二十七条 【科研攻关协调机制】 …………105
第二十八条 【关键核心技术攻关举国体制】 …………107
第二十九条 【共性技术研究】 …………110
第 三 十 条 【促进科技成果转化】 …………112
第三十一条 【研究开发平台、技术创新联盟、创新联合体等】 …………115
第三十二条 【利用财政性资金设立的科学技术计划项目所形成知识产权的归属、实施】 …118
第三十三条 【以知识价值为导向的分配政策】 ………125
第三十四条 【利用财政性资金设立的科学技术计划项目成果的境内使用和境外转化】 ……128
第三十五条 【鼓励新技术应用】 …………131

第三十六条 【农业科学技术进步】 …………………… 133
第三十七条 【技术标准】 ………………………………… 138
第三十八条 【技术市场与技术交易】 …………………… 141

第四章 企业科技创新

第三十九条 【企业创新主体地位】 ……………………… 147
第 四 十 条 【鼓励企业开展科技创新活动】 ………… 152
第四十一条 【企业技术创新方式】 ……………………… 156
第四十二条 【资本市场】 ………………………………… 160
第四十三条 【企业税收优惠】 …………………………… 164
第四十四条 【公共研究开发平台和中介服务机构】 … 169
第四十五条 【企业知识产权】 …………………………… 173
第四十六条 【国有企业科技创新】 ……………………… 175
第四十七条 【创造公平竞争市场环境】 ……………… 178

第五章 科学技术研究开发机构

第四十八条 【科学技术研究开发体系】 ……………… 182
第四十九条 【科学技术研究开发机构的设立】 ……… 187
第 五 十 条 【科学技术研究开发机构的权利】 ……… 191
第五十一条 【科学技术研究开发机构的义务】 ……… 196
第五十二条 【建立现代管理制度】 ……………………… 199
第五十三条 【评估制度】 ………………………………… 202
第五十四条 【机构开放共享】 …………………………… 204
第五十五条 【社会力量创办科学技术研究开发
机构】 ………………………………… 207
第五十六条 【新型创新主体】 …………………………… 211

第六章 科学技术人员

第五十七条 【国家支持人才发展】 …………………… 216
第五十八条 【战略人才力量建设】 …………………… 221
第五十九条 【创新人才教育培养】 …………………… 225
第 六 十 条 【收入分配激励】 ……………………… 228
第六十一条 【人员流动】 ………………………… 235
第六十二条 【人员工作权利和义务】 ………………… 239
第六十三条 【人员分类评价】 ……………………… 243
第六十四条 【减轻事务性负担】 …………………… 246
第六十五条 【特定人员补贴和保障】 ………………… 249
第六十六条 【青年、少数民族、女性和老年科技人员】 ……………………………… 254
第六十七条 【科学家精神和职业道德】 ……………… 258
第六十八条 【自由探索】 ………………………… 262
第六十九条 【科研诚信记录】 ……………………… 265
第 七 十 条 【科学技术团体】 ……………………… 267

第七章 区域科技创新

第七十一条 【中央对地方科技创新的支持】 ………… 271
第七十二条 【地方政府职责】 ……………………… 273
第七十三条 【地方科学技术计划】 …………………… 275
第七十四条 【科技园区】 ………………………… 279
第七十五条 【区域科技创新高地】 …………………… 281
第七十六条 【区域创新合作】 ……………………… 285
第七十七条 【国家重大战略区域】 …………………… 288
第七十八条 【区域科技创新路径】 …………………… 290

第八章 国际科学技术合作

第七十九条 【支撑构建人类命运共同体】…………… 293
第 八 十 条 【共同推动国际科学技术合作与交流】… 295
第八十一条 【国际合作平台与组织】……………… 298
第八十二条 【国际大科学计划和大科学工程】……… 300
第八十三条 【科技计划开放】…………………… 304
第八十四条 【鼓励境外科学技术人员来华工作】…… 307

第九章 保障措施

第八十五条 【全社会科技投入持续稳定增长】……… 311
第八十六条 【提高科学技术经费投入水平】………… 313
第八十七条 【财政性科学技术资金投入方向】……… 317
第八十八条 【国家科学技术计划的设立和管理】…… 322
第八十九条 【科学技术基金】…………………… 326
第 九 十 条 【科技活动税收优惠】……………… 328
第九十一条 【政府采购支持科技创新】…………… 334
第九十二条 【科技金融】……………………… 337
第九十三条 【科学技术研究实验基地和科学技术实验服务】……………………… 340
第九十四条 【大型科学仪器、设备购置】………… 343
第九十五条 【学术期刊与开放科学】…………… 345
第九十六条 【科技捐赠】……………………… 347
第九十七条 【科学技术决策尽职免责】…………… 349

第十章　监督管理

第九十八条　【科技法治化建设和科研作风学风建设】 …………………… 352
第九十九条　【科技决策和科技决策咨询制度】 …… 355
第一百条　【财政性科技资金使用监督管理】 …… 359
第一百零一条　【国家科技计划项目管理】 ………… 363
第一百零二条　【科技资源建设与使用】 …………… 369
第一百零三条　【科技伦理管理】 ………………… 371
第一百零四条　【科研诚信管理】 ………………… 376
第一百零五条　【科技统计调查、创新调查和科技报告】 ……………………… 380
第一百零六条　【科技保密和出境管理】 …………… 383
第一百零七条　【禁止开展的科技活动和科技活动管理规范】 ……………………… 389

第十一章　法律责任

第一百零八条　【公职人员滥用职权、玩忽职守、徇私舞弊行为的法律责任】 ………… 394
第一百零九条　【非法妨碍科学技术研究开发活动和打压科学技术人员的法律责任】 …… 397
第一百一十条　【财政性资金和社会捐赠资金违法行为的法律责任】 ……………… 401
第一百一十一条　【不履行科学技术资源共享使用义务的法律责任】 ……………… 404
第一百一十二条　【从事禁止开展的科学技术活动以及科研造假欺骗行为的法律责任】 …… 407

第一百一十三条 【违反科学技术活动管理规范的法律责任】 …… 411

第一百一十四条 【骗取、协助他人骗取国家科学技术奖励的法律责任】 …… 414

第一百一十五条 【法律责任的兜底性和衔接性规定】 … 416

第十二章 附则

第一百一十六条 【关于国防科学技术进步事项的特殊规定】 …… 421

第一百一十七条 【施行日期】 …… 422

附 录

中华人民共和国主席令（第一〇三号） …… 424

（2021 年 12 月 24 日）

中华人民共和国科学技术进步法 …… 425

（2021 年 12 月 24 日）

关于《中华人民共和国科学技术进步法（修订草案）》的说明 …… 451

（2021 年 8 月 17 日）

全国人民代表大会宪法和法律委员会关于《中华人民共和国科学技术进步法（修订草案）》审议结果的报告 …… 458

（2021 年 12 月 20 日）

全国人民代表大会宪法和法律委员会关于《中华人民共和国科学技术进步法（修订草案二次审议稿）》修改意见的报告 …… 463

（2021 年 12 月 24 日）

中华人民共和国科学技术进步法释义

第一章 总 则

第一条 为了全面促进科学技术进步，发挥科学技术第一生产力、创新第一动力、人才第一资源的作用，促进科技成果向现实生产力转化，推动科技创新支撑和引领经济社会发展，全面建设社会主义现代化国家，根据宪法，制定本法。

◆ 条文主旨

本条是关于立法目的和依据的规定。

◆ 修改提示

本条是对原法第一条的修改。与原法条相比，一是增加规定发挥“创新第一动力、人才第一资源”的作用；二是将原法“推动科学技术为经济建设和社会发展服务”修改为“推动科技创新支撑和引领经济社会发展，全面建设社会主义现代化国家”。修改的主要原因是“创新第一动力、人才第一资源”已成为党和国家对新时期科学技术进步的战略要求，新时期科技创新对经济社会发展发挥着重要的支撑引领作用，也是贯彻党的十九大报告描绘的开启全面建设社会主义现代化国家新征程的要求。

◆ 条文释义

一、科学技术进步的含义和范围

"科学"通常指人类关于自然、社会思维等客观事物和现象的知识体系，以概念和逻辑的形式反映事物和现象的本质和规律。"技术"一般是指基于科学研究成果所提供的理论与方法，人类在控制自然力、转化自然界的物质和能量、改善生态环境过程中积累起来的实践经验而发展的各种工艺方法、操作技能、程序方法、生产的物质和信息手段，以及作为劳动对象的产品效能的综合。随着现代科学技术的发展，两者之间关系越来越密切，转化速度加快，甚至出现相互交错的模糊地带。"科学技术"简称为"科技"。

本法所称的"科学技术进步"主要是指人们从事科学技术的研究开发和创新的活动以及运用科学技术成果促进经济、社会发展的活动。科学技术进步包括科学和技术的进步以及创新活动。科学进步是随着科研范式转变、科研工具改进、认识水平提高等，对科学规律和客观世界的认识水平和能力的提升。技术进步是不断采用新技术、新工艺、新设备、新材料，用先进的科学技术改造原有的生产技术和生产手段，设计和制造生产效率更高的新工具和新产品。创新是一种经济活动，强调对生产要素的新组合，即把从来没有过的生产要素和生产条件的新组合引入生产体系，从而形成新的生产能力，以获取收益。

从总体上看，科学技术进步不仅体现为科学技术本身的发展和完善，也体现为科技、经济、社会的协调发展和进步。本法既强调科学技术研究开发活动，又强调促进科学技术与经济社会发展紧密融合，以及科学技术成果的经济和社会应用，涵盖了创新的主要内容。科学技术进步涉及的领域非常广泛，如从事自然科学和相关科学的研究活动，从事技术开发、技术改进、技术创新的活动，依法从事科学技术成果的应用和推广的活动，运用科学技术成果进行科学决策和科学管理的活动等。科学技术进步不仅能创造巨大的社会物质财富，而且能在优化经济社会结构、弘扬科学和科学家精神、促进精神文明建设方面发挥巨大作用。

二、科学技术第一生产力、创新第一动力、人才第一资源

马克思明确阐述了科学技术是生产力的观点。马克思在《资本论》中指出："劳动生产力是由多种情况决定的，其中包括：工人的平均熟练程度，科学的发展水平和它在工艺上应用的程度，生产过程的社会结合，生产资料的规模和效能，以及自然条件。""生产力的这种发展，归根到底总是来源于发挥着作用的劳动的社会性质，来源于社会内部的分工，来源于智力劳动特别是自然科学的发展。"现代科学技术是社会生产力中最活跃的和决定性的因素。基于对科学技术在现代经济社会发展中重要作用的认识，邓小平提出了"科学技术是第一生产力"的论断。1978 年，邓小平在全国科学技术大会开幕式上的讲话中强调指出："科学技术是生产力，这是马克思主义历来的观点。"1988 年，邓小平进一步指出："马克思讲过科学技术是生产力，这是非常正确的，现在看来这样说可能不够，恐怕是第一生产力。"1989 年，邓小平再一次强调，"科学技术是第一生产力"。"科学技术是第一生产力"的论断肯定了科学技术在当代社会、经济发展中的重要地位，明确了科学技术在推动经济建设和社会发展中的作用。

党的十八大以来，习近平总书记提出了"创新是引领发展的第一动力”“创新驱动实质上是人才驱动”“以全球视野谋划和推动创新”等一系列新思想、新论述。党的十九大报告指出，创新是引领发展的第一动力，是建设现代化经济体系的战略支撑。“创新是引领发展的第一动力”这一重要论断是习近平总书记提出的新时期科技创新必须坚持的重要发展理念，是“科学技术是第一生产力”的创造性发展，体现了科技在国家发展全局中的核心地位，突出了科技创新与经济社会发展之间的重要关系，是综合分析国内外大势、立足我国发展全局作出的重大战略抉择。依靠科技创新打造先发优势、从要素驱动转向创新驱动、提高发展质量和效益，是我国发展的重大系统性变革和必然选择。

人才是指具有一定的专业知识或专门技能，进行创造性劳动并对社会做出贡献的人，是支撑发展的第一资源，科学技术进步归根结底要靠人才驱动。中国特色社会主义进入新时代，人才资源作为经济社会发展第一资源的特征和作用更加明显。习近平总书记在2021年中央人才工作会议上指出：“当前，我国进入了全面建设社会主义现代化国家、向第二个百年奋斗目标进军的新征程，我们比历史上任何时期都更加接近实现中华民族伟大复兴的宏伟目标，也比历史上任何时期都更加渴求人才。”人才是衡量一个国家综合国力的重要指标，综合国力竞争说到底是人才竞争。科学技术进步和高质量发展必须充分发挥人才第一资源的作用，调动人才的积极性和创造性。

实现中华民族伟大复兴的中国梦，比以往任何时候都更加需要强大的科技创新力量。要坚持把科技作为第一生产力、创新作为第一动力、人才作为第一资源，加快形成以科技创新为主要引领和支撑的经济体系和发展模式，加快我国经济发展动力从要素和投资驱动为主向创新驱动为主的战略转换。

三、促进科技成果向现实生产力转化

根据2015年修正的《中华人民共和国促进科技成果转化法》，科技成果是指通过科学研究与技术开发所产生的具有实用价值的成果。科技成果转化是指为提高生产力水平而对科学研究与技术开发所产生的具有实用价值的科技成果所进行的后续试验、开发、应用、推广直至形成新产品、新工艺、新材料，发展新产业等活动。科技成果转化作为科技创新的重要环节，是科学技术转化为生产力、促进经济和社会发展的过程。只有通过科技与经济的紧密结合，才能使科学技术成为经济增长的源泉和动力，提供新的技术、产品和工艺，改进现有技术、产品和工艺，也才能真正实现科学技术的经济价值和社会价值。科学技术进步要避免科技与经济社会发展相脱节，形成“两张皮”，要促进科技成果向现实生产力转化，提高科学技术进步对经济社会发展的贡献率。

四、充分发挥科学技术进步对经济社会发展的作用

科学技术通过提高生产力来促进社会的进步。20世纪以来，科学技术迅猛发展，深刻改变了世界的经济和社会面貌。我国面临着从全面建成小康社会到基本实现社会主义现代化，再到全面建成社会主义现代化强国的艰巨任务，处于从富起来向强起来转变的关键时期。历史证明，由大国向强国转变，关键在于科技创新能力的提升。习近平总书记在2016年5月30日全国科技创新大会、中国科学院第十八次院士大会和中国工程院第十三次院士大会、中国科学技术协会第九次全国代表大会上的讲话中指出：“科技是国之利器，国家赖之以强，企业赖之以赢，人民生活赖之以好。”以科技创新支撑引领高质量发展，是破解当前经济社会发展深层次矛盾和问题的必然选择，是加快转变经济发展方式、调整社会结构，提高发展质量和效益的重要途径。

当前，我国已经开启全面建设社会主义现代化国家的新征程。

党的十九届五中全会提出到2035年基本实现社会主义现代化远景目标，坚持创新在我国现代化建设全局中的核心地位，把科技自立自强作为国家发展的战略支撑。因此，应当推动科技创新支撑和引领经济社会发展，全面建设社会主义现代化国家。

五、本法的立法依据

本法根据宪法制定。《中华人民共和国宪法》第二十条规定：“国家发展自然科学和社会科学事业，普及科学和技术知识，奖励科学研究成果和技术发明创造。”第十四条第一款规定：“国家通过提高劳动者的积极性和技术水平，推广先进的科学技术，完善经济管理体制和企业经营管理制度，实行各种形式的社会主义责任制，改进劳动组织，以不断提高劳动生产率和经济效益，发展社会生产力。”第四十七条规定：“中华人民共和国公民有进行科学研究、文学艺术创作和其他文化活动的自由。国家对于从事教育、科学、技术、文学、艺术和其他文化事业的公民的有益于人民的创造性工作，给以鼓励和帮助。”本法根据宪法的原则和精神将科学技术进步工作的基本原则、措施等以法律形式加以规定，有利于科学技术进步工作的法治化。

第二条 坚持中国共产党对科学技术事业的全面领导。

国家坚持新发展理念，坚持科技创新在国家现代化建设全局中的核心地位，把科技自立自强作为国家发展的战略支撑，实施科教兴国战略、人才强国战略和创新驱动发展战略，走中国特色自主创新道路，建设科技强国。

◆ **条文主旨**

本条是关于新时期科学技术事业发展的根本保证、指导思想和战略目标的规定。

◆ **修改提示**

本条是对原法第二条的修改。与原法条相比，一是新增第一款“坚持中国共产党对科学技术事业的全面领导”，明确我国科技事业的根本政治保证；二是删除“实行自主创新、重点跨越、支撑发展、引领未来的”科学技术工作指导方针，增加“坚持新发展理念”等内容，并将“建设创新型国家”改为“建设科技强国”，将其调整为新时代国家科技战略目标。这样修改的主要原因是体现我国科技创新发展的阶段性特征、要求和目标。

◆ **条文释义**

一、坚持党对科技事业的全面领导

坚持党的全面领导是我国科技事业的根本政治保证。中国共产党的领导是中国特色社会主义最本质的特征，必须坚持和加强党对科技事业的全面领导。2021 年 5 月，习近平总书记在中国科学院第二十次院士大会、中国工程院第十五次院士大会、中国科协第十次全国代表大会上的讲话中指出，“在革命、建设、改革各个历史时期，我们党都高度重视科技事业……坚持党对科技事业的全面领导，观大势、谋全局、抓根本，形成高效的组织动员体系和统筹协调的科技资源配置模式”。

历史和实践充分证明，中国共产党的领导是科技事业不断前进的根本政治保证。新中国成立以来，党中央始终牢牢把握我国科技发展正确方向，在每一个关键节点都作出重大战略部署。特别是党的十八大以来，我国科技事业之所以取得历史性成就、发生历史性变革，最根本的就在于以习近平同志为核心的党中央的坚强领导，在于习近平新时代中国特色社会主义思想的科学指引。从党的十八大提出实施创新驱动发展战略，到党的十九大提出创新是引领发展的第一动力，再到党的十九届五中全会提出坚持创新在我国现代化建设全局中的核心地位，以习近平同志为核心的党中央统揽科技事业发展全局，对科技创新的谋划部署一脉相承、与时俱进，建立完善了高效的组织动员体系和统筹协调的科技资源配置模式，把党的领导核心作用充分体现在科技改革发展的方方面面，提供了坚强的政治保证。这是我国科技事业发展的根本经验，必须长期坚持、毫不动摇。

二、坚持新发展理念

习近平总书记指出："理念是行动的先导，一定的发展实践都是由一定的发展理念来引领的。发展理念是否对头，从根本上决定着发展成效乃至成败。"我国发展进入新的历史阶段，我国社会的主要矛盾转化为人民日益增长的美好生活需要和不平衡不充分的发展之间的矛盾，推动高质量发展和建设现代化经济体系对科技创新提出了新要求。习近平总书记在党的十八届五中全会中提出了创新、协调、绿色、开放、共享的新发展理念，创新作为发展理念之首，是对新时代社会主要矛盾转化作出的有力回应，是对广大人民向往美好生活的价值承诺。党的十九大报告将"坚持新发展理念"列入新时代坚持和发展中国特色社会主义的十四条基本方略，这是党和国家事业发展必须长期坚持和全面贯彻的基本方略。

三、坚持科技创新在国家现代化建设全局中的核心地位

科技创新是提高社会生产力和综合国力的战略支撑。2014 年 5 月，习近平总书记在上海考察时强调，"谁牵住了科技创新这个牛鼻子，谁走好了科技创新这步先手棋，谁就能占领先机、赢得优势"。2016 年 5 月，习近平总书记强调指出，"科技创新是核心，抓住了科技创新就抓住了牵动我国发展全局的牛鼻子”。党的十八大提出实施创新驱动发展战略，推动以科技创新为核心的全面创新。党的十九届五中全会强调，坚持创新在国家现代化建设全局中的核心地位，把科技自立自强作为国家发展的战略支撑。当前，我国进入全面建设社会主义现代化国家、向第二个百年奋斗目标进军的新阶段。本法明确了科技创新的历史使命，要落实新发展理念、推动高质量发展、构建新发展格局，坚持科技创新在国家现代化建设全局中的核心地位，充分发挥科技创新在中华民族伟大复兴战略全局中的支撑引领作用。

四、把科技自立自强作为国家发展的战略支撑

我国已转向高质量发展阶段，推动经济质量变革、效率变革、动力变革，迫切需要依靠科技自立自强提高科技供给质量，为现代化经济体系注入强大动力，实现更高水平的内涵型增长。同时，我国以国内大循环为主体、国内国际双循环相互促进的新发展格局加快形成，加快科技自立自强有助于打造更加安全稳定的供应链产业链，释放和创造新的巨大需求，这是塑造发展新优势、构建新发展格局的关键。当前国际科技竞争日趋激烈，科技自立自强是抓住重大战略机遇、应对风险挑战的必然选择。只有以自立自强作为奋斗基点，以科技实力的持续提升支撑引领现代化进程，才能从根本上保障国家安全。2018 年 5 月 28 日，习近平总书记在中国科学院第十九次院士大会、中国工程院第十四次院士大会上的讲话中指出，“实践反复告诉我们，关键核心技术是要不来、买不来、讨不来的。只有把关键核心技术掌握在自己手中，才能从根本上保障国家经济安全、国防安全和其他安全”。

五、实施科教兴国战略、人才强国战略和创新驱动发展战略

科教兴国思想最早由邓小平同志于 1977 年在科学和教育工作

座谈会上提出。“科教兴国”是指全面落实科学技术是第一生产力的思想，坚持教育为本，把科技和教育摆在经济、社会发展的重要位置，把经济建设转移到依靠科技进步和提高劳动者素质的轨道上来。1995年5月6日，中共中央、国务院进一步作出《关于加速科学技术进步的决定》，正式提出科教兴国战略，强调实施科教兴国战略是总结历史经验和根据我国现实作出的重大战略安排。同年召开的全国科学技术大会对实施科教兴国战略进行了系统部署。

人才强国战略是2002年5月由中共中央、国务院印发的《2002—2005年全国人才队伍建设规划纲要》首次提出。2007年，人才强国战略被写入中国共产党章程和党的十七大报告，进入了全面推进阶段。2010年6月，中共中央、国务院印发了我国第一个中长期人才发展规划，即《国家中长期人才发展规划纲要（2010—2020年）》，确立了“服务发展、人才优先、以用为本、创新机制、高端引领、整体开发”的指导方针，并对建设人才队伍、开发人才资源进行了总体部署，强调要以高层次创新型科技人才为重点，建设创新型科技人才队伍。

创新驱动发展战略是党中央提出的一个重大战略。党的十八大强调要坚持走中国特色自主创新道路、实施创新驱动发展战略。2016年5月30日，习近平总书记在全国科技创新大会、两院院士大会、中国科协第九次全国代表大会上，对落实创新驱动发展战略提出了总体要求。2016年5月，中共中央、国务院发布了《国家创新驱动发展战略纲要》，明确把创新驱动发展作为国家的优先战略，提出以科技创新为核心带动全面创新，以体制机制改革激发创新活力，以高效率的创新体系支撑高水平的创新型国家建设，推动经济社会发展动力根本转换，为实现中华民族伟大复兴的中国梦提供强大动力。

六、走中国特色自主创新道路

中国特色自主创新道路是中国特色社会主义道路的重要组成部分。不同国家国情不同，所处发展阶段各异，决定了各国科技创新的模式和路径也不尽相同。中国特色自主创新道路是一条既顺应世界科技发展潮流、遵循科技发展规律，又紧密结合我国国情、符合我国实际的科技创新道路。

坚持走中国特色自主创新道路，是历史经验的科学总结，是面向未来的必然选择。中华人民共和国成立初期，科技事业践行"自力更生为主，争取外援为辅"的发展方针，相继取得了以"两弹一星"为标志的一批重大科技成果，我国的科技实力和综合国力大幅度跃升。改革开放以来，随着科教兴国战略、人才强国战略、创新驱动发展战略的深入实施，我国科技发展走出了成效显著的中国特色自主创新道路，涌现出了超级杂交水稻、青蒿素疟疾治疗、特高压输变电技术方案、高速铁路系统、航天探月工程、超级计算系统、定位导航授时服务技术体系等大批自主创新、世界领先的科技成果，使我国加快融入全球创新网络，推动我国的科技发展走上新的历史起点。历史和实践充分证明，坚持走中国特色自主创新道路是我国不断提高科技发展水平、提升综合国力的正确选择。

七、关于"三步走"目标和科技强国建设

2016 年 5 月，中共中央、国务院发布《国家创新驱动发展战略纲要》，明确提出"三步走"战略目标。第一步是到 2020 年进入创新型国家行列，基本建成中国特色国家创新体系，有力支撑全面建成小康社会目标的实现。第二步是到 2030 年跻身创新型国家前列，发展驱动力实现根本转换，经济社会发展水平和国际竞争力大幅提升，为建成经济强国和共同富裕社会奠定坚实基础。第三步是到 2050 年建成世界科技创新强国，成为世界主要科学中

心和创新高地，为我国建成富强民主文明和谐的社会主义现代化国家、实现中华民族伟大复兴的中国梦提供强大支撑。2020年世界知识产权组织（WIPO）评估显示，我国创新指数位居世界第14位；根据我国的国家综合创新能力指数，我国创新能力排在世界第15位，这是进入创新型国家的一个重要标志。当前，我国步入创新型国家行列的第一步目标已经实现，我国科技发展正迈上跻身创新型国家前列的征程。

第三条 科学技术进步工作应当面向世界科技前沿、面向经济主战场、面向国家重大需求、面向人民生命健康，为促进经济社会发展、维护国家安全和推动人类可持续发展服务。

国家鼓励科学技术研究开发，推动应用科学技术改造提升传统产业、发展高新技术产业和社会事业，支撑实现碳达峰碳中和目标，催生新发展动能，实现高质量发展。

◆ 条文主旨

本条是关于新时期科学技术进步主要方向、任务和布局的规定。

◆ 修改提示

本条是对原法第四条的修改。与原法条相比，一是在科学技术进步的主要方向上，增加坚持面向世界科技前沿、面向经济主战场、面向国家重大需求、面向人民生命健康的要求。二是强调科学技术进步工作除了应当为经济社会发展服务，还要为维护国家安全和推动人类可持续发展服务。三是在第二款增加规定“支撑实现碳达峰碳中和目标，催生新发展动能，实现高质量发展”。之所以这样修改，主要是根据新的形势需求，按照党中央和国务院对科技创新的战略部署，进一步明确科学技术进步的方向和定位。

◆ 条文释义

一、科学技术进步工作应当坚持“四个面向”

我国根据经济社会发展需要，确定科学技术进步工作的方向和目的。1985 年发布的《中共中央关于科学技术体制改革的决定》提出了经济建设必须依靠科学技术、科学技术工作必须面向经济建设的战略方针，主要是针对当时我国的科学技术体制问题，即科技与经济建设相脱离，研究、设计、教育、生产相脱节，以及依靠行政手段管理科学技术所带来的对科技人员限制过多、人才不能合理流动、智力劳动得不到应有尊重等。我国科技体制改革不断深化，已经取得了重大进展。主要表现在：市场配置科技资源的决定性作用基本确立；企业在技术创新中的主体地位和作用不断加强，产学研合作日益深入；不同类型的科研机构布局基本形成，现代院所制度初步建立；等等。“依靠、面向”的改革目标基本上得到实现。

进入向科技强国进军的新阶段，“四个面向”的确立，进一步明确了科学技术进步的发展方向。2020 年 9 月 11 日，习近平总书记在科学家座谈会的讲话中指出，希望广大科学家和科技工作者肩负起历史责任，坚持面向世界科技前沿、面向经济主战场、面向国家重大需求、面向人民生命健康，不断向科学技术广度和深度进军。党的十九届五中全会提出，面向世界科技前沿、面向经济主战场、面向国家重大需求、面向人民生命健康，深入实施科教兴国战略、人才强国战略、创新驱动发展战略，完善国家创新体系，加快建设科技强国。

坚持面向世界科技前沿，要求夯实科技基础，在重要科技领域更多跻身世界前列。我国正处于从科技大国向科技强国迈进的过程中，要求持续提升科技前沿的研究和探索能力，进一步夯实科研基础条件和科技创新基础设施，增强创新自信，加强战略研判，勇于提出新的科研方向，宽容失败、鼓励试错，努力在原创理论、原创发现、原创技术等方面取得更多突破。

坚持面向经济主战场，要求加强科技供给，加快经济发展动能转换。科技创新的价值必须更好地体现在产业转型升级和经济发展方式的转变上，体现在经济实力和社会生产力的提升上。当前，我国经济转型发展，根本出路在改革创新，塑造更多依靠创新驱动、更多发挥先发优势的引领型发展。面向经济主战场，需要着力提高科技创新成果转移转化能力，加快构建具有国际竞争力的现代产业技术体系，加速培育新技术、新产业，尽快把我国经济发展的“引擎”从要素和投资驱动为主切换到创新驱动为主上来。

坚持面向国家重大需求，要求强化战略导向，更好服务创新发展全局。科技创新的价值既体现在科技进步和经济发展上，也体现在社会进步、民生改善、文化繁荣和国家安全等各个方面。在建设世界科技强国的过程中，需要聚焦国家战略问题，坚持有所为有所不为，采取差异化策略和非对称路径，加强事关国计民生的重大科技攻关，使科技创新更好服务国家发展重大需求。

面向人民生命健康，要求强化价值导向，更好满足人民美好生活需要。保障人民生命健康是满足人民美好生活需要的根本，我国正处在转变经济发展方式的重要时期，传统的粗放型增长模式所造成的资源浪费、环境污染、生态恶化等问题不断凸显。面向人民生命健康，要求遵循“创新推动发展，发展造福人民”的原则，不断满足人民的物质精神需求，维护人民生命健康；同时要求加快构建绿色技术创新体系，更加充分发挥科技在绿色发展中的支撑作用，实现人与自然和谐共生。

二、科学技术进步要为促进经济社会发展、维护国家安全和推动人类可持续发展服务

科学技术进步要为促进经济社会发展、维护国家安全和推动人类可持续发展服务，是科学技术社会价值的根本体现。首先，科学技术进步是推动生产力升级，催生新科技的产业化和广泛运用，推动经济社会发展的重要动力。其次，科技安全是支撑和保障其他领域安全的力量源泉和逻辑起点。科技是实现政治、国土、军事、经济、社会、网络等各领域安全的关键实力要素，是解决各种传统安全和非传统安全问题的核心力量。再次，科学技术是推动人类可持续发展的关键力量。当前，世界面临着全球气候变化、能源资源短缺、粮食和食品安全、生态环境污染、重大自然灾害、传染性疾病等一系列风险挑战。这些问题的解决需要科技创新给出答案，为推动构建人类命运共同体贡献智慧和力量。当然，科学技术自身的可持续发展也十分重要，在继续发展科学技术增进人类福祉的同时，要合理利用科技成果，减少、避免其可能造成的负面效应。

三、科学技术进步推动高质量发展

科技创新是高质量发展和现代化经济体系建设的战略支撑。根据本条第二款的规定，凡是从事科学技术研究开发，推动应用科学技术改造提升传统产业、发展高新技术产业和社会事业，支撑实现碳达峰碳中和目标，催生新发展动能的活动，都是国家所鼓励从事的活动。

国家鼓励科学技术研究开发，既应重视科学研究，又应重视技术开发。在技术开发方面，既应重视一般实用技术的开发，也应重视高技术的开发。国家既推动应用科学技术改造提升传统产业，也发展高新技术产业和社会事业。一方面，加快运用高新技术和先进适用技术改造传统产业，推进互联网、大数据、智能制造和实体经济深度融合，提高传统产业的数字化、智能化水平，为传统产业转型升级开辟新的方向；另一方面，紧紧把握新技术革命与产业变革的机遇，加快新技术应用，改变传统的生产方式和管理模式，发展新产业、新业态和新模式，为经济社会发展提供新动能。

科学技术进步要积极落实绿色发展理念，支撑实现碳达峰碳中和目标。2020 年 9 月 22 日，国家主席习近平在第七十五届联合国大会一般性辩论上的讲话中宣布：“中国将提高国家自主贡献力度，采取更加有力的政策和措施，二氧化碳排放力争于 2030 年前达到峰值，努力争取 2060 年前实现碳中和。”2021 年 9 月 22 日，中共中央、国务院印发《关于完整准确全面贯彻新发展理念做好碳达峰碳中和工作的意见》，提出把碳达峰、碳中和纳入经济社会发展全局。其中提出要强化科技和制度创新，加快绿色低碳科技革命，包括制定科技支撑碳达峰、碳中和行动方案，编制碳中和技术发展路线图等举措。

国家鼓励运用科学技术催生新发展动能，实现高质量发展。从历史来看，科学技术进步是经济增长新动能的长期根本性来源，用新的经济动能代替旧的经济动能，才能形成新的经济增长模式。因此，国家鼓励加快新技术对传统产业的改造提升以及对经济社会发展的全面改造，提升我国经济社会发展的技术基础水平，应用新技术提升生产率，培育经济增长新动能。

第四条　国家完善高效、协同、开放的国家创新体系，统筹科技创新与制度创新，健全社会主义市场经济条件下新型举国体制，充分发挥市场配置创新资源的决定性作用，更好发挥政府作用，优化科技资源配置，提高资源利用效率，促进各类创新主体紧密合作、创新要素有序流动、创新生态持续优化，提升体系化能力和重点突破能力，增强创新体系整体效能。

国家构建和强化以国家实验室、国家科学技术研究开发机构、高水平研究型大学、科技领军企业为重要组成部分的国家战略科技力量，在关键领域和重点方向上发挥战略支撑引领作用和重大原始创新效能，服务国家重大战略需要。

◆ 条文主旨

本条是关于国家创新体系建设以及国家战略科技力量的规定。

◆ 修改提示

本条是新增法条。

◆ 条文释义

一、完善国家创新体系

国家创新体系是以政府为主导、充分发挥市场配置资源决定性作用、各类科技创新主体紧密联系和有效互动的社会系统。1999 年，经济合作与发展组织发表的报告《管理国家创新系统》将国家创新体系定义为“以共同的或单独的方式对新技术的开发与扩散作出贡献的一批独特的机构，并且它们能够提供一个框架条件，政府在其中制定和实施影响创新过程的政策。因此，这是一个机构内部相互联系在一起，来创造、存储和传递知识、技能和产生新技术产品的系统”。2006年，《国家中长期科学和技术发展规划纲要（2006—2020年）》提出全面推进国家创新体系建设。2012年，中共中央、国务院发布《关于深化科技体制改革加快国家创新体系建设的意见》，提出到2020年，基本建成适应社会主义市场经济体制、符合科技发展规律的中国特色国家创新体系。经过多年发展，我国国家创新体系基本架构已经形成，基本功能已经具备，体系建设成效明显。但与世界科技强国相比，我国创新体系整体效能仍然不强，与经济社会发展和国际竞争的要求还不相适应。

国家创新体系是决定国家创新发展水平的基础，国际竞争很大程度上是创新体系的竞争。国家创新体系建设是一个复杂的生态系统，只有形成创新各主体、各环节、各方面相互支撑、高效互动的格局，形成合力，国家创新体系的效能才能得到整体提升。建设世界科技强国，必须统筹推进高效协同的国家创新体系建设。

完善国家创新体系就是要建设各类创新主体协同互动、创新要素顺畅流动、高效配置的生态系统，形成创新驱动发展的实践载体、制度安排和环境保障：明确企业、院所、高校、社会组织等各类创新主体功能定位，构建开放高效的创新网络；改进创新治理，进一步明确政府和市场分工，构建统筹配置创新资源的机制；完善激励创新的政策体系、保护创新的法律制度，构建鼓励创新的社会环境，激发全社会创新活力。

创新体系化能力和重点突破能力是国家创新体系的竞争内核，关键是要全面提升创新主体的能力和竞争力。构建开放协同的创新要素体系是国家创新体系的基础，关键是促进创新要素自由顺畅流动，提升资源统筹配置效率，围绕重大任务，统筹配置高水平科技人才，鼓励人才有序流动。建立科学高效的组织体系是提升国家创新体系运行效率的有力保障，关键是强化科学决策、统筹协调和高效执行。营造良好的创新生态体系是国家创新体系的重要支撑，关键是要健全有利于创新的法治环境、市场环境和文化环境。要推进科技治理的法治化，加快创新薄弱环节和领域的立法进程，加大知识产权保护力度。完善国家创新体系，需要市场机制和政府引导紧密结合，从而达到优化科技资源配置、提高资源利用效率的目的。

二、统筹科技创新与制度创新

2016 年 5 月 30 日，习近平总书记在全国科技创新大会、两院院士大会、中国科协第九次全国代表大会上强调，“科技创新、制度创新要协同发挥作用，两个轮子一起转”。创新是一个系统工程，应当从健全国家创新体系、提高全社会创新能力的战略高度，通过深化改革和制度创新，使科技创新在国家现代化建设全局中的核心作用充分发挥出来。科技创新和制度创新只有双轮驱动、相互协调、持续发力，才能促成经济发展方式的根本转变。坚持科技创新和制度创新“双轮驱动”，要以促进科技创新为核心，引领科技体制及其相关制度深刻变革，完善国家科技创新治理体系，为科技自立自强筑牢制度和体制机制基础。

三、健全社会主义市场经济条件下新型举国体制

2021 年 5 月 28 日，习近平总书记在中国科学院第二十次院士大会、中国工程院第十五次院士大会、中国科协第十次全国代表大会上的重要讲话中指出，“要健全社会主义市场经济条件下新型举国体制，充分发挥国家作为重大科技创新组织者的作用”。《中华人民共和国国民经济和社会发展第十四个五年规划和 2035 年远景目标纲要》明确指出：健全社会主义市场经济条件下新型举国体制，打好关键核心技术攻坚战。新型举国体制体现的是社会主义制度能够集中力量办大事的优越性。举国体制在我国发展的不同阶段，呈现不同的形式，承担不同的历史使命，发挥不同的历史作用。新型举国体制更多聚焦在体现国家意志、事关国家战略利益的关键领域。新型举国体制要将政府力量和市场机制有机结合起来，充分发挥市场在资源配置中的决定性作用，通过市场需求引导创新资源有效配置，形成推进科技创新的强大合力。

四、强化国家战略科技力量

强化国家战略科技力量是党中央作出的一个重要战略决策，通过构建战略科技力量，有利于发挥其在关键领域和重点方向上的引领支撑作用，提升国家创新体系整体效能。2016 年 5 月，习近平总书记在全国科技创新大会、两院院士大会、中国科协第九次全国代表大会上的讲话中指出："要以国家实验室建设为抓手，强化国家战略科技力量。" 2017 年 10 月，党的十九大报告明确要"强化战略科技力量"。党的十九届五中全会重申"要强化国家战略科技力量"。

国家战略科技力量是国家创新体系的中坚力量。战略科技力量的影响力和支撑力，直接关系到我国综合国力和国际竞争力的提升，能够为实现高质量发展、构建新发展格局提供持续有力的支撑。面向未来，强化国家战略科技力量，是应对国际经济科技竞争格局深刻调整、把握新一轮科技革命和产业变革机遇的必然选择，是催生新发展动能、支撑经济社会高质量发展的客观要求，是优化国家创新体系布局、引领带动科技创新综合实力系统提升的重要抓手。

2021 年 5 月 28 日，习近平总书记强调要强化国家战略科技力量、提升国家创新体系整体效能，为加快建设科技强国、实现高水平科技自立自强指明了方向。国家实验室、国家科研机构、高水平研究型大学、科技领军企业都是国家战略科技力量的重要组成部分，要自觉履行高水平科技自立自强的使命担当。

国家实验室要按照“四个面向”的要求，紧跟世界科技发展大势，适应我国发展对科技发展提出的使命任务，多出战略性、关键性重大科技成果，并同全国重点实验室（原国家重点实验室）结合，形成中国特色国家实验室体系。

国家科研机构要以国家战略需求为导向，着力解决影响制约国家发展全局和长远利益的重大科技问题，加快建设原始创新策源地，加快突破关键核心技术。

高水平研究型大学要把发展科技第一生产力、培养人才第一资源、增强创新第一动力更好结合起来，发挥基础研究深厚、学科交叉融合的优势，成为基础研究的主力军和重大科技突破的生力军。要强化研究型大学建设同国家战略目标、战略任务的对接，加强基础前沿探索和关键技术突破，努力构建中国特色、中国风格、中国气派的学科体系、学术体系、话语体系，为培养更多杰出人才做出贡献。

科技领军企业要发挥市场需求、集成创新、组织平台的优势，打通从科技强到企业强、产业强、经济强的通道。要以企业牵头，整合集聚创新资源，形成跨领域、大协作、高强度的创新基地，开展产业共性关键技术研发、科技成果转化及产业化、科技资源共享服务，推动重点领域项目、基地、人才、资金一体化配置，提升我国产业基础能力和产业链现代化水平。

各地区要立足自身优势，结合产业发展需求，科学合理布局科技创新。要支持有条件的地方建设综合性国家科学中心或区域科技创新中心，使之成为世界科学前沿领域和新兴产业技术创新、全球科技创新要素的汇聚地。

第五条 国家统筹发展和安全，提高科技安全治理能力，健全预防和化解科技安全风险的制度机制，加强科学技术研究、开发与应用活动的安全管理，支持国家安全领域科技创新，增强科技创新支撑国家安全的能力和水平。

◆ **条文主旨**

本条是关于国家科技安全的规定。

◆ **修改提示**

本条是新增法条。

◆ **条文释义**

一、科技安全是总体国家安全的重要组成部分

2014年4月15日，习近平总书记在主持召开中央国家安全委员会第一次会议时首次提出总体国家安全观。总体国家安全观内涵十分丰富，科技安全是总体国家安全的重要组成部分。科技安全是指科技体系完整有效，国家重点领域核心技术安全可控，国家核心利益和安全不受外部科技优势危害，以及保障持续安全状态的能力。科技安全包括科技自身安全和科技支撑保障相关领域安全，涵盖科技人才、设施设备、科技活动、科技成果、成果应用安全等多个方面，是支撑国家安全的重要力量和技术基础。《中华人民共和国国家安全法》第二十四条规定：国家加强自主创新能力建设，加快发展自主可控的战略高新技术和重要领域核心关键技术，加强知识产权的运用、保护和科技保密能力建设，保障重大技术和工程的安全。加强科技安全，一方面，要加快提升自主创新能力，壮大科技实力，维护科技自身安全；另一方面，要充分应用科技实力，为保障国家主权、安全、发展利益提供强大的科技支撑。

新时代对科技安全提出了新要求。中国特色社会主义进入新时代，人民群众对清新空气、安全食品、优美环境、健康生活的需求越来越强烈，我国经济发展面临着发展方式转变、新旧动能转换和外部环境复杂多变的多重压力。科技快速发展对科技安全提出了新挑战。人工智能、合成生物学、基因编辑等技术对社会伦理产生极大冲击，区块链、大数据、云计算等对信息安全、网络安全、金融安全带来极大挑战，技术谬用和滥用对社会公共利益和国家安全构成潜在威胁。同时，科技发展拓展了国家安全的时空领域，外部安全与内部安全、传统安全与非传统安全交织存在。加强科技安全，必须未雨绸缪，织密防范和管控风险的网络。

二、统筹发展与安全

发展是安全的基础和目的，安全是发展的条件和保障。我国科技实力的快速提升，为维护科技安全乃至国家安全奠定了坚实的基础。当前，我们迎来了世界新一轮科技革命和产业变革同我国转变发展方式的历史性交汇期，既面临着千载难逢的历史机遇，又面临着差距拉大的严峻挑战。新科技革命和产业变革将是最难掌控但必须面对的不确定性因素之一，抓住了就是机遇，抓不住就是挑战。实现“两个一百年”奋斗目标，建设世界科技强国，必须统筹发展与安全，坚定不移实施创新驱动发展战略，加快提升创新能力和科技实力，全面增强科技维护和塑造国家总体安全的能力。

三、提高科技安全治理能力

实现科技安全必须提高科技安全治理能力。首先，要提高科技安全工作的政治站位。要以习近平新时代中国特色社会主义思想为指导，用总体国家安全观武装头脑，以国家利益至上为准则，以人民安全为宗旨，牢固树立国家安全和科技安全意识，坚持底线思维，发扬斗争精神，增强斗争本领，切实提高维护科技安全的能力和水平；夯实科技安全的物质技术基础，提供基础设施和能力保障，推进国家重大科研基础设施建设、人才队伍建设等，为增强科技安全能力提供有力支撑；深化科技体制改革，推进科技治理体系和治理能力现代化，为科技安全奠定体制机制基础；加快转变政府职能，加强科技创新资源、任务和政策的统筹配置，加快提升科技治理能力，持续优化科技政策环境和创新生态。

其次，要健全预防和化解科技安全风险的制度机制。建立科技安全管理责任机制，牢固树立和全面贯彻总体国家安全观，把科技安全工作贯穿于科技工作的各个方面和各个环节，建立科技安全工作分级分类管理责任机制，明确管理事项、责任主体和工作程序。

最后，要加强科学技术研究、开发与应用活动的安全管理。要加强科技安全法规制度建设，完善国家科技保密制度，强化事关国家安全和重大利益的敏感领域、重大项目、重点机构的保密管理。我国科技安全领域的重要制度包括：《中华人民共和国生物安全法》禁止从事危及公众健康、损害生物资源、破坏生态系统和生物多样性等危害生物安全的生物技术研究、开发与应用活动；《中华人民共和国人类遗传资源管理条例》规定外国组织、个人及其设立或者实际控制的机构不得在我国境内采集、保藏我国人类遗传资源，不得向境外提供我国人类遗传资源；《中华人民共和国技术进出口管理条例》对涉及国家安全和利益的技术进出口实施管制；《科学技术保密规定》规定强化事关国家安全和重大利益的敏感领域、重大项目、重点机构的保密管理等。本法也对重要的生物种质资源、遗传资源、数据资源等科学技术资源和关键核心技术的出境等作出了相应规定。

四、增强科技创新支撑国家安全的能力和水平

国家安全各个领域都需要科技创新的支撑保障。《中华人民共和国国家安全法》第七十三条规定："鼓励国家安全领域科技创新，发挥科技在维护国家安全中的作用。"要根据国家安全领域提出的要求，加快推进技术创新，提高自主创新能力，不断解决维护国家安全面临的技术难题，为维护国家安全提供技术手段保障。

提高科技创新支撑国家安全的能力和水平，不仅包括科技创新能力和水平，还包括科技创新支撑保障相关领域安全。首先，要把我国的科技创新建立在自立自强的坚实基础上。这样才能形成应对风险挑战的抗压能力、对冲能力和反制能力，从而有效维护国家安全和战略利益。要聚焦重大需求、突破关键核心技术，牢牢把握发展和安全的主动权，加强基础和前沿领域前瞻布局，为国家持久安全提供不竭动力。其次，科技越来越成为影响国家竞争力和战略安全的关键要素，在维护相关领域安全中的作用更加凸显。例如，重视互联网技术对维护政治安全的作用，掌握网络意识形态主导权，就是守护国家的主权和政权；科技创新助力军队战斗力提升，加快实施国防科技和武器装备重大战略工程，不断提高军队建设科技含量；实施"藏粮于技"战略，向科技要粮，支撑农业现代化，保障粮食安全；大力发展医学和生物科技，支撑科学防控重大疫情等。

第六条 国家鼓励科学技术研究开发与高等教育、产业发展相结合，鼓励学科交叉融合和相互促进。

国家加强跨地区、跨行业和跨领域的科学技术合作，扶持革命老区、民族地区、边远地区、欠发达地区的科学技术进步。

国家加强军用与民用科学技术协调发展，促进军用与民用科学技术资源、技术开发需求的互通交流和技术双向转移，发展军民两用技术。

◆ **条文主旨**

本条是关于推动科技研发与高等教育、产业发展相结合，加强科技合作以及军用与民用科学技术协调发展等方面的规定。

◆ **修改提示**

本条是对原法第六条的修改。与原法条相比，一是将第一款中的“自然科学与人文社会科学交叉融合”改为“学科交叉融合”，使其含义更加丰富，不仅包括自然科学与人文社会科学的交叉融合和相互促进，也包括自然科学之间的交叉融会；二是第二款中增加“革命老区”，并将“贫困地区”修改为“欠发达地区”；三是将第三款中的“军用与民用科学技术计划的衔接”改为“军用与民用科学技术协调发展”。

◆ **条文释义**

一、鼓励科学技术与高等教育、产业发展相结合

科学技术与高等教育、产业发展相结合，是科学技术作为第一生产力、创新作为第一动力的主要表现和本质要求，构成了知识创造、流动、使用和最终推动生产力革新发展的全过程。

首先，科学研究和高等教育的紧密结合符合科技创新发展的规律。自近代以来，高等教育的发展始终与科学知识的增长、技术的进步存在着密不可分的联系。一方面，高等教育推动了科学技术事业的发展，为科学技术进步提供源头供给、人才储备和保障。高等教育体制化的科学实验室以及现代研究生教育制度等的确立，促进了科学研究与高等教育的结合，推动了科学技术进步。

另一方面，科学技术的迅速发展，科技成果的不断创造，改变着高校的教学手段，使教学方式发生了革命性的变化。高校中各种学科和专业的形成，学科和专业结构的调整以及具体教学内容的更新，课程体系上的变化等，都反映着科学技术变革与发展的现状和趋势。高校的物质设备、教学科研仪器等都是科学技术发展的成果在高等教育领域的具体应用，反映了科学技术发展的水平。加强科学研究和高等教育的结合，是实施科教兴国战略和创新驱动发展战略的必然要求，是完善国家创新体系、建设创新型国家和科技强国的重大举措。

其次，科学研究和产业发展相结合也是科技成果转化为现实生产力的本质要求。科学技术发展为产业发展提供动力源泉，更是通过技术革新推动产业升级转型，促进新产业新业态新模式的成长，加快对传统产业的改造和转型升级。目前，新一轮科技革命和产业变革深入发展，将为经济和产业发展提供持续的动力。

二、鼓励学科交叉融合和相互促进

学科交叉融合和相互促进正在成为科学研究的重要特征，也成为科技创新的源泉。不同学科之间的交叉融合往往能孕育出新的学科生长点和新的科学前沿，也最有可能带来重大科学突破，使科学发生革命性变化。通过近现代科学的发展历程可以看出，很多重大发现和重大问题的解决常常涉及多个学科的相互交流和渗透。据统计，在近一百年的三百多项诺贝尔自然科学奖中，有将近一半的研究是跨学科交叉研究的结果。进入 21 世纪以来，随着科学技术的加速演进，基础科学研究在深度和广度上不断拓展，学科交叉融合呈现加速发展趋势。

为适应学科交叉融合的趋势，我国从科技和教育管理等方面进行了积极探索。2020 年 11 月，国家自然科学基金委员会正式成立交叉科学部，以探索新的科学研究范式，解决重大交叉科学问题为资助定位，探索支持交叉研究的新机制，培育新兴交叉领域的重大原创突破。2021 年 1 月，国务院学位委员会、教育部发布《关于设置“交叉学科”门类、“集成电路科学与工程”和“国家安全学”一级学科的通知》，决定设置“交叉学科”门类，在学科专业目录上进行直接体现，为交叉学科提供更好的发展通道和平台。

本法指的学科交叉融合不仅包括自然科学之间的交叉融合，也包括自然科学与人文社会科学的交叉融合和相互促进。科学技术越发展，越显示出人文社会科学的重要性。科学技术是改造自然的强大力量，这种力量越强大，掌握它的人对自然界、社会和整个人类负有的责任也就越重大；经济越发达，社会就越复杂，人们的精神追求也就越丰富、越重要。如果掌握科学技术的科技人员没有良好的道德修养，科学技术就可能变为危害自然和人类自身的力量；如果整个社会不能随着科学技术的发展而相应地进步，人文社会科学与自然科学发展失衡，科学技术的进一步发展就会遇到越来越多的困难，可能带来严重的社会问题。

三、加强跨地区、跨行业和跨领域的科学技术合作

实施区域协调发展战略是在中国特色社会主义进入新时代背景下，以习近平同志为核心的党中央紧扣我国社会主要矛盾变化，按照高质量发展的要求提出的重要战略举措，对于促进我国经济社会持续健康发展具有重要而深远的意义。我国幅员辽阔，不同地方差异较大，地区间科学技术进步不平衡不协调的问题较为突出，革命老区、民族地区、边远地区、欠发达地区受自然条件等因素的限制，科技进步工作发展缓慢。为了统筹兼顾，协调发展，本法规定，国家加强跨地区、跨行业和跨领域的科学技术合作，扶持革命老区、民族地区、边远地区、欠发达地区的科学技术进步。

四、促进军用与民用技术协调发展

促进军用与民用科学技术协调发展，是世界上主要国家普遍的政策取向。目前，对于发展军民两用技术，各国多采取政府与企业共同负担、共享成果的方式，从而使资金、人员、技术、设备等资源得到优化配置。

第七条 国家遵循科学技术活动服务国家目标与鼓励自由探索相结合的原则，超前部署重大基础研究、有重大产业应用前景的前沿技术研究和社会公益性技术研究，支持基础研究、前沿技术研究和社会公益性技术研究持续、稳定发展，加强原始创新和关键核心技术攻关，加快实现高水平科技自立自强。

◆ 条文主旨

本条是关于国家推动科学技术活动的原则和重点的规定。

◆ 修改提示

本条是对原法第十九条第一款的修改，主要修改是增加规定“加强原始创新和关键核心技术攻关，加快实现高水平科技自立自强”，进一步明确新时期国家推动科学技术活动的目标。

◆ 条文释义

一、国家支持科学技术活动的原则

科学技术活动服务于国家目标，是近代人们对科学的作用和功能认识不断深化的结果，是当今世界许多国家共同的政策取向。现代科学技术发展往往是社会需求拉动的结果。在世界科学技术革命的推动下，科学技术对经济社会发展的影响越来越大，科学技术发展已经成为促进国家建设及社会进步的重要推动力和国家核心竞争力的决定性因素。强调科学技术活动服务于国家目标，是适应现代科学发展规律、符合我国基本国情的必然要求。科学技术活动服务国家目标要求进行科学技术活动要立足于我国国情和需求，瞄准国家目标。党的十九届五中全会明确了创新在我国现代化建设全局中的核心地位，提出“面向世界科技前沿、面向经济主战场、面向国家重大需求、面向人民生命健康”，加快建设科技强国。这就是新时期我国科学技术活动服务国家目标的主攻方向，努力实现我国关键核心技术的重大突破，力争形成更多竞争优势。

另外，科学技术活动具有自身的发展规律，需要科学系统自身不断拓展和深化。自由探索即科学技术研究自由，主要包括研究人员从事科学研究活动中的思想自由，从事科学研究活动的相对独立性，允许科学研究人员持有和表达不同的学术观点，采用不同的研究方法。科学技术活动是科学技术人员的智力劳动，需要充分调动和激发科学技术人员的主动性、创新性和创造力，鼓励自由探索。自然科学史上众多重大突破都是自由探索的结果，科学研究无论是受何种力量推动，为什么目的服务，要使科学技术得以进步都需要依靠科学家自由探索，充分发挥其想象力和创造力。

科学技术活动服务国家目标与强调自由探索是辩证统一的。遵循服务国家目标与鼓励自由探索的原则要求：一是推动科学技术活动要“两条腿”同时发力、相互促进。一方面要遵循科学发展自身规律，以探索世界奥秘的好奇心来驱动；另一方面要通过重大科技问题带动，在重大应用研究中抽象出理论问题，进而探索科学规律。二是部署和发展科学技术活动时要兼顾服务国家目标与鼓励自由探索的不同需要，合理布局，不能只强调一个方面而顾此失彼。三是组织科学技术活动时，要注意服务国家目标与鼓励自由探索之间的相互促进。服务国家目标的重大科技任务部署，要充分尊重科学技术人员的自由探索，赋予科学技术人员更大的技术路线决定权，为科学技术人员提供自由探索的条件和空间。在鼓励自由探索时，也要及时发现科学技术研究的应用价值，鼓励科学技术人员加速科技成果转化，服务经济社会发展的目标，提升国家创新能力和竞争力。

二、超前部署重大基础研究、有重大产业应用前景的前沿技术研究和社会公益性技术研究

当代科学技术不断为人们的生产和生活指出新方向、开辟新领域。特别是科学理论越来越走在技术和生产的前面，为技术和生产发展引领新的道路。对科学技术活动进行超前部署，无论是对先进国家保持领先地位，还是对后进国家赶超先进国家都具有重要意义。一些国家科技发展的实践也表明，超前战略部署对在战略产业领域占据领先地位发挥了重要作用。站在新的历史方位上，要以更高的目标、更长远的眼光，对科技创新进行前瞻谋划和系统部署。把握世界科学技术发展趋势，部署前沿技术研究和社会公益性技术研究，优化学科布局，一方面应当稳定发展基础学科，加强基础研究，高度关注和重点发展交叉学科；另一方面还要加大力度支持前沿高技术研究、社会公益性技术研究的发展应用，提高自主创新的能力，培育新兴产业。

本次修订，强调超前部署“重大”基础研究和“有重大产业应用前景的”前沿技术研究和社会公益性技术研究，目的是明确政府机制和市场机制的界限和范围。政府支持科学技术活动不是无所不包，重点是在市场机制不能完全发挥作用的重大领域，发挥“看得见的手”的作用，促进科学技术活动持续、稳定发展。

超前部署科学技术活动，就是要聚焦未来发展和长远利益，在基础、前沿技术、社会公益研究等若干领域超前部署，不断探索新的发展方向，提高持续创新能力。超前部署的方式和手段主要有：一是制定科技创新规划，在基础、前沿技术、社会公益研究等领域加强超前布局，指引科学技术活动方向。二是实施前瞻性研究项目，推动科学技术活动超前发展。例如，《中华人民共和国国民经济和社会发展第十四个五年规划和2035年远景目标纲要》提出，瞄准人工智能、量子信息、集成电路、生命健康、脑科学、生物育种、空天科技、深地深海等前沿领域，实施一批具有前瞻性、战略性的国家重大科技项目。三是创造新的市场需求，培育新兴产业，引领未来经济社会发展。

三、支持基础研究、前沿技术研究和社会公益性技术研究持续、稳定发展

政府支持基础研究、前沿技术研究和社会公益性技术研究，一方面是因为在这些科技领域存在市场失灵的现象。例如，基础研究成果公开传播、无偿享用，具有很强的外部性，与市场主体利润驱动的导向不符；前沿技术研究领域投资巨大、风险过大，单个市场主体既无力投资，也无法承担其巨大的市场风险；社会公益性技术研究领域成果具有公共物品属性，具有外部不经济性等。这些科技领域存在市场失灵的现象，导致科技力量投入不足，科技发展缺乏整体性和连续性。另一方面，更为重要的是，基础研究、前沿技术研究和社会公益性技术研究具有公共性、基础性、战略性，关系国计民生甚至国家安全，是一个国家提升创新能力和竞争力的重要途径，关系到国家根本利益。因此，需要政府介入基础研究、前沿技术研究、社会公益性技术研究等领域，增加科技供给，支持其可持续发展。

支持基础研究、前沿技术研究和社会公益性技术研究的持续、稳定发展，首先需要加大对基础研究、前沿技术研究和社会公益性技术研究的投入，保证持续、稳定的科技投入，为相关科技领域发展提供保障；其次需要加强机构建设，稳定研究队伍，持续开展相关科技领域研究开发活动，促进科技事业稳定发展；最后需要综合运用各种政策工具，形成科技与创新政策体系，为促进基础研究、前沿技术研究和社会公益性技术研究等可持续发展创造良好环境。

四、加强原始创新和关键核心技术攻关，加快实现高水平科技自立自强

原始创新、关键核心技术攻关是党和国家确定的科技创新重大任务，高水平科技自立自强是科学技术活动的目标。经过几十年的发展，我国科技实力大幅提升，但是基础研究薄弱仍是科技领域的重要短板，重大原创成果偏少、顶尖人才和团队缺乏、科研环境不够优化等问题依然突出，严重影响产业转型升级和持续健康发展。2020 年 9 月 11 日，习近平总书记在科学家座谈会上指出，“在激烈的国际竞争面前，在单边主义、保护主义上升的大背景下，我们必须走出适合国情的创新路子，特别是要把原始创新能力提升摆在更加突出的位置，努力实现更多‘从 0 到 1’的突破”。加强原始创新和关键核心技术攻关、加快实现高水平科技自立自强，是当前以及未来一段时期国家支持科学技术活动的重要使命，是新时代科技创新的重中之重。

第八条 国家保障开展科学技术研究开发的自由，鼓励科学探索和技术创新，保护科学技术人员自由探索等合法权益。

科学技术研究开发机构、高等学校、企业事业单位和公民有权自主选择课题，探索未知科学领域，从事基础研究、前沿技术研究和社会公益性技术研究。

◆ **条文主旨**

本条是对保障科学技术研究开发自由及合法权益的规定。

◆ **修改提示**

本条是对原法第三条第一款和第十九条第二款的修改。与原法条相比，一是增加了“自由探索”“探索未知科学领域”等，主要原因是强调保护科学技术人员自由探索权利，鼓励科学技术人员探索未知科学领域、勇攀科学高峰。二是删除了“依法”，主要原因是依法是基本要求，不必再次强调。科学研究自由必须是法律层面上的自由，受到法律本身的约束。三是为了保证主体称谓更加科学，将“企业事业组织”改为“企业事业单位”(下同)。

◆ **条文释义**

一、国家保障开展科学技术研究开发的自由

科学研究开发自由是公民基本的权利。《中华人民共和国宪法》第四十七条规定：“中华人民共和国公民有进行科学研究、文学艺术创作和其他文化活动的自由。国家对于从事教育、科学、技术、文学、艺术和其他文化事业的公民的有益于人民的创造性工作，给以鼓励和帮助。”科学文化活动是经济发展和社会进步的动力，我国是社会主义国家，科学文化活动是社会主义精神文明的重要内容，是推动社会主义物质文明建设的强大动力。为了促进科学文化的繁荣和发展，广大公民应当享有广泛的科学文化活动的自由和权利，国家对公民的科学文化自由也给予支持和帮助。

国家保障公民开展科学技术研究开发的自由。科学研究开发的自由主要是指：（1）科学技术人员在从事科学研究中的思想自由，即允许研究人员按照自然规律、科学发展规律和各种现实条件，自主选择研究课题，在研究过程中独立思考，以得出科学的观点和结论。（2）科学技术人员从事科研活动的相对独立性。如果科研活动本身受到人为干扰，便难以保障科研思想的自由。科研活动应遵循科学本身的发展规律，科学技术人员应当从实际出发去调查研究、收集证据、实验证明、分析判断和推理，从而达到认识世界、掌握真理的目的。（3）允许科研人员持有和表达不同的学术观点，采用不同的研究方法。为了获得真理，科学技术人员从不同视角、运用不同的研究方法对客体进行解剖、分析、研究都是合理的，即使他们得出截然不同的结论也是允许的。

科学研究自由既然是一种法律上的自由，就不能不受法律本身的限制，即在法律范围内享受自由。这可以从以下几个方面去理解：（1）科学研究是一项神圣的事业，任何伪科学、损害科学名誉的行为都是被法律所禁止的；（2）科学研究应当是造福于人类的事业，凡是明知要遗祸人类、阻碍社会文明发展的行为（如研制毒品）都是被法律所禁止的；（3）对于某些成果作用不明、有可能给人类带来不可估量的危害后果的研究，法律也将予以适当限制，如限制在一定范围内进行研究或按照一定程序审批才可以进行研究（如生物技术相关研究）。

二、科学技术研究开发机构等主体有权自主选择课题，从事科学技术研究

本条中的课题泛指研究的题目和方向。科学技术研究开发机构、高等学校、企业事业单位和公民有权自主选择课题从事科学技术研究开发；有权在科学技术活动中进行自由探索；有权自己开展研究开发，或者联合其他机构共同研究开发，或者自己立项后委托其他机构开展研究开发。

国家保障科学技术研究开发机构、高等学校、企业事业单位和公民自主选题的权利。国家科技计划向全社会发布科技项目指南，符合条件的科学技术研究开发机构、高等学校、企业事业单位和公民都可以在自愿基础上，自主选择课题进行申报。国家保障科学技术研究开发机构、高等学校、企业事业单位和公民的课题自主申报权利。例如，2017年科技部、财政部发布的《国家重点研发计划管理暂行办法》第二十三条规定，具有较强科研能力和条件、运行管理规范、在中国大陆境内注册、具有独立法人资格的科研机构、高等学校、企业等，可根据项目申报指南要求申报项目。同时，在国家科技计划支持的基础研究、前沿技术研究、社会公益性技术研究领域或者其他研究领域，允许科学技术研究开发机构等主体自主选择课题，对未知的科学领域进行探索，尊重其自由研究权利。

第九条 学校及其他教育机构应当坚持理论联系实际，注重培养受教育者的独立思考能力、实践能力、创新能力和批判性思维，以及追求真理、崇尚创新、实事求是的科学精神。

国家发挥高等学校在科学技术研究中的重要作用，鼓励高等学校开展科学研究、技术开发和社会服务，培养具有社会责任感、创新精神和实践能力的高级专门人才。

◆ 条文主旨

本条是关于学校及其他教育机构培养受教育者科学精神等以及发挥高等学校作用的规定。

◆ 修改提示

本条是对原法第三条第三款的修改。与原法条相比，一是在第一款增加批判性思维，主要原因是鼓励通过批判性讨论和思考，达到对客观规律更为准确和全面的认识，促进科学技术进步。二是新增第二款，以明确高等学校在科学技术研究中的重要作用。

◆ 条文释义

科技创新和教育密不可分。增强科学精神和创新能力，倡导注重创新精神和实践能力培养的教育，已经成为加快推进教育现代化的重要任务，也是建设世界科技强国的迫切要求。只有不断提高教育教学质量，培养受教育者的创新等能力以及科学精神，才能为科学技术进步提供不竭动力。

一、培养科学精神和创新创造能力

科学精神是使人摆脱愚昧的有效武器，是推动社会进步的强大力量和基本价值。2016 年 5 月 30 日，习近平总书记指出，“要完善创新人才培养模式，强化科学精神和创造性思维培养”，唯有让科学精神和创新精神在全社会深入人心，坚持实事求是、求真务实，才能更好地发展科技事业、解决时代提出的诸多重大理论和现实问题。2020 年，习近平总书记在科学家座谈会上的讲话指出，“要把教育摆在更加重要位置，全面提高教育质量，注重培养学生创新意识和创新能力”。“科技创新特别是原始创新要有创造性思辨的能力、严格求证的方法，不迷信学术权威，不盲从既有学说，敢于大胆质疑，认真实证，不断试验”。2021 年 5 月 28 日，习近平总书记指出，“当今世界的竞争说到底是人才竞争、教育竞争。要更加重视人才自主培养，更加重视科学精神、创新能力、批判性思维的培养培育”。

弘扬科学精神，必须营造宽容开放的氛围。科学是一个不断向错误学习的过程，应该以一种宽容的态度来看待这些错误与失败，不断地在探索检验过程中寻求真理。在科学研究中，允许不同意见、不同方法的存在，为不同学术观点提供自由争鸣的空间。培育科学精神需要营造宽容、开放的社会环境，在全社会形成讲科学、爱科学、学科学、用科学的良好氛围，让科学精神扎下根来。

培养创新创造能力，应当坚持理论联系实际。一是在实践中发现问题。一切从实际出发，实事求是，在实践中不断追求真理和发展真理，注重实践在教育过程中的作用，让受教育者自主思考、主动学习。二是注重运用理论知识解决问题。培养受教育者的科学探究精神，掌握科学探究的方法，形成解决问题的技能和自主创新的能力，在实践中切实提升受教育者的独立思考能力、实践能力、创新能力和批判性思维。同时，加强科技与教育深度融合，按照科技发展方向和规律，创新教育内容、方式和方法，培养受教育者追求新知、敢于创新、敢于实践的能力。

二、充分发挥高等学校在科学技术研究中的作用

高等学校作为科学技术进步中的一个重要方面，是国家创新体系的重要组成部分。高等学校是培养高素质创新人才的主要基地，拥有大量的高层人才和领先的学科环境。因此，国家发挥高等学校在科学技术研究中的重要作用。按照本条第二款的规定，高等学校在科学技术研究中的作用主要包括两个方面：

（一）开展科学研究、技术开发和社会服务。高等学校开展科学研究，是发展学生智能、培养创新能力的重要手段，可以提升国家的科技水平，繁荣科学文化，服务社会，创造经济与社会效益。教学与科研相结合，是高等教育发展的客观要求。科研是提高师资水平的基本途径，是培养学生能力、发展智力的重要手段，是发展新学科的基础，是学校直接为社会服务的重要途径。高等学校多门类、多层次的学科结构，有利于科学技术领域的相互渗透。

科技成果转化是高校科技活动的重要内容，高等学校要引导科研工作和经济社会发展需求更加紧密结合，为支撑经济发展转型升级提供源源不断的有效成果。高等学校科技成果转移转化工作，既要注重以技术交易、作价入股等形式向企业转移转化科技成果，又要加大产学研结合的力度，支持科技人员面向企业开展技术开发、技术服务、技术咨询和技术培训。高等学校作为人才培养的主阵地，更要引导、激励科研人员教书育人，注重知识扩散和转移，及时将科研成果转化为教育教学、学科专业发展资源，提高人才培养质量。

（二）培养具有社会责任感、创新精神和实践能力的高级专门人才。《中华人民共和国高等教育法》第五条规定，高等教育的任务是培养具有社会责任感、创新精神和实践能力的高级专门人才，发展科学技术文化，促进社会主义现代化建设。社会责任感就是在一个特定的社会里，每个人在心里和感觉上对其他人的伦理关怀和义务。社会责任反映的是个体与社会的关系，其价值取向是社会的整体利益。要教育受教育者如何为社会创造财富，如何为社会进步做出贡献，如何为整个人类的发展提供帮助。创新精神是指要具有能够综合运用已有的知识提出新方法、新观点的思维能力和进行发明创造、改革革新的信心和智慧。高级专门人才，应是全面性、专业性和创造性的统一。人才培养是高等教育的基本功能或首要功能。提高人才培养质量，是国家发展的紧迫需要，是人民群众接受教育的心理期盼，是高等学校自身发展的内在要求。

需要说明的是，木条所指的教育不仅包括学校教育，也包括培训等社会教育；受教育者不仅包括学生，也面向全社会培养创新创造能力和科学精神。

第十条 科学技术人员是社会主义现代化建设事业的重要人才力量，应当受到全社会的尊重。

国家坚持人才引领发展的战略地位，深化人才发展体制机制改革，全方位培养、引进、用好人才，营造符合科技创新规律和人才成长规律的环境，充分发挥人才第一资源作用。

◆ 条文主旨

本条是关于尊重科技人才、用好科技人才的规定。

◆ 修改提示

本条是对原法第四十八条的修改。与原法条相比，一是增加科学技术人员应当受到社会尊重的规定，进一步明确科学技术人员的重要性和社会地位；二是增加第二款关于充分发挥人才第一资源作用的规定，明确用好人才的具体要求。

◆ 条文释义

一、关于科学技术人员

科学技术人员是科技进步的重要力量。联合国教科文组织（UNESCO）对科学技术人员的定义是，直接参加一个机构或单位的科技活动、而且通常为此获取报酬的全体人员，包括科学家和工程师、技术人员和辅助人员。经济合作与发展组织（OECD）和欧盟统计局（EUROSTAT）联合编写的《科技人力资源手册》界定了科技人力资源主要包括两类人群：一是完成与科技领域相关的第三等级教育的人；二是不具备第一个条件，但是从事于要求从业人员拥有相当于第三等级教育水平的科技职业的人。《中华人民共和国科学技术进步法释义及实用指南》（2008）将科学技术人员界定为：掌握科学技术知识，从事科学技术工作（包括从事科学研究、技术开发、生产工艺、分析实验、示范推广、科技咨询服务、科技教育、科技管理等工作）的人员。此次修法沿用2007年《中华人民共和国科学技术进步法》的定义，以实际从事科学技术活动为标准，规定本法调整的科学技术人员的范围。

二、科学技术人员是社会主义现代化建设事业的重要人才力量，应当受到全社会的尊重

国家发展靠人才，民族振兴靠人才，科学技术人员是社会主义现代化建设事业的重要人才力量。习近平总书记在2018年参加十三届全国人大一次会议广东代表团审议时作出发展是第一要务、人才是第一资源、创新是第一动力的重要论断，强调强起来要靠创新、创新要靠人才。近年来，我国科技人员总量稳步增长，队伍规模不断扩大。其中，全社会研究与试验发展（R&D）人员全时当量从2015年的375.88万人年增长到2020年的523.45万人年，连续多年居世界第一。面向未来，国内外发展形势对科技人才发展提出了迫切需求，我国需要全面发展各类人才，充分激发各类人才创新活力和潜力。

科学技术人员应当受到全社会的尊重，包括以下几层含义：一是尊重科学技术人员的职业，发挥市场机制配置资源的决定性作用，促进科学技术人才队伍发展。二是尊重科学技术人员的创新活动。要尊重科研规律，保证科学技术人员的正常科学技术研究与开发活动不受干扰。2021年5月28日，习近平总书记指出，“保障时间就是保护创新能力！要建立让科研人员把主要精力放在科研上的保障机制，让科技人员把主要精力投入科技创新和研发活动”。三是尊重科学技术人员的创新成果。尊重科学技术人员科学技术活动的收益，严格按照知识产权和收益分配规定，保证科学技术人员获得相应的权益。四是尊重科学技术人员的贡献。保证科学技术人员获得与贡献相匹配的物质激励和精神奖励。

三、充分发挥人才第一资源作用

党的十八大以来，以习近平同志为核心的党中央高度重视科技人才工作，加强科技人才发展体制机制改革顶层设计和系统部署。党的十八届五中全会审议通过的《中共中央关于制定国民经济和社会发展第十三个五年规划的建议》，明确提出要加快建设人才强国，深入实施人才优先发展战略。2016 年 3 月发布的《中华人民共和国国民经济和社会发展第十三个五年规划纲要》进一步提出，把人才作为支撑发展的第一资源，加快推进人才发展体制和政策创新，构建有国际竞争力的人才制度优势，提高人才质量，优化人才结构，加快建设人才强国。

首先，坚持人才引领发展的战略地位是做好人才工作的前提。立足新发展阶段、贯彻新发展理念、构建新发展格局、推动高质量发展，必须把人才资源开发放在最优先位置，大力建设战略人才力量，着力夯实创新发展人才基础。

其次，深化人才发展体制机制改革是做好人才工作的重要保障。国家必须破除人才培养、使用、评价、服务、支持、激励等方面的体制机制障碍，破除“四唯”现象，向用人主体授权，为人才松绑，把我国制度优势转化为人才优势、科技竞争优势，加快形成有利于人才成长的培养机制、有利于人尽其才的使用机制、有利于人才各展其能的激励机制、有利于人才脱颖而出的竞争机制，把人才从科研管理的各种形式主义、官僚主义的束缚中解放出来。

再次，全方位培养、引进、用好人才是做好人才工作的具体举措。第一，加强人才自主培养。培养人才是国家和民族长远发展的大计。我国对人才数量、质量、结构的需求是全方位的，满足这样庞大的人才需求必须主要依靠自主培养。第二，加大人才对外开放力度。要结合新形势加强人才国际交流。第三，用好用活各类人才。为各类人才搭建干事创业的平台，构建充分体现知识、技术等创新要素价值的收益分配机制，让事业激励人才，让人才成就事业。

最后，营造符合科技创新规律和人才成长规律的环境是做好人才工作的社会条件。全社会必须积极营造尊重人才、求贤若渴的社会环境，公正平等、竞争择优的制度环境，待遇适当、保障有力的生活环境，为人才心无旁骛钻研业务创造良好条件，在全社会营造鼓励大胆创新、勇于创新、包容创新的良好氛围。

第十一条 国家营造有利于科技创新的社会环境，鼓励机关、群团组织、企业事业单位、社会组织和公民参与和支持科学技术进步活动。

全社会都应当尊重劳动、尊重知识、尊重人才、尊重创造，形成崇尚科学的风尚。

◆ 条文主旨

本条是关于营造有利于科技创新的社会环境和形成崇尚科学的风尚的规定。

◆ 修改提示

本条是对原法第五条第二款和第三条第二款的修改。与原法条相比，一是将“机关、企业事业组织、社会团体和公民”改为

"机关、群团组织、企业事业单位、社会组织和公民"，之所以这样修改，主要原因是根据我国法人和机构类型的改革，其中，群团组织是人民团体和群众团体的统称（下同）。二是增加"营造有利于科技创新的社会环境"和"形成崇尚科学的风尚"的表述，强调营造有利于科技创新的环境和氛围，鼓励全社会参与和支持科学技术进步活动。

◆ 条文释义

一、营造有利于科技创新的社会环境

科技创新是全社会的活动，涉及各类创新主体。只有提升全社会的科技创新能力，调动全社会的创新积极性，科学技术才能实现可持续发展。要在全社会积极营造鼓励大胆创新、勇于创新、包容创新的良好氛围，既要重视成功，更要宽容失败，真正让创新在全社会蔚然成风。国家营造有利于科技创新的社会环境，鼓励全社会参与和支持科学技术进步活动。

有利于科技创新的社会环境主要包括：一是鼓励公平竞争的市场环境。创新必须经历市场竞争的考验，具有创新竞争力的企业常常会脱颖而出。需要制定规则，维护市场秩序，规制运用非正当手段排挤创新的企业。二是保护知识产权的法律环境。加大知识产权保护力度，让知识产权深入经济社会各个层面、各个领域，为知识定价，给创新赋权，让科技创新成果受到尊重，使创造活力竞相迸发。三是鼓励各创新主体参与的政策环境。完善各种激励创新的政策体系，建立以市场为导向、全民积极参与的多层次创新体系，鼓励和引导全社会的创新。四是鼓励创新创业的文化环境。创造鼓励创新、宽容失败的宽松环境。正确看待失败、宽容失败，培育创新意识，尊重科技创新所必需的自由精神。

二、尊重劳动、尊重知识、尊重人才、尊重创造

尊重劳动、尊重知识、尊重人才、尊重创造，是我国的一项长期方针。党的十六大报告指出“必须尊重劳动、尊重知识、尊重人才、尊重创造”，强调“这要作为党和国家的一项重大方针在全社会认真贯彻”。“四个尊重”方针，丰富发展了邓小平同志“尊重知识、尊重人才”思想。2013 年，习近平总书记在北京出席欧美同学会成立 100 周年庆祝大会时指出，“尊重劳动、尊重知识、尊重人才、尊重创造，是党和国家的一项长期方针”。2021 年 5 月 28 日，习近平总书记指出，“要在全社会营造尊重劳动、尊重知识、尊重人才、尊重创造的环境，形成崇尚科学的风尚，让更多的青少年心怀科学梦想、树立创新志向”。“四个尊重”原则的确立和实施，有利于营造全社会创新创业良好氛围，充分调动科学技术人员的积极性，加快我国科技进步和现代化建设进程；有利于全社会形成尊重劳动、尊重知识、尊重人才、尊重创造的社会风尚；有利于保护科学技术人员和科技创新的合法权益，完善以增加知识价值为导向的收入分配体系。

三、形成崇尚科学的风尚

知识作为科学的真理、文明的源泉，是人类改造自然、改造社会并同时改造人类自身的强大武器，也是社会文明和人类进步的表征。崇尚科学既是中华民族的传统美德，也是应当发扬光大的社会风尚。形成崇尚科学的风尚，要深入学习社会主义核心价值观，树立科学的世界观、人生观和价值观，坚定社会主义理想信念；要掌握科学的思想方法，弘扬科学精神，自觉抵制身边的迷信活动，用科学战胜迷信，用文明战胜愚昧；树立信科学、用科学的社会主义新风尚，增强辨别能力，在全社会形成崇尚科学文明、抵制各种歪理邪说的健康氛围。

第十二条 国家发展科学技术普及事业，普及科学技术知识，加强科学技术普及基础设施和能力建设，提高全体公民特别是青少年的科学文化素质。

科学技术普及是全社会的共同责任。国家建立健全科学技术普及激励机制，鼓励科学技术研究开发机构、高等学校、企业事业单位、社会组织、科学技术人员等积极参与和支持科学技术普及活动。

◆ 条文主旨

本条是关于促进科学技术普及工作发展的规定。

◆ 修改提示

本条是对原法第五条第一款的修改。与原法条相比，一是第一款增加“加强科学技术普及基础设施和能力建设”“特别是青少年的科学文化素质”；二是增加第二款。之所以这样修改，主要原因：一是强调通过科学技术普及基础设施，充分展示科学技术普及资源，促进科学技术知识向公众传播、普及；二是强调加强青少年科学技术普及的重要意义；三是与科学技术普及法相衔接，并为科学技术普及提供保障。

◆ 条文释义

一、科学技术普及事业的地位和作用

科学技术普及是普及科学技术知识、倡导科学方法、传播科学思想、弘扬科学精神的活动，是公益事业，是社会主义物质文明和精神文明建设的重要内容。发展科普事业是国家的长期任务。2009 年，习近平总书记参加全国科普日活动时指出，科技创新和科学普及是实现科技腾飞的两翼。要在全社会大力弘扬创新精神、

提高创新能力，为坚持走中国特色自主创新道路、建设创新型国家奠定坚实的群众基础。2016 年 5 月 30 日，习近平总书记强调，“科技创新、科学普及是实现创新发展的两翼，要把科学普及放在与科技创新同等重要的位置”。

党的十八大以来，我国科普工作取得显著成效，科普工作体系、基础设施和能力建设都取得了突出进展，公民科学素质快速提高，在创新型国家建设中发挥重要作用。但是与新时代新要求相比，还存在对科普工作重要性认识不到位，高质量科普产品和服务供给不足，市场作用发挥不充分，基层科普工作基础薄弱等问题。必须强化全社会共同参与科普的责任，明确各类主体共同推动科普发展的责任、义务和使命，推动公民接受科普教育、履行科普义务，最大限度地动员全社会广泛参与。

二、加强科学技术普及基础设施和能力建设

科学技术普及基础设施，作为国家公共服务体系和国家科学技术普及能力建设的重要组成部分，是科学技术普及工作的重要载体，也是为公众提供科普服务的重要平台。在一定程度上，科学技术普及基础设施的发展状况代表一个国家科学技术普及能力，对提升全民科学素养具有重要作用。科普基础设施主要包括科技类博物馆、基层科普设施、数字科技馆以及其他具备科普展示教育功能的场馆等。国家科普能力表现为一个国家向公众提供科普产品和服务的综合实力。主要包括科普创作、科技传播渠道、科学教育体系、科普工作社会组织网络、科普人才队伍以及政府科普工作宏观管理等方面。加强国家科普能力建设，提高公民科学素质是增强自主创新能力的重要基础，是推进科技强国建设的重要保障。

三、提高全体公民特别是青少年的科学文化素质

科学素质是国民素质的重要组成部分，是社会文明进步的基础。公民具备科学素质是指崇尚科学精神，树立科学思想，掌握基本科学方法，了解必要科技知识，并具有应用其分析判断事物和解决实际问题的能力。提升科学素质，对于公民树立科学的世界观和方法论，对于增强国家自主创新能力和文化软实力、建设社会主义现代化强国，具有十分重要的意义。《全民科学素质行动规划纲要（2021—2035 年）》提出，2025 年我国公民具备科学素质的比例超过 15%，各地区、各人群科学素质发展不均衡明显改善；2035 年我国公民具备科学素质的比例达到 25%，城乡、区域科学素质发展差距显著缩小，为进入创新型国家前列奠定坚实社会基础。

要提高全体公民的科学文化素质，其中提高青少年的科学文化素质显得尤为重要。青少年是祖国的未来，是中华民族的希望。2020 年，习近平总书记在科学家座谈会上指出，“好奇心是人的天性，对科学兴趣的引导和培养要从娃娃抓起，使他们更多了解科学知识，掌握科学方法，形成一大批具备科学家潜质的青少年群体”。青少年的科学文化素质必须从小培养。要激发青少年的好奇心和想象力，增强科学兴趣、创新意识和创新能力，培育一大批具备科学家潜质的青少年群体，为加快建设科技强国夯实人才基础。要通过完善基础教育阶段的科学教育，提高学校科学教育质量，开展多种形式的科普活动和社会实践，使未成年人对科学的兴趣明显增强，引导未成年人树立科学意识、崇尚科学精神，养成运用科学知识和方法思考、解决问题的习惯。不断完善基础教育中的科学教育。鼓励普通高中开设科学教育选修课和通用技术课程，支持开展研究型学习、社区服务和社会实践活动，推进高中阶段的科学教育。

四、科学技术普及是全社会的共同责任

科普覆盖了经济建设、科学技术、教育文化、人民生活的方方面面，与党组织有关部门、众多政府行政部门、企业、各类社会组织乃至每个公民都有密切关系。因此，需要社会方方面面共同参与、共同完成，是全社会的共同责任：各级党委和政府要切实履行科普工作领导责任；各行业主管部门要切实履行科普行政管理责任；各级科学技术协会要切实发挥科普工作主要社会力量作用；各类学校和科研机构要强化科普工作责任意识，加强科学教育，加强科普与科研结合；各类企业要切实履行科普社会责任；各类媒体要切实发挥传播渠道重要作用，增加科普内容；广大科技工作者要切实增强科普责任感和使命感；公民要自觉接受科普，自觉抵制伪科学、反科学等不良现象。

五、建立健全科学技术普及激励机制

《中华人民共和国科学技术普及法》规定了科学技术普及的保障措施：各级人民政府应当将科普经费列入同级财政预算，逐步提高科普投入水平，保障科普工作顺利开展。各级人民政府有关部门应当安排一定的经费用于科普工作。国家支持科普工作，依法对科普事业实行税收优惠。科普组织开展科普活动、兴办科普事业，可以依法获得资助和捐赠。国家鼓励境内外的社会组织和个人设立科普基金，用于资助科普事业。国家鼓励境内外的社会组织和个人捐赠财产资助科普事业；对捐赠财产用于科普事业或者投资建设科普场馆、设施的，依法给予优惠。各级人民政府、科学技术协会和有关单位都应当支持科普工作者开展科普工作，对在科普工作中做出重要贡献的组织和个人，予以表彰和奖励。随着科技创新和科普工作的发展，对于科学技术普及的激励将进一步加强。

第十三条 国家制定和实施知识产权战略，建立和完善知识产权制度，营造尊重知识产权的社会环境，保护知识产权，激励自主创新。

企业事业单位、社会组织和科学技术人员应当增强知识产权意识，增强自主创新能力，提高创造、运用、保护、管理和服务知识产权的能力，提高知识产权质量。

◆ **条文主旨**

本条是关于制定实施知识产权战略、增强知识产权意识的规定。

◆ **修改提示**

本条是对原法第七条的修改。与原法条相比，主要是在第二款中增加“社会组织”，将“提高运用、保护和管理知识产权的能力”修改为“提高创造、运用、保护、管理和服务知识产权的能力”，并增加“提高知识产权质量”。之所以这样修改，主要原因：一是社会组织已成为知识产权发展中的重要主体；二是强化知识产权全链条保护，打通知识产权创造、运用、保护、管理和服务全链条；三是明确提高知识产权质量的发展目标，推动知识产权发展从追求数量向提高质量转变。

◆ **条文释义**

一、国家制定和实施知识产权战略

2008 年国务院颁布《国家知识产权战略纲要》，知识产权上升为国家战略。《国家知识产权战略纲要》提出，“大幅度提升我国知识产权创造、运用、保护和管理能力，为建设创新型国家和全面建设小康社会提供强有力支撑”。进入新发展阶段，推动高质量发展是保持经济持续健康发展的必然要求，创新是引领发展的第一动力，知识产权作为国家发展战略性资源和国际竞争力核心要素的作用更加凸显。2021 年，中共中央、国务院印发了《知识产权强国建设纲要（2021—2035 年）》，明确提出实施知识产权强国战略，以推动高质量发展为主题，以深化供给侧结构性改革为主线，以改革创新为根本动力，以满足人民日益增长的美好生活需要为根本目的，立足新发展阶段，贯彻新发展理念，构建新发展格局，牢牢把握加强知识产权保护是完善产权保护制度最重要的内容和提高国家经济竞争力最大的激励，打通知识产权创造、运用、保护、管理和服务全链条，更大力度加强知识产权保护国际合作，建设制度完善、保护严格、运行高效、服务便捷、文化自觉、开放共赢的知识产权强国，为建设创新型国家和社会主义现代化强国提供坚实保障；到2025年，知识产权强国建设取得明显成效，到2035年，我国知识产权综合竞争力跻身世界前列，中国特色、世界水平的知识产权强国基本建成。

二、建立和完善知识产权制度

按照《知识产权强国建设纲要（2021—2035年）》的要求，要建设面向社会主义现代化的知识产权制度。（1）构建门类齐全、结构严密、内外协调的法律体系。（2）构建职责统一、科学规范、服务优良的管理体制。持续优化管理体制机制，加强中央在知识产权保护的宏观管理、区域协调和涉外事宜统筹等方面事权，不断加强机构建设，提高管理效能。构建政府监管、社会监督、行业自律、机构自治的知识产权服务业监管体系。（3）构建公正合理、评估科学的政策体系。（4）构建响应及时、保护合理的新兴领域和特定领域知识产权规则体系。建立健全新技术、新产业、新业态、新模式知识产权保护规则。探索完善互联网领域知识产权保护制度。

三、营造尊重知识产权的社会环境

按照《知识产权强国建设纲要（2021—2035年）》的要求，要建设促进知识产权高质量发展的人文社会环境。加强教育引导、实践养成和制度保障，培养公民自觉尊重和保护知识产权的行为习惯，自觉抵制侵权假冒行为。引导企业自觉履行尊重和保护知识产权的社会责任。厚植公平竞争的文化氛围，培养新时代知识产权文化自觉和文化自信，推动知识产权文化与法治文化、创新文化和公民道德修养融合共生、相互促进。

四、保护知识产权

习近平总书记在中央政治局第二十五次集体学习时强调，创新是引领发展的第一动力，保护知识产权就是保护创新。我们必须从国家战略高度和进入新发展阶段要求出发，全面加强知识产权保护工作，促进建设现代化经济体系，激发全社会创新活力，推动构建新发展格局。按照《知识产权强国建设纲要（2021—2035年）》的要求，要建设支撑国际一流营商环境的知识产权保护体系。一是健全公正高效、管辖科学、权界清晰、系统完备的司法保护体制。实施高水平知识产权审判机构建设工程，加强审判基础、体制机制和智慧法院建设。二是健全便捷高效、严格公正、公开透明的行政保护体系。依法科学配置和行使有关行政部门的调查权、处罚权和强制权。三是健全统一领导、衔接顺畅、快速高效的协同保护格局。坚持党中央集中统一领导，实现政府履职尽责、执法部门严格监管、司法机关公正司法、市场主体规范管理、行业组织自律自治、社会公众诚信守法的知识产权协同保护。实施知识产权保护体系建设工程。明晰行政机关与司法机关的职责权限和管辖范围，健全知识产权保护与司法保护衔接机制，形成保护合力。

五、提高创造、运用、保护、管理和服务知识产权的能力

党的十九大报告指出，要强化知识产权创造、保护、运用。《国家知识产权战略纲要》提出，大幅度提升我国知识产权创造、运用、保护和管理能力，为建设创新型国家和全面建设小康社会提供强有力支撑。《知识产权强国建设纲要（2021—2035年）》

提出实施知识产权强国战略，打通知识产权创造、运用、保护、管理和服务全链条。要综合运用法律、行政、经济、技术、社会治理等多种手段，从审查授权、行政执法、司法保护、仲裁调解、行业自律、公民诚信等环节完善保护体系，加强协同配合，构建大保护工作格局。要打通知识产权创造、运用、保护、管理、服务全链条，健全知识产权综合管理体制，增强系统保护能力。要统筹做好知识产权保护、反垄断、公平竞争审查等工作，促进创新要素自主有序流动、高效配置。要形成便民利民的知识产权公共服务体系，让创新成果更好惠及人民。要加强知识产权信息化、智能化基础设施建设，推动知识产权保护线上线下融合发展。要鼓励建立知识产权保护自律机制，推动诚信体系建设。要加强知识产权保护宣传教育，增强全社会尊重和保护知识产权的意识。

六、提高知识产权质量

知识产权质量关系到国家安全、科技安全、科技创新健康稳定发展。2012 年我国成为世界第一专利申请来源国，但在专利质量方面仍有较大的提升空间。此次修法明确从追求知识产权数量向提高知识产权质量转变，知识产权事业高质量发展将为构建新发展格局提供有力支撑。强化知识产权创造，以提高核心竞争力为目标，培育有创新的高质量知识产权。《中华人民共和国国民经济和社会发展第十四个五年规划和 2035 年远景目标纲要》提出，更好保护和激励高价值专利，并首次将“每万人口高价值发明专利拥有量”纳入经济社会发展主要指标，明确到 2025 年达到 12 件的预期目标。

第十四条　国家建立和完善有利于创新的科学技术评价制度。

科学技术评价应当坚持公开、公平、公正的原则，以科技创新质量、贡献、绩效为导向，根据不同科学技术活动的特点，实行分类评价。

◆ **条文主旨**

本条是关于科学技术评价制度的规定。

◆ **修改提示**

本条是对原法第八条的修改。与原法条相比，一是在第一款中将“有利于自主创新的科学技术评价”修改为“有利于创新的科学技术评价”；二是将第二款中“公平、公正、公开”改为“公开、公平、公正”，并明确“科技创新质量、贡献、绩效”的评价导向。之所以这样修改，主要原因是从对创新成果的所有性质评价转变为对创新活动本身的评价，科技评价的目标服从创新驱动发展的需要，并全面准确反映科技创新水平、转化应用绩效和对经济社会发展的实际贡献。

◆ **条文释义**

一、建立和完善有利于创新的科学技术评价制度

科技评价是科技活动的指挥棒，对科技事业的健康发展起着至关重要的作用，关系到科研人员和机构的切身利益，一直为科技界高度关注。当前，在我国科技评价活动中，还存在一些不符合人才成长和科研规律的问题，广大科研人员反映强烈，要求从体制机制上进行改革。2018 年，中共中央办公厅、国务院办公厅印发《关于深化项目评审、人才评价、机构评估改革的意见》，要求改革科技评价制度，建立以科技创新质量、贡献、绩效为导向的分类评价体系，减轻科技人员负担，激发创新活力，提出了四个方面十八项政策措施。其中，在改进科技人才评价方式方面，针对人才“帽子叠加”、标准“一刀切”、评用脱节等突出问题，提出了统筹人才计划、强化用人单位主体地位、加大人才稳定支持等改革举措。此次改革立足于科技创新规律和人才成长规律，体现了尊重客观规律的求实精神。

科技评价改革工作在全国范围内广泛开展，取得了积极进展与成效。一是科研项目评审管理机制不断优化。国家重点研发计划建立了多方参与的指南论证机制并定期发布，不再将发表论文、获得专利、荣誉性头衔、承担项目和获奖等作为申请项目的限制性条件；国家自然科学基金委启动原创探索计划项目的实施工作。二是科技人才评价改革扎实开展。终止“国家百千万人才工程”等六项人才项目，减少重复支持；坚决扭转人才评价中“唯论文”科研评价导向，出台《关于破除科技评价中“唯论文”不良导向的若干措施（试行）》《关于规范高等学校 SCI 论文相关指标使用树立正确评价导向的若干意见》；分类推进人才评价改革，出台自然科学、工程技术人才职称制度改革文件。三是科研机构评估制度逐步落地。启动中央级科研事业单位章程制定工作，在 19 家高校、25 家科研院所试点扩大高校和科研院所自主权，赋予创新领军人才更大人财物支配权、技术路线决策权；积极稳妥推进中央级科研事业单位绩效评价。

二、关于科学技术评价的原则和导向

公开、公平、公正是科学技术评价应当坚持的重要原则。《关于深化项目评审、人才评价、机构评估改革的意见》指出，要客观、真实、准确反映不同评价对象的实际情况，进一步提高科技评价活动的公开性和开放性，保证评价工作的独立性和公正性，确保评价结果的科学性和客观性。例如，在项目评审中，要保证项目评审公开、公平、公正，建立公正、科学、明确的项目评审工作规则，并在评审前公布。按照不同立项方式，采取相应的评审程序和方法，同一轮次实行同一种评审方法，避免评审结果出现歧义。推行视频评审、电话录音、评审结果反馈、立项公示等措施，实现评审全过程的可申诉、可查询、可追溯。允许项目申报人在评审前提出回避单位及个人。建立项目负责人科研背景核查制度，对立项公示期间存在异议的项目负责人开展科研业绩、经历、诚信情况调查，确保符合项目要求。不同类别国家科技计划应根据实际情况，在项目申报和评审中，综合考虑负责人和团队实际能力以及项目要求，不把发表论文、获得专利、荣誉性头衔、承担项目、获奖等情况作为限制性条件。探索建立对重大原创性、颠覆性、交叉学科创新项目等的非常规评审机制。

科学技术评价要以科技创新质量、贡献、绩效为导向。习近平总书记在2016年指出："要改革科技评价制度，建立以科技创新质量、贡献、绩效为导向的分类评价体系，正确评价科技创新成果的科学价值、技术价值、经济价值、社会价值、文化价值。"《关于深化项目评审、人才评价、机构评估改革的意见》提出改革科技评价制度，建立以科技创新质量、贡献、绩效为导向的分类评价体系。本法强调科学技术评价应当坚持以科技创新质量、贡献、绩效为导向，全面准确反映科技创新水平、转化应用绩效和对经济社会发展的实际贡献，着力强化成果高质量供给与转化应用。

三、实行分类评价

不同的科学技术活动具有不同的形式、内容、目的和特点，实行统一的评价标准显然无法科学准确评价科学技术活动的价值，因此，要根据不同科学技术活动的特点实行分类评价。《关于深化项目评审、人才评价、机构评估改革的意见》指出，要针对自然科学、哲学社会科学、军事科学等不同学科门类特点，建立分类评价指标体系和评价程序规范。基础前沿研究突出原创导向，以同行评议为主；社会公益性研究突出需求导向，以行业用户和社会评价为主；应用技术开发和成果转化评价突出企业主体、市场导向，以用户评价、第三方评价和市场绩效为主。

针对我国人才评价中存在的分类评价不足、评价标准单一、评价手段趋同、评价社会化程度不高、用人主体自主权落实不够等突出问题，2018 年 2 月，中共中央办公厅、国务院办公厅印发的《关于分类推进人才评价机制改革的指导意见》中强调，要实行分类评价，以职业属性和岗位要求为基础，健全科学的人才分类评价体系。根据不同职业、不同岗位、不同层次人才特点和职责，坚持共通性与特殊性、水平业绩与发展潜力、定性与定量评价相结合，分类建立健全涵盖品德、知识、能力、业绩和贡献等要素，科学合理、各有侧重的人才评价标准。对主要从事基础研究的人才，着重评价其提出和解决重大科学问题的原创能力、成果的科学价值、学术水平和影响等。对主要从事应用研究和技术开发的人才，着重评价其技术创新与集成能力、取得的自主知识产权和重大技术突破、成果转化、对产业发展的实际贡献等。对从事社会公益研究、科技管理服务和实验技术的人才，重在评价考核工作绩效，引导其提高服务水平和技术支持能力。

2021 年 7 月，《国务院办公厅关于完善科技成果评价机制的指导意见》指出，针对科技成果具有多元价值的特点，科学确定评价标准，开展多层次差别化评价，提高成果评价的标准化、规范化水平，解决分类评价体系不健全以及评价指标单一化、标准定量化、结果功利化的问题。基础研究成果以同行评议为主，鼓励国际“小同行”评议，推行代表作制度，实行定量评价与定性评价相结合。应用研究成果以行业用户和社会评价为主，注重高质量知识产权产出，把新技术、新材料、新工艺、新产品、新设备样机性能等作为主要评价指标。不涉及军工、国防等敏感领域的技术开发和产业化成果，以用户评价、市场检验和第三方评价为主，把技术交易合同金额、市场估值、市场占有率、重大工程或重点企业应用情况等作为主要评价指标。探索建立重大成果研发过程回溯和阶段性评估机制，加强成果真实性和可靠性验证，合理评价成果研发过程性贡献。

第十五条 国务院领导全国科学技术进步工作，制定中长期科学和技术发展规划、科技创新规划，确定国家科学技术重大项目、与科学技术密切相关的重大项目。中长期科学和技术发展规划、科技创新规划应当明确指导方针，发挥战略导向作用，引导和统筹科技发展布局、资源配置和政策制定。

县级以上人民政府应当将科学技术进步工作纳入国民经济和社会发展规划，保障科学技术进步与经济建设和社会发展相协调。

地方各级人民政府应当采取有效措施，加强对科学技术进步工作的组织和管理，优化科学技术发展环境，推进科学技术进步。

◆ 条文主旨

本条是关于国务院和地方各级人民政府科学技术进步工作职能的规定。

◆ 修改提示

本条是对原法第十条的修改。与原法条相比，一是在第一款增加“中长期科学和技术发展规划、科技创新规划应当明确指导方针，发挥战略导向作用，引导和统筹科技发展布局、资源配置和政策制定”；二是在第二款增加“县级以上人民政府应当将科学技术进步工作纳入国民经济和社会发展规划”；三是在第三款增加“加强对科学技术进步工作的组织和管理，优化科学技术发展环境”。这样修改，进一步明确国务院、县级以上人民政府以及地方各级人民政府关于科学技术进步工作的职能。

◆ **条文释义**

一、关于国务院科学技术进步工作职能

根据宪法规定，国务院行使领导和管理全国科学技术进步工作的职权。《中华人民共和国宪法》第八十九条第七项规定，国务院领导和管理教育、科学、文化、卫生、体育和计划生育工作。国务院统一领导全国的科学技术进步工作，可以超越部门和地方的局限性，打破行业、产业界限，统筹各地区的科学技术进步，防止各地区、各部门各自为政，重复建设。

此次修法进一步明确了国务院制定中长期科学和技术发展规划、科技创新规划，确定国家科学技术重大项目、与科学技术密切相关的重大项目。国家中长期科学和技术发展规划是国务院组织制定的对较长一段时间内的科学和技术发展进行全面规划与部署的纲领性文件；国家科技创新规划是国务院组织制定的对国家未来五年科技创新的具体规划，是国家在科技创新领域的重点专项规划；国家科学技术重大项目是指对提升我国创新能力、促进经济建设和社会发展、保障国家安全和增强综合国力等具有重大战略意义的科学技术项目；与科学技术密切相关的重大项目是指那些虽然本身不是科学技术项目，但是与科学技术项目密切相关的重大项目。

二、将科学技术进步工作纳入国民经济和社会发展规划

将科学技术进步工作纳入相应的国民经济和社会发展规划，既是国务院的职责，也是县级以上地方各级人民政府的职责。国民经济和社会发展规划明确经济社会发展总体目标、主要任务和重大举措，是市场主体的行为导向，是政府履行职责的重要依据。将科学技术进步工作纳入国民经济和社会发展规划，可以在人力、物力、财力上对科学技术进步工作予以保障，使科学技术进步工作落到实处，同时还可以保障科学技术进步与经济建设和社会发展相协调。《中华人民共和国国民经济和社会发展第十四个五年规划和2035年远景目标纲要》专设“坚持创新驱动发展 全面塑造发展新优势”篇对科学技术进步工作作出规定，提出：强化国家战略科技力量，整合优化科技资源配置，加强原创性引领性科技攻关，持之以恒加强基础研究，建设重大科技创新平台；提升企业技术创新能力，激励企业加大研发投入，支持产业共性基础技术研发，完善企业创新服务体系；激发人才创新活力，培养造就高水平人才队伍，激励人才更好发挥作用，优化创新创业创造生态；完善科技创新体制机制，深化科技管理体制改革，健全知识产权保护运用体制，积极促进科技开放合作。

三、关于地方各级人民政府科学技术进步工作职责

地方各级人民政府负责管理本行政区域内的科学技术进步等行政工作。本次修法增设区域科技创新专章，强调地方各级人民政府应在优化科学技术发展环境、推进科学技术进步方面发挥更大作用。地方各级人民政府应当根据国务院部署，结合当地情况，采取有效措施，完善科学技术进步工作组织体系建设，强化科学技术进步工作的机构建设和人员保障，加强科学技术进步与其他工作的统筹协调。

第十六条 国务院科学技术行政部门负责全国科学技术进步工作的宏观管理、统筹协调、服务保障和监督实施；国务院其他有关部门在各自的职责范围内，负责有关的科学技术进步工作。

县级以上地方人民政府科学技术行政部门负责本行政区域的科学技术进步工作；县级以上地方人民政府其他有关部门在各自的职责范围内，负责有关的科学技术进步工作。

◆ **条文主旨**

本条是关于科学技术行政部门以及其他有关部门在科学技术进步工作中职能的规定。

◆ **修改提示**

本条是对原法第十一条的修改。与原法条相比，主要是在第一款中增加“服务保障和监督实施”。之所以这样修改，主要原因是加强、优化、转变政府科技管理和服务职能，加强事中事后监管和科研诚信建设。

◆ **条文释义**

一、关于国务院科学技术行政部门的职责

根据党的十九届三中全会审议通过的《中共中央关于深化党和国家机构改革的决定》《深化党和国家机构改革方案》和十三届全国人大一次会议批准的《国务院机构改革方案》，重新组建科学技术部，作为国务院组成部门。科学技术部负责全国科学技术进步工作的宏观管理、统筹协调、服务保障和监督实施，包括拟订国家创新驱动发展战略方针以及科技发展、引进国外智力规划和政策并组织实施，统筹推进国家创新体系建设和科技体制改革等，围绕贯彻实施科教兴国战略、人才强国战略、创新驱动发展战略，加强、优化、转变政府科技管理和服务职能。

二、关于国务院其他有关部门的职责

除国务院科学技术行政部门外，国务院其他有关部门在各自的职责范围内，负责有关的科学技术进步工作。例如，教育部根据职责分工，负责规划、指导高等学校的自然科学和哲学、社会科学研究，协调、指导高等学校参与国家创新体系建设和承担国家科技重大专项等各类科技计划的实施工作，指导高等学校科技创新平台的发展建设，指导教育信息化和产学研结合等工作。再如，农业农村部负责推动农业科技体制改革和农业科技创新体系建设，指导农业产业技术体系和农技推广体系建设，组织开展农业领域的高新技术和应用技术研究、科技成果转化和技术推广等工作。

三、关于县级以上地方人民政府部门的职责

县级以上地方人民政府科学技术行政部门负责本行政区域的科学技术进步工作；县级以上地方人民政府其他有关部门在各自的职责范围内，负责有关的科学技术进步工作。在地方，县级以上地方各级人民政府设立的科学技术行政部门，如科学技术局、科学技术厅、科学技术委员会等，负责本行政区域的科学技术进步工作，县级以上地方人民政府的其他有关部门，如教育行政部门、卫生行政部门等，在各自的职责范围内，负责有关的科学技术进步工作。县级以上地方各级人民政府所属部门的具体职责由本级人民政府在“三定方案”中依法划定。

由于我国目前的科技管理体制是多部门共同负责的体制，为避免出现条块分割、各自为政的局面，各级科技管理部门应当加强部门之间、地方之间、部门与地方之间的统筹协调，切实提高整合科技资源、组织重大科技活动的能力；同时，加快职能转变，推进依法行政，提高管理能力和服务水平。

第十七条 国家建立科学技术进步工作协调机制，研究科学技术进步工作中的重大问题，协调国家科学技术计划项目的设立及相互衔接，协调科学技术资源配置、科学技术研究开发机构的整合以及科学技术研究开发与高等教育、产业发展相结合等重大事项。

◆ **条文主旨**

本条是关于科学技术进步工作协调机制的规定。

◆ **修改提示**

本条是对原法第十二条的修改。与原法条相比，主要是去掉“国家科学技术基金”和“军用与民用”，之所以这样修改，主要原因：一是在2014年国家科技计划进行改革并形成新的国家科技计划体系后，科学技术基金项目已经统一纳入国家科技计划（专项、基金等）体系。本法将统一使用“国家科学技术计划”的表述，删除“国家科学技术基金”的表述（下同）。二是扩展科学技术资源协调配置的范围，更准确地表达科学技术进步工作协调的内容。

◆ **条文释义**

一、关于科学技术进步工作协调机制

2018年3月，中共中央印发了《深化党和国家机构改革方案》，将中央全面深化改革领导小组改为中央全面深化改革委员会。其职能是：事关国家发展全局的重大科技制度和改革举措，由中央全面深化改革委员会进行顶层设计、总体布局、统筹协调、整体推进、督促落实。在党中央的领导下，我国在多个层面建立了跨部门协调机制，在科学技术进步工作中发挥重要作用。

1998 年，为加强对科技、教育工作的宏观指导和对科技重大事项的协调，我国成立国家科技教育领导小组。2018 年，按照深化党和国家机构改革统一部署，国务院决定将国家科技教育领导小组调整为国家科技领导小组，组长由国务院总理担任，副组长由分管科技工作的国务院副总理担任，成员包括发展改革委、教育部、科技部、工业和信息化部、财政部、中国科学院、中国工程院、中国科协等部门和单位的主要负责同志。其职能是：研究、审议国家科技发展战略、规划及重大政策；讨论、审议国家重大科技任务和重大项目；协调国务院各部门之间及部门与地方之间涉及科技的重大事项。

国务院专门成立了由 26 个部门和单位组成的国家科技体制改革和创新体系建设领导小组，负责组织领导科技体制改革和创新体系建设工作，审议相关重大政策措施，统筹协调有关重大问题，总结推广工作经验。国家科技体制改革和创新体系建设领导小组办公室设在科技部，承担领导小组日常工作。

2014 年 12 月，国务院印发《关于深化中央财政科技计划（专项、基金等）管理改革的方案》，建立由科技部牵头，财政部、发展改革委等相关部门参加的科技计划（专项、基金等）管理部际联席会议制度，制定议事规则，负责审议科技发展战略规划、科技计划（专项、基金等）的布局与设置、重点任务和指南、战略咨询与综合评审委员会的组成、专业机构的遴选择优等事项。此外，科技部与其他部门等建立了多个部门协调机制，促进科学技术与相关领域工作的统筹协调。

二、关于科学技术进步工作协调机制的主要内容

科学技术进步工作协调机制主要协调以下内容：

研究科学技术进步工作中的重大问题，如国家科技发展战略、规划及重大政策等。2018 年 12 月 6 日，国家科技领导小组第一次全体会议，研究国家科技发展战略规划、促进创新开放合作，推动落实赋予科研机构和人员更大自主权政策。

协调科学技术资源配置。以科技计划方式支持科学研究和技术创新是国际通行做法。2014 年，国务院印发的《关于深化中央财政科技计划（专项、基金等）管理改革的方案》提出，要构建总体布局合理、功能定位清晰、具有中国特色的科技计划（专项、基金等）体系；建立部际联席会议制度，依托专业机构管理项目，发挥战略咨询与综合评审委员会的作用，建立统一的评估和监管机制和动态调整机制。

协调科学技术研究开发机构的整合。经过多年改革与发展，我国已经培育了一批高水平的科研机构，形成从事基础研究、前沿技术研究、社会公益研究和应用技术研发的科研机构布局。与此同时，我国科研机构布局还存在着条块分割、机构重复、布局不合理等问题，存在着同类科研机构在同一地区重复设置、在同一系统逐级设置、在不同系统分别设置的现象。不同地区、不同系统的科研机构缺乏必要的集中协调，不利于科技资源配置效率的提升。为了解决科研机构布局存在的问题，需要加强协调机制，推动对科研机构的整合。

科学技术进步工作协调机制在统筹科学技术资源配置、解决重大科学技术问题等方面起着重要作用，可以促进科学技术与经济社会发展的深度融合，对于推动科学技术进步具有重要意义。

第十八条 每年5月30日为全国科技工作者日。

国家建立和完善科学技术奖励制度，设立国家最高科学技术奖等奖项，对在科学技术进步活动中做出重要贡献的组织和个人给予奖励。具体办法由国务院规定。

国家鼓励国内外的组织或者个人设立科学技术奖项，对科学技术进步活动中做出贡献的组织和个人给予奖励。

◆ 条文主旨

本条是关于全国科技工作者日和科技奖励的规定。

◆ 修改提示

本条是对原法第十五条的修改。与原法条相比，一是增加第一款“全国科技工作者日”；二是在第二款增加“设立国家最高科学技术奖等奖项”；三是在第三款中增加“做出贡献的组织和个人”。之所以这样修改，主要原因：一是在法律层面上明确全国科技工作者日；二是明确设立国家最高科学技术奖等奖项；三是明确鼓励国内外的组织或者个人设立科学技术奖项，奖励的对象是做出突出贡献的组织和个人。

◆ 条文释义

一、设立科技工作者日

2016年5月30日，在全国科技创新大会、两院院士大会、中国科协第九次全国代表大会上，习近平总书记发表重要讲话，发出向世界科技强国进军的号召。此次会议在全社会引起强烈反响，树立了我国科技发展史上一座新的里程碑，极大地鼓舞了我国广大科技工作者的创新热情，在实现“中国梦”的伟大实践中具有划时代的重要意义。为纪念这一有着重大历史意义的事件，鼓励广大科技工作者牢记使命责任，创新报国，引领发展，国务院2016年11月批准将每年的5月30日定为“全国科技工作者日”。

此次修改将全国科技工作者日在法律中予以明确，充分体现了党和国家对科技创新特别是对科技工作者的高度重视，对广大科技工作者奋发图强、勇攀高峰，取得一系列重要成果的充分肯定，也是对科技工作者砥砺前行、不断创新，更好地服务于经济社会发展、国家安全和人类可持续发展的激励和期待。

二、建立和完善国家科学技术奖励制度

为了奖励在科学技术进步活动中做出突出贡献的个人、组织，调动科学技术工作者的积极性和创造性，建设创新型国家和世界科技强国，国家建立和完善科学技术奖励制度。国务院1999年制定了《国家科学技术奖励条例》，并先后于2003年、2013年、2020年三次修订。根据条例规定，国务院设立国家最高科学技术奖、国家自然科学奖、国家技术发明奖、国家科学技术进步奖、中华人民共和国国际科学技术合作奖。在此次科学技术进步法修订草案审议过程中，有意见提出，国家最高科学技术奖由中华人民共和国国务院于1999年设立，是五个国家科学技术奖中最高等级的奖项，授予在当代科学技术前沿取得重大突破或者在科学技术发展中有卓越建树，在科学技术创新、科学技术成果转化和高技术产业化中创造巨大经济效益、社会效益、生态环境效益或者对维护国家安全做出巨大贡献的科学技术工作者，由国家主席签署并颁发证书和奖金。该项奖励对激励自主创新、激发人才活力、营造崇尚科学风尚发挥了重要作用。为了突出体现国家最高科学技术奖的荣誉性和崇高性，在法律中明确规定“设立国家最高科学技术奖等奖项”。

根据《国家科学技术奖励条例》规定，国家科学技术奖应当与国家重大战略需要和中长期科技发展规划紧密结合。国家加大对自然科学基础研究和应用基础研究的奖励。国家自然科学奖应当注重前瞻性、理论性，国家技术发明奖应当注重原创性、实用性，国家科学技术进步奖应当注重创新性、效益性。条例还对有关奖项的提名、评审和授予等作了明确规定。国家科学技术奖实行提名制度，不受理自荐。国务院科学技术行政部门应当建立覆盖各学科、各领域的评审专家库，并及时更新。评审活动应当坚持公开、公平、公正的原则。国家科学技术奖励委员会根据评审委员会的建议和监督委员会的报告，作出各奖种获奖者和奖励等级的决议。国家科学技术奖提名和评审的办法、奖励总数、奖励结果等信息应当向社会公布，接受社会监督。涉及国家安全的保密项目，应当严格遵守国家保密法律法规的有关规定，加强项目内容的保密管理，在适当范围内公布。

除国家科学技术奖外，有关部门根据国家安全领域的特殊情况，可以设立部级科学技术奖；省、自治区、直辖市、计划单列市人民政府可以设立一项省级科学技术奖。具体办法由设奖部门或者地方人民政府制定，并报国务院科学技术行政部门及有关单位备案。设立省部级科学技术奖，应当按照精简原则，严格控制奖励数量，提高奖励质量，优化奖励程序。其他国家机关、群众团体，以及参照公务员法管理的事业单位，不得设立科学技术奖。

三、鼓励社会科技奖励

社会力量设立科学技术奖项是我国科学技术奖励体系的重要组成部分。为充分发挥社会科技奖励在激励科技创新中的积极作用，国家鼓励国内外的组织或者个人设立科学技术奖项，对在科学技术进步活动中做出贡献的组织和个人给予奖励，构建既符合科技发展规律又适应我国国情的社会科技奖励制度。

社会力量设立科学技术奖，一是要坚持依法办奖，设立社会科技奖励的组织或个人必须遵守宪法、法律、法规、规章，遵守我国科学技术政策和人才政策；所设奖励应符合社会公德和科学伦理，有利于科学技术进步和人类社会的发展；所设奖励不得泄露国家秘密、危害国家安全。二是要坚持公益为本，社会科技奖励应坚持公益性、非营利性原则，坚持以促进学科发展或行业科技进步为目的，严禁商业炒作行为，不得使用国家财政性经费，不得以任何形式收取或变相收取评选对象的任何费用。三是要坚持诚实守信，社会科技奖励应加强自律、诚实守信，如实向社会公开奖励相关信息，不得进行虚假宣传，不得仅使用简称或擅自变更奖励名称，误导社会公众。

第二章 基础研究

第十九条 国家加强基础研究能力建设，尊重科学发展规律和人才成长规律，强化项目、人才、基地系统布局，为基础研究发展提供良好的物质条件和有力的制度保障。

国家加强规划和部署，推动基础研究自由探索和目标导向有机结合，围绕科学技术前沿、经济社会发展、国家安全重大需求和人民生命健康，聚焦重大关键技术问题，加强新兴和战略产业等领域基础研究，提升科学技术的源头供给能力。

国家鼓励科学技术研究开发机构、高等学校、企业等发挥自身优势，加强基础研究，推动原始创新。

◆ 条文主旨

本条是关于国家加强基础研究能力建设，规划和部署基础研究发展方向以及推动创新主体开展基础研究的规定。

◆ 修改提示

本条是新增法条。

◆ 条文释义

基础研究是一种不预设任何特定应用或使用目的的实验性或

理论性工作，其主要目的是获得（已发生）现象和可观察事实的基本原理、规律和新知识。基础研究的成果通常表现为提出一般原理、理论或规律，并以论文、著作、研究报告等为主要表现形式。基础研究包括三个方面：以认识自然现象、揭示客观规律为主要目的的探索性研究；以解决国民经济社会发展以及科学自身发展提出的重大科学问题为目的的定向性研究；对基本科学数据、资料和信息系统地进行考察、采集、鉴定，并进行评价和综合分析的基础性研究工作。本条从宏观层面提出了国家发展基础研究的新要求，明确了国家在推动基础研究发展方面的总体责任。

一、加强基础研究能力建设

基础研究是整个科学体系的源头，是所有技术问题的总机关。基础研究对于科学技术发展具有重要意义，基础研究的每一次重大突破都会催生一系列新技术、新发明，推动科学和技术产生革命性突破，促进经济社会发展，深刻改变人类生产生活方式。世界主要发达国家普遍强化基础研究战略部署。经过多年发展，我国基础科学研究取得长足进步，但与建设世界科技强国的要求相比，我国基础研究基础能力建设不足主要体现在重大原始创新成果缺乏、顶尖基础研究人才和团队匮乏、全社会支持基础研究的环境需要进一步优化等方面。

加强基础研究能力建设要尊重科学发展规律和人才发展规律，是指尊重科学研究灵感瞬间性、方式随意性、路径不确定性的特点，尊重科技工作者主体性，为科研人员提供长期稳定支持，保障科研人员科研工作时间，提倡学术民主、自由探索、鼓励创新、宽容失败的科研环境，使他们集中精力、心无旁骛、安心钻研，才能更有利于实现基础研究的创新和突破。

加强基础研究能力要强化项目、人才、基地系统布局。项目、人才、基地是现代科学技术活动组织的基本方式。项目、基地为基础研究发展提供实践载体和任务平台，通过优化国家科技计划基础研究支持体系和布局建设国家实验室、全国重点实验室等各类基础研究创新基地，聚集优秀人才和团队。人才通过在项目实施和基地建设中发挥作用实现能力的提升，在科学研究活动中实现成长，推动整体基础研究能力的提升。

加强基础研究能力建设需要良好的物质条件支持和制度保障。在物质条件方面，要为开展基础研究提供必需的试验材料和样品、数据信息、测试系统、试验环境、仪器设备、大型科研基础设施、人员支撑等。此外，政策和制度对促进基础研究发展具有不可替代的推动作用。科学、合理、有效的科研环境是保障基础研究成功的条件。同时，基础研究需要自由探索的思想解放和百家争鸣的文化繁荣，需要在完善科技评价机制、促进科技资源开放共享、加强科研诚信建设、弘扬科学文化等方面出台相应的制度，营造有利于基础研究的软环境。

二、国家加强对基础研究的规划和部署

促进自由探索和目标导向有机结合，坚持面向世界科技前沿、面向经济主战场、面向国家重大需求、面向人民生命健康，是基础研究发展的总体要求，为基础研究的规划和部署指明了方向。习近平总书记2020年在科学家座谈会上指出，基础研究一方面要遵循科学发现自身规律，以探索世界奥秘的好奇心来驱动，鼓励自由探索和充分的交流辩论；另一方面要通过重大科技问题带动，在重大应用研究中抽象出理论问题，进而探索科学规律，使基础研究和应用研究相互促进。

自由探索的基础研究主要是指科学家受好奇心驱使，面向科学前沿，探索未知领域所开展的研究，其目的是拓展认识自然的边界，开辟新的认知疆域，其特点是不确定性，研究方向、研究路径、研究结果充满变数，取得的科学价值甚至要在很长时期后才能被发现。目标导向的基础研究主要是指与经济社会发展需求紧密结合，围绕关键核心技术开展的基础理论和技术原理的研究，其目的是解决面向国家重大需求和国民经济主战场的重大科学问题，其特点是应用牵引，有明确研究目的和应用场景，其科学价值直接服务于国家战略目标。基础研究一方面通过鼓励科学技术人员面向科学技术前沿自由探索，不断产生新发现、新认识，持续产生重大基础理论成果，为改造世界提供源源不断的方法和工具；另一方面聚焦国家战略需求，解决国家关键核心技术的重大问题，实现前瞻性基础研究、引领性原创成果重大突破，为经济社会发展和国家安全各领域提供源头创新供给，发挥基础研究战略引擎作用。聚焦重大关键技术问题，加强新兴和战略产业等领域基础研究，是对基础研究的规划和部署的具体要求。党的十八大以来，党中央、国务院对加强基础研究作出了系列战略部署和规划。2018 年，国务院印发《关于全面加强基础科学研究的若干意见》，对基础研究作出了全面部署，推动自由探索和目标导向有机结合。一是加强基础前沿科学研究，围绕宇宙演化、物质结构、生命起源、脑与认知等开展探索，加强对量子科学、脑科学、合成生物学、空间科学、深海科学等重大科学问题的超前部署。二是加强应用基础研究，围绕经济社会发展和国家安全的重大需求，突出关键共性技术、前沿引领技术、现代工程技术、颠覆性技术创新，在农业、材料、能源、网络信息、制造与工程等领域和行业集中力量攻克一批重大科学问题。三是围绕改善民生和促进可持续发展的迫切需求，进一步加强资源环境、人口健康、新型城镇化、公共安全等领域基础科学研究。四是聚焦未来可能产生变革性技术的基础科学领域，强化重大原创性研究和前沿交叉研究。2021 年，党中央、国务院进一步部署研究制定基础研究十年规划，强化长期稳定支持基础研究。

三、国家鼓励各类创新主体加强基础研究

科学技术研究开发机构、高等学校、企业在开展基础研究方面具有不同的优势，是开展基础研究的重要力量。科学技术研究开发机构和高等学校的科研资源相对集中，具备良好的科研条件、环境和人才队伍支撑；企业与市场具有天然联系，能够缩短基础研究实现应用转化的周期，加快通过基础研究突破带动产业创新的进程。但由于基础研究投入大、周期长、结果存在外溢性和不确定性，为此，科学技术研究开发机构、高等学校，特别是企业对于开展基础研究往往缺乏动力，需要政府采取有效措施进行鼓励和引导。

从基础研究经费执行情况来看，根据《中国科技统计年鉴（2020）》数据计算，2019 年，我国高校和科研院所基础研究支出比重分别为 54%、38%，已经成为开展基础研究的主力军，但企业支出的基础研究经费仅占全社会基础研究经费的 4%，远远低于发达国家水平。为此，我国要加大力度鼓励和引导各类创新主体，特别是发挥企业技术创新主体作用，持续开展基础研究，从规划部署、系统布局、稳定支持、加大激励、完善环境等方面，增加科技供给，创新体制机制，激发各类创新主体积极性，促进各主体有效联动，促进基础研究发展。

各创新主体加强基础研究有利于推动原始创新。原始创新一般是指重大科学发现、技术发明、原理性主导技术等原始性创新活动，表现为在基础研究和技术开发领域方面取得独有的发现或发明，通常具备首创性、突破性、带动性三大特征。原始创新与基础研究存在密切关系，基础科学研究的深度和广度决定了原始创新的动力和活力，对基础研究的重视与投入是取得重大原始创新的保障。国家要鼓励各创新主体切实加强基础研究，提升原始创新能力，着力解决我国基础研究发展过程中的问题，在提出原创科学思想、探索重大科学前沿、解决国家战略需求和产业共性技术基础等重大科学

问题、完善科研基地建设以及引领重大国际科学合作等方面取得重大突破，推进我国基础研究实现从量变向质变的跃升，造就一流的基础研究人才队伍，为全面提升自主创新能力、跻身创新型国家前列提供知识基础、人才储备和发展动力。科学技术研究开发机构、高等学校、企业要加强在基础研究方面的自主布局，支持基础研究人才在独创独有上下功夫，勇于挑战最前沿的科学问题，提出更多原创理论，做出更多原创发现，增强原始创新能力。

第二十条 国家财政建立稳定支持基础研究的投入机制。

国家鼓励有条件的地方人民政府结合本地区经济社会发展需要，合理确定基础研究财政投入，加强对基础研究的支持。

国家引导企业加大基础研究投入，鼓励社会力量通过捐赠、设立基金等方式多渠道投入基础研究，给予财政、金融、税收等政策支持。

逐步提高基础研究经费在全社会科学技术研究开发经费总额中的比例，与创新型国家和科技强国建设要求相适应。

◆ 条文主旨

本条是关于基础研究投入机制的规定。

◆ 修改提示

本条是新增法条，目的是强调要多种方式加大投入，支持基础研究。

◆ 条文释义

经费投入是基础研究发展的重要保障。从实践上看，基础研究领域居领先地位的国家和地区，都离不开强有力的基础研究经费投入保障。习近平总书记 2020 年在科学家座谈会上指出，“要加大基础研究投入，首先是国家财政要加大投入力度，同时要引导企业和金融机构以适当形式加大支持，鼓励社会以捐赠和建立基金等方式多渠道投入，扩大资金来源，形成持续稳定投入机制。对开展基础研究有成效的科研单位和企业，要在财政、金融、税收等方面给予必要政策支持”。为此，本法条对完善和保障基础研究投入机制作出规定，要求保障基础研究经费投入在全社会科学技术研究开发经费中的比例达到合理水平。

一、国家财政建立稳定支持基础研究的投入机制

基础研究作为关键核心技术、战略前沿技术的源头，通过强大的知识外溢和应用转化效益，能够大幅提升科技创新能力以及促进经济社会发展。基础研究具有很强的外部性、公共物品属性、基础设施特征，以及长周期和不确定性特点，政府应当作为基础研究领域投入主体，承担资助主体责任，充分发挥财政的杠杆效应，带动更多社会资源投入。

根据《中国科技统计年鉴（2021）》，“十三五”时期，我国基础研究投入从 2015 年的 716.1 亿元增加到 2020 年的 1467 亿元，增长趋势明显。而从投入总量上看，我国基础研究投入远低于美国等发达国家。2018 年，美国基础研究投入达到 864 亿美元，我国基础研究投入仅约为美国基础研究投入总量的 1/6。在投入结构上，我国基础研究投入主要依靠政府财政，占到 90%以上。而在一些发达国家，政府财政投入占整个基础研究投入的比例不到 50%，企业投入占将近 20%。

国家财政对基础研究的投入，可以直接安排对机构的经费支持，也可以通过科技计划的方式进行支持。从世界各国经验看，对机构的支持有助于保证机构的科研人员在一定时期内专心从事基础研究，财政对以基础研究为主的科研机构通过年度预算拨款稳定支持绝大部分科研经费，辅以部分竞争性科研项目。

加强基础研究发展，需要完善对基础研究的稳定支持机制。一是要加快构建以国家实验室、全国重点实验室等为重点的国家战略科技力量体系，形成以重大问题为牵引，跨领域跨学科多部门多主体协同研究的稳定机制。要对基础研究类机构加大经常性经费等稳定支持力度，保障合理的薪酬待遇，使科研人员潜心于长期基础研究。二是以国家战略为导向，在国家自然科学基金、国家科技重大专项和国家重点研发计划项目中加大对基础研究的支持力度，鼓励科技人才聚焦基础学科和前沿探索自主选题，创新经费支持方式，加大持续稳定支持力度，促使科研项目通过持续积累产生重大成果。

二、国家鼓励有条件的地方加强基础研究投入

随着地方财政在科技创新方面的投入不断加大，部分发达省市更加重视基础研究对于地区社会经济发展的重要推动作用，国家有必要鼓励有条件的地方加强基础研究。有条件的地方投入基础研究有助于结合地方自身特色和产业需求打造科技创新高地，提升产业竞争力，培育聚集高水平基础研究科技人才，推动科技与经济相结合，为地方经济发展提供创新源头。

有条件的地方是指当地具备发展基础研究的科技资源基础、产业发展对基础研究有突出需求，以及地方财政具有投入基础研究的实力等，要避免不具备条件的地方在基础研究投入上一哄而上和盲目投入。当前，一些地方在加大基础研究投入上具备了一定的条件。例如，2019 年，北京市基础研究经费占全社会研究与试验发展经费的比重为15.9%，位列全国之首，基本达到发达国家的水平。上海、安徽、浙江、广东等地近年来基于发展需要，逐渐加大对基础研究投入，以发挥基础研究的引领带动作用。佛山市加大财政投入，每年投入1亿元以上，积极支持基础研究。

加大经费投入以及加强基础研究项目的持续稳定支持是地方加强基础研究的重要举措。地方财政要结合自身的科研机构分布、科研力量禀赋、产业结构和配置等方面的基础，明确基础研究投入比例，对面向区域经济社会发展需求的应用基础研究等加大稳定支持。例如，上海市2021年发布了《关于加快推动基础研究高质量发展的若干意见》，提出到2025年，上海基础研究经费支出占全社会研发（R&D）经费支出比例要达到12%左右，重点支持脑科学与类脑智能、量子科技、变革性材料、生命调控等战略领域和重大方向。

三、国家引导企业加大基础研究投入，鼓励社会力量投入基础研究

企业加大基础研究投入是促进基础研究投入多元化、加强基础研究对经济产业发展支持的重要途径，对于提升国家产业竞争力具有重要意义。从美国、德国等的经验看，企业在基础研究中发挥着重要作用，巴斯夫和拜耳在合成化学领域的一系列发明奠定了德国在世界化学工业的先锋地位，美国通用电气公司（GE）、国际商业机器公司（IBM）、美国电话电报公司（AT&T）等企业在基础研究上的突破与进展，奠定了美国在世界电子信息产业的领导地位。

目前，我国企业已经成为研发投入主体，但对基础研究投入相对较少。根据《中国科技统计年鉴（2020）》，2019年，各类企业研究开发经费支出为16921.8亿元，占全社会研发经费支出比重分别为76.4%，但企业内部研发支出中基础研究经费仅为

50.77亿元，仅占企业研发经费支出的0.3%，占全社会基础研究经费的3.8%。近年来，企业投入基础研究的积极性显著增强，我国需要完善引导社会资源加大基础研究投入的激励措施，引导企业进一步加大基础研究投入。

《国务院关于全面加强基础科学研究的若干意见》强调“建立基础研究多元化投入机制”，“采取政府引导、税收杠杆等方式，落实研发费用加计扣除等政策，探索共建新型研发机构、联合资助、慈善捐赠等措施，激励企业和社会力量加大基础研究投入”。引导企业加大基础研究投入，一是要充分发挥税收优惠的杠杆激励作用，深入落实企业研发经费加计扣除政策，推动企业和社会组织加大基础研究投入。二是要充分发挥财政投入的引导作用，综合运用风险补偿和创投引导等方式，带动企业投入基础研究，建立多元化、多渠道的基础研究投入体系。探索以后补助方式支持企业积极申报参与基础研究项目。引导企业加强与前沿科学对接，以协同合作、众包众筹等方式，精准破解产业发展的重大科学问题。支持企业与地方政府联合“发榜”，支持企业与高校院所联合成立新型研发机构，推动产学研深度融合开展基础研究。

鼓励社会力量投入基础研究，有助于加大基础研究投入，优化基础研究投入结构，在全社会形成发展基础研究的良好氛围。当前，我国公益基金、慈善捐助等社会力量对基础研究的投入非常有限，过度依赖财政投入的单一结构已经难以满足社会大众和创新驱动发展对增加基础研究投入的新需求。要进一步加大研发费用加计扣除、科学捐赠等税收优惠的落实力度，鼓励社会力量通过捐赠、出资、设立基金、委托研发等方式加大对基础研究的投入。

四、提高基础研究经费在全社会研究开发经费总额中的比例

建设世界科技强国需要以高强度的基础研究投入作为保障。

德国、英国、美国等国家高度重视基础研究，基础研究投入长期保持了较高的增长率，在基础研究领域形成了深厚积淀，保障了这些国家的科技领先地位。根据美国国家科学基金会（NSF）发布的《2018科学与工程指标》（2018 *Science & Engineering Indicators*），基础研究在发达国家总研发经费中往往能达到16%以上的比例，如美国16.9%、英国16.9%、法国24.4%。目前，世界科技领先国家基础研究投入在全社会研发经费中的比例普遍稳定在15%~25%。

我国在全社会研发活动类型支出结构上，提供新知识和原创水平的基础研究经费所占比重一直偏低。2004年至2018年，我国基础研究经费占比始终处于5%左右，2019年首次超过6%。与主要国家相比，我国基础研究投入占比总体还较低，难以支撑创新型国家和世界科技强国的建设。为此，必须逐步提高基础研究经费在全社会研发经费总额中的比例，缩小与世界科技领先国家之间的差距。《中华人民共和国国民经济和社会发展第十四个五年规划和2035年远景目标纲要》明确提出要加大基础研究财政投入力度、优化支出结构，形成持续稳定投入机制，基础研究经费投入占研发经费投入比重提高到8%以上。

第二十一条 国家设立自然科学基金，资助基础研究，支持人才培养和团队建设。确定国家自然科学基金资助项目，应当坚持宏观引导、自主申请、平等竞争、同行评审、择优支持的原则。

有条件的地方人民政府结合本地区经济社会实际情况和发展需要，可以设立自然科学基金，支持基础研究。

◆ **条文主旨**

本条是关于国家和地方设立自然科学基金的规定。

◆ **修改提示**

本条是对原法第十六条第一款的修改。与原法条相比，一是将第一款中的“资助基础研究和科学前沿探索”修改为“资助基础研究”，使资助范围更加准确和聚焦，并增加国家自然科学基金资助项目应遵循的原则，明确了资助范围和原则。二是将第一款中的“培养科学技术人才”修改为“支持人才培养和团队建设”，对基金的人才培养功能表述更加准确。三是增加第二款，规定有条件的地方人民政府可以设立自然科学基金。之所以这样修改，主要原因是实践中一些省级以下地方有能力有意愿通过设立基金方式支持基础研究发展，因此在法律上给予相应规定。

◆ **条文释义**

设立科学基金是国家配置科学技术资源的重要方式。1985 年的《中共中央关于科学技术体制改革的决定》提出对基础研究的经费投入实行基金制，明确了基金来源主要靠国家预算拨款，面向社会，接受各方面申请，组织同行评议，择优支持。实践证明，这项制度对促进科学技术进步、培养科学技术人才有着显著作用。

一、关于自然科学基金

国家自然科学基金于 1981 年 11 月由中央财政拨款设立，经费列入中央财政预算，同时鼓励自然人、法人或者其他组织向国家自然科学基金捐资。《国家自然科学基金条例》规定，国家自然科学基金资助工作实行尊重科学、发扬民主、提倡竞争、促进合作、激励创新、引领未来的方针。国家自然科学基金在资助项目的确定上，充分发挥专家的作用，并由国务院自然科学基金管理机构负责对自然科学基金进行管理，对基金资助项目的实施予以监督。国务院自然科学基金管理机构根据国民经济和社会发展规划、科学技术发展规划以及科学技术发展状况，制定基金发展规划和年度基金项目指南。基金发展规划应当明确优先发展的领域，年度基金项目指南应当规定优先支持的项目范围。

根据国家自然科学基金会年度报告数据计算，国家自然科学基金自成立以来，经费投入大幅增加，财政预算从1986年的8000万元，增长到2021年的309.08亿元，三十多年增长超过300%。近年来，国家自然科学基金在支持学科均衡协调发展、培育高层次人才和优秀青年人才、产出创新思想和创新成果、服务国家决策等方面发挥了突出作用。

二、国家自然科学基金资助原则

国家自然科学基金遵循公开、公平、公正的资助原则，采取宏观引导、自主申请、平等竞争、同行评审、择优支持的资助机制，资助国内高等学校、科学研究机构和其他具有独立法人资格、从事基础研究和应用基础研究的公益性机构的科学技术人员开展相关研究。

按照《国家自然科学基金条例》，宏观引导主要指国家自然科学基金通过明确资助的范围和计划引导科学家的科技创新活动，服务于国家战略需求和发展目标。加强宏观引导要按照国民经济和社会发展规划以及科学技术发展规划的相关部署，根据科学规律和科学技术发展状况及趋势，制定国家自然科学基金发展规划、资助计划和年度项目指南，明确优先发展领域和优先支持的项目范围，确定资助类型和资助方式。

自主申请的主要程序是具备从事基础研究能力的科学技术人员自主申请国家自然科学基金资助，以年度基金项目指南为基础确定研究项目，在规定期限内通过依托单位向基金管理机构提出书面申请。申请项目的科学技术人员一般应依托国内高等学校、科学研究机构和其他具有独立法人资格、从事基础研究和应用基础研究的公益性机构提出申请，无工作单位或者所在单位不是依托单位的科学技术人员，经与在基金管理机构注册的依托单位协商，并取得该依托单位的同意，可以依规申请国家自然科学基金资助。

平等竞争主要表现为所有符合条件的申请者均可平等参与项目竞争，接受同行专家的评议。申请资助的国家自然科学基金评审工作实行回避和保密制度，保障申请人和评审专家的权益，维护评审工作的公正性。对于申报者、评审专家和基金管理人员任何有碍平等竞争原则的行为，将依据相关法律法规进行处理。

同行评审的操作程序是指国家自然科学基金遵循依靠专家、发扬民主、择优支持、公正合理的评审原则，通过规范的评审标准和管理办法，通过同行专家对资助项目申请进行评审评价。

择优支持主要表现为国家自然科学基金管理机构组织评审专家对资助项目申请从科学价值、创新性、社会影响以及研究方案的可行性等方面作出独立判断和评价，形成评审意见，由基金管理机构根据《国家自然科学基金条例》的规定和专家提出的评审意见，决定予以资助的研究项目。

三、有条件的地方可以成立自然科学基金

地方设立自然科学基金是投入基础研究的重要方式，是地方稳定支持基础研究的重要举措。我国省级政府部门结合本地区科技、经济和社会发展需要，成立省级自然科学基金，加强对基础研究的支持，对发现和培养人才、促进区域科学技术进步、支持区域经济和社会发展发挥着重要作用。近年来，在国家促进基础研究发展的总体部署下，各省级政府不断加大基金经费投入并完善资助结构。例如，浙江省自然科学基金经费 2012—2017 年的年均增长高达 17.4%，在 2019 年后，全省 45 岁以下的中青年科研人员的立项比例达到85%以上，杰出青年科学基金的支持强度提升至70万元。有的地级或地级以下政府也结合当地发展需要，出资与省级自然科学基金合作成立联合基金。

除了省级自然科学基金外，有条件的省级以下地方，也可以根据本地经济和产业发展需要，设立自然科学基金，资助基础研究科学活动，为地方经济社会发展提供源头创新供给。地方设立自然科学基金，一是要明确自身定位和使命，结合地方重点产业需求部署基础研究，避免大而全、小而全，推动基础研究应用转化，服务于区域经济社会发展；二是要构建开放高效的基金管理机制，打破地域性封闭，提高资金使用效能，以基金为抓手动员国内外科技人才资源服务当地经济社会发展，避免资金浪费、使用低效。

第二十二条 国家完善学科布局和知识体系建设，推进学科交叉融合，促进基础研究与应用研究协调发展。

◆ **条文主旨**

本条是关于完善学科布局和知识体系建设的规定。

◆ **修改提示**

本条是新增法条。

◆ **条文释义**

现代科学技术已经发展为一个庞大的知识体系，是人类认识自然、改造自然的知识总体。学科布局的发展推动知识体系不断完善。现代科学技术发展的趋势和科学研究范式的变革要求不断完善知识体系，按照知识体系的结构和逻辑来优化学科布局，推进学科交叉融合，促进知识与其应用的融通和协同发展。

一、完善学科布局和知识体系建设

学科是人类知识体系的基本组成部分，是指在探索物质世界和精神世界的过程中，随着知识的不断拓展和深化，在某些专门领域形成特定的概念和术语、系统化理论、严格的操作规则或者科学的方法论。在实践中，某一特定学科的出现，常常伴随着专业职位的设立、专业学术团体的创建、专业期刊的出版、学术会议的定期召开。学科布局是基于知识体系的结构对学科发展作出的安排，服务于社会发展的需要。学科布局的建设依托教学、科研和管理机构等各类组织所开展的科研活动，受到科学范式变革的影响，同时保证和支持学科知识、各类组织的连续发展，推动知识体系不断完善。

知识体系是人类在对物质世界和精神世界的探索中形成的认识和技能的总和，表现为整体高度有序和具备一定逻辑关联的知识集合。随着认知的不断深化，知识体系随着学科的发展不断扩大，不同学科或知识门类之间的相互联系构成学科布局的基本框架，影响了整个现代科学技术知识体系的结构和逻辑。

构筑全面均衡的学科布局和知识体系，为我国建设科技强国奠定扎实的学科基础。一是要推动学科均衡协调和交叉融合发展，统筹基础学科、应用学科、新兴学科、交叉学科布局，形成多学科均衡协调可持续繁荣发展局面，促进基础研究百花齐放。二是要推动数学、物理学、化学、天文学、地学、生命科学等基础学科持续发展，推进能源科学、环境科学、海洋科学、材料科学、工程科学和临床医学等应用学科发展，加强信息、纳米等新兴学科建设，鼓励开展跨学科研究，促进学科交叉与融合。三是要加强对知识体系结构和逻辑的认识，持续完善知识体系建设，促进学科交叉融合，提升科研效率，加快科学技术进步。

二、推进学科交叉融合

知识生产和学科发展已步入多学科交叉融合的时代，单一学科的研究范式与思维模式难以实现前沿科技创新和解决复杂的重大科学问题，学科交叉发展成为必然趋势。一方面，人类对自然界的认识和改造自然的能力不断提升，现代科学技术在向宏观和微观两个极端时空尺度扩展，催生了许多新技术。同时，许多技术在极端尺度下达到或接近极限，科学研究要解决的问题，包括前沿科学问题和人类面临的全球性挑战，越来越复杂，必须通过不同领域的紧密结合才能够实现突破。近几十年来，学科交叉现象日益频繁，许多重大科学技术创新来源于学科交叉，物理学、化学、工程科学、生物学和地学等学科与其他学科交叉更加活跃。另一方面，在全球化深入发展和日趋激烈的国际竞争背景下，一系列源自全球气候变化、能源、环境、国家安全等领域的重大问题，产生了大量应用需求，从外部有力地推动着学科交叉和跨学科研究。

《国务院关于全面加强基础科学研究的若干意见》提出，完善学科布局，推动基础学科与应用学科均衡协调发展，鼓励开展跨学科研究，促进自然科学、人文社会科学等不同学科之间的交叉融合。聚焦未来可能产生变革性技术的基础科学领域，强化重大原创性研究和前沿交叉研究。推进学科交叉融合，需要优化学科布局、促进学科交叉融通，要着眼国家重大战略需求和长远需要，超前布局多学科交叉汇聚的学科建设新方向，促进学科交叉和学科融合，要加强教育与科技的协同，通过科教融合加大培养知识融合型人才的力度。

三、促进基础研究与应用研究协调发展

基础研究与应用研究属于不同类型的科学研究活动，随着科学技术的快速发展，基础研究进入大科学时代，一些基本科学问题的重大突破有望催生重大技术变革，基础研究与应用研究的融通发展的趋势越来越明显。基础研究已不仅仅是好奇心驱动，应用需求牵引也越来越明显，科学发展、技术进步与应用之间的转化周期呈现缩短的趋势，要求基础研究在促进原始创新的同时，加强需求的引导。

基础研究与应用研究相互促进。一方面，基础研究是开展应用研究的重要基础。尽管基础研究成果转化为实际应用的周期存在不确定性，但从历史上看，基础研究的突破促成了给人类社会带来变革性影响的应用型技术的研发，例如电磁理论敲开了现代无线通信的大门，电脑和手机技术的发展离不开物理学、数学等基础科学的进步。另一方面，应用研究为基础研究提出科学问题。越来越多的基础研究科学问题源于国家重大需求和经济主战场，具有鲜明的需求导向、问题导向和目标导向特征，旨在通过解决技术瓶颈背后的核心科学问题，促使基础研究成果走向应用。

促进基础研究和应用研究的融通发展，有助于推动科学问题的研究转化成可以为社会服务的技术，促进经济社会的发展；有助于引导地方政府、企业和社会力量共同投入基础研究，加快基础研究向技术转化的周期。《国务院关于全面加强基础科学研究的若干意见》提出要促进基础研究、应用研究与产业化对接融通，推动不同行业和领域创新要素有效对接。一是加大应用技术创新力度，在重视原创性、颠覆性发明创造的基础上，大力推进智能制造、信息技术、现代农业、资源环境等重点领域应用技术创新，通过应用研究衔接原始创新与产业化。二是创新体制机制，推动基础研究、应用研究与产业化对接融通，促进科研院所、高校、企业等各类创新主体协作融通，把国家重大科技项目打造成为融通创新的重要载体。三是充分发挥企业特别是转制科研院所在产学研深度融合中的作用，推动基础研究和应用研究工程化，吸引国内外资金、技术，提升产业竞争力。四是创新基础研究组织形式，适应互联网时代创新活动开源开放的新趋势，探索开展基础研究众包众筹，举办多种形式的创新挑战赛，加强知识产权保护，建立集群思、汇众智、解难题的众创空间。2020 年 4 月，科技部等六部门印发了《新形势下加强基础研究若干重点举措》，提出要坚持基础研究整体性思维，把握基础研究与应用研究日趋一体化的发展趋势，注重解决实际问题，以应用研究带动基础研究，加强重大科学目标导向、应用目标导向的基础研究项目部署，重点解决产业发展和生产实践中的共性基础问题，为国家重大技术创新提供支撑。

第二十三条 国家加大基础研究人才培养力度，强化对基础研究人才的稳定支持，提高基础研究人才队伍质量和水平。

国家建立满足基础研究需要的资源配置机制，建立与基础研究相适应的评价体系和激励机制，营造潜心基础研究的良好环境，鼓励和吸引优秀科学技术人员投身基础研究。

◆ 条文主旨

本条是关于基础研究人才培养的规定。

◆ 修改提示

本条是新增法条。基础研究人才培养对于基础研究发展具有重要意义，需要进一步采取措施，吸引更多的科学技术人员投身基础研究。

◆ **条文释义**

人才是基础研究能力提升的关键。基础研究人才队伍包括具有国际一流水平的战略科技人才和科技领军人才、中青年和后备科技人才、高水平实验技术人才队伍和高水平创新团队。要遵循人才成长规律，加强基础研究人才培养，激发基础研究人才活力，为基础研究发展提供有力的人才支撑。

一、国家加大基础研究人才培养力度

加强基础研究人才培养，要遵循人才成长规律，以人才专项组织、搭建事业平台等方式凝聚和造就一批具有国际影响力的高水平领军人才、青年人才、实验技术人才和优秀创新团队，推动队伍规模总量的增长、队伍结构的优化和队伍水平质量的提升。

近年来，我国基础研究人才队伍建设不断加强。基础研究人才总量实现了快速增长，2020 年，我国基础研究全时人员当量为 42. 68 万人年，占全国 R&D 人员全时当量的 8. 15%，比 2015 年增加了 17. 36 万人年，年均增长 11%。在基础研究领域不断涌现出具有世界影响力的科学家，屠呦呦获得诺贝尔生理学或医学奖，王贻芳院士获得基础物理学突破奖，薛其坤院士被授予 2020 年度菲列兹·伦敦奖，成为该奖项设立 60 余年来首个获奖的中国科学家。根据科睿唯安公司公布的 2021 年全球 6602 位高被引科学家名单，中国内地上榜 935 人次，连续三年居世界第二位。

2018 年，国务院出台《关于全面加强基础科学研究的若干意见》，对基础研究人才培养进行了部署。总体来看，基础研究人才培养主要包括以下方面：一是培养造就具有国际水平的战略科技人才和科技领军人才。把握国际发展机遇，围绕国家重大需求，创新人才培养机制，更大力度推进实施国家人才计划，加大人才培养力度。在我国优势科研领域培养一批具有前瞻性和国际眼光的战略科学家群体。二是加强中青年和后备科技人才培养。制定实施基础研究人才专项，长期稳定支持一批在自然科学领域取得突出成绩且具有明显创新潜力的青年人才。依托国家科技计划培养基础研究领域的青年人才，对青年人才开辟特殊支持渠道。鼓励科研院所与高校加强协同创新和人才联合培养，加强基础研究后备科技人才队伍建设。三是培养高水平实验技术人才队伍。加大实验技术人才、专职工程技术人才和开放服务人才培养力度，优化科研队伍结构。四是培育高水平创新团队。发挥国家重大科技基础设施、国家重点实验室等研究基地的集聚作用，稳定支持一批优秀创新团队持续从事基础科学研究。聚焦科学前沿，支持高水平研究型大学和科研院所选择优势基础学科建设国家青年英才培养基地，组建跨学科、综合交叉的科研团队，加强协同合作。

二、国家建立满足基础研究需要的资源配置机制

基础研究具有目标不明确、投入周期长、不确定性大、成果影响难以预计等特点，需要形成长期、稳定、有吸引力的投入机制，应坚持围绕优秀人才团队配置科技资源，完善适应基础研究特点和规律的资源配置机制，吸引更多的科技人才投身基础研究。建立满足基础研究需要的资源配置机制，需把握好以下原则：一是有利于持续稳定开展前沿基础研究。资源配置要坚持全面部署与突出重点相结合，给予持续稳定支持，支持原创项目研究，鼓励开展由好奇心驱动的研究，不断拓展人类知识边界的前沿研究。二是有利于激发科研人员积极性。资源配置要把尊重科研人员的科研活动主体地位落到实处，落实科研人员在立项选题、经费使用以及资源配置方面的自主权，切实保障科研人员工作和生活条件，促进科研人员潜心研究，释放人才创新创造活力。三是有利于优化基础研究发展的科研环境。资源配置要强化科研基础设施建设，促进开放共享，为基础科学前沿领域取得重大进展提供必要条件，为解决经济社会发展中的重大科学问题提供有力支撑。

三、国家建立与基础研究相适应的评价体系和激励机制

完善基础研究评价机制要符合科学发展规律、反映基础研究特点，以原创为导向，主要评价成果的科学价值和科学意义，引导科研人员潜心开展原创性研究。一是完善基础研究评价指标，着重评价科技人才提出和解决重大科学问题的原创能力、成果的科学价值、学术水平和影响等，重点考察研究工作的科学意义和科学价值，特别是在新发现、新原理、新方法方面的独创性贡献。推行代表作制度，实行定量评价与定性评价相结合。二是针对不同类型和目标的基础研究实行分类评价，完善以创新质量和学术贡献为核心的评价机制。自由探索类基础研究主要评价研究的原创性和学术贡献，探索长周期评价和国际同行评价；目标导向类基础研究主要评价解决重大科学问题的效能，加强过程评估，建立长效监管机制，提高创新效率。三是科学设置人才评价周期，注重过程评价和结果评价相结合、短期评价和长期评价相结合，突出中长期目标导向，适当延长基础研究评价考核周期，鼓励持续研究和长期积累。四是建立鼓励创新、宽容失败的容错机制，不以成败论英雄，鼓励科研人员大胆探索、挑战未知。

完善基础研究激励机制，要构建与基础研究规律相符合的激励体系，鼓励和吸引优秀科学技术人员投身基础研究。一是坚持“以人为本”，增加对“人”的支持。落实科研人员在立项选题、经费使用以及资源配置方面的自主权，加快推进经费使用“包干制”的落实落地，提高纯理论基础研究、对试验设备依赖程度低和实验材料耗费少的基础研究项目间接费用比例，释放人才创新创造活力。二是切实保障科研人员生活条件，强化对承担基础研究国家重大任务的人才和团队的激励，落实以增加知识价值为导向的分配政策，探索实行年薪制和学术休假制度，对科研骨干在内部绩效工资分配时予以倾斜。三是健全完善科技奖励等激励机制，坚持精神激励和物质激励相结合，引导社会力量加大奖励作出突出贡献的基础研究人员，提升科研人员荣誉感。四是坚持激励和约束并重，强化责、权、利一致，建立有效的约束和监督机制。

第二十四条 国家强化基础研究基地建设。

国家完善基础研究的基础条件建设，推进开放共享。

◆ **条文主旨**

本条是关于加强基础研究基地建设和基础条件建设的规定。

◆ **修改提示**

本条是新增法条。

◆ **条文释义**

基础研究基地与基础条件建设有利于夯实科技自立自强的物质技术基础，对提升我国基础研究能力具有十分重要的意义。从国际上看，基础研究基地与基础条件建设已成为各国发展基础研究的重要手段。从科技发展趋势来看，科研组织模式的转变更加强调多学科交叉创新和协同合作，更加依赖高水平科技基地建设，更加依赖科技基础条件能力的提升和科技资源的开放共享，对强化基础研究基地和基础条件能力建设、推进科技资源的开放共享提出了更高的要求。

一、国家强化基础研究基地建设

建设基础研究基地有助于开展原创性创新活动，不断突破重大科学前沿、攻克前沿技术难关、开辟新的学科方向和研究领域；有助于吸引和集聚世界一流人才，建设跨学科、跨领域开展重大科学技术前沿探索和协同创新的高水平研究队伍；有助于促进协同创新，促进科研主体由单兵作战向协同合作创新转变，促进多学科协同、多种先进技术手段综合运用，实现对科学前沿的革命性突破、重大颠覆性技术的攻克。

国家重视基础研究基地建设，科技部、财政部、国家发展改革委 2017 年联合发布《国家科技创新基地优化整合方案》，国务院 2018 年发布《关于全面加强基础科学研究的若干意见》，提出加强基础研究基地建设的思路。一是进一步完善稳定支持机制。基础研究的平台和基地要突出财政稳定支持，加大绩效考核和财政支持的衔接，稳定支持基地运行和能力建设。二是充分发挥评估的政策导向作用。建立与国家科技创新基地发展目标相一致的评估考核指标体系，加大动态调整力度，做到有进有出，实现基地建设的良性循环。

目前，我国基础研究基地主要包括国家实验室、全国重点实验室（原国家重点实验室）、基础学科研究中心等。国家在重点领域进行部署布局，明确各类基础研究基地的发展定位。一是布局建设国家实验室。国家"十四五"规划提出，聚焦量子信息、光子与微纳电子、网络通信、人工智能、生物医药、现代能源系统等重大创新领域组建一批国家实验室。二是重组全国重点实验室，以全国重点实验室改革带动省部共建、企业、军民共建和港澳伙伴实验室等重点实验室发展，形成结构合理、治理有效、创新能力强的专业化分工格局。引导有条件的转制科研院所更多聚焦科学前沿和应用基础研究，加强面向行业共性问题的应用基础研究，打造引领行业发展的原始创新高地。三是布局建设一批基础学科研究中心。在数学、物理、化学等领域，建设一批基础学科研究中心，推动学科交叉融合和跨学科研究，打造相关领域世界级科学中心。

二、国家完善基础研究的基础条件建设

当前，重大科学突破越来越依赖于先进的仪器设备、科学的研究手段和丰富的科技资源等科研基础条件，基础条件建设对于基础研究发展意义重大。我国科技基础条件能力建设相对薄弱，为科研创新提供手段和支撑不足；科技资源开放共享服务整体水平仍较低，为全社会科技创新活动提供支撑服务的能力有待提高；尚未完全建立多元化、多渠道、多层次的投入机制，支持结构和方式还需要进一步完善。

（一）加强科技基础条件保障能力建设。

党的十八大以来，我国大力加强基础研究的基础条件建设。2013 年，国务院发布《国家重大科技基础设施建设中长期规划（2012—2030 年）》，首次形成了指导重大科技基础设施发展的国家路线图；2017 年，科技部、国家发展改革委、财政部联合发布《“十三五”国家科技创新基地与条件保障能力建设专项规划》，加强了国家科技创新基础条件保障能力体系的顶层设计和系统布局，明确功能定位，明晰工作任务，突出重大需求和问题导向，强化超前部署，推动国家基础研究的科技基础条件能力建设与发展。

我国基础研究的基础条件建设主要包括两类，分别为服务基础研究的基础支撑与条件保障类基地建设、科技基础条件保障能力建设。

服务基础研究的基础支撑与条件保障类基地建设包括：一是国家科学数据中心，主要是加强科学数据库建设，强化科学数据的汇集、更新和深度挖掘，提供科学数据支撑服务。二是科学仪器研发与应用，主要是加强科学仪器和关键核心部件开发与应用，丰富和完善科学仪器与关键核心部件型谱体系。三是生物种质和实验材料库（馆），主要是微生物菌种、植物种质、动物

种质、基因、病毒、细胞、标准物质、科研试剂、岩矿化石标本、实验动物、人类遗传资源等资源的收集、整理、保藏和利用。四是国家科技文献信息平台，主要是开展科技文献信息数字化保存、信息挖掘、语义揭示和知识计算等方面关键共性技术研发。五是国家野外科学观测研究站，主要是面向国家社会经济和科技战略布局，服务于生态学、地学、农学、环境科学、材料科学等领域发展，获取长期野外定位观测数据并开展研究工作。

科技基础条件保障能力建设包括：一是重大科研基础设施建设，主要是瞄准科技前沿研究和国家重大战略需求，聚焦能源、生命、地球系统与环境、材料等重点领域，从预研、新建、推进和提升四个层面逐步完善重大科技基础设施体系。“十二五”和“十三五”时期，国家布局建设了26个重大科技基础设施，学科覆盖范围既包括粒子物理与核物理、天文学等传统大科学领域，也包括地球系统与环境科学、生命科学等新兴领域。二是实验动物资源研发与应用，主要是加强实验动物新品种（品系）、动物模型的研究和我国优势实验动物资源的开发与应用，围绕人类重大疾病、新药创制等科研需求研发相关动物模型资源，加强具有中国特色实验动物资源培育。三是科研用试剂研发和应用，主要是加强新技术、新方法、新工艺、新材料的综合利用和关键技术研究，开发出一批重要的具有自主知识产权的通用试剂和专用试剂，注重高端检测试剂、高纯试剂、高附加值专有试剂的研发。四是实施科技基础性工作专项，开展了土壤、湖泊、冰川、冻土、特殊生境生物多样性等专题调查，开展综合考察，收集科学数据，促进了支撑科学研究的自然本底、志书典籍等基础性科技资料的长期、系统、规范化采集和整编。

（二）推进开放共享。

推进基础研究的基础条件的开放共享，是指推动重大科研设施与仪器等基础条件向高校、科研院所、企业、社会研发组织等社会用户开放，促进科技资源开放共享和高效利用，避免重复建设和闲置浪费。推进基础研究的基础条件的开放共享，对提高全社会科学素养、营造全社会支持基础研究的氛围具有积极作用。重点任务包括：一是深入推进科研设施与仪器开放共享，全面落实国务院发布的《关于国家重大科研基础设施和大型科研仪器向社会开放的意见》任务要求，完善科研设施与仪器国家网络管理平台建设，建成跨部门、多层次的网络管理服务体系。二是推进各类基础研究基地对社会开放，推动各类基础研究基地开展涵盖检验检测、专家咨询、技术服务等方面的专题服务，充分发挥科技创新基地的公共服务作用。三是积极推动科学数据、生物种质和实验材料共享服务，完善开放模式，提高服务质量和水平，为国家科技创新、重大工程建设和社会创新活动提供支撑服务。

第二十五条 国家支持高等学校加强基础学科建设和基础研究人才培养，增强基础研究自主布局能力，推动高等学校基础研究高质量发展。

◆ 条文主旨

本条是关于支持高等学校开展基础研究的规定。

◆ 修改提示

本条是新增法条，主要是为了突出高等学校在推动基础研究高质量发展方面的着力点，包括加强基础学科建设和基础研究人才培养，以及增强基础研究自主布局能力等方面。

◆ **条文释义**

高等学校是开展基础研究的主力军，在发展基础研究方面具有独特的优势。2021 年 5 月 28 日，习近平总书记在中国科学院第二十次院士大会、中国工程院第十五次院士大会、中国科协第十次全国代表大会上的讲话中指出，高水平研究型大学要把发展科技第一生产力、培养人才第一资源、增强创新第一动力更好结合起来，发挥基础研究深厚、学科交叉融合的优势，成为基础研究的主力军和重大科技突破的生力军。要强化研究型大学建设同国家战略目标、战略任务的对接，加强基础前沿探索和关键技术突破，努力构建中国特色、中国风格、中国气派的学科体系、学术体系、话语体系，为培养更多杰出人才作出贡献。高等学校要发挥基础学科众多、人才培养体系专业化的优势，主动布局基础研究，使基础研究与人才培养紧密结合、相得益彰，推动高等学校基础研究高质量发展。

一、加强基础学科建设

根据联合国教科文组织（1974）的学科分类，基础学科包括数学、逻辑学、天文学和天体物理学、地理科学和空间科学、物理学、化学、生命科学。基础学科具有重要的基石作用，对提升原始创新能力具有重要意义。

我国高等学校大多学科门类齐全、实力雄厚，这是开展基础研究的前提和保障。随着学科交叉融合不断发展，科学技术和经济社会发展加速渗透融合，高等学校要主动适应科技创新趋势，优化学科布局，全面加强基础学科建设，促进基础学科交叉融合，努力构建独具特色的学科体系。要把握基础学科建设投入大、见效慢、周期长的特点与规律，优化资源配置方式，重点支持基础理科、基础文科、基础医学等发展壮大，对数学、物理等重点或薄弱基础学科给予更多倾斜，在基地建设、招生指标等资源配置上加强布局，推动基础领域实现更多原创性突破。

二、加强基础研究人才培养

高等学校是基础研究人才培养的主阵地。高等学校多学科、多层次的学科结构，使得其在培育交叉学科、创建新的学科增长点方面具有天然优势，有利于开展联合攻关和综合性的基础研究，以及基础研究人才的培养。习近平总书记在 2021 年中央人才工作会议上强调，高校特别是"双一流"大学要发挥培养基础研究人才主力军作用，全方位谋划基础学科人才培养，建设一批基础学科培养基地，培养高水平复合型人才。习近平总书记 2020 年在科学家座谈会上强调："要把教育摆在更加重要位置，全面提高教育质量，注重培养学生创新意识和创新能力。要加强数学、物理、化学、生物等基础学科建设，鼓励具备条件的高校积极设置基础研究、交叉学科相关学科专业，加强基础学科本科生培养，探索基础学科本硕博连读培养模式。要加强基础学科拔尖学生培养，在数理化生等学科建设一批基地，吸引最优秀的学生投身基础研究。"

高等学校要以基础学科建设为依托，加强基础研究后备人才培养。一是推动教育创新。改革培养模式，把科学精神、创造能力的培养贯穿教育全过程。重视素质教育养成，加强基础研究人才创新能力的教育培养，培育一批具有基础研究创新能力的人才。二是坚持基础研究和教育联动发展，从学科布局方面更多考虑基础研究和交叉学科人才培养。在学科设置上，积极设置基础研究、交叉学科相关学科专业，加大对数学、物理、地理、化学等基础学科人才培养的支持力度，加强基础学科本科生培养，探索基础学科本硕博连读培养模式等为国家未来发展储备尖端人才。扎实推进新工科、新医科、新农科、新文科建设，加快培养理工农医类专业紧缺人才，加强创新型、应用型、技能型等各类人才培养。支持有条件的高校设立新兴交叉学科，建立交叉学科发展引导机制，培养高水平复合型人才。三是推动科教融合、产教融合联合培养后备人才。促进科教融合、产教融合，推动人才培养与科技创新融合发展。四是加强基础学科拔尖学生培养。要深入实施基础学科拔尖学生培养计划，加强拔尖创新人才培养，在数理化生等学科建设一批培养基地，吸引、选拔最优秀的学生投身基础研究，为基础研究输送后备人才。

三、增强基础研究自主布局能力

《国务院关于全面加强基础科学研究的若干意见》中提出，支持高校与科研院所自主布局基础研究，扩大高校与科研院所学术自主权和个人科研选题选择权。高校要适应基础研究不确定性强的特点，鼓励科研人员自主选题和潜心研究，支持科研人员开展前沿研究，加强基础前沿探索和关键技术突破。教育部在2018年印发了《高等学校基础研究珠峰计划》，科技部、发展改革委、教育部、中科院、自然科学基金委在2020年联合印发了《加强“从0到1”基础研究工作方案》，都对高等学校自主布局基础研究作出了安排。一是要支持基础研究人才自主选题和潜心研究。鼓励高等学校加大自主科研布局，支持科研人员根据兴趣自主选题，开展好奇心驱动的基础研究和非共识的创新研究。鼓励科学家围绕重要方向开展长期研究，不追热点，把冷板凳坐热。鼓励和支持科学家敢于啃硬骨头，敢于挑战最前沿科学问题，在独创独有上下功夫，努力开辟新领域、提出新理论、设计新方法、发现新现象。二是加大基础研究人才自主培养。加强人才队伍建设，着力发现、培养、集聚一批战略科学家、科技领军人才和创新团队，倾斜支持优秀青年科技人才，大力加强实验技术队伍建设，加强对从事基础性、公益性研究的拔尖人才及优秀创新团队的稳定支持。推动科教融合，围绕重大科技任务加强科研育人。

第三章　应用研究与成果转化

第二十六条　国家鼓励以应用研究带动基础研究，促进基础研究与应用研究、成果转化融通发展。

国家完善共性基础技术供给体系，促进创新链产业链深度融合，保障产业链供应链安全。

◆ **条文主旨**

本条是关于基础研究与应用研究、成果转化融通发展的规定。

◆ **修改提示**

本条是新增法条。科学上的重大发现向现实生产力的转化，需要经过应用研究、科技成果转化等一系列环节，需要各类创新要素紧密结合，形成互为支撑的链条。因此，本条规定促进基础研究与应用研究、成果转化融通发展，并完善共性基础技术供给体系。

◆ **条文释义**

一、以应用研究带动基础研究，促进基础研究与应用研究、成果转化融通发展

为优化我国科技创新战略布局，国家需要在顶层设计层面统筹推进基础研究、应用研究和成果转化活动。以应用研究带动基础研究，促进基础研究与应用研究、成果转化融通发展，包括几个方面的含义：对科技创新活动来说，对应用研究强调现实导向、问题导向，鼓励科学技术人员注重从应用研究中发现问题、解决问题，从实践经验中提炼出基础理论问题，探索科学规律，引导基础研究方向；对科研项目部署来说，科研计划加强重大科学目标导向、应用目标导向的研究项目部署，在科研项目实施中要全链条、一体化的创新布局，重点解决产业发展和生产实践中的共性基础问题，引导应用研究和基础研究相互促进、健康发展；对科技评价来说，需要完善科技评价体系推动基础研究和应用研究相结合，加大对解决实际应用问题的基础研究成果的评价激励力度。

基础研究、应用研究与成果转化是科学技术转化为现实生产力的必经途径，是科学技术第一生产力发挥作用的必然要求。需要根据这三类科技活动的不同特点，结合国家战略需要与社会发展需求，促进这三类科技活动的融通发展，为经济社会发展提供科技支撑。

二、完善共性基础技术供给体系

科学技术研究不断向深度和广度扩展，科学与技术之间的界限日益模糊，相互融合、相互作用和相互转化的态势日益明显，在这种趋势下，技术体系中具有通用性和广泛适用性的共性基础技术的作用日益突出。在多个领域内已经或未来有可能被广泛采用、对多个产业发展能起到基础性作用的共性基础技术，具有通用性、关联性和系统性特点，是发展创新链和产业链的基础。其他技术的发展是在共性基础技术突破的基础上，进行的修正和革新，形成具有特色的专有技术。

《中共中央关于制定国民经济和社会发展第十四个五年规划和二〇三五年远景目标的建议》提出完善共性基础技术供给体系。

完善共性基础技术供给体系，首先要针对共性基础技术的需求，凝练科研攻关目标，加强科学技术研究，加大科技供给；其次要充分发挥市场机制和政府引导机制，调动多个创新主体共同开展共性基础技术研发；再次是完善利益共享、风险共担的组织机制，完善知识产权保护、鼓励构建共性基础技术大范围应用的环境。

三、促进创新链产业链深度融合

围绕产业链部署创新链、围绕创新链布局产业链，促进协同创新，推动产业链与创新链相互依存、相互促进、协同联动、同向发力。

创新链是从科学思想萌发到科学技术产生经济社会价值的一系列创新活动的组合，是由基础研究、应用开发、试制改进等多环节形成的链式结构。产业链是由一系列具有上下游投入产出关系的生产过程所构成的链条，是由原材料、中间产品到最终产品制造所经历的各生产环节构成的集合。创新链是产业链发展的动力之源，是产业链各环节实现价值增值的基础，产业链依托创新链形成发展、升级提高。创新链发展水平低，会导致产业链发展缺少核心技术支撑，出现断点、堵点和短板，不但会阻碍产业链升级，而且会影响产业安全和产业链正常运转。产业链带动创新成果的工程化和落地应用，是创新链落地生根的载体，同时也会对创新链发展提出新的需求，进而推动创新链升级并催生新的创新链；创新链依托产业链实现经济和社会价值。产业链与创新链相互依存、彼此融合、共同演进。创新链与产业链融合充分体现了创新主体与生产主体的融合、科技创新和产业发展的融合、原始创新与产业化应用的融合。

我国已转向高质量发展阶段，建设现代化经济体系、构建新发展格局，都需要促进创新链与产业链的深度融合，为高质量发展提供有力支撑。一方面，要围绕产业链部署创新链。科技创新成为产业发展的核心要素，渗透到产业发展的各个环节，提高全产业链的技术水平。在产业创新的薄弱环节，要集中创新力量进行突破。以科技创新支撑产业发展为目标，进行研发力量布局和任务设置。另一方面，要围绕创新链布局产业链。要加快推动新技术、新产业成长，培育新技术市场，拉动新产业形成，培育发展未来产业，推动产业转型升级。

四、科技创新支撑产业链供应链安全

党的十九届六中全会通过的《中共中央关于党的百年奋斗重大成就和历史经验的决议》把保障产业链供应链安全作为党在经济建设上的重要内容和重大经验。产业链供应链安全稳定是大国经济循环畅通的关键，是重塑国际合作和竞争新优势的战略选择，也是构建新发展格局、促进国内国际双循环相互促进的重要保障和内容。产业链上下游各环节环环相扣，供应链前后端供给需求关系紧密、关联耦合，稳定性如果出了问题，整个产业链供应链就会受到影响，正常稳定的生产和供给就难以得到保障，经济循环也难以顺畅运转。

科技创新是支撑产业链供应链安全的关键所在，关键核心技术是产业发展的重中之重。突破一个关键技术，往往能够创造一个细分行业，进而盘活整个产业，最终对整个经济高质量发展形成积极带动。经济全球化背景下，产业链供应链跨国布局和分工合作是普遍现象，需要各国密切合作确保顺畅运行。在复杂激烈的形势下，全球产业链供应链面临重构，全球经济不稳定性不确定性增强，我国产业链供应链安全稳定运行面临重大挑战。

虽然我国工业门类齐全、产能庞大，制造业增加值占全球比重超过28%，货物出口连续多年稳居世界第一，但从贸易结构看，我国出口以中低技术、低附加值产品为主，高端技术、高附加值产品高度依赖进口。很多产业链前后向关联不够紧密，上下游协同创新能力有待提升，产业链供应链共生发展的生态有待完善。因此，需要进一步发挥科技创新的支撑作用，推动补链强链，增强产业链供应链弹性韧性，不断提升产业链供应链安全。

第二十七条 国家建立和完善科研攻关协调机制，围绕经济社会发展、国家安全重大需求和人民生命健康，加强重点领域项目、人才、基地、资金一体化配置，推动产学研紧密合作，推动关键核心技术自主可控。

◆ **条文主旨**

本条是关于建立和完善科研攻关协调机制的规定。

◆ **修改提示**

本条是新增法条。

◆ **条文释义**

科研攻关协调机制是一种重要的科技创新组织方式，在事关国家安全的重要技术领域和环节、在应对紧急突发事件、在目标和路径比较明确的技术领域，具有明显的组织优势。重大科学技术难题和重大科学技术工程，往往涉及的学科领域众多、实验设备复杂、技术难度高，需要的资源投入巨大，单独靠孤军奋战很难解决和完成。在这种情况下，需要整合相关科技创新资源，开展具有重大引领作用的跨学科、大协同的创新攻关。科研攻关协调机制的目标是推动关键核心技术自主可控。

一、实施科研攻关协调机制的意义

科研攻关是为攻克经济和社会发展中带有方向性、关键性、应急性和综合性的科技问题，集中组织科技力量、重新配置科技资源开展科研任务。科研攻关所需要解决的科技问题对于国家发展和安全全局具有战略性的意义，由于难度比较高、组织动员的力量和资源比较多，一般需要采取工程化的方式，建立相应的协调机制和组织模式，实现既定的科研攻关目标。建立和完善科研攻关协调机制，是有效防范和化解重大风险的必然选择，是社会主义制度能够集中力量办大事的优势体现，是建立和完善科研攻关机制，也是提升科技治理体系和治理能力现代化的要求。从实践来看，科研攻关协调机制在军事科技发展、应对突发事件、实施重大科研任务等方面都发挥了重要作用。

二、建立和完善科研攻关协调机制

科研攻关协调机制需要通过顶层设计，打破传统创新主体的组织边界，将企业、科学技术研究开发机构、高等学校以及政府等多主体进行综合集成和协同，充分调动科技创新所需要的科技资源。科研攻关协调机制包括：一是建立政府部门之间的协调机制。调动各方面的力量，加强科技资源统筹配置，根据各自职能及在创新链上的不同职能定位，有序分工，强化协调推进；二是建立科研主体之间的协调机制。有效激发各创新主体的积极性和创新活力，理顺团结协作的体制机制，组织跨学科、跨领域的科研团队，综合多学科力量开展科研攻关，产学研各方紧密配合，力争在最短的时间内取得重要进展和突破；三是建立不同科技创新环节之间的协调机制。需要统筹协调基础研究、应用研究、试验发展和成果转化等多个环节，加快科技成果的转移转化，并加快形成产业竞争力；四是建立国内外协调机制。面对全球性的重大问题和挑战，秉持人类命运共同体的理念，充分加强国际科技合作，实施国际科研协同攻关。例如，在新冠肺炎疫情中，我国在第一时间就将病毒基因序列与世界各国分享，毫无保留地同各方分享防控和救治方案，为全球疫情防控和推动构建人类卫生健康共同体贡献了中国智慧和力量。

科研攻关协调机制是调配科技创新资源的方式，需要完善科研立项和管理机制，加强重点领域项目、人才、基地、资金一体化配置，提高科研攻关效率。经过长期实践发展，我国已经建立了相对成熟的科研立项和管理机制。但是，大部分科研项目立项周期相对较长，难以满足应急条件下科技攻关的时效性需要。同时，需要完善科研立项和管理机制，在确定项目承担单位和负责人时，为了更好地选贤纳士，也可以创新遴选方法和方式，如采用“揭榜挂帅”等。另外，由于科研攻关具有很大的不确定性，为了确保短时间内取得有效的成果，也需要同时布局多条技术路线，齐头并进。

三、推动关键核心技术自主可控

实现关键核心技术自主可控，是维护国家科技安全的重要内容。《中华人民共和国国家安全法》第二十四条规定：“国家加强自主创新能力建设，加快发展自主可控的战略高新技术和重要领域核心关键技术，加强知识产权的运用、保护和科技保密能力建设，保障重大技术和工程的安全。”2018 年 5 月 28 日，习近平总书记在中国科学院第十九次院士大会、中国工程院第十四次院士大会上的讲话中指出，要以关键共性技术、前沿引领技术、现代工程技术、颠覆性技术创新为突破口，努力实现关键核心技术自主可控。

第二十八条　国家完善关键核心技术攻关举国体制，组织实施体现国家战略需求的科学技术重大任务，系统布局具有前瞻性、战略性的科学技术重大项目，超前部署关键核心技术研发。

◆ 条文主旨

本条是关于完善关键核心技术攻关举国体制的规定。

◆ 修改提示

本条是新增法条。

◆ 条文释义

关键核心技术是国之重器，对推动经济高质量发展、保障国家安全都具有十分重要的意义。必须切实发挥社会主义制度集中力量办大事的优势，提高我国关键核心技术创新能力，为我国发展提供有力科技保障。

一、完善关键核心技术攻关举国体制

关键核心技术攻关举国体制是社会主义制度优越性在科技创新领域的重要体现。举国体制通过国家有效组织动员全国力量，实现国家发展和安全保障特定目标的体制机制安排，主要特征是依靠国家政治力量和行政资源。关键核心技术的研发涉及多种资源的协调、多条线路的协同和多个团队的合作，往往需要政府和科技部门的有效组织和引导，特别是在打造国之重器时，甚至需要倾注举国之力。

2021年5月28日，习近平总书记在中国科学院第二十次院士大会、中国工程院第十五次院士大会、中国科协第十次全国代表大会上的讲话中指出："要健全社会主义市场经济条件下新型举国体制，充分发挥国家作为重大科技创新组织者的作用。"《中华人民共和国国民经济和社会发展第十四个五年规划和2035年远景目标纲要》明确指出，"健全社会主义市场经济条件下新型举国体制，打好关键核心技术攻坚战"。

首先，发挥新型举国体制优势，要从国家急迫需要和长远需求出发，聚焦关键核心技术。在新型举国体制的推动下，从北斗

卫星导航系统的布局到航空航天技术的突破，从“嫦娥工程”的稳步前进到5G的应用，新型举国体制优势在我国科技攻关上的作用得到越来越充分的彰显。

其次，发挥新型举国体制优势，要将政府力量和市场机制有机结合起来。在重大科技创新上，国家要充分发挥好组织者的作用，支持周期长、风险大、难度高、前景好的战略性科学计划和科学工程，抓系统布局、系统组织、跨界集成，把政府、市场、社会等各方面力量拧成一股绳，最大限度地激发各类创新主体的潜能、释放各类创新主体的活力。

另外，发挥新型举国体制优势，要加强国际科技合作。自主创新是开放环境下的创新，绝不能关起门来搞，要更加主动地融入全球创新网络，在开放合作中提升自身科技创新能力。

二、实施关键核心技术攻关举国体制的重点

面向制约产业安全、经济安全、国家安全的重大技术瓶颈，按照“补短板、建优势、强能力”的思路，开展关键领域核心技术攻关，打好关键核心技术攻坚战，重点从以下几个方面推进：

一是组织实施体现国家战略需求的科学技术重大任务。科学技术重大任务的组织实施，要以国家战略需求为导向，围绕国家发展战略目标，通过有效组织，集聚国内外科技创新资源，实现重大技术突破，带动重大技术创新应用。《中华人民共和国国民经济和社会发展第十四个五年规划和2035年远景目标纲要》提出，从国家急迫需要和长远需求出发，集中优势资源攻关新发突发传染病和生物安全风险防控、医药和医疗设备、关键元器件零部件和基础材料、油气勘探开发等领域关键核心技术。

二是系统布局具有前瞻性、战略性的科学技术重大项目。要围绕科技创新发展战略目标，系统布局一批具有前瞻性、战略性的科学技术重大项目。《中华人民共和国国民经济和社会发展第十四个五年规划和2035年远景目标纲要》提出，瞄准人工智能、量子信息、集成电路、生命健康、脑科学、生物育种、空天科技、深地深海等前沿领域，实施一批具有前瞻性、战略性的国家重大科技项目。

三是超前部署关键核心技术研发。关键核心技术研发是个系统工程，必须统筹推进、超前部署。《国家创新驱动发展战略纲要》提出，在关系国家安全和长远发展的重点领域，部署一批重大科技项目和工程；面向2030年，坚持有所为有所不为，充分论证，把准方向，明确重点，再部署一批体现国家战略意图的重大科技项目和工程。

第二十九条 国家加强面向产业发展需求的共性技术平台和科学技术研究开发机构建设，鼓励地方围绕发展需求建设应用研究科学技术研究开发机构。

国家鼓励科学技术研究开发机构、高等学校加强共性基础技术研究，鼓励以企业为主导，开展面向市场和产业化应用的研究开发活动。

◆ 条文主旨

本条是关于加强共性技术研究的规定。

◆ 修改提示

本条是新增法条。

◆ 条文释义

共性技术是促进产业科技创新的重要环节，是实现产业转型升级和高质量发展的关键。本条从两个方面对加强共性技术研究进行了规定：一是加强面向产业发展需求的共性技术平台和科学技术研究开发机构建设，二是充分发挥不同创新主体在共性技术研究中的作用。

一、共性技术平台和科学技术研究开发机构建设

共性技术供给体系不完善、总量不足和质量不高的问题日益成为制约企业创新发展的瓶颈，影响到产业基础能力和产业链现代化水平的提升。2019 年，中央财经委员会第五次会议提出，“要建立共性技术平台，解决跨行业、跨领域的关键共性技术问题”。加强共性技术平台建设是提升技术创新能力的一项重要举措。

共性技术平台和科学技术研究开发机构是实现科技与经济紧密结合、推进产学研深度融合的重要桥梁和纽带。跨越从基础研究到技术创新的“死亡谷”是各国创新活动普遍面临的一个难题。共性技术平台大多是从事科技成果中试熟化、应用技术研发升级等活动，将产学研用组织结合起来，有助于协同突破产业技术共性瓶颈、降低后续应用技术研发风险，弥合科技和经济间可能的断裂，支撑产业和产业链向中高端迈进。世界一些国家和地区通过政府研究机构、政府社会资本合作研究计划、技术创新网络、技术联盟和伙伴关系等形式推动建设共性技术平台，为后续技术创新发挥重要先导作用。

我国应加强前瞻谋划和统筹协调，集中力量整合、提升一批关键共性技术平台。通过健全支持政策、完善相关制度、培养人才队伍，实现共性技术体系全面优化和能力提升。应完善资源和利益共享机制，积极构建专利池、知识产权联盟，强化标准引领，增加共性技术标准高质量供给和标准之间的融合协调等。

二、充分发挥创新主体在共性基础技术研究开发中的作用

共性技术研究开发涉及共性基础性研究和面向市场的应用研究，需要充分发挥科学技术研究开发机构、高等学校和企业的积

极性，构建基础研究与市场应用之间的良性互动模式，共同推动共性技术的有效供给和应用。一方面，科学技术研究开发机构、高等学校要加强共性基础技术研究。另一方面，共性基础技术是产业技术体系中的重要组成部分，必须发挥企业技术创新的主体作用，充分利用市场机制，健全财税和金融等多方式、政产学研等多主体的多元化支持体系，开展面向市场和产业化应用的研究开发活动，解决产业发展的瓶颈和卡脖子的基础技术问题。

第三十条　国家加强科技成果中试、工程化和产业化开发及应用，加快科技成果转化为现实生产力。

利用财政性资金设立的科学技术研究开发机构和高等学校，应当积极促进科技成果转化，加强技术转移机构和人才队伍建设，建立和完善促进科技成果转化制度。

◆ **条文主旨**

本条是关于加快科技成果转化为现实生产力的规定。

◆ **修改提示**

本条是新增法条，与促进科技成果转化法紧密衔接，对促进科技成果转化的重点环节和内容予以规定。

◆ **条文释义**

科技成果转化是科技与经济紧密结合的关键环节，我国围绕促进科技成果转化制定了促进科技成果转化法及相关规定、政策构成的法律法规和政策体系。本法修改加强与促进科技成果转化法的衔接，对开展中试熟化与产业化开发，以及建立完善科技成果转化相关制度进行了进一步的明确。

一、加快科技成果转化为现实生产力

根据《中华人民共和国促进科技成果转化法》，科技成果，是指通过科学研究与技术开发所产生的具有实用价值的成果。科技成果转化，是指为提高生产力水平而对科技成果所进行的后续试验、开发、应用、推广直至形成新技术、新工艺、新材料、新产品，发展新产业等活动。科技成果转化包括两个阶段，一是科技成果的中试、工程化等的后续实验和推广阶段，二是科技成果的产业化及应用阶段。只有完成了这两个阶段，才能达到科技成果转化为现实生产力的最终目的。

科技成果转化牵涉高等院校、科研院所、企业等主体，以及为科技成果转化服务的技术市场、中介组织及相关服务体系。正确处理各个参与者之间的关系是科技成果转化的关键。科技成果能否顺利进行转化，依靠的是科技成果从产生到应用的整个过程，也就是说要从科技创新全过程出发推动成果转化工作。

近年来，我国科技成果转化取得积极成效，主要体现在：一是促进科技成果转化的政策体系基本建立。2015 年，《中华人民共和国促进科技成果转化法》修改；2016 年，国务院印发《实施〈中华人民共和国促进科技成果转化法〉若干规定》，国务院办公厅印发《促进科技成果转移转化行动方案》；2017 年，国务院印发《国家技术转移体系建设方案》。二是适应新形势的国家技术转移体系基本建成，现代技术市场正在发挥资源配置的重要作用。2019 年，3450 家公立高等院校和科研院所以转让、许可、作价投资方式转化科技成果的合同项数为 15035 项，合同总金额为 152.4 亿元。三是成果转化体制机制不断完善，国有资产管理、人员职称评定等相关配套制度取得突破性进展。财政部修改《事业单位国有资产管理暂行办法》，并出台《关于进一步加大授权力度 促进科技成果转化的通知》，畅通科技成果转化有关国有资产全链条管理。人力资源社会保障部、科技部出台《关于深化自然科学研究人员职称制度改革的指导意见》，明确成果转化效益作为评价指标。2020 年 3 月，中共中央、国务院印发《关于构建更加完善的要素市场化配置体制机制的意见》，将培育发展技术转移机构作为加快发展技术要素市场的重要举措和明确任务，提出新的更高要求。2021 年 8 月，《国务院办公厅关于完善科技成果评价机制的指导意见》印发实施，目的是健全完善科技成果评价体系，更好发挥科技成果评价作用，促进科技与经济社会发展更加紧密结合，加快推动科技成果转化为现实生产力。

但从总体上看，目前我国科技成果转化仍存在政策落实“最后一公里”、专业化技术转移机构能力不足、人才匮乏以及多元化投入体系尚未形成等问题。本条第一款规定，加强科技成果中试、工程化和产业化开发及应用，要求在创新链条上，包括科技研究活动的立项、研发、中试、开发、应用、推广等一系列过程协同配合；在创新主体上，包括企业、高等学校、科研院所、政府等各个创新主体相互协作，共同推动成果的转化过程。

二、财政性资金设立的科学技术研究开发机构和高等学校的科技成果转化义务

财政资助科研单位以及财政资助形成的科技成果本身具有对社会服务的功能，也承担着根据国家要求进行科技成果转化的义务。《中华人民共和国促进科技成果转化法》第十七条第二款规定：“国家设立的研究开发机构、高等院校应当加强对科技成果转化的管理、组织和协调，促进科技成果转化队伍建设，优化科技成果转化流程，通过本单位负责技术转移工作的机构或者委托独立的科技成果转化服务机构开展技术转移。”2016 年，国务院印发的《实施〈中华人民共和国促进科技成果转化法〉若干规定》进一步明确了研究开发机构、高等院校在科技成果转化方面的权利与义务，提出国家设立的研究开发机构和高等院校应当采取措施，优先向中小微企业转移科技成果，为大众创业、万众创新提供技术供给；明确国家设立的研究开发机构、高等院校对其持有的科技成果进行转化的权利；明确其应当建立健全技术转移工作体系和机制，完善科技成果转移转化的管理制度。

第三十一条　国家鼓励企业、科学技术研究开发机构、高等学校和其他组织建立优势互补、分工明确、成果共享、风险共担的合作机制，按照市场机制联合组建研究开发平台、技术创新联盟、创新联合体等，协同推进研究开发与科技成果转化，提高科技成果转移转化成效。

◆ 条文主旨

本条是关于按照市场机制联合组建研究开发平台、技术创新联盟、创新联合体等的规定。

◆ 修改提示

本条是新增法条，目的是推动产学研深度融合，加快科技成果转移转化。

◆ 条文释义

经过多年改革和发展，我国建立和完善了以企业为主体、市场为导向、产学研相结合的技术创新体系，不断扩展产学研合作的广度和深度，从简单或短期的技术转让、委托研究、联合攻关等，发展到基于长期稳定合作的共建研究开发平台、技术创新联盟、创新联合体等多种合作方式。我国的产学研合作已进入“深度融合”的阶段，迫切需要加快构建创新主体紧密合作的机制。

一、建立优势互补、分工明确、成果共享、风险共担的合作机制

产学研深度融合要以市场为导向，使市场在资源配置中起决定性作用，优化创新资源配置，推动创新要素集聚。要实现真正的深度融合，就必须协调好产学研各个主体之间的利益。一方面，要优势互补、分工明确。产学研合作中不同的创新主体，本身具有各自的定位和优势。高等学校注重基础研究，追求学术价值。科研院所注重科技研发，追求科学技术突破。而企业更注重科技成果的经济价值，追求经济利益最大化。产学研合作是一个互动的过程，各个创新主体有各自的优势和分工。产学研合作的关键是明确产学研各方的利益范围与责任边界，在尊重彼此优势和分工的基础上，通过利益机制实现创新链条上的各方相互支持与协同。另一方面，要成果共享、风险共担。要设定风险分担和利益分配机制，建立风险共担、利益共赢的创新机制，促进产学研各个创新主体的紧密合作。一般在合作之前需要签订合作协议，明确各自的责任、权利和义务。在合作过程中严格履行合作协议。创新成功后，按照协议对知识产权和成果转化收益等的规定进行分享和分配，出现问题时也要按照协议和有关规定进行处理，真正实现利益和风险共担。

二、组建研究开发平台、技术创新联盟、创新联合体等

产学研深度融合有多种方式。其中，产学研研究开发平台是以相对稳定的研究领域和产品开发为纽带，建立互惠互利的平台，促进科学技术研究开发、人才培养和专业发展。研究开发平台可以建在高校和科研机构，也可以建在企业中，或者由产学研各方组建独立的机构；技术创新联盟是以企业的发展需求和高校、科研机构等各方的共同利益为基础，以提升产业技术创新能力为目标，以具有法律约束力的契约为保障，形成的联合开发、优势互补、利益共享、风险共担的技术创新合作组织；创新联合体，是指企业与大学、科研院所通过利益联结机制，联合建立产业技术研究院、产业创新联盟，共建工程中心、工程实验室和技术中心，共同开展科技创新和协同攻关，加速科技成果转化。

当前，科技创新难度和复杂度显著增加，单个企业仅凭自身力量，难以解决产业链上的所有问题，难以提升产业链整体竞争力，必须采用跨组织创新、协同创新、创新网络等新的创新模式，构建研究开发平台、技术创新联盟、创新联合体等，形成推进科技创新的强大合力。2021 年 5 月 28 日，习近平总书记在中国科学院第二十次院士大会、中国工程院第十五次院士大会、中国科协第十次全国代表大会上的讲话中强调，“要发挥企业出题者作用，推进重点项目协同和研发活动一体化，加快构建龙头企业牵头、高校院所支撑、各创新主体相互协同的创新联合体”。

在研究开发平台、技术创新联盟、创新联合体等的组建中，在科技创新导向和目标上是以科技成果产业化为目标，需要充分发挥企业技术创新主体地位，面向市场需求形成研发目标和研发任务，同时，高等学校要充分发挥基础研究和人才培养等优势，科研机构要充分发挥技术开发、试验发展等优势，关键是要完善优势互补、分工明确、成果共享、风险共担的合作机制。

三、研究开发平台、技术创新联盟、创新联合体等建设需要遵循市场机制

成功的创新联盟或者联合体需要尊重科技创新规律，充分发挥市场在资源配置中的决定性作用，通过市场需求引导创新资源有效配置，形成推进科技创新的强大合力。按照市场机制联合组建研究开发平台、技术创新联盟、创新联合体等，包括以下几方面含义：一是合作是自愿行为。在市场经济条件下，首先是产学研各方的自愿行为，即使是政府推动的产学研结合，也应以产学

研的自愿结合为前提；二是不能用行政干预替代市场机制。市场机制在产学研结合中发挥主导作用，用行政手段替代市场机制极易造成产学研结合流于形式；三是不能违背公平竞争。研究开发平台、技术创新联盟、创新联合体等是共同研发科技产品，尽快将新的科技成果转化为现实的生产力，而不能形成市场垄断联盟、破坏市场竞争规制、干扰正常的市场结构和市场秩序，从而削弱市场有效竞争，破坏公平有序的市场环境。

第三十二条 利用财政性资金设立的科学技术计划项目所形成的科技成果，在不损害国家安全、国家利益和重大社会公共利益的前提下，授权项目承担者依法取得相关知识产权，项目承担者可以依法自行投资实施转化、向他人转让、联合他人共同实施转化、许可他人使用或者作价投资等。

项目承担者应当依法实施前款规定的知识产权，同时采取保护措施，并就实施和保护情况向项目管理机构提交年度报告；在合理期限内没有实施且无正当理由的，国家可以无偿实施，也可以许可他人有偿实施或者无偿实施。

项目承担者依法取得的本条第一款规定的知识产权，为了国家安全、国家利益和重大社会公共利益的需要，国家可以无偿实施，也可以许可他人有偿实施或者无偿实施。

项目承担者因实施本条第一款规定的知识产权所产生的利益分配，依照有关法律法规规定执行；法律法规没有规定的，按照约定执行。

◆ **条文主旨**

本条是关于利用财政性资金设立的科学技术计划项目所形成的科技成果知识产权归属、实施等方面的规定。

◆ **修改提示**

本条是对原法第二十条的修改。与原法条相比，一是在第一款中删除“科学技术基金项目”，主要原因是在国家科学技术计划体系改革后，利用财政性资金设立的科学技术计划项目包含了利用财政性资金设立的科学技术基金项目；将“发明专利权、计算机软件著作权、集成电路布图设计专有权和植物新品种权”修改为“科技成果”，主要原因是扩大对科技成果知识产权的保护范围；增加“项目承担者可以依法自行投资实施转化、向他人转让、联合他人共同实施转化、许可他人使用或者作价投资等”，加强与我国知识产权法律制度和促进科技成果转化法的相关规定衔接，明确项目承担者科技成果转化的权利。二是在第二款中增加了在合理期限内没有实施“且无正当理由”，主要原因是考虑到科技成果转化的复杂性，在对国家介入科技成果转化的前提条件中增加“且无正当理由”的条件。三是在第四款中将“有关法律、行政法规”改为“有关法律法规”。

◆ **条文释义**

一、利用财政性资金设立的科学技术计划项目所形成的科技成果，在不损害国家安全、国家利益和重大社会公共利益的前提下，授权项目承担者依法取得相关知识产权

2007年的科学技术进步法修订以来，各级政府积极采取措施促进知识产权的保护和实施，项目承担者积极落实知识产权管理和实施规定，法律制度的知晓度和认同度不断提升，有效发明专利实施率维持在较高水平，有效发明专利产业化程度显著提高。

同时，国内相关制度改革也在不断推进。2015 年促进科技成果转化法修改，修改内容包括加强国家和地方政府支持的科研成果的信息发布，赋予科研机构成果使用权、处置权、收益权，提高科技人员转化奖励比例等。2016 年，中共中央办公厅、国务院办公厅印发《关于实行以增加知识价值为导向分配政策的若干意见》，在中央和国家层面率先提出“探索赋予科研人员科技成果所有权或长期使用权”，将其作为“鼓励科研人员通过科技成果转化获得合理收入”的重要改革措施。此次修法在总结相关改革实践经验的基础上，进一步明确利用财政性资金设立的科学技术计划项目所形成的产权归属和相关权利义务关系。

按照《中华人民共和国民法典》第一百二十三条知识产权的定义，知识产权是权利人依法就下列客体享有的专有的权利：（1）作品；（2）发明、实用新型、外观设计；（3）商标；（4）地理标志；（5）商业秘密；（6）集成电路布图设计；（7）植物新品种；（8）法律规定的其他客体。利用财政性资金设立的科学技术计划项目所形成的科技成果，在不损害国家安全、国家利益和重大社会公共利益的前提下，授权项目承担者依法取得相关知识产权。这里的“项目承担者”，是指在利用财政资金设立的科学技术计划项目中，根据法律法规和科技计划项目管理制度，以行政相对人身份与任务下达机关签署项目任务书，或以合同当事人身份与项目管理机构依法订立合同，履行合同或执行任务书、实施项目研究开发工作、依法承担合同义务或法律责任的自然人和法人组织。规定由项目承担者依法取得科学技术计划项目所形成知识产权，并保证项目承担者可以自主决定知识产权申请、转让、许可他人实施或作价投资的权利，有利于最大限度地利用产权激励机制促进项目承担者等创新主体进行科技创新。

二、利用财政资金设立的科学技术计划项目所形成知识产权的实施

将知识产权授予项目承担者后，如果该知识产权被束之高阁，得不到有效的运用，就起不到促进科技创新的作用。因此，必须建立促使项目承担者对所取得的知识产权依法运用、实施的制度，包括：

（一）项目承担者应当依法实施所取得的知识产权，同时采取保护措施，并就实施和保护情况向项目管理机构提交年度报告。项目承担者在取得财政性科学技术计划项目所形成的知识产权后，应当履行依法实施的义务，包括自主实施、许可他人实施、转让、作价入股等，并取得相应的收益。《中华人民共和国促进科技成果转化法》第二十一条规定："国家设立的研究开发机构、高等院校应当向其主管部门提交科技成果转化情况年度报告，说明本单位依法取得的科技成果数量、实施转化情况以及相关收入分配情况，该主管部门应当按照规定将科技成果转化情况年度报告报送财政、科学技术等相关行政部门。"2014年，国务院办公厅转发科技部《关于加快建立国家科技报告制度的指导意见》指出，要求财政性资金资助的科技项目必须呈交科技报告，强化项目承担单位科技报告管理责任。2010年《国家科技重大专项知识产权管理暂行规定》第二十五条第一款规定："对项目（课题）产生的科技成果，项目（课题）责任单位应当根据科技成果特点，按照相关法律法规的规定适时选择申请专利权、申请植物新品种权、进行著作权登记或集成电路布图设计登记、作为技术秘密等适当方式予以保护。"第三十九条规定："在项目结束后五年内，项目（课题）责任单位或重大专项知识产权被许可人或受让人应当根据重大专项牵头组织单位的要求，报告知识产权应用、再开发和产业化等情况。"

（二）项目承担者取得本条规定的知识产权在合理期限内没有实施且无正当理由的，或者为了国家安全、国家利益和重大社会公共利益的需要，国家可以无偿实施，也可以许可他人有偿或者无偿实施。作为项目承担者，依法实施所取得的知识产权，既是权利，也是义务，这一点与普通的知识产权不同。普通的知识产权，其所有者享有依法实施的权利，属于独占权，并没有在规定的期限内必须实施的义务。而将利用财政性资金形成的知识产权授予项目承担者，是一种国家的让利行为，项目承担者在享受这一权利的同时，必须履行在合理的期限内依法实施的义务，否则国家有权予以介入干涉。对于项目承担者依法取得的本条规定的知识产权，国家享有在特殊情况下的介入权，包括：一是项目承担者取得知识产权后在合理期限内没有依法实施且无正当理由的，国家可以无偿实施，也可以许可他人有偿实施或者无偿实施；二是为了国家安全、国家利益和重大社会公共利益的需要，国家可以无偿实施，也可以许可他人有偿实施或者无偿实施。《中华人民共和国专利法》第五十三条规定："有下列情形之一的，国务院专利行政部门根据具备实施条件的单位或者个人的申请，可以给予实施发明专利或者实用新型专利的强制许可：（一）专利权人自专利权被授予之日起满三年，且自提出专利申请之日起满四年，无正当理由未实施或者未充分实施其专利的；（二）专利权人行使专利权的行为被依法认定为垄断行为，为消除或者减少该行为对竞争产生的不利影响的。"第五十四条规定："在国家出现紧急状态或者非常情况时，或者为了公共利益的目的，国务院专利行政部门可以给予实施发明专利或者实用新型专利的强制许可。"第五十五条规定："为了公共健康目的，对取得专利权的药品，国务院专利行政部门可以给予制造并将其出口到符合中华人民共和国参加的有关国际条约规定的国家或者地区的强制许可。"

第五十六条规定："一项取得专利权的发明或者实用新型比前已经取得专利权的发明或者实用新型具有显著经济意义的重大技术进步，其实施又有赖于前一发明或者实用新型的实施的，国务院专利行政部门根据后一专利权人的申请，可以给予实施前一发明或者实用新型的强制许可。在依照前款规定给予实施强制许可的情形下，国务院专利行政部门根据前一专利权人的申请，也可以给予实施后一发明或者实用新型的强制许可。"

本条第一款关于授予项目承担者知识产权的规定，与第二款和第三款关于项目承担者依法使用该知识产权，以及国家在特定情况下的"介入权"的规定，是紧密相连、相辅相成的。一方面，国家通过利益机制，激励科研机构和科技人员进行科研开发，产生成果并形成知识产权；但形成知识产权不是最终目的，最终目的是让该知识产权能够被用起来，转化为生产力，为国家的经济建设和社会发展服务，所以规定取得知识产权的单位和个人有依法实施该知识产权的义务；另一方面，对知识产权授予项目者的规定，也反过来促进该科技研究成果的运用推广。

三、利用财政资金设立的科学技术计划项目知识产权所产生的利益分配

项目承担者因实施利用财政资金设立的科学技术计划项目形成的知识产权所产生的利益分配，依照民法典、专利法、促进科技成果转化法等规定执行；法律法规没有规定的，按照约定执行。法律有关规定包括：

（一）《中华人民共和国民法典》第八百四十六条规定："技术合同价款、报酬或者使用费的支付方式由当事人约定，可以采取一次总算、一次总付或者一次总算、分期支付，也可以采取提成支付或者提成支付附加预付入门费的方式。约定提成支付的，可以按照产品价格、实施专利和使用技术秘密后新增的产值、利润或者产品销售额的一定比例提成，也可以按照约定的其他方式计算。提成支付的比例可以采取固定比例、逐年递增比例或者逐年递减比例。约定提成支付的，当事人可以约定查阅有关会计账目的办法。”此外，第八百七十五条规定：“当事人可以按照互利的原则，在合同中约定实施专利、使用技术秘密后续改进的技术成果的分享办法；没有约定或者约定不明确，依据本法第五百一十条的规定仍不能确定的，一方后续改进的技术成果，其他各方无权分享。”

（二）《中华人民共和国专利法》第十五条规定：“被授予专利权的单位应当对职务发明创造的发明人或者设计人给予奖励；发明创造专利实施后，根据其推广应用的范围和取得的经济效益，对发明人或者设计人给予合理的报酬。国家鼓励被授予专利权的单位实行产权激励，采取股权、期权、分红等方式，使发明人或者设计人合理分享创新收益。”根据这一规定，取得发明专利的项目承担者是科研单位、企业的，该科研单位、企业应当对科研项目研究成果完成人和为成果转化做出贡献的人员给予奖励和报酬，鼓励产权激励。

（三）《中华人民共和国促进科技成果转化法》第四十条规定：“科技成果完成单位与其他单位合作进行科技成果转化的，应当依法由合同约定该科技成果有关权益的归属。合同未作约定的，按照下列原则办理：（一）在合作转化中无新的发明创造的，该科技成果的权益，归该科技成果完成单位；（二）在合作转化中产生新的发明创造的，该新发明创造的权益归合作各方共有；（三）对合作转化中产生的科技成果，各方都有实施该项科技成果的权利，转让该科技成果应经合作各方同意。”

需要说明的是，将原法“依照有关法律、行政法规的规定执行”修改为“依照有关法律法规规定执行”，这里的“法规”包括行政法规和地方性法规，扩大了项目承担者对因实施知识产权进行利益分配的依据。

第三十三条　国家实行以增加知识价值为导向的分配政策，按照国家有关规定推进知识产权归属和权益分配机制改革，探索赋予科学技术人员职务科技成果所有权或者长期使用权制度。

◆ **条文主旨**

本条是关于实行以增加知识价值为导向的分配政策的规定。

◆ **修改提示**

本条是新增法条。

◆ **条文释义**

本条在总结我国建立完善增加知识价值为导向的激励机制、探索赋予科学技术人员职务科技成果所有权或者长期使用权的经验基础上，明确实行以增加知识价值为导向的分配政策，推进知识产权归属和权益分配机制改革，在全社会营造尊重劳动、尊重知识、尊重人才、尊重创造的氛围。其中关于“探索赋予科学技术人员职务科技成果所有权或者长期使用权制度”的规定，为进一步深化科技体制改革拓展了空间。

一、国家实行以增加知识价值为导向的分配政策

实行以增加知识价值为导向的分配政策是实施创新驱动发展战略的需要，是推动经济社会发展向创新驱动转型的根本动力。改革开放以后，我国生产要素参与分配制度不断得到发展和完善。改革开放前，我国实行单一的按劳分配制度，随着我国经济体制改革的推进，收入分配制度开始不断地突破和创新。党的十三大报告提出："社会主义初级阶段的分配方式不可能是单一的。我们必须坚持的原则是，以按劳分配为主体，其他分配方式为补充。"党的十四届三中全会通过《关于建立社会主义市场经济体制若干问题的决定》，提出个人收入分配制度要体现效率优先、兼顾公平的原则。党的十五大报告提出，"坚持按劳分配为主体、多种分配方式并存的制度。把按劳分配和按生产要素分配结合起来"。党的十六大报告提出："确立劳动、资本、技术和管理等生产要素按贡献参与分配的原则，完善按劳分配为主体、多种分配方式并存的分配制度。"

2012 年，党的十八大明确进一步深化收入分配制度改革，提出，"实现发展成果由人民共享，必须深化收入分配制度改革"。党的十八届五中全会进一步提出"实行以增加知识价值为导向的分配政策，提高科研人员成果转化收益分享比例"，并在国家"十三五"规划中进一步明确。为充分发挥收入分配政策的激励导向作用，2016 年 11 月，中共中央办公厅、国务院办公厅印发了《关于实行以增加知识价值为导向分配政策的若干意见》，要求充分发挥市场机制作用，通过稳定提高基本工资、加大绩效工资分配激励力度、落实科技成果转化等激励措施，使科研人员收入与岗位职责、工作业绩、实际贡献紧密联系，在全社会形成知识创造价值、价值创造者得到合理回报的良性循环，构建体现增加知识价值的收入分配机制。各部门围绕该意见中涉及的关键环节，加快下放管理权，增加知识价值导向的分配政策体系初步形成。2018 年，国务院印发《关于优化科研管理提升科研绩效若干措施的通知》，进一步赋予科研人员更大技术路线决策权，赋予科研单位科研项目经费管理使用自主权，加大对承担国家关键领域核心技术攻关任务科研人员的薪酬激励等。在科研项目和经费管理方面，中共中央办公厅、国务院办公厅《关于进一步完善中央财政科研项目资金管理等政策的若干意见》，国务院《关于优化科研管理提升科研绩效若干措施的通知》，国务院《关于改进加强中央财政科研项目和资金管理的若干意见》等对预算调整、科研经费管理以及间接费用、劳务费管理等方面都给予单位较大自主权，新修改的促进科技成果转化法将科技成果使用、处置、收益权下放给单位。

二、探索赋予科学技术人员职务科技成果所有权或者长期使用权制度

近年来，我国陆续发布相关文件，提出“开展赋予科研人员职务科技成果所有权或长期使用权试点”。2016年，《关于实行以增加知识价值为导向分配政策的若干意见》提出“对于接受企业、其他社会组织委托的横向委托项目，允许项目承担单位和科研人员通过合同约定知识产权使用权和转化收益，探索赋予科研人员科技成果所有权或长期使用权”。2018年，国务院印发的《关于优化科研管理提升科研绩效若干措施的通知》提出“开展赋予科研人员职务科技成果所有权或长期使用权试点”。

经中央全面深化改革委员会第十二次会议审议通过，2020年5月，科技部、发展改革委、教育部、工业和信息化部、财政部、人力资源社会保障部、商务部、知识产权局、中科院联合印发《赋予科研人员职务科技成果所有权或长期使用权试点实施方案》。根据该方案，经有关部门及地方推荐，九部门共同确定了赋予科研人员职务科技成果所有权或长期使用权试点单位名单，北京市、辽宁省、上海市、江苏省、浙江省等9个省市，以及教育部、工信部、中科院等部委的共40个单位入选试点名单。试点单位探索建立赋予科研人员职务科技成果所有权或长期使用权的机制和模式，形成可复制、可推广的经验和做法，推动完善相关法律法规和政策措施，进一步激发科研人员创新积极性，促进科技

成果转移转化。

本法规定“国家实行以增加知识价值为导向的分配政策，按照国家有关规定推进知识产权归属和权益分配机制改革，探索赋予科学技术人员职务科技成果所有权或者长期使用权制度”，这为进一步深化科技体制改革、拓展改革空间奠定了法律基础。

第三十四条 国家鼓励利用财政性资金设立的科学技术计划项目所形成的知识产权首先在境内使用。

前款规定的知识产权向境外的组织或者个人转让，或者许可境外的组织或者个人独占实施的，应当经项目管理机构批准；法律、行政法规对批准机构另有规定的，依照其规定。

◆ **条文主旨**

本条是关于利用财政性资金设立的科学技术计划项目所形成的知识产权在境内使用和境外转化的规定。

◆ **修改提示**

本条是原法第二十一条，未作修改。

◆ **条文释义**

财政性资金设立的科学技术计划项目体现了国家意志，为保障国家利益，相关项目所形成的知识产权，应当遵守首先在境内使用原则，经项目管理机构等批准后方可向境外进行转化。

一、国家鼓励利用财政性资金设立的科学技术计划项目形成的知识产权首先在境内使用

该条明确利用财政性资金设立的科学技术计划项目所形成的

知识产权首先在境内使用的原则。对此，其他法律、部门规章等也作了具体规定。如：《中华人民共和国专利法》第十条第二款规定："中国单位或者个人向外国人、外国企业或者外国其他组织转让专利申请权或者专利权的，应当依照有关法律、行政法规的规定办理手续。"2010 年，科学技术部、国家发展和改革委员会、财政部、国家知识产权局印发的《国家科技重大专项知识产权管理暂行规定》第三十三条第一款规定："重大专项产生的知识产权，应当首先在境内实施。许可他人实施的，一般应当采取非独占许可的方式。"《中华人民共和国促进科技成果转化法》第六条规定："国家鼓励科技成果首先在中国境内实施。中国单位或者个人向境外的组织、个人转让或者许可其实施科技成果的，应当遵守相关法律、行政法规以及国家有关规定。"2018 年国务院办公厅印发的《知识产权对外转让有关工作办法（试行）》，明确要求"规范知识产权对外转让秩序"，"技术出口、外国投资者并购境内企业等活动中涉及本办法规定的专利权、集成电路布图设计专有权、计算机软件著作权、植物新品种权等知识产权对外转让的，需要按照本办法进行审查。所述知识产权包括其申请权"。《中华人民共和国出口管制法》第二条规定，国家对两用物项、军品、核以及其他与维护国家安全和利益、履行防扩散等国际义务相关的货物、技术、服务等物项的出口实施管制。

对于国家资助科研项目所形成的科技成果，美国等国家在实施和使用方面也实行"本国优先"原则。如：美国《拜杜法》作出美国产业优先的规定，要求项目承担者应当优先选择在美国境内制造和使用专利产品。"无论本章的其他条款如何规定，取得项目发明全部权利的小企业、非营利性组织或者他们的受让人，都不得授予任何人在美国使用或者销售项目发明的独占权，除非此人同意，包含该发明的产品或者使用该发明所生产的产品将在美国进行实质性制造。但是，如果小企业、非营利性组织或者受让人按照资助协议展示其发明，但这种合理努力没有成功将项目发明许可给有可能在美国进行实质性制造的潜在的被许可人，或者国内制造没有商业化的可行性，在这种特殊情况下，联邦机构可以放弃要求这种承诺。”

二、利用财政性资金设立的科学技术计划项目形成知识产权向境外转让或许可独占实施应经项目管理机构批准

本法明确规定，利用财政性资金设立的科学技术计划项目所形成的知识产权向境外的组织或者个人转让，或者许可境外的组织或者个人独占实施的，应当经项目管理机构批准。这是对财政科技项目首先在境内实施的义务性规定，是国家介入权行使的途径。本法第三十二条规定，项目承担者可以依法取得利用财政性资金设立的科学技术计划项目所形成的科技成果的相关知识产权，并可以依法实施转让、许可他人使用等科技成果转化行为。但是项目承担者取得的利用财政性资金设立的科学技术计划项目所形成的知识产权，在实施境外转让或许可使用时应当受到一定的限制，即应经项目管理机构批准。

利用财政资金设立的科技项目所形成的知识产权向境外的组织或者个人转让或者许可境外的组织或者个人独占实施的，才需要经过项目管理机构的批准，如果是许可境外的组织或者个人非独占实施的，则无须经过批准。同时，只有法律和行政法规才有权规定除该项目管理机构以外的其他机构作为批准机构，在法律、行政法规没有规定的情况下，无权做出规定授予其他机构以批准权。

上述规定，既充分尊重项目承担者的知识产权，又对其转让进行必要的限制，以维护国家安全和利益，实现项目承担者的知识产权与国家利益之间的平衡。

第三十五条 国家鼓励新技术应用，按照包容审慎原则，推动开展新技术、新产品、新服务、新模式应用试验，为新技术、新产品应用创造条件。

◆ **条文主旨**

本条是关于鼓励新技术应用的规定。

◆ **修改提示**

本条是新增法条。

◆ **条文释义**

为适应科技创新发展趋势，本条规定建立“包容审慎”的监管制度，按照相关程序，为开展创新和监管试验赋予法律效力，为新技术和新产品的应用营造环境。

一、国家按照包容审慎原则鼓励新技术应用

新技术、新产业、新业态、新模式（以下简称“四新”）是在新一代信息技术、新工业革命以及制造业与服务业融合发展的背景下，以技术创新、应用创新、模式创新为内核并相互融合的新型经济形态。作为新型经济形态，“四新”的运行在基础支撑、技术特征、组织结构、产业组织等方面都迥然有别于传统经济。在技术推动和需求拉动双重作用下，新经济业态发展日新月异，催生出产品、工艺、市场、资源配置、组织等方面的一系列创新。

随着“四新”的迅速崛起壮大，不断向传统经济“赋能”，一些法律法规条款难以适应创新发展监管的实际需要，亟需对监管机制和方式进行调整，根据新技术、新产业、新业态发展的需要及时建立相适应的包容审慎监管体系，健全新技术、新产品应用安全监测机制，为新技术、新产业、新业态发展创造良好的外部环境，打造领先市场优势。

世界很多国家都在积极探索监管沙盒制度，并逐步扩展到新技术新产业领域，以促进新动能的培育和壮大。通过设立限制性条件和制定风险管理措施，建立受监督的安全测试区，允许先行先试。我国要把握创新的规律，坚持包容创新和审慎监管，营造宽松创新环境。

二、关于包容审慎原则的实践

“四新”不仅推动了经济发展、增加了就业岗位，更大大方便了群众生活，这很大程度上得益于“包容审慎”的监管方式。所谓“包容”，就是对那些未知大于已知的新业态采取包容态度，探索适应新业态特点、有利于公平竞争的公正监管办法，避免用老办法管理新业态。所谓“审慎”有两层含义：一是当新业态刚出现还看不准的时候，给予一定的“观察期”；二是严守安全底线，对谋财害命、坑蒙拐骗、假冒伪劣、侵犯知识产权等行为，不管是传统业态还是新业态都要采取严厉监管措施，坚决依法打击。

《优化营商环境条例》第五十五条规定，政府及其有关部门应当按照鼓励创新的原则，对新技术、新产业、新业态、新模式等实行包容审慎监管，针对其性质、特点分类制定和实行相应的监管规则和标准，留足发展空间，同时确保质量和安全，不得简单化予以禁止或者不予监管。2020 年，《中共中央、国务院关于新时代加快完善社会主义市场经济体制的意见》提出要健全对新业态的包容审慎监管制度。按照包容审慎原则推进新经济领域立法。健全重大改革特别授权机制，对涉及调整现行法律法规的重大改革，按法定程序经全国人大或国务院统一授权后，由有条件的地方先行开展改革试验和实践创新。

在此次法律修改中，强调建立“包容审慎”的监管制度，能够为相关部门开展科技创新监管试验赋予更高法律效力。一是鼓励政策探索和实践。“四新”的发展具有很大的不确定性和多变性，对能够由市场机制调节或能纳入现行法律体系进行调整的问题，可以制定政策予以引导，在足够的政策积累和行业实践的基础上再进行立法保障。二是加强部门协调。由于“四新”涉及行业很广，而不同行业之间存在着很大的内部差异，因此需要协同各个相关管理部门共同制定相应的行业监管政策，应对监管风险。三是加快政府职能转变。政府部门需要在监管过程中深入推进简政放权、放管结合、优化服务改革，按照“鼓励创新、包容审慎”的原则，发展与监管并重，积极探索推进，加强分类指导，创新监管模式，支持和引导各类市场主体积极探索经济新业态新模式。四是实施事中事后监管、负面清单制度等监管手段。建立公平开放宽松的市场准入环境，完善以事中事后监管和负面清单为主的产业准入制度，有效降低新技术、新产业、新业态、新模式的进入成本，促进更多的新企业涌现。五是充分发挥试点作用。充分发挥先行先试作用，在特定范围内允许一部分企业在“安全空间”内创新和试错，赋予试点区域主管部门一定的自主权，通过试错过程不断发现新问题，寻找监管存在的不足和改进空间，从而为今后更大范围内“四新”的监管与法律规制提供实践经验。

第三十六条 国家鼓励和支持农业科学技术的应用研究，传播和普及农业科学技术知识，加快农业科技成果转化和产业化，促进农业科学技术进步，利用农业科学技术引领乡村振兴和农业农村现代化。

县级以上人民政府应当采取措施，支持公益性农业科学技术研究开发机构和农业技术推广机构进行农业新品种、新技术的研究开发、应用和推广。

地方各级人民政府应当鼓励和引导农业科学技术服务机构、科技特派员和农村群众性科学技术组织为种植业、林业、畜牧业、渔业等的发展提供科学技术服务，为农民提供科学技术培训和指导。

◆ **条文主旨**

本条是关于促进农业科学技术进步的规定。

◆ **修改提示**

本条是对原法第二十三条的修改。一是在第一款中删除“基础研究”，增加“利用农业科学技术引领乡村振兴和农业农村现代化”；二是在第三款中增加“农业科学技术服务机构、科技特派员”。之所以这样修改，主要原因：一是本章是对应用研究和成果转化的规定，基础研究的内容在第二章进行规定；二是对农业科学技术进步的目标进行完善；三是农业科学技术服务机构、科技特派员是新时代对农业发展提供服务的重要力量。

◆ **条文释义**

农业是国民经济的基础，我国是农业大国，也是世界上重要的粮食生产国家。我国始终坚持把解决好“三农”问题作为全党工作的重中之重。我国农业农村的科技发展较为薄弱，加强农业农村科技进步对于支撑社会主义现代化建设具有重要意义。

一、国家鼓励农业科学技术进步

在社会主要矛盾发生变化的情况下，我国农业发展面临着由数量增长的温饱型增长方式向高质量发展的要求转变，科技创新已成为农业发展的根本途径和保障。必须紧紧把握科技革命和产业变革机遇，着力推动农业科技创新，使我国农业发展走上创新驱动的轨道。

当前，我国的经济社会发展进入新阶段，对农业生产提出了高产、优质、高效、生态、安全等各方面的要求，农业科技创新成为提高农业发展的质量效益和竞争力、促进农业农村现代化和实现乡村振兴的重要动力。为促进农业科技创新，必须鼓励和支持农业科学技术的基础研究和应用研究，对农业科学技术知识进行传播和普及，加快农业科学技术成果转化和产业化。我国农业科学技术进步已经取得显著成绩。2017 年，全国农业科技进步贡献率达到 57.5%，比 2010 年的 52%提高了 5.5 个百分点。农业科技创新投入不断加大，农业科技创新资源整合程度不断提高，农业科技创新主体不断扩大，企业在农业科技创新中的地位稳步提升，农业科技创新成果的转化和应用不断加速。

二、支持公益性农业科学技术研究开发机构和农业技术推广机构发展

公益性农业科学技术研究开发机构和农业技术推广机构主要开展农业新品种、新技术的研究开发和应用，是建立农业科技服务体系的基本力量。我国稳定的公益性农业技术推广机构体系不断优化，在农业科技服务中的主力军作用日益突出。《中华人民共和国农业技术推广法》第九条中规定，国务院农业、林业、水利等部门按照各自的职责，负责全国范围内有关的农业技术推广工作。据统计，截至 2015 年年底，全国种植业农业技术推广体系共有省、市、县、乡四级机构共 41757 个。其中，乡镇农业技术推广机构（区域站）30226 个，占 72.4%；编制内农技人员 251644 人，乡镇农技人员约 131687 人，占 52.3%。全国农业技术推广体系对于保障我国粮食安全和重要农产品的有效供给发挥了重要的支撑作用，发挥了农业技术推广机构“国家队”在重大、关键、共性、绿色技术的集成熟化、试验示范和推广应用中的主体作用。

三、发挥农业科技服务机构、科技特派员和农村群众性科学技术组织在提供农业科技服务中的作用

2019年11月26日，中央全面深化改革委员会第十一次会议审议通过《关于加强农业科技社会化服务体系建设的若干意见》，提出加强农业科技社会化服务体系建设，要以增加农业科技服务有效供给、加强供需对接为着力点，以提高农业科技服务效能为目标，推进农业技术推广机构服务创新，强化高校与科研院所服务功能，壮大市场化社会化服务力量，加快构建开放竞争、多元互补、协同高效的农业科技社会化服务体系。

农业科技社会化服务体系是为农业发展提供科技服务的各类主体所形成的网络与组织系统，既包括政府主导的农业科技服务机构，如国家农业科技推广机构，也包括市场化的农业科技服务机构和提供农业科技服务的社会组织，如供销合作社、企业、农民专业合作社、家庭农场、农村专业技术协会等，具有服务主体的多元化、服务的专业化、组织的系统性等特征。

建设农业科技社会化服务体系是我国现代农业发展的必然要求。党的十九大报告提出，要构建现代农业产业体系、生产体系、经营体系，完善农业支持保护制度，发展多种形式适度规模经营，培育新型农业经营主体，健全农业社会化服务体系，实现小农户和现代农业发展有机衔接。农业科技社会化服务体系是对传统农业科技服务体系的重构，强调多元主体参与、服务的专业化和组织的系统性，在农业科技服务领域适当引入市场竞争机制，以现代农业发展和农业生产经营者的需求为牵引，加强农业科技成果转化、推广、应用，提高农业科技服务的效率和质量，对于推动现代农业的发展具有重要意义。建设农业科技社会化服务体系，也是促进小农户与现代农业发展有机衔接的重要途径，有利于加强适应小农户科技需求的农业科技成果的推广、应用，将小农户纳入现代农业发展轨道。建设农业科技社会化服务体系，有利于增强农业发展的科技含量，更好地满足农业发展和农户的现实需求，并逐渐提高我国农业的国际竞争力。

科技特派员制度是一项源于基层探索、群众需要、实践创新的制度安排，主要目的是引导各类科技创新创业人才和单位整合科技、信息、资金、管理等现代生产要素，深入农村基层一线开展科技创业和服务，与农民建立“风险共担、利益共享”的共同体，推动农村创新创业深入开展。科技特派员制度在推动科技成果向基层转移转化方面发挥了重要作用。目前，全国科技特派员总数达到85万人，平均每年转化示范3万余项先进适应技术，服务带动近1亿农民增收致富。1999年，福建省南平市率先推出科技特派员制度，并很快辐射推广到全国。2002年，时任福建省省长的习近平在对南平市向农村选派干部的工作进行专题调研后，在《求是》刊发《努力创新农村工作机制——福建省南平市向农村选派干部的调查与思考》，指出南平市的这种做法是对新形势下农村工作机制的创新。同年10月，科技部总结福建省南平市科技特派员的实践经验，在宁夏回族自治区、陕西省、甘肃省、青海省、新疆维吾尔自治区等西北五省区开展科技特派员试点工作。2009年，科技部、人社部、农业部等8部委在全国范围内启动科技特派员农村科技创业行动。2016年5月19日，国务院办公厅印发《关于深入推行科技特派员制度的若干意见》（国办发〔2016〕32号），在国家层面对科技特派员工作进行了顶层设计和谋篇布局，明确要把“突出农村创业”作为政策实施的原则之一。2019年10月，习近平总书记对科技特派员制度推行20周年作出重要指示，指出，科技特派员制度推行20年来，坚持人才下沉、科技下乡、服务“三农”，队伍不断壮大，成为党的“三农”政策的宣传队、农业科技的传播者、科技创新创业的领头羊、乡村脱贫致富的带头人，使广大农民有了更多获得感、幸福感。要坚持把科技特派员制度作为科技创新人才服务乡村振兴的重要工作进一步抓实抓好。

第三十七条 国家推动科学技术研究开发与产品、服务标准制定相结合，科学技术研究开发与产品设计、制造相结合；引导科学技术研究开发机构、高等学校、企业和社会组织共同推进国家重大技术创新产品、服务标准的研究、制定和依法采用，参与国际标准制定。

◆ 条文主旨

本条是关于促进科学技术研究开发与产品、服务标准制定相结合的规定。

◆ 修改提示

本条是对原法第二十六条的修改。与原法条相比，一是主体增加“社会组织”；二是增加“参与国际标准制定”。之所以这样修改，主要原因如下：一是与标准化法衔接，《中华人民共和国标准化法》第十八条第一款规定，国家鼓励学会、协会、商会、联合会、产业技术联盟等社会团体协调相关市场主体共同制定满足市场和创新需要的团体标准。二是提高国际标准的参与水平，这是促进我国科技创新发展的必然选择。

◆ 条文释义

一、加强技术标准制定与科技研发的协同

随着经济全球化和国际贸易自由化进程的加速，技术标准领先已经成为新的竞争制高点。谁的技术先进，谁就可能主导国际

技术标准，谁往往就掌握国际市场的主动权。传统的标准化模式往往是在一项技术发展成熟之后再进行标准化推广，为了在激烈的竞争中赢得先机，标准先行或者标准与技术创新协同发展成为新的模式。《国家创新驱动发展战略纲要》明确提出，提升中国标准水平，健全技术创新、专利保护与标准化互动支撑机制。落实创新驱动发展战略，迫切需要强化技术标准在科技创新中的导向和保障作用。

加强技术标准工作，一个重要的方面是加强科技研发与技术标准制定的结合，在实施科技重大项目、科技研发部署的同时，要加强技术标准的制定，这也是推动科技研发成果向产业化应用、形成经济竞争力的重要环节。2016 年 9 月，科技部、质检总局、国家标准委共同发布《关于在国家科技计划专项实施中加强技术标准研制工作的指导意见》（国科发资〔2016〕301 号），对国家科技计划专项实施中进一步加强技术标准研制工作作出规定，强化标准化与科技创新的互动支撑，以科技创新提升技术标准水平，以标准促进科技成果转化应用。

加强科技研发与技术标准的协同，一是要加强国家科技计划专项中研制技术标准的分类引导；二是要在专项设立阶段统筹协调把握技术标准研制需求；三是要在专项项目（课题）立项阶段明确技术标准研制任务和要求；四是要在专项项目（课题）实施阶段强化技术标准研制的要求与服务；五是要在专项项目（课题）验收阶段把握技术标准研制任务完成情况；六是要支持在研和已结题验收专项的成果向技术标准转化。

科技主管部门和标准化主管部门应建立健全科技成果向技术标准转化的工作机制，选择重点领域开展科技成果向技术标准转化工作，支持在研或已结题验收的专项项目（课题）产出应用前景广、市场需求大的成果转化为技术标准，加速科技成果产业化、市场化应用进程。

二、引导各类主体推进国家重大技术标准研究、制定和依法采用

激发各类主体参与重大标准研制和采用的积极性是推动技术标准工作的重要保障。《“十三五”技术标准科技创新规划》对“激发市场主体技术标准创新活力”进行专门部署，指出要提升企业的技术标准创制能力，增强社会团体的技术标准创新活力，同时对发挥科学技术研究开发机构、高等学校等的作用也进行了部署，提出要组织企业、科研机构和高等院校等广泛参与国际标准或国外先进标准研制。

三、鼓励各类主体参与国际技术标准制定

党的十九大报告提出，“支持传统产业优化升级，加快发展现代服务业，瞄准国际标准提高水平”。提高国际标准的参与水平，既是落实党中央要求，也是促进我国科技创新发展的必要选择。《“十三五”国家科技创新规划》提出，支持我国企业、联盟和社会组织参与或主导国际标准研制，推动中国标准“走出去”，提升中国标准国际影响力。《“十三五”技术标准科技创新规划》提出，培育中国标准国际竞争新优势，要加大科技计划对国际标准研制的支持力度，及时将我国具有比较优势的技术和标准研制为国际标准。将国际标准化纳入国际科技合作重要内容，联合相关国家共同推动国际标准研制。鼓励产业技术创新战略联盟、行业协会（学会）等积极与国际、国外相关组织进行对接，组织企业、科研机构和高等院校等广泛参与国际标准或国外先进标准研制。支持有条件的企业、科研院所牵头建设以国际标准化工作为主的国家技术标准创新基地，通过市场化协作机制，构建产学研用共同参与的国际标准创新服务平台。

第三十八条　国家培育和发展统一开放、互联互通、竞争有序的技术市场，鼓励创办从事技术评估、技术经纪和创新创业服务等活动的中介服务机构，引导建立社会化、专业化、网络化、信息化和智能化的技术交易服务体系和创新创业服务体系，推动科技成果的应用和推广。

技术交易活动应当遵循自愿平等、互利有偿和诚实信用的原则。

◆ **条文主旨**

本条是关于培育和发展技术市场、促进技术交易的规定。

◆ **修改提示**

本条是对原法第二十七条的修改。与原法条相比，一是增加“统一开放、互联互通、竞争有序”；二是增加“创新创业服务”；三是增加“信息化和智能化”。之所以这样修改，主要原因如下：一是为了鼓励科技成果的充分流动，建立统一的技术交易规范，培育和发展统一开放、互联互通、竞争有序的技术市场；二是从事创新创业服务是中介服务机构的重要活动；三是鼓励网络、大数据、智能化等新兴技术的使用，提升技术交易的层次和水平。

◆ **条文释义**

一、国家培育和发展统一开放、互联互通、竞争有序的技术市场

技术市场是重要的生产要素市场，是我国现代市场体系和国家创新体系的重要组成部分，是各类技术交易场所、服务机构和技术商品生产、交换、流通关系的总和。技术作为一种知识形态的商品，通过市场进行有偿转让，是伴随着大工业生产和科学技术发展而兴起的。统一开放、互联互通、竞争有序的技术市场对促进科技成果商品化和产业化，推动我国商品市场、服务市场、资金市场、证券市场和产权市场的健全和发展，都具有重要意义。

改革开放以来，我国技术市场从无到有，功能逐步完善，制度环境不断优化，对健全技术创新市场导向机制、促进科技和经济融通发展、完善社会主义市场经济体系等发挥了重要作用。面对全球创新发展的新态势和我国全面深化改革的新要求，技术市场发展体制机制仍需完善、服务效能亟待提高、功能和作用有待进一步发挥，市场配置创新资源的决定性作用有待增强，因此还需要在法律上进一步明确国家培育和发展技术市场的有关要求。

促进科技成果转化法明确提出，“国家培育和发展技术市场”。2017 年国务院发布的《国家技术转移体系建设方案》明确了技术市场的发展要求，规定“建设统一开放的技术市场”。技术市场体系作为我国现代化市场体系的重要组成部分，统一开放也正是我国现代化市场体系的发展要求之一。

统一的技术市场是指推进全国技术市场一体化建设，包括加强全国技术市场一体化布局，整合全国技术转移和创新服务资源，利用信息平台开展扁平化合作，进一步形成全国技术交易和服务信息开放、流通和共享格局；还包括建立统一的技术交易规范和流程，建立全国技术交易信息披露、报价和支付系统，形成全国统一的技术市场。

开放的技术市场是指面向国内国际两个市场促进技术交易。在国内，要消除地方保护主义的藩篱，废除妨碍统一市场和公平竞争的各种规定和做法。打破行政性垄断，鼓励地方完善区域技术交易服务平台，突出区域和产业发展特色，统筹区域技术交易平台资源，放宽服务业准入限制，激发各类市场主体的活力。在国际上，要开辟各种渠道促进国际技术转移，整合利用全球资源支撑创新。构建全球技术交易链接网络，开展创新交流、高端合作、先进技术落地转化等国际技术转移配套服务。

二、鼓励创办技术评估、技术经纪和创新创业服务等活动的中介服务机构

技术中介服务机构是科技中介服务体系的存在主体，主要是指面向社会开展技术扩散、成果转化、科技评估、创新资源配置、创新决策和管理咨询等专业化服务的机构。发展技术市场，离不开中介服务机构。中介服务机构对于促进成果转化具有重要作用。《中华人民共和国促进科技成果转化法》第三十条第一款中规定，国家鼓励创办科技中介服务机构，为技术交易提供交易场所、信息平台以及信息检索、加工与分析、评估、经纪等服务。国家要大力鼓励创立技术中介服务，在技术转移过程发挥桥梁和润滑剂的作用，为技术市场上供需双方成功对接创造条件。中介服务机构的经济功能主要体现在两个方面：一方面通过专业分工提高效率，另一方面通过规范化和规模化的信息收集和传播降低市场信息不对称。技术中介通过在技术交易的沟通、评估、谈判、建设、经营等环节起辅助、支持作用来实现提高市场交易效率的功能。其中，技术评估中介、技术经纪中介和创新创业服务机构是重要的服务机构。

技术评估对科学技术的影响进行综合的估价和分析，提供咨询服务以推动技术顺利转化。技术评估机构主要是指从事技术评估工作的专业咨询机构。在技术市场上，技术评估中介主要发挥评估评价功能，在供需方初步沟通以后，需方在决定引入技术之前，由技术评估中介协助需方对技术进行评估，提供专业化服务。

技术经纪中介是为促成他人技术交易而从事居间、行纪或代理等活动，并取得合理佣金的自然人、法人和非法人经纪组织，包括技术经纪人事务所、技术经纪人公司、个体技术经纪人员兼营技术经纪的其他组织。在技术市场上，技术经纪是联系成果与企业，让科技和市场有机结合的桥梁。

创新创业服务是为广大中小企业及创业者提供创业资讯、孵化支持、政策服务、投融资服务、人才服务、专业服务等。

三、完善技术交易服务体系和创新创业服务体系

技术交易服务体系是技术交易各项服务的总和，包括为技术交易双方提供知识产权、法律咨询、技术评价、中试孵化、招标拍卖等综合配套服务。由于技术市场是一个高度专业化和信息不对称的市场，要求为之服务的交易服务体系具备社会化、专业化、网络化和信息化的特征，为技术交易搭建社会化、专业化、便利化平台，推动科学技术成果的推广和应用。科技部 2018 年发布的《关于技术市场发展的若干意见》，提出了社会化、专业化、网络化和信息化技术交易服务体系的有关要求。

社会化。主要是指大力发展一批社会化的技术市场服务机构，采取市场化运营机制，在岗位管理、考核评价和职称评定等方面加强对技术转移机构人员的激励和保障，形成全链条的科技成果转化管理和服务体系，促进高等学校、科研院所和企业之间技术交易和成果转化。

专业化。对标国际一流技术转移机构运营模式，建设高水平专业化技术转移机构，吸引集聚高端专业人才，建立专业化运营团队，整合知识产权披露、保护、转让、许可、作价投资入股和无形资产管理等相关职能，提供专业化服务。推进人工智能、生物医药等行业性技术交易市场发展，发挥专业化众创空间等创新创业服务载体的作用，提供专业化技术转移服务。

网络化。主要是指要建立聚焦国家战略和区域、行业需求，发展各具特色、层次多元的全国技术交易市场网络。建设枢纽型技术交易市场，成为全国技术交易网络重要节点。完善区域性技术交易市场，推动科技成果服务地方经济社会发展。围绕“一带一路”沿线等国家和地区建设国际化技术转移平台，推动我国技术交易市场成为国际技术转移网络重要节点。发挥国家技术转移区域中心作用，连接各类技术交易市场，形成互联互通的全国技术交易网络。

信息化和智能化。发展线上线下相融合的新型技术交易市场和服务机构，应用大数据、云计算等先进技术，开展技术搜索、技术评估、技术定价、技术预测等服务，为企业需求提供精准对接。加强技术合同信息化管理，依法合规开展技术成果在线交易，推动技术市场服务机构为技术交易双方提供大额资金支付分批次担保等服务，强化技术交易信用和利益保障，营造公平公正、安全有序的网上技术交易环境。为更好体现新技术发展的趋势，依托信息和智能手段，创新交易模式，促进线上技术交易。

四、技术交易活动应当遵循的原则

技术交易活动的具体体现是技术合同，技术合同是当事人就技术开发、转让、咨询或者服务订立的确立相互之间权利和义务的合同的总称。《中华人民共和国民法典》第四条规定：“民事主体在民事活动中的法律地位一律平等。”因此，技术交易活动应当遵循自愿、平等、互利有偿和诚实信用的原则，符合民法典的精神。

技术交易活动中的自愿原则，既表现在当事人之间，因一方欺诈、胁迫订立的合同无效或者可以撤销，也表现在合同当事人与其他人之间，任何单位和个人不得非法干预。自愿原则是法律赋予的，同时也受到其他法律规定的限制，是法律规定范围内的“自愿”。技术交易活动的平等原则是指当事人的民事法律地位平等，包括订立和履行合同两个方面，一方不得将自己的意志强加给另一方。技术交易活动的互利有偿原则是指技术交易活动并不是无偿的，技术交易活动的目的在于营利，因此互利有偿是技术交易活动的一个原则。技术交易活动的诚实信用原则是指在合同订立、履行过程中，缔约人应当诚实守信，遵守诺言，实践成约，正当竞争，而不能规避法律和曲解合同。

《中华人民共和国促进科技成果转化法》第三十条第二款规定："科技中介服务机构提供服务，应当遵循公正、客观的原则，不得提供虚假的信息和证明，对其在服务过程中知悉的国家秘密和当事人的商业秘密负有保密义务。"从法律的层面对技术交易活动应该遵循的原则进行约束，是保证技术交易活动顺利进行的根本要求。

第四章　企业科技创新

第三十九条　国家建立以企业为主体，以市场为导向，企业同科学技术研究开发机构、高等学校紧密合作的技术创新体系，引导和扶持企业技术创新活动，支持企业牵头国家科技攻关任务，发挥企业在技术创新中的主体作用，推动企业成为技术创新决策、科研投入、组织科研和成果转化的主体，促进各类创新要素向企业集聚，提高企业技术创新能力。

国家培育具有影响力和竞争力的科技领军企业，充分发挥科技领军企业的创新带动作用。

◆ **条文主旨**

本条是关于企业创新主体地位的规定。

◆ **修改提示**

本条是对原法第三十条的修改。与原法条相比，一是对第一款进行修改，增加“支持企业牵头国家科技攻关任务”“推动企业成为技术创新决策、科研投入、组织科研和成果转化的主体，促进各类创新要素向企业集聚，提高企业技术创新能力”。主要原因是经过实践发展，企业在技术创新中的主体地位更加明确，需要通过立法进一步明确企业发挥主体作用的途径、方式。二是增加第二款“国家培育具有影响力和竞争力的科技领军企业，充分发挥科技领军企业的创新带动作用”。主要原因是对科技领军企业的作用进行规定。

◆ **条文释义**

企业是市场经济活动的主体，也是技术创新的主体。在市场经济条件下，只有以企业为主体，才可能真正坚持市场导向、反映市场需求。确立企业技术创新主体地位、发挥企业技术创新主体作用，对于推动我国科技创新具有重要意义。从总体上看，我国仍然存在企业创新能力不强、产学研协同创新不足以及科技领军企业发展比较薄弱等问题，迫切需要通过立法，进一步确立企业在技术创新中的主体地位，采取有力措施支持和引导企业加强技术创新，不断提升企业技术创新能力。

一、建立技术创新体系

《国家中长期科学和技术发展规划纲要（2006—2020年）》提出，建设以企业为主体、产学研结合的技术创新体系，并将其作为全面推进国家创新体系建设的突破口。党的十九大报告指出，深化科技体制改革，建立以企业为主体、市场为导向、产学研深度融合的技术创新体系。《中华人民共和国国民经济和社会发展第十四个五年规划和2035年远景目标纲要》提出，完善技术创新市场导向机制，强化企业创新主体地位，促进各类创新要素向企业集聚，形成以企业为主体、市场为导向、产学研用深度融合的技术创新体系。

建立以企业为主体、以市场为导向、企业同科学技术研究开发机构、高等学校紧密合作的技术创新体系，主要有以下几层含义：一是企业是最贴近市场需求的创新单元，是产业发展的直接推动者，是面向市场需求开展研发、推动科技成果转化应用的最终载体，开展技术创新必然以企业为主体。二是以市场为导向，决定了技术创新的目标和方向，同时也是检验技术创新成效的根本标准。技术创新必然以满足市场需求、推动产业发展为根本出发点。党的十八届三中全会提出，深化科技体制改革，健全技术创新市场导向机制，发挥市场对技术研发方向、路线选择、要素价格、各类创新要素配置的导向作用。建立技术创新市场导向机制是在科技创新领域发挥市场决定性作用的具体体现。三是开展技术创新，要求实现产学研深度融合。各类创新主体在技术创新体系中的定位需要进行明确界定，通过加强协同与合作，有效集聚配置各类科技创新资源，积极引导科研机构、大学等发挥研发、人才培养等方面的作用，实现与企业的优势互补，不断提升技术创新体系的整体竞争力。

二、引导和扶持企业技术创新活动

企业开展技术创新不仅关系到企业自身的利益，也关系到经济社会发展和民生改善。尤其是中小企业的技术创新，对保持就业和经济活力发挥着重要的作用。对企业技术创新进行引导和扶持，已成为世界各国的普遍做法。

引导和扶持企业技术创新活动主要包括几个层面的含义：一是通过政策制定、环境营造等建立技术创新的相对比较优势，从而引导更多的企业开展技术创新活动，并对企业的技术创新方向进行引导，使之更加符合经济社会发展的需求和国家的战略导向。其手段一般包括制定普惠性的税收政策等来激励企业开展技术创新，完善公平竞争的市场环境，保障企业开展技术创新活动的权利及其收益等。二是通过财政支持、完善服务体系等来扶持企业技术创新活动。各国对企业技术创新活动的扶持主要是通过财政投入、金融支持、政府采购、公共服务等，还积极为企业技术创新提供信息服务和支持，重视为中小企业技术创新提供必要的公共服务支持，搭建形式多样的产学研合作平台，促进科技创新资源的合理配置。三是国家对企业技术创新活动的引导和扶持，应遵循尊重市场公平竞争原则。公平竞争的市场经济是企业技术创新根本动力来源，政府对企业技术创新的引导和扶持是为了推动企业整体向创新驱动发展的转型，从而保障国家公共利益的实现，而并不是针对特定的市场主体进行的有选择性的支持。支持的环节也应避免对市场竞争环境的干扰，而应着重于基础、前沿等公共或共性技术领域。

支持企业牵头国家科技攻关任务是对企业技术创新进行引导和扶持的重要途径。在近年来国家重点研发计划立项的项目中，企业牵头或参与的已经达到近80%。企业牵头国家科技攻关任务，有助于充分发挥企业在集聚创新资源、引领科技攻关方向等方面的作用。国家支持企业牵头国家科技攻关任务，并不代表所有国家科技攻关任务都一律由企业牵头实施，具体的实施仍需根据科技创新资源能力以及条件等客观情况来确定，总体的原则应是最有利于国家科技攻关任务的实施和目标的实现。

三、发挥企业在技术创新中的主体作用

要把企业作为技术创新主体所应具有的推动技术创新的作用发挥出来，一是要推动企业成为技术创新决策、科研投入、组织科研和成果转化的主体。企业作为技术创新的主体作用应在技术创新活动各个链条和环节上发挥出来。首先，企业应成为技术创新决策的主体，即能够决定是否开展技术创新以及开展什么样的技术创新，包括技术创新方向、路线选择等。其次，企业应成为科研投入的主体。目前，我国全社会研发投入中76%以上是由企业投入的，发达国家企业在全社会研发投入中的比重也普遍超过60%。再次，企业应成为组织科研的主体。在科研活动组织中，企业要围绕市场需求，发挥牵头组织作用，能够集成产学研创新资源，推动产业重大技术创新。最后，企业应成为成果转化的主体。企业应根据发展的需求、把握产业科技发展趋势，不断促进科技成果转移转化，推动企业发展转向更多地依靠科技创新上来。

二是促进各类创新要素向企业集聚。要发挥企业推动技术创新的主体作用，需要促进人才、资金、技术等各类创新要素向企业集聚。首先，要促进各类创新要素与企业原有要素有机结合，从而增强企业创新能力，比如积极推动各类科技人才进入企业；其次，要促进各类创新要素围绕企业发挥作用，比如各类金融资本为企业技术创新提供资金支持，创新创业载体为企业技术创新提供信息、技术等服务支撑；最后，政府在促进各类创新要素向企业集聚上应积极有为。

三是提高企业技术创新能力。提高企业技术创新能力是发挥企业技术创新主体作用的基础。近年来，我国企业技术创新能力不断提升，涌现出一批具有国际竞争力的创新型企业，但是从总体上看我国企业技术创新能力还普遍较弱。提高企业技术创新能力，需要政府、市场以及社会加强协同、多措并举。

四、培育科技领军企业

科技领军企业是指在科技创新上能够发挥比较大的引领带动作用的企业，由于其技术创新能力强、具有相当的规模和影响力、国际竞争力高，因此往往是国家战略科技力量的重要组成部分。

党的十八大以来，我国加快实施创新驱动发展战略，科技领军企业加速成长，不仅数量快速增加，创新能力也不断提升。根据欧盟委员会公布的《2021 年欧盟产业研发投入记分牌》，在全球研发投入靠前的 2500 家企业中，我国企业数量达到 597 家，比上年增加 61 家，位居第二。与美日德等发达国家相比，我国科技领军企业在竞争能力上存在较大差距，突出的表现是企业 R&D 经费投入强度仍然较低，在一些重点产业领域，我国仍然缺乏科技领军企业的支撑。

为把握科技革命和产业变革机遇、实现高水平科技自立自强，我国应积极发挥政府的战略导向和环境建设作用，完善政策体系，进一步发挥市场机制主导作用，系统性培育科技领军企业，促进科技领军企业加速发展。科技领军企业要发挥市场需求、集成创新、组织平台的优势，打通从科技强到企业强、产业强、经济强的通道。要以企业牵头，整合集聚创新资源，形成跨领域、大协作、高强度的创新基地，开展产业共性关键技术研发、科技成果转化及产业化、科技资源共享服务，推动重点领域项目、基地、人才、资金一体化配置，提升我国产业基础能力和产业链现代化水平。

第四十条 国家鼓励企业开展下列活动：

（一）设立内部科学技术研究开发机构；

（二）同其他企业或者科学技术研究开发机构、高等学校开展合作研究，联合建立科学技术研究开发机构和平台，设立科技企业孵化机构和创新创业平台，或者以委托等方式开展科学技术研究开发；

（三）培养、吸引和使用科学技术人员；

（四）同科学技术研究开发机构、高等学校、职业院校或者培训机构联合培养专业技术人才和高技能人才，吸引高等学校毕业生到企业工作；

（五）设立博士后工作站或者流动站；

（六）结合技术创新和职工技能培训，开展科学技术普及活动，设立向公众开放的普及科学技术的场馆或者设施。

◆ **条文主旨**

本条是关于鼓励企业开展科技创新活动的规定。

◆ **修改提示**

本条是对原法第三十二条的修改。与原法条相比，一是增加“合作研究”以及“设立科技企业孵化机构和创新创业平台”等内容。主要原因是进一步丰富企业与科学技术研究开发机构、高等学校的合作方式。二是增加“流动站”，使之更加符合实际工作情况。

◆ **条文释义**

企业可以采取多种途径开展技术创新活动，包括自主研发、与他人合作开展技术创新、集聚科技人才、开展科学技术普及等。国家鼓励企业采取多种途径开展技术创新活动。

一、设立内部科学技术研究开发机构

企业自身的研发能力建设是提升企业技术创新能力的主要途径，是其持续开展技术创新活动的基础和根本，企业自身研发能力水平也决定了对外部科技创新资源的利用程度。因此，多数企业都通过设立内部科学技术研究开发机构，来不断增强企业自身的研究开发能力。国家鼓励企业设立内部科学技术研究开发机构，相关政策也引导企业不断增强自身的科技研发能力。从国际上看，IBM、微软、英特尔等世界知名高科技企业都把设立和完善内部科学技术研究开发机构作为提升企业技术创新能力的重要途径。

我国高度重视企业内部科学技术研究开发机构建设。2009年，科技部、财政部、教育部、国务院国资委、中华全国总工会和国家开发银行联合发布《国家技术创新工程总体实施方案》，引导和鼓励有条件的创新型企业建设国家和地方的重点实验室、企业技术中心、工程中心等。截至2021年年末，国家企业技术中心达到1636家。2018年4月，科技部与国务院国资委联合印发《关于进一步推进中央企业创新发展的意见》，鼓励中央企业承担和参与国家重大科技项目，支持中央企业设立或联合组建研究院所、实验室、新型研发机构、技术创新联盟等各类研发机构和组织，打造产业技术协同创新平台。为了支持企业设立内部科学技术研究开发机构，一些地方也出台鼓励企业设立科技研究开发机构实施办法，规定了企业科技研究开发机构的认定条件和扶持政策等，引导和鼓励企业设立科技研究开发机构。

二、合作研究、共建机构或委托研发

充分利用外部科技创新资源、加强科技创新的协同和优势互补，是现代企业开展技术创新活动的重要途径。当前，越来越多的企业与其他企业及各类科技创新主体开展多种形式的开放合作，主要包括：一是合作研究。企业同其他企业或者科学技术研究开发机构、高等学校围绕共同的研发目标，开展合作研究。二是联合建立科学技术研究开发机构和平台。共建研究开发机构和平台，是深化企业与其他各类创新主体合作的一种有效方式，双方能够围绕长远发展目标建立起稳定的技术合作关系，甚至形成利益共同体。三是设立科技企业孵化机构和创新创业平台。开展科技企业孵化和创新创业是现代企业推进技术创新的一种新型组织方式，通过共建科技企业孵化和创新创业平台，推动一批企业围绕相关技术领域或企业发展需求开展创新创业活动，从而为企业技术创新提供有力支撑。四是委托开展科学技术研究开发。企业将研究开发任务委托给其他相关创新主体，双方约定研究开发成果知识产权以及收益分配方式，这是企业利用外部科技创新资源的一种传统方式。

三、培养、吸引和使用科学技术人员

企业开展技术创新，归根结底要依靠人才。国家鼓励企业根据自身发展需要培养、吸引和使用科学技术人员。2013 年，国务院办公厅印发的《关于强化企业技术创新主体地位全面提升企业创新能力的意见》指出，加强企业创新人才队伍建设，包括支持企业引进海外高层次人才，引导和支持归国留学人员创业；加强专业技术人才和高技能人才队伍建设，培养科技领军人才、优秀创新团队；加强对企业科研和管理骨干的培训；健全科技人才流动机制，鼓励科研院所、高等学校和企业创新人才双向流动和兼职；对于服务企业贡献突出的科技人员，采取优先晋升职务职称等奖励措施。

四、联合培养专业技术人才和高技能人才

企业培养人才的方式是多样的，除独立培养、吸引、使用科学技术人员外，还可以同科学技术研究开发机构、高等学校、职业院校或者培训机构联合培养专业技术人才和高技能人才，吸引高等学校毕业生到企业工作。企业同科学技术研究开发机构、高等学校、职业院校或者培训机构开展联合培养，有利于发挥各类创新主体的专长，实现优势互补，也有利于结合企业自身实践优势，培养出专业技术人才和高技能人才。

五、设立博士后工作站或者流动站

企业设立博士后工作站或流动站，是吸引集聚青年科技人才围绕企业科技发展需求开展科学技术研究开发的重要渠道，是建立和完善高水平科技人才队伍的重要载体。博士后工作站或流动站的设立主体、条件和程序不同，通常在具备独立法人资格的企业等机构内设立博士后工作站，由于一些企业由科研院所改制而来，因此也设立了博士后流动站。

六、开展科学技术普及活动

开展科学技术普及活动，是企业重要的社会责任。《中华人民共和国科学技术普及法》第十九条规定："企业应当结合技术创新和职工技能培训开展科普活动，有条件的可以设立向公众开放的科普场馆和设施。”企业开展科学技术普及活动，应发挥企业优势，结合技术创新和职工技能培训进行，有利于企业发挥自身的科技创新基础和优势，以及培养和提升企业职工的技能。企业既要面向企业内部开展科学技术普及，推动本企业技术创新和职工技能提升，也要积极履行社会责任，面向社会开展科学技术普及，为促进产业发展、科技进步以及成果转化应用创造良好的氛围和环境。国家通过政策引导和环境营造来鼓励企业的相关科学技术普及场馆或者设施面向公众开放。当然，对企业开展科学技术普及活动要激励与监管并重，防止借科学技术普及扰乱市场信息、误导公众对科学技术理解的行为。

第四十一条 国家鼓励企业加强原始创新，开展技术合作与交流，增加研究开发和技术创新的投入，自主确立研究开发课题，开展技术创新活动。

国家鼓励企业对引进技术进行消化、吸收和再创新。

企业开发新技术、新产品、新工艺发生的研究开发费用可以按照国家有关规定，税前列支并加计扣除，企业科学技术研究开发仪器、设备可以加速折旧。

◆ 条文主旨

本条是关于企业开展技术创新方式的规定。

◆ 修改提示

本条是对原法第三十三条的修改。与原法条相比，在第一款增加“加强原始创新，开展技术合作与交流”，主要原因是原始创新以及开展技术合作与交流是现代企业技术创新的重要方式。

◆ **条文释义**

企业开展技术创新活动有多种方式，既可以开展原始创新，也可以开展技术合作与交流，还可以对引进技术进行消化、吸收和再创新。国家鼓励企业加大研究开发投入，并对企业技术创新实施相应的激励政策。

一、加强原始创新，开展技术合作和交流

原始创新意味着在研究开发方面，特别是在基础研究和高新技术研究领域取得前所未有的重大科学发现、技术发明、原理性主导技术等创新成果。2016年发布的《国家创新驱动发展战略纲要》提出，强化原始创新，增强源头供给。国家鼓励企业坚持国家战略需求和科学探索目标相结合，增强原始创新能力。在新时代条件下，随着我国科技创新能力的提升，在越来越多的领域进入世界科技前沿，原始创新能力不足已成为我国科技创新的短板。在这种情况下，必须鼓励企业加强原始创新。

技术合作与交流是企业开展技术创新的基本方式，人类的科技进步就是交流与合作的结果，企业开展技术创新，必须坚持技术合作与交流。当前，国际科技竞争形势日益复杂激烈，越是在这样的情况下，越是要推进技术的合作与交流，在合作与交流中促进知识和技术的转移与扩散，为科技进步奠定良好的基础。

企业的市场灵敏度高，对产业发展和技术创新方向把得准、反应快。大量企业在不断进行着产业前沿科技的探索，造成了各个产业不断进行技术更迭向前发展的局面。保障企业自主确立研究开发课题的权利，鼓励企业按照自身发展需求自主确立研究开发课题，并与国家发展战略紧密结合，开展技术创新活动，是保持产业发展活力、不断推进产业技术创新和提升产业竞争力的重要因素。

二、鼓励对引进技术进行消化、吸收和再创新

国际的技术先进程度是不平衡的，伴随着经济贸易往来、产业合作与资本流动，技术在国际上呈现出流动与扩散的态势，并借此推动着世界科技进步。技术引进与转移是不同国家之间开展技术合作与交流的必然结果，而从总体上看，技术的引进与转移是符合各个国家共同利益的，是人类共同分享科技发展成果的基本方式。对于企业来说，引进技术与对引进技术进行消化、吸收和再创新是技术创新的基本方式，这在世界科技活动中是普遍存在的。技术相对落后的企业一方面要重视引进技术，按照国际规则学习和借鉴世界先进的科技成果；另一方面要更加重视对引进技术的消化、吸收和再创新，达到知识转移和扩散的目的，在学习借鉴中提高自身的创新能力，并不断推陈出新，为世界科技进步做出应有的贡献。从国际经验来看，相对落后国家都是通过对引进技术进行消化、吸收和再创新而逐步提升了创新能力并进而取得发展的，比如日本、韩国的企业十分重视对引进技术的消化、吸收和再创新。鼓励企业对引进技术进行消化、吸收和再创新，一方面要激发企业进行消化、吸收和再创新的积极性；另一方面要强化知识产权保护意识，对相关技术的知识产权进行严格保护，既要避免只引进不创新，也要避免对技术的知识产权造成侵犯。

三、研究开发的优惠政策

为了支持企业开展技术创新、加大研究开发投入，世界主要国家对企业研究开发普遍实行优惠政策，其中加计扣除和加速折旧是国际上通行的两种优惠政策。我国对企业的研究开发优惠政策与国际做法是基本一致的。

一是对企业开发新技术、新产品、新工艺发生的研究开发费用可以按照国家有关规定，税前列支并加计扣除。《中华人民共和

国企业所得税法》第三十条中规定，企业开发新技术、新产品、新工艺发生的研究开发费用，可以在计算应纳税所得额时加计扣除。所谓加计扣除，是指按照税法规定在实际发生数额的基础上，再加成一定比例，作为计算应纳税所得额时的扣除数额的一种税收优惠措施。依照《中华人民共和国企业所得税法实施条例》第九十五条的规定，企业为开发新技术、新产品、新工艺发生的研究开发费用，未形成无形资产计入当期损益的，在按照规定据实扣除的基础上，按照研究开发费用的50%加计扣除；形成无形资产的，按照无形资产成本的150%摊销。加计扣除政策有利于引导企业增加研究开发资金的投入，提高企业核心竞争力。2018年，财政部、税务总局、科技部共同印发《关于提高研究开发费用税前加计扣除比例的通知》，提出提高企业研究开发费用税前加计扣除比例，企业开展研发活动中实际发生的研发费用，未形成无形资产计入当期损益的，在按规定据实扣除的基础上，在2018年1月1日至2020年12月31日期间，再按照实际发生额的75%在税前加计扣除；形成无形资产的，在上述期间按照无形资产成本的175%在税前摊销。为进一步完善加计扣除优惠政策，2021年3月24日国务院常务会议决定，从当年1月1日起，将制造业企业研发费用加计扣除比例由75%提高至100%。同时，改革研发费用加计扣除清缴核算方式，允许企业自主选择按半年享受加计扣除优惠，上半年的研发费用由次年所得税汇算清缴时扣除改为当年10月份预缴时即可扣除，让企业尽早受惠。2022年3月23日，财政部、税务总局、科技部联合发布《关于进一步提高科技型中小企业研发费用税前加计扣除比例的公告》将科技型中小企业的研发费用加计扣除比例提高至100%。

二是企业科学技术研究开发仪器、设备可以加速折旧。所谓加速折旧，是指按照税法规定准予采取缩短折旧年限、提高折旧率的办法，加快折旧速度，减少应纳税所得额的一种税收优惠措施。《中华人民共和国企业所得税法》第三十二条规定，企业的固定资产由于技术进步等原因，确需加速折旧的，可以缩短折旧年限或者采取加速折旧的方法。以此鼓励企业进行技术改造和设备更新。依照《中华人民共和国企业所得税法实施条例》第九十八条的规定，由于技术进步，产品更新换代较快的固定资产，可以采取缩短折旧年限或者采取加速折旧的方法。采取缩短折旧年限方法的，最低折旧年限不得低于该条例第六十条规定折旧年限的60%；采取加速折旧方法的，可以采取双倍余额递减法或者年数总和法。

第四十二条 国家完善多层次资本市场，建立健全促进科技创新的机制，支持符合条件的科技型企业利用资本市场推动自身发展。

国家加强引导和政策扶持，多渠道拓宽创业投资资金来源，对企业的创业发展给予支持。

国家完善科技型企业上市融资制度，畅通科技型企业国内上市融资渠道，发挥资本市场服务科技创新的融资功能。

◆ **条文主旨**

本条是关于资本市场支持企业科技创新的规定。

◆ **修改提示**

本条是对原法第三十五条的修改。与原法条相比，一是将第一款中“资本市场”改为“多层次资本市场”，主要原因是我国资本市场已发展为多层次资本市场体系；“自主创新”改为“科技创新”，主要原因是资本市场是在整体上促进科技创新发挥作用；“高新技术企业”改为“科技型企业”，主要原因是科技型企业涵盖范围更广，而高新技术企业是特指的一类企业。二是将第二款中“国家鼓励设立创业投资引导基金，引导社会资金流向创业投资企业”修改为“国家加强引导和政策扶持，多渠道拓宽创业投资资金来源”，主要原因是关于基金在第八十九条有统一规定，因此，改为拓宽创业投资资金来源。三是增加第三款，主要原因是科技型企业上市融资是发挥资本市场功能的重要内容，该款重点对科技型企业上市融资制度和渠道进行规定。

◆ **条文释义**

科技创新离不开资金支持，企业科技创新需要成熟和强大的资本市场作为依托。从发达国家经验来看，高新技术产业的发展与资本市场的发展相互促进，资本市场在高新技术产业发展上发挥着不可替代的培育器和发动机作用。因此，本条对完善多层次资本市场、支持企业科技创新作了规定。

一、支持科技型企业利用资本市场发展

资本市场对支持企业科技创新具有重要作用。一是资本市场是推动企业科技创新的重要力量。在各种要素市场中，资本市场是调动、配置与配合其他要素的桥梁和纽带。只有更充分地发挥资本市场的引导、示范和资源配置作用，才能够真正带动整个科技投融资体制改革和科技创新激励机制取得实质性突破。二是完善多层次资本市场是提高企业科技创新能力的基础和保障。良好的资本市场环境是推动科技型企业成长的助推器，企业科技创新是一种资本高度密集型活动，从基础研究、实验开发，再到成果转化，需要投入大量的资金，亟须资本市场的支持。三是健全、高效的资本市场是促进创业投资发展最有效的手段和工具。通过资本市场进行融资，既可以满足科技型企业直接融资的需求，又可以达到风险共担、收益共享的目标，借助资本市场建立的市场化退出机制，才能形成资本市场与创业投资、科技型企业良性互动的机制。四是资本市场有利于打造科技型企业适应市场经济发展需要的制度优势。资本市场通过股权激励机制，能够充分调动科技人员的积极性，大大缩短科学技术与产业的距离。

当前，我国已经建立了包括主板、中小板、创业板、科创板以及全国中小企业股份转让系统、区域性股权交易市场等在内的多层次资本市场，各个资本市场既遵循统一的管理制度要求，在功能和定位上又有所区分，形成适合不同类型科技型企业发展的资本市场体系，在促进科技创新的机制建设上进一步完善，从而能够支持符合条件的科技型企业利用资本市场创新发展。例如，我国持续推进创业板、科创板、新三板和区域性股权市场的制度创新，完善股权融资的资本市场体系；推动创业板支持更多的优质初创企业上市融资、再融资，支持符合国家战略的高新技术产业和战略性新兴产业相关资产在创业板重组上市；发挥新三板服务科技型中小企业股权融资的基础性作用，推动新三板加快建立挂牌公司转板上市机制；鼓励区域性股权市场设立科技创新特色板块，加强与新三板对接，扩大拟挂牌科技型企业储备等。2019年，证监会发布《科创板首次公开发行股票注册管理办法（试行）》《科创板上市公司持续监管办法（试行）》，在上海证券交易所新设科创板，坚持面向世界科技前沿、面向经济主战场、面向国家重大需求，主要服务于符合国家战略、拥有关键核心技术、市场认可度高的科技创新企业。

二、引导企业拓宽创业投资资金来源

创业投资与企业科技创新有着密不可分的关系。创业投资对促进新兴产业发展和企业科技创新发挥着重要作用，成为实现技术、资本、人才、管理等创新要素与创业企业有效结合的投融资方式。《中华人民共和国国民经济和社会发展第十四个五年规划和2035年远景目标纲要》提出，鼓励发展天使投资、创业投资，更好发挥创业投资引导基金和私募股权基金作用。

国家通过完善创业投资税收政策、建立创业投资与政府项目对接机制、发挥政府资金的引导作用等方式，加强引导和政策扶持，多渠道拓宽创业投资资金来源，对企业的创新发展给予支持。为拓宽创业投资资金来源，2016年《国务院关于促进创业投资持续健康发展的若干意见》提出，在风险可控、安全流动的前提下，支持中央企业、地方国有企业、保险公司、大学基金等各类机构投资者投资创业投资企业和创业投资母基金；鼓励信托公司遵循价值投资和长期投资理念，充分发挥既能进行创业投资又能发放贷款的优势，积极探索新产品、新模式，为创业企业提供综合化、个性化金融和投融资服务；培育合格个人投资者，支持具有风险识别和风险承受能力的个人参与投资创业投资企业；按照依法合规、风险可控、商业可持续的原则，建立创业投资企业与各类金融机构长期性、市场化合作机制，进一步降低商业保险资金进入创业投资领域的门槛，推动发展投贷联动、投保联动、投债联动等新模式，不断加大对创业投资企业的投融资支持；加强"防火墙"相关制度建设，有效防范道德风险。

三、畅通科技型企业国内上市融资渠道

"融资难"是科技型企业面临的突出问题，由于科技型企业自身的财务、资产、业绩、成立时间等限制，难以利用资本市场获取资金支持。另外，新技术新产业新业态加快发展，出现了很多传统融资体系难以适应的新模式，需要根据科技创新创业发展趋势不断对资本市场的管理制度与条件进行调整与完善。因此，我国需进一步完善科技型企业上市融资制度，畅通科技型企业国

内上市融资渠道，发挥资本市场服务科技创新的融资功能。

《中华人民共和国国民经济和社会发展第十四个五年规划和2035年远景目标纲要》提出，畅通科技型企业国内上市融资渠道，增强科创板“硬科技”特色。在上海证券交易所设立科创板并试点注册制，是我国实施创新驱动发展战略、推进高质量发展的重要举措。科创板根据板块定位和科创企业特点，设置多元包容的上市条件，允许符合科创板定位、尚未盈利或存在累计未弥补亏损的企业在科创板上市，允许符合相关要求的特殊股权结构企业和红筹企业在科创板上市。科创板相应设置投资者适当性要求，防控好各种风险。为进一步畅通科技型企业上市融资通道，2021年9月3日，北京证券交易所注册设立，致力于打造服务创新型中小企业的主阵地。

第四十三条 下列企业按照国家有关规定享受税收优惠：

（一）从事高新技术产品研究开发、生产的企业；

（二）科技型中小企业；

（三）投资初创科技型企业的创业投资企业；

（四）法律、行政法规规定的与科学技术进步有关的其他企业。

◆ **条文主旨**

本条是关于企业按照国家有关规定享受税收优惠的规定。

◆ **修改提示**

本条是对原法第三十六条的修改。与原法条相比，一是增加

"科技型中小企业"；二是将"投资于中小型高新技术企业的创业投资企业"修改为"投资初创科技型企业的创业投资企业"。主要原因是与现行享受税收优惠的企业类型保持一致。

◆ 条文释义

税收政策是激励科技创新的重要手段，对促进科技进步具有重要意义。税收政策对科技研发具有导向作用，有利于引导资源向政府扶持和鼓励发展的领域集聚；税收优惠有利于降低研发活动的成本和风险，国家通过制定相关的税收优惠政策，将一部分应征收的税收收入让渡给纳税人，增加企业研发资金，相当于降低了企业自身的研发成本，从而起到有效化解研发投资风险的作用；税收优惠有利于科技成果向现实生产力的转化，国家通过运用税收优惠政策，从供给端有利于鼓励科研机构和高等院校将科技成果向企业转移，从需求端则有利于鼓励企业应用新工艺、新技术，从而促进科技成果在生产领域的转化和应用。

本条对享受税收优惠的企业类型进行了规定，主要有四类：

一、从事高新技术产品研究开发、生产的企业

高新技术企业税收优惠政策是深化供给侧结构性改革的重要举措，是加快产业结构调整、促进经济提质增效的重要推手。《中华人民共和国企业所得税法》第二十八条第二款规定，国家需要重点扶持的高新技术企业，减按15%的税率征收企业所得税。《中华人民共和国企业所得税法实施条例》第九十三条中规定，高新技术企业是指，拥有核心自主知识产权，并同时符合下列条件的企业：（1）产品（服务）属于《国家重点支持的高新技术领域》规定的范围；（2）研究开发费用占销售收入的比例不低于规定比例；（3）高新技术产品（服务）收入占企业总收入的比例不低于规定比例；（4）科技人员占企业职工总数的比例不低于规定比

例；（5）高新技术企业认定管理办法规定的其他条件。

2008年，科技部、财政部和国家税务总局联合发布了《高新技术企业认定管理办法》，进一步细化了有关规定，明确高新技术企业是指在国家重点支持的高新技术领域内，持续进行研究开发与技术成果转化，形成企业核心自主知识产权，并以此为基础开展经营活动，在中国境内（不包括港、澳、台地区）注册一年以上的居民企业。2016年，《科技部、财政部、国家税务总局关于修订印发〈高新技术企业认定管理办法〉的通知》（国科发火〔2016〕32号），对《高新技术企业认定管理办法》进行了修订完善。该通知第十一条规定："认定为高新技术企业须同时满足以下条件：（一）企业申请认定时须注册成立一年以上；（二）企业通过自主研发、受让、受赠、并购等方式，获得对其主要产品（服务）在技术上发挥核心支持作用的知识产权的所有权；（三）对企业主要产品（服务）发挥核心支持作用的技术属于《国家重点支持的高新技术领域》规定的范围；（四）企业从事研发和相关技术创新活动的科技人员占企业当年职工总数的比例不低于10%；（五）企业近三个会计年度（实际经营期不满三年的按实际经营时间计算，下同）的研究开发费用总额占同期销售收入总额的比例符合如下要求：1. 最近一年销售收入小于5,000万元（含）的企业，比例不低于5%；2. 最近一年销售收入在5,000万元至2亿元（含）的企业，比例不低于4%；3. 最近一年销售收入在2亿元以上的企业，比例不低于3%。其中，企业在中国境内发生的研究开发费用总额占全部研究开发费用总额的比例不低于60%；（六）近一年高新技术产品（服务）收入占企业同期总收入的比例不低于60%；（七）企业创新能力评价应达到相应要求；（八）企业申请认定前一年内未发生重大安全、重大质量事故或严重环境违法行为。"

二、科技型中小企业

《中华人民共和国国民经济和社会发展第十四个五年规划和2035年远景目标纲要》提出，完善激励科技型中小企业创新的税收优惠政策。科技型中小企业主要是指依托一定数量的科技人员从事科学技术研究开发活动，取得自主知识产权并将其转化为高新技术产品或服务，从而实现可持续发展的中小企业。科技型中小企业技术含量高、创新能力强，是极具活力和潜力的创新主体，是强化企业创新主体地位的重要力量。为推动大众创业万众创新，加大对科技型中小企业的精准支持力度，按照《深化科技体制改革实施方案》要求，科技部、财政部、国家税务总局研究制定了《科技型中小企业评价办法》，对科技型中小企业评价工作作了明确规定。根据该办法，科技型中小企业须同时满足职工总数不超过500人、年销售收入不超过2亿元、资产总额不超过2亿元等条件。经过评价，确认符合条件的科技型中小企业可以享受相应的优惠政策。

2017年，财政部、税务总局、科技部发布《关于提高科技型中小企业研究开发费用税前加计扣除比例的通知》（财税〔2017〕34号）规定，科技型中小企业开展研发活动中实际发生的研发费用，未形成无形资产计入当期损益的，在按规定据实扣除的基础上，在2017年1月1日至2019年12月31日期间，再按照实际发生额的75%在税前加计扣除；形成无形资产的，在上述期间按照无形资产成本的175%在税前摊销。2018年，财政部、税务总局发布《关于延长高新技术企业和科技型中小企业亏损结转年限的通知》（财税〔2018〕76号），规定：当年具备科技型中小企业资格（以下统称资格）的企业，其具备资格年度之前5个年度发生的尚未弥补完的亏损，准予结转以后年度弥补，最长结转年限由5年延长至10年。2022年，未形成无形资产计入当期损益的，在按规定据实扣除的基础上，自 2022 年 1 月 1 日起，再按照实际发生额的 100%在税前加计扣除；形成无形资产的，自 2022 年 1 月 1 日起，按照无形资产成本的 200%在税前摊销。

三、投资初创科技型企业的创业投资企业

《中华人民共和国企业所得税法》第三十一条规定，创业投资企业从事国家需要重点扶持和鼓励的创业投资，可以按投资额的一定比例抵扣应纳税所得额。依照《中华人民共和国企业所得税法实施条例》第九十七条的规定，创业投资企业采取股权投资方式投资于未上市的中小高新技术企业 2 年以上的，可以按照其投资额的 70%在股权持有满 2 年的当年抵扣该创业投资企业的应纳税所得额；当年不足抵扣的，可以在以后纳税年度结转抵扣。

2018 年，财政部、税务总局发布《关于创业投资企业和天使投资个人有关税收政策的通知》（财税〔2018〕55 号）。该通知中规定，初创科技型企业是指同时符合以下条件的企业：（1）在中国境内（不包括港、澳、台地区）注册成立、实行查账征收的居民企业；（2）接受投资时，从业人数不超过 200 人，其中具有大学本科以上学历的从业人数不低于 30%；资产总额和年销售收入均不超过 3000 万元；（3）接受投资时设立时间不超过 5 年（60 个月）；（4）接受投资时以及接受投资后 2 年内未在境内外证券交易所上市；（5）接受投资当年及下一纳税年度，研发费用总额占成本费用支出的比例不低于 20%。并规定：（1）公司制创业投资企业采取股权投资方式直接投资于种子期、初创期科技型企业（以下简称初创科技型企业）满 2 年（24 个月，下同）的，可以按照投资额的 70%在股权持有满 2 年的当年抵扣该公司制创业投资企业的应纳税所得额；当年不足抵扣的，可以在以后纳税年度结转抵扣。（2）有限合伙制创业投资企业（以下简称合伙创投企业）采取股权投资方式直接投资于初创科技型企业满 2 年的，该合伙创投企业的合伙人分别按以下方式处理：①法人合伙人可以按照对初创科技型企业投资额的70%抵扣法人合伙人从合伙创投企业分得的所得；当年不足抵扣的，可以在以后纳税年度结转抵扣。②个人合伙人可以按照对初创科技型企业投资额的70%抵扣个人合伙人从合伙创投企业分得的经营所得；当年不足抵扣的，可以在以后纳税年度结转抵扣。（3）天使投资个人采取股权投资方式直接投资于初创科技型企业满2年的，可以按照投资额的70%抵扣转让该初创科技型企业股权取得的应纳税所得额；当期不足抵扣的，可以在以后取得转让该初创科技型企业股权的应纳税所得额时结转抵扣。天使投资个人投资多个初创科技型企业的，对其中办理注销清算的初创科技型企业，天使投资个人对其投资额的70%尚未抵扣完的，可自注销清算之日起36个月内抵扣天使投资个人转让其他初创科技型企业股权取得的应纳税所得额。

四、法律、行政法规规定的与科学技术进步有关的其他企业

本条第四项属于兜底条款，该项所规定的“法律、行政法规规定的与科学技术进步有关的其他企业”，主要是指本条前三项所规定以外、法律或者行政法规规定可以享受税收优惠的与科学技术进步有关的企业。

第四十四条　国家对公共研究开发平台和科学技术中介、创新创业服务机构的建设和运营给予支持。

公共研究开发平台和科学技术中介、创新创业服务机构应当为中小企业的技术创新提供服务。

◆ 条文主旨

本条是关于公共研究开发平台和科学技术中介服务机构、创新创业服务机构的规定。

◆ **修改提示**

本条是对原法第三十七条的修改。与原法条相比，一是增加了“创新创业服务机构”，主要原因是创新创业服务机构快速增加，已成为提供创新创业服务的重要载体；二是增加了“运营”，强调国家对相关平台和机构的运营给予支持。

◆ **条文释义**

公共研究开发平台和科学技术中介、创新创业服务机构是对企业提供研发技术服务的重要载体，对于推动和支持企业技术创新发挥着重要的作用。国家应支持公共研究开发平台和科学技术中介、创新创业服务机构的发展，引导平台和机构为中小企业的技术创新提供服务。

一、支持公共研究开发平台和科学技术中介、创新创业服务机构的建设和运营

公共研究开发平台和科学技术中介、创新创业服务机构，根据不同的功能和定位，分别对企业提供不同类型的研究开发和技术服务。对于企业来说，这些服务都是弥补企业创新能力不足、引导和支持企业增强科技研发和成果转化能力的重要手段，具有显著的公益性。由于这些平台和机构具有显著的公益性，国家对其建设及运营提供必要的支持。在过去一段时期内，这类平台和机构存在“重建设轻运营”的问题。很多平台和机构有建设资金，但是在运营过程中难以弥补成本，缺少应有的支持，造成对企业科技创新的服务不足。

公共研究开发平台是面向产业和企业发展需求提供研究开发服务的平台，包括技术集成、共性技术研究开发、中间试验和工业性试验、科技成果系统化和工程化开发、技术推广与示范等服务。公共研究开发平台包括工程技术研究中心、新型研发机构等组织形式。其中，工程技术研究中心的主要职能包括：针对行业、领域发展中的关键技术和共性技术问题，组织攻关，带动原始创新，组织进行技术集成和关联配套，开发成熟配套的新技术、新工艺、新技术装备和新产品；协助企业引进急需的技术，充分发挥产学研合作优势，开展消化、吸收和再创新活动，激励研发核心技术和装备；培训技术人员和技术管理人员；实行开放服务，为企业等单位提供研发、检测和技术咨询等服务。国家支持公共研究开发平台的建设和运营，一方面要为企业科技创新提供公共基础设施支持；另一方面应当避免重复建设，提高利用效率，促进科技资源的共享。

科学技术中介服务机构是面向社会开展技术扩散、成果转化、科技评估、创新资源配置、创新决策与管理咨询等专业化服务的科技中介机构，是国家创新体系的重要组成部分。科学技术中介服务机构在企业与政府机构、科研机构、教育机构、金融机构等之间架起桥梁，通过整合社会科技资源，为企业提供技术信息、技术咨询、技术转让和人才培训等服务，促进技术要素市场化配置，为企业科技创新提供助推力。改革开放以来，各级科技管理部门先后推动了技术市场、生产力促进中心、科技评估机构、科技类民办非企业单位等科技中介服务机构的发展。近年来，在调动社会力量参与科技中介机构发展方面又进行了新的探索和实践。国家应在坚持市场导向和政府推动相结合、发展和规范相结合、全面推进与分类指导相结合的原则下，充分调动地方的积极性，加强部门协作，研究制定相关政策和措施，促进科技中介服务机构的健康发展。

创新创业服务机构是重点围绕企业创新创业需求提供创新创业服务的机构，包括科技企业孵化器、众创空间、大学科技园等。

近年来，大众创业万众创新持续向更大范围、更高层次和更深程度推进，创新创业理念日益深入人心，创新创业主体日益多元，对科技企业孵化器、众创空间等创新创业服务机构的建设和运营提出了更高要求。根据国家发展改革委《2020年中国大众创业万众创新发展报告》，"十三五"期间，我国创新创业服务机构数量快速增长、服务内容不断丰富、服务范围持续扩展、服务体系日益完善，为大众创业万众创新提供了强有力的支撑。全国众创空间数量由2015年的2300家增加到2020年的8570家，增长了2.7倍；科技企业孵化器由2015年的2500家增加到5843家，翻了一番。

《中华人民共和国国民经济和社会发展第十四个五年规划和2035年远景目标纲要》指出，要完善企业创新服务体系，推进创新创业机构改革。《国务院办公厅关于发展众创空间推进大众创新创业的指导意见》提出，综合运用政府购买服务、无偿资助、业务奖励等方式，支持中小企业公共服务平台和服务机构建设，为中小企业提供全方位专业化优质服务，支持服务机构为初创企业提供法律、知识产权、财务、咨询、检验检测认证和技术转移等服务，促进科技基础条件平台开放共享。

当前，公共研究开发平台和服务机构呈现社会市场化力量发挥越来越大的作用，并且正逐步成为机构建设的生力军，推动组织模式和运行机制发生着深刻变革的发展趋势。近年来，一批大学、企业和其他社会力量掀起了创办科技企业孵化器的热潮，很多跨国公司在我国建设加速器、创新工场等，市场活力日益增强，要求引导和支持这类机构的建设和发展上采取的政策措施更加符合市场经济发展的规律。

二、服务中小企业技术创新

科技型中小企业富有创新活力，但是与大企业相比，在科技创新方面面临着创新资源不足、信息不畅、技术创新人才缺乏等诸多不利因素。为鼓励中小企业不断提升技术创新能力，营造自由、公平竞争的市场环境，国家从资金扶持、税收优惠等方面支持中小企业的技术创新。国家对公共研究开发平台和科学技术中介、创新创业服务机构的建设和运营给予支持的一个重要出发点就是这些机构能够为中小企业技术创新提供研究开发、信息咨询、技术交易等创新服务。

第四十五条　国家保护企业研究开发所取得的知识产权。企业应当不断提高知识产权质量和效益，增强自主创新能力和市场竞争能力。

◆ 条文主旨

本条是关于企业知识产权的规定。

◆ 修改提示

本条是对原法第三十八条的修改。与原法条相比，将“运用、保护和管理知识产权的能力”修改为“知识产权质量和效益”，主要原因是总则第十三条第二款已经规定了企业应当提高创造、运用、保护、管理和服务知识产权的能力，而提高知识产权质量和效益是企业知识产权工作的主要目标，应予以强调。

◆ 条文释义

知识产权是企业的重要资产，在现代市场经济条件下，知识产权是企业的生命线。加强对企业研究开发所取得的知识产权的保护，是对企业开展科技创新的重要激励。本条从国家和企业两方面对加强知识产权保护、提高知识产权质量和效益作了规定。

一、保护企业研究开发所取得的知识产权

保护知识产权就是保护创新。根据《“十四五”国家知识产权保护和运用规划》，加强企业知识产权保护主要包括：一是完善知识产权法律政策体系。健全知识产权法律法规，完善知识产权保护政策等。二是加强知识产权司法保护。完善知识产权司法保护体系，提升知识产权司法保护能力，加强司法保护与行政确权、行政执法、调解、仲裁、公证存证等环节的信息沟通和共享，促进行政执法标准和司法裁判标准统一，形成有机衔接、优势互补的运行机制。三是加强知识产权行政保护。健全知识产权行政保护机制，提高知识产权行政保护效能。四是加强知识产权协同保护。完善知识产权纠纷多元化解决机制，加强知识产权领域诚信体系建设。五是加强知识产权源头保护。促进知识产权高质量创造，提高知识产权审查质量和审查效率，强化知识产权申请注册质量监管。

二、不断提高知识产权质量和效益

从总体上看，我国企业知识产权走过了规模大幅提升的阶段，知识产权质量和效益不高逐步成为制约我国企业知识产权发展的主要问题。根据《国家知识产权局关于印发〈推动知识产权高质量发展年度工作指引（2021）〉的通知》（国知发运字〔2021〕3号），要大力提升知识产权创造质量、运用效益、管理效能和服务水平。当前，我国企业知识产权质量不高主要表现为核心技术知识产权掌握不足、基础核心知识产权掌握不够、发明专利少等。知识产权效益主要是指知识产权所能带来的经济价值，我国企业知识产权效益不足，主要体现在知识产权带来的经济价值低等方面，这既有知识产权质量不高的原因，也有知识产权运营等能力不足的原因。企业提高知识产权质量和效益，才能不断创造出高质量知识产权，并通过知识产权转化获得市场价值，取得经济效益，实现知识产权创造和运用的良性循环，从而获取市场竞争优势，提高企业知识产权质量和效益是增强自主创新能力和市场竞争力的关键。

第四十六条 国有企业应当建立健全有利于技术创新的研究开发投入制度、分配制度和考核评价制度，完善激励约束机制。

国有企业负责人对企业的技术进步负责。对国有企业负责人的业绩考核，应当将企业的创新投入、创新能力建设、创新成效等情况纳入考核范围。

◆ **条文主旨**

本条是关于完善国有企业科技创新激励约束机制的规定。

◆ **修改提示**

本条是对原法第三十九条的修改。与原法条相比，增加"研究开发投入制度""考核评价制度"，以进一步完善对国有企业科技创新制度建设的要求。

◆ **条文释义**

国有企业是推进国家现代化、保障人民共同利益的重要力量，是中国特色社会主义的重要物质基础和政治基础。改革开放以来，国有企业改革发展不断取得重大进展，涌现出一批具有核心竞争力的骨干企业，积极参与关键核心技术研发和国家重大科技项目攻关，成为推动我国科技创新的重要力量。

一、国有企业应当建立健全有利于技术创新相关制度

2015 年发布的《中共中央、国务院关于深化国有企业改革的指导意见》明确要求，发挥国有企业在实施创新驱动发展战略和制造强国战略中的骨干和表率作用。当前，我国国有企业已经建立起推动技术创新的制度体系，科技创新在国有企业发展中的重要性日益突出，但是仍然存在技术创新激励机制不足、科技成果转化难、科技人才流失等问题，需要继续深入推进体制机制改革，建立健全有利于技术创新的相关制度，充分发挥国有企业在科技创新中的重要作用。

（一）研究开发投入制度。为增强国有企业加大研究开发投入的积极性，2019 年，国资委发布《中央企业负责人经营业绩考核办法》，规定对科技进步要求高的企业，重点关注自主创新能力的提升，加强研发投入、科技成果产出和转化等指标的考核。在计算经济效益指标时，可将研发投入视同利润加回。很多地方出台政策，激励国有企业加大研究开发投入。比如，2021 年云南省出台《创新驱动高质量发展 29 条措施》，针对研发投入不足的问题，对新设立研发机构的规模以上企业给予经费补助，将国有企业研发投入视同利润，年度增量部分按 150%加计考核。

（二）分配制度。由于工资总额和薪酬体系的限制，国有企业薪酬激励自主性不够，激励方式仍然比较单一。2001 年《国家经济贸易委员会、人事部、劳动和社会保障部关于深化国有企业内部人事、劳动、分配制度改革的意见》中规定，实行适合企业专业技术人员特点的激励和分配制度。对企业专业技术人员实行按岗位定酬、按任务定酬、按业绩（科技成果）定酬的分配办法。实践中，部分国有企业在工资总额方面，对关键核心技术攻关团队的工资允许实行单列管理；在中长期激励方面，进一步加大股权和分红权激励力度，对于攻关团队的个人持股比例、股权激励范围、收益分红比例等给予特殊支持等。2016 年，财政部、科技部、国资委印发《国有科技型企业股权和分红激励暂行办法》（财资〔2016〕4号），对国有科技型企业实行股权和分红激励。2018年，以上三部门发布了《关于扩大国有科技型企业股权和分红激励暂行办法实施范围等有关事项的通知》（财资〔2018〕54号），推动国有科技型企业建立健全激励分配机制，进一步增强技术和管理人员的获得感。

（三）考核评价制度。为调动国有企业科技创新的积极性，应根据国有企业不同类型，建立健全国有企业技术创新的经营业绩考核制度，落实和完善国有企业研发投入的考核措施，加强对不同行业研发投入和产出的分类考核，确定科学合理的科技创新考核范围和指标，增强国有企业技术创新动力。2018年《科技部、国资委印发〈关于进一步推进中央企业创新发展的意见〉的通知》（国科发资〔2018〕19号）提出，深化科技体制改革和国企改革，健全中央企业技术创新经营业绩考核制度，将技术进步要求高的中央企业研发投入占销售收入的比例纳入经营业绩考核。2019年，国资委发布《中央企业负责人经营业绩考核办法》，规定构建年度考核与任期考核相结合，立足当前、着眼长远的考核体系，考核导向应当突出创新驱动，引导企业坚持自主创新，加大研发投入，加快关键核心技术攻关，强化行业技术引领，不断增强核心竞争能力。

二、国有企业负责人对企业的技术进步负责

国有企业负责人是企业的经营管理者，接受上级委托，应当对企业的技术进步担负责任，即对企业科技创新进行总体规划、建立健全企业技术创新体系、为企业科技创新提供必要资源保障以及不断产生科技创新成果、推动科技成果转化应用等。将企业技术进步情况纳入对国有企业负责人考核指标范围，通过明确奖惩措施激励国有企业负责人重视开展企业科技创新投入是压实国有企业负责人技术进步责任的有力措施。《国家中长期科学和技术发展规划纲要（2006—2020 年）》规定，把技术创新能力作为国有企业考核的重要指标，把技术要素参与分配作为高新技术企业产权制度改革的重要内容。《实施〈国家中长期科学和技术发展规划纲要（2006—2020 年）〉的若干配套政策》提出，明确国有企业负责人对企业自主创新的领导职责。将企业技术创新投入和创新能力建设作为国有企业负责人业绩考核的重要内容。

第四十七条 县级以上地方人民政府及其有关部门应当创造公平竞争的市场环境，推动企业技术进步。

国务院有关部门和省级人民政府应当通过制定产业、财政、金融、能源、环境保护和应对气候变化等政策，引导、促使企业研究开发新技术、新产品、新工艺，进行技术改造和设备更新，淘汰技术落后的设备、工艺，停止生产技术落后的产品。

◆ 条文主旨

本条是关于创造公平竞争市场环境的规定。

◆ 修改提示

本条是对原法第四十条的修改。与原法条相比，增加“金融”“应对气候变化”政策，以进一步完善政策工具。

◆ 条文释义

在促进企业科技创新上，应协调处理好政府和市场的关系。市场在资源配置中发挥决定性作用，只有创造公平竞争的市场环境，才能保持企业技术进步的根本动力。同时，政府也应积极有为，通过制定相关政策来引导和促进企业加强研究开发、进行技术改造。

一、创造公平竞争的市场环境

市场经济的核心是公平竞争。公平竞争的市场环境是各种所有制经济及市场主体各显其长、相互促进和共同发展的前提，是实现资源有效配置和促进企业优胜劣汰的重要保障，也是企业技术进步动力的根本来源。只有在公平竞争的市场环境中，企业等市场主体才能通过开展科技创新不断开发新产品和服务、提升产品质量和生产效率，从而公平地争夺市场份额和实现经济价值。公平竞争市场环境的形成，需要有效市场和有为政府的结合，推动高标准市场体系建设。

为进一步完善公平竞争市场环境、推动企业技术进步，2015年中共中央办公厅、国务院办公厅印发的《深化科技体制改革实施方案》明确要求积极营造公平、开放、透明的市场环境，强化知识产权保护，改进新技术新产品新商业模式的准入管理和产业准入制度，加快推进垄断性行业改革，建立主要由市场决定要素价格的机制，形成有利于转型升级、鼓励创新的产业政策导向等。此外，我国还制定了反不正当竞争法、专利法、商标法、优化营商环境条例等相关法律法规、司法解释，为创造公平竞争的市场环境、推动企业技术进步提供了法治保障。

在建设公平竞争的市场环境上，应进一步加强央地协同，着力构建全国统一的市场体系，避免地方保护和垄断，促进新技术新产品的应用，为企业科技创新拓展更广阔的市场。

二、政府通过制定政策引导和促进企业技术进步

政府应在市场经济的基础上通过制定有关政策，引导和促进企业的技术进步。通过制定政策，推动新技术、新产品、新工艺、新设备等研发应用，加快淘汰技术落后的设备、工艺，坚决停止

生产技术落后的产品，是国家发展的必然要求，也符合企业自身长远发展利益。

国务院有关部门和省级人民政府制定的相关政策，包括产业政策、财政政策、金融政策、能源政策、环境保护政策和应对气候变化政策等。(1) 产业政策。政府通过制定产业政策，要求企业采用的技术、产品、工艺、设备等符合产业发展导向，满足产业结构转型需求。国家发展改革委于 2019 年 10 月 30 日公布的《产业结构调整指导目录（2019 年本）》将相关产业划分为“鼓励类”“限制类”和“淘汰类”，列明了数百项落后生产工艺设备、落后产品的具体名单。(2) 财政政策。通过调整财政投入领域、方向和力度，为企业投入相关领域提供财政支持和资金保障，从而引导企业做出合理经营选择。如节约能源法规定中央财政和省级地方财政安排节能专项资金，支持节能技术研究开发、节能技术和产品的示范与推广、重点节能工程实施等。(3) 金融政策。金融政策通常包括货币政策、利率政策和汇率政策，可以通过相关政策在一定程度上调节资本流量和流向，用于激励和约束企业筹资行为，引导产品结构、产业结构和整个经济结构发生预期变化。政府还通过贷款、资本市场等政策的制定对企业结构调整和科技创新活动进行引导。(4) 能源政策。包括能源开发投资政策、能源工业政策、能源技术装备政策、能源消费政策、新能源政策以及能源价格、税收、信贷政策等多个方面，企业相关技术、产品、工艺、设备等应当符合能源政策要求。(5) 环境保护政策。企业采用的技术、产品、工艺和设备等，应当符合各项环保指标要求。如《中华人民共和国固体废物污染环境防治法》第三十三条第一款规定，国务院工业和信息化主管部门应当会同国务院有关部门组织研究开发、推广减少工业固体废物产生量和降低工业固体废物危害性的生产工艺和设备，公布限期淘汰产生严重污染环境的工业固体废物的落后生产工艺、设备的名录。噪声污染防治法等法律也作了类似规定。6. 应对气候变化政策。国务院于2007年印发《中国应对气候变化国家方案》，第十一届全国人民代表大会常务委员会于2009年发布《关于积极应对气候变化的决议》，国务院新闻办公室于2021年公布《中国应对气候变化的政策与行动》等。另外，我国已于1998年5月签署并于2002年8月核准了《京都议定书》等国际公约，我国碳达峰碳中和"1+N"政策体系逐步形成，这些政策文件全面呈现了我国应对气候变化的理念和政策，也体现了我国绿色发展理念的导向。企业技术改造、设备更新等相关经营活动，需符合应对气候变化相关政策要求。此外，政府还可以通过发挥税收政策调节功能，推动企业技术进步，这在本法第四十三条已经明确规定。

第五章 科学技术研究开发机构

第四十八条 国家统筹规划科学技术研究开发机构布局，建立和完善科学技术研究开发体系。

国家在事关国家安全和经济社会发展全局的重大科技创新领域建设国家实验室，建立健全以国家实验室为引领、全国重点实验室为支撑的实验室体系，完善稳定支持机制。

利用财政性资金设立的科学技术研究开发机构，应当坚持以国家战略需求为导向，提供公共科技供给和应急科技支撑。

◆ 条文主旨

本条是关于建立和完善科学技术研究开发体系的规定。

◆ 修改提示

本条是对原法第四十一条的修改。与原法条相比，增加了第二款“国家在事关国家安全和经济社会发展全局的重大科技创新领域建设国家实验室，建立健全以国家实验室为引领、全国重点实验室为支撑的实验室体系，完善稳定支持机制”。主要原因是实验室体系已成为科学技术研究开发体系的重要组成部分。增加第三款“利用财政性资金设立的科学技术研究开发机构，应当坚持以国家战略需求为导向，提供公共科技供给和应急科技支撑”，并对财政性资金设立的科学技术研究开发机构进一步提出要求。

◆ **条文释义**

一、统筹规划科学技术研究开发机构布局

科学技术研究开发机构是科技创新活动的重要执行部门和承担主体。科学技术研究开发机构布局规划和科学技术研究开发体系建设，直接关系到国家整体科学进步事业发展。随着财政科技投入和全社会研发投入不断加大，科学技术研究开发机构作为专门从事科学技术研究开发的单位，其地位和作用也越来越显著，迫切需要从国家宏观层面加强统筹规划，对科学技术研究开发机构的建设进行科学布局，合理配置科技创新资源，为实现高质量发展和高水平科技自立自强目标奠定坚实基础。

科学技术研究开发体系是由各类科学技术研究开发机构相互联系、相互作用组成的，不同类型的科学技术研究开发机构在其中各自发挥应有的作用，而科学技术研究开发机构的建设，既是宏观布局的结果，比如利用财政资金在基础性、战略性领域设立科学技术研究开发机构，也是市场经济作用的结果，企业等社会力量根据自身发展需求建设市场化的科学技术研究开发机构，这些机构相互联系、相互作用，形成科学技术研究开发体系。

二、建立健全以国家实验室为引领、全国重点实验室为支撑的实验室体系

国家实验室、全国重点实验室是实验室体系的重要组成部分，也是我国科学技术研究开发体系的重要组成部分，在促进科技创新上发挥着重要的作用。

（一）国家实验室。

国家实验室作为国家战略科技力量的重要组成部分，是面向国际科技竞争的创新基础平台，是保障国家安全的核心支撑，是突破型、引领型、平台型一体化的大型综合性研究基地。2016 年 5 月，习近平总书记对国家实验室建设提出明确要求："党的十八届五中全会提出，要在重大创新领域组建一批国家实验室。这是一项对我国科技创新具有战略意义的举措。要以国家实验室建设为抓手，强化国家战略科技力量，在明确国家目标和紧迫战略需求的重大领域，在有望引领未来发展的战略制高点，以重大科技任务攻关和国家大型科技基础设施为主线，依托最有优势的创新单元，整合全国创新资源，建立目标导向、绩效管理、协同攻关、开放共享的新型运行机制，建设突破型、引领型、平台型一体的国家实验室。这样的国家实验室，应该成为攻坚克难、引领发展的战略科技力量，同其他各类科研机构、大学、企业研发机构形成功能互补、良性互动的协同创新新格局。"2021 年 5 月，习近平总书记进一步提出，国家实验室要按照"四个面向"的要求，紧跟世界科技发展大势，适应我国发展对科技发展提出的使命任务，多出战略性、关键性重大科技成果，并同国家重点实验室结合，形成中国特色国家实验室体系。

2018 年，国务院颁布的《关于全面加强基础科学研究的若干意见》中提出布局建设国家实验室，要求聚焦国家目标和战略需求，在有望引领未来发展的战略制高点，统筹部署和建设突破型、引领型、平台型一体的国家实验室，给任务、给机制、给条件、给支持，激发其创新活力。选择最优秀的团队和最有优势的创新单元，整合全国创新资源，聚集国内外一流人才，探索建立符合大科学时代科研规律的科学研究组织形式。建立国家实验室稳定支持机制，开展具有重大引领作用的跨学科、大协同的创新攻关，打造体现国家意志、具有世界一流水平、引领发展的重要战略科技力量。《中华人民共和国国民经济和社会发展第十四个五年规划和 2035 年远景目标纲要》提出，以国家战略性需求为导向推进创新体系优化组合，加快构建以国家实验室为引领的战略科技力量，聚焦量子信息、光子与微纳电子、网络通信、人工智能、生物医药、现代能源系统等重大创新领域组建一批国家实验室。

（二）全国重点实验室。

全国重点实验室（原国家重点实验室）是国家组织开展基础研究和应用基础研究、聚集和培养优秀科技人才、开展高水平学术交流、具备先进科研装备的重要科技创新基地，是国家创新体系的重要组成部分。1984 年，原国家计委组织实施了国家重点实验室建设计划，其主要任务是在教育部、中科院等部门的有关大学和研究所中，依托原有基础建设一批国家重点实验室。此后，国家重点实验室经过发展，逐步成为国家科学技术计划体系的一部分，国家重点实验室的管理、运行与支持不断得到加强。2018 年，科技部、财政部颁布的《关于加强国家重点实验室建设发展的若干意见》提出，到 2020 年基本形成定位准确、目标清晰、布局合理、引领发展的国家重点实验室体系。意见要求，从优化国家重点实验室总体布局、重点推进学科国家重点实验室建设发展、大力推动企业国家重点实验室建设发展、加大省部共建国家重点实验室建设力度等方面，完善国家重点实验室发展体系。2018 年，中央经济工作会议召开，明确提出“抓紧布局国家实验室，重组国家重点实验室体系”。《中华人民共和国国民经济和社会发展第十四个五年规划和 2035 年远景目标纲要》要求重组国家重点实验室，形成结构合理、运行高效的实验室体系。为进一步支撑科技强国建设，2021 年，科技部牵头制定重组国家重点实验室体系方案，符合条件的，建设成为全国重点实验室。本次修法为完善实验室体系建设提供了法律依据。

（三）完善稳定支持机制。

2018 年，国务院颁布的《关于全面加强基础科学研究的若干意见》提出，建立国家实验室稳定支持机制，开展具有重大引领作用的跨学科、大协同的创新攻关。完善稳定支持机制，是由实验室体系建设的功能定位及其承担科研任务的战略重要性所决定的。实验室体系涉及面广、建设周期长，所承担的科研任务重大，体现国家战略意志。需要遵循科研规律和人才成长规律，在基础研究、核心技术攻关等方面进行长远布局，从资金、设备、人员、场地等方面给予持续稳定投入。既要满足日常运行等基本开支需求，又需要在科研装备、基础设施、人员引进等方面及时给予重点投入，充分保障实验室体系建设的持续性和人员队伍的稳定性，不断强化积累科技创新人力资源和物质资源，避免投入分散化和短期化等可能造成的资源浪费，从而推动科学研究、人才培养与基地建设全面持续稳定发展。为贯彻落实《国家中长期科学和技术发展规划纲要（2006—2020 年）》，进一步加强国家重点实验室建设，2007 年，中央财政设立了国家重点实验室专项经费，从开放运行、自主选题研究和科研仪器设备更新三方面，加大对国家重点实验室的稳定支持力度。

三、对利用财政性资金设立的科学技术研究开发机构的要求

财政性资金通常是指以国家财政为中心的预算资金、国债资金及其他财政性资金，既包括中央政府和地方政府的财政收支，还包括与国家财政有关系的企业、事业和行政单位的货币收支。国家财政科技投入集中用于应由国家支持、亟需发展的科技领域，目的在于支持实现科技创新重点目标和任务，体现国家战略意图。利用财政性资金设立的科学技术研究开发机构，应当坚持以国家战略需求为导向，紧密围绕国家重点任务开展科研活动，聚焦基础前沿、社会公益、重大共性关键技术研究等战略性、公共性科技活动，加强涉及人口健康、食品药品安全、防灾减灾、生态环境和应对气候变化等领域的科技创新，满足保障和改善民生的重大科技需求，推动实现科技创新战略目标。

应急科技是应急管理的重要支撑，在应对突然发生的自然灾害、事故灾难、公共卫生事件等时，发挥着关键作用。在新冠肺炎疫情暴发后，利用财政性资金设立的科学技术研究开发机构在加强科技攻关、应对疫情上发挥了不可替代的作用。利用财政性资金设立的科学技术研究开发机构应当强化责任担当意识，将加强应急科技研究作为重点方向任务，不断完善突发事件预防、监测、预警、应急处置、救援等环节的应急科技力量建设。

第四十九条 自然人、法人和非法人组织有权依法设立科学技术研究开发机构。境外的组织或者个人可以在中国境内依法独立设立科学技术研究开发机构，也可以与中国境内的组织或者个人联合设立科学技术研究开发机构。

从事基础研究、前沿技术研究、社会公益性技术研究的科学技术研究开发机构，可以利用财政性资金设立。利用财政性资金设立科学技术研究开发机构，应当优化配置，防止重复设置。

科学技术研究开发机构、高等学校可以设立博士后流动站或者工作站。科学技术研究开发机构可以依法在国外设立分支机构。

◆ 条文主旨

本条是关于设立科学技术研究开发机构的规定。

◆ 修改提示

本条是对原法第四十二条的修改。与原法条相比，一是将“公民、法人或者其他组织”修改为“自然人、法人和非法人组织”，主要原因是与民法典相关规定保持一致。二是将“国外”改为“境外”，主要原因是对法律的适用范围更加明确。三是第二款删去“对重复设置的科学技术研究开发机构，应当予以整合”，主要原因是相关意思已经在前面表述得比较明确。四是第三款中增加“流动站”，主要原因是使表述更加完整。

◆ 条文释义

一、科学技术研究开发机构的设立主体

在改革开放前后的一段时期内，我国绝大多数科学技术研究开发机构都是由政府部门、事业单位等设立。随着改革开放的深入，为满足多样化市场需求和科技研发需要，科学技术研究开发机构类型及其资金来源日益多元化，我国逐步放宽可以设立科学技术研究开发机构的主体范围。1997 年，原国家科委印发《关于设立中外合资研究开发机构、中外合作研究开发机构的暂行办法》（现已失效），明确允许国外、境外的组织或个人与中国的科研院所、高等院校的研究开发机构，在中华人民共和国境内创办中外合资、中外合作研究开发机构。2003 年，商务部颁布的《关于外商投资举办投资性公司的规定》，明确投资性公司经商务部批准设立后，可以依其在中国从事经营活动的实际需要，在中国境内设立科研开发中心或部门，从事新产品及高新技术的研究开发，转让其研究开发成果，并提供相应的技术服务。2005 年，《国务院关于鼓励支持和引导个体私营等非公有制经济发展的若干意见》中明确提

出，支持非公有资本创办科技型中小企业和科研开发机构。

2007年，本法第一次修订时，积极吸纳已有改革制度成果，从法律上明确规定可以设立科学技术研究开发机构的主体包括“公民、法人或者其他组织”以及“国外的组织或者个人”。为与民法典关于民事主体的规定相一致，本次修订将“公民、法人或者其他组织”修改为“自然人、法人和非法人组织”。这里的非法人组织指不具有法人资格，但是能够依法以自己的名义从事民事活动的组织，包括个人独资企业、合伙企业、不具有法人资格的专业服务机构等。1998年，国务院颁布《民办非企业单位登记管理暂行条例》，2000年，科技部、民政部印发的《科技类民办非企业单位登记审查与管理暂行办法》规定，明确申请设立科技类民办非企业单位的专门条件：业务范围和活动领域符合国家促进科技进步的相关法律法规和政策；有与业务范围和业务量相当的科技人员，关键业务岗位主要负责人由科技人员担任；具备必要的科研设施和条件等。

本次修订，将“国外的”组织或者个人可以依法在中国境内独立或联合设立科学技术研究开发机构，修改为“境外的”组织或者个人可以在中国境内独立或联合设立科学技术研究开发机构，在范围上将港澳台地区的组织或者个人包括在内。目前，境外组织或者个人在中国境内设立科学技术研究开发机构有多种形式，有的以在中国境内经营实体的内部机构的方式设立，有的以境外机构的分支机构方式设立，有的以公司方式注册成立。这些机构无论是独立还是联合设立，都要符合相应的法律规定。

二、利用财政性资金设立科学技术研究开发机构的条件

利用财政性资金设立科学技术研究开发机构，应当符合国家科技发展战略导向。基础研究、前沿技术研究、社会公益性技术研究都存在投入周期长、风险高、产出慢等特点，关乎国家长远发展和战略定位，为发挥财政性资金的引领作用，规定从事基础研究、前沿技术研究、社会公益性技术研究的科学技术研究开发机构，可以利用财政性资金设立。

利用财政性资金设立科学技术研究开发机构，应当注重提高财政性资金的使用效益，统筹规划财政性资金的使用方向和投入力度，必须紧密围绕重点领域和科研目标进行优化配置，防止在同行业、同领域等进行同质化建设，造成资源的分散、浪费。对于已经重复设置的，应当进行优化整合，集中使用优势资源，对部分符合相关要求的科学技术研究开发机构予以重点扶持。还应适应科技创新发展的新趋势，加强与社会力量建设的科学技术研究开发机构的协调，提高整体上的资源配置效率。

三、设立博士后流动站或者工作站、在国外设立分支机构

（一）设立博士后流动站或者工作站。

博士后制度是指在高等学校、科研院所和企业等单位设立博士后科研流动站（简称流动站）或博士后科研工作站（简称工作站），招收获得博士学位的优秀青年，在站内从事一定时期科学技术研究工作的制度。流动站是指在高等学校或科研院所具有博士授予权的一级学科内，经批准可以招收博士后研究人员的组织。工作站是指在具备独立法人资格的企业等机构内，经批准可以招收博士后研究人员的组织。在流动站或工作站从事研究工作的人员称为博士后研究人员。在科学技术研究开发机构、高等学校设立博士后流动站或者工作站，可以依托设站单位的科研资源，为培养优秀科技人员提供必要的科研条件；并促进设站单位科研项目的研究开发，提升科研项目质效。

2015年，《国务院办公厅关于改革完善博士后制度的意见》指出，要充分发挥高校、科研院所、企业在博士后研究人员招收培养中的主体作用。根据《博士后管理工作规定》，科学技术研究开发机构、高等学校设立博士后流动站或者工作站，应当具备以下基本条件：具有相应学科的博士学位授予权，并已培养出一届以上的博士毕业生；具有一定数量的博士生指导教师；具有较强的科研实力和较高的学术水平，承担国家重大研究项目，科研工作处于国内前列，博士后研究项目具有理论或技术创新性；具有必需的科研条件和科研经费，并能为博士后人员提供必要的生活条件；具有博士学位一级学科授予权、建有国家重点实验室的学科和国家重点学科可优先设立流动站。

（二）依法在国外设立分支机构。

允许科学技术研究开发机构依法在国外设立分支机构，是科学技术研究开发工作充分利用国际资源的重要途径。21 世纪以来，我国一些科研院所在海外设立了分支机构，对于加强国际科技合作与交流发挥着重要的作用。

第五十条 科学技术研究开发机构享有下列权利：

（一）依法组织或者参加学术活动；

（二）按照国家有关规定，自主确定科学技术研究开发方向和项目，自主决定经费使用、机构设置、绩效考核及薪酬分配、职称评审、科技成果转化及收益分配、岗位设置、人员聘用及合理流动等内部管理事务；

（三）与其他科学技术研究开发机构、高等学校和企业联合开展科学技术研究开发、技术咨询、技术服务等活动；

（四）获得社会捐赠和资助；

（五）法律、行政法规规定的其他权利。

◆ **条文主旨**

本条是关于科学技术研究开发机构权利的规定。

◆ **修改提示**

本条是对原法第四十三条的修改。与原法条相比，增加了“绩效考核及薪酬分配、职称评审、科技成果转化及收益分配、岗位设置”自主权的规定，增加了联合开展“技术咨询、技术服务等活动”，主要原因是使其符合发展的实际情况。

◆ **条文释义**

完善、保障和扩大科学技术研究开发机构的自主权，一直是我国科技体制改革的重要内容。1985 年发布的《中共中央关于科学技术体制改革的决定》提出，扩大研究机构的自主权，改善政府机构对科学技术工作的宏观管理。独立的研究机构要面向社会，成为自主的研究开发实体。除国家委托的研究课题，以及由上级任命或聘任的院、所长外，计划、经费、人事的管理和内部的组织结构等，都由研究机构在国家法令规定范围内自主决定。1986 年，国务院制定了《关于扩大科学技术研究机构自主权的暂行规定》（现已失效），规定研究所在保证完成国家任务的前提下，根据社会、经济和科学技术发展的需要，从各自的特点和条件出发，有权面向社会承接各种科学技术任务，并根据自愿互利的原则，同企业、设计单位和高等学校等建立各种协作关系和各种形式的联合，上级部门应当给予鼓励和扶持，不要限制。1995 年，《中共中央、国务院关于加速科学技术进步的决定》中提出，建立科学的科研院所管理制度，使科研院所成为享有充分自主权、实行科学管理的法人。2000 年，《国务院办公厅转发科技部等部门关于非营利性科研机构管理的若干意见（试行）的通知》中明确，对非营利性科研机构的管理，科研机构主管部门（单位）要逐步将直接领导转为通过参加理事会参与科研机构决策，对科研机构赋予自主权，最终实现非营利性科研机构经营管理的社会化。《国家中长期科学和技术发展规划纲要（2006—2020 年）》提出，加强对科研机构开展自主选题研究的支持。完善科研院所长负责制，进一步扩大科研院所在科技经费、人事制度等方面的决策自主权，提高科研机构内部创新活动的协调集成能力。

结合以上文件规定，2007 年修订的科学技术进步法增加了关于科学技术研究开发机构权利内容的规定。近年来，进一步扩大科学技术研究开发机构的权利内容，赋予其更大自主权成为科技体制改革重点解决的问题。如：促进科技成果转化法对国家设立的研究开发机构的科技成果转化权益进行了规定，将科技成果处置权、收益权以及使用权赋予单位。2019 年，科技部、教育部等部门印发《关于扩大高校和科研院所科研相关自主权的若干意见》，进一步推动扩大高校和科研院所科研领域自主权，对自主设置岗位、下放职称评审权限、完善绩效工资分配方式等作了规定。结合相关规定，本次修订对科学技术研究开发机构的权利内容进行了补充完善。

一、依法组织或者参加学术活动

针对学术活动受外部干预过多的现象，2015 年国务院办公厅发布的《关于优化学术环境的指导意见》提出，优化科研管理环境，落实扩大科研机构自主权，搭建学术交流和合作平台，推动科研团队开展多种形式的学术研讨、交流活动。放宽对学术性会议规模、数量等方面的限制，为科技工作者参加更多的国际学术交流提供政策保障和往返便利。

科学技术研究开发机构组织学术活动或者派员参加学术活动应当符合有关规定，注重加强学术活动的规范性、专业性，坚守学术诚信，维护学风，正确行使学术权力，履行社会责任。

二、自主决定科研方向、项目和内部管理事务

自主决定科研方向、项目以及内部管理事务，是科学技术研究开发机构行使自主权的重要体现，也是深化科技体制改革的重点内容。依据本法，各部门陆续出台一系列规章制度，将科学技术研究开发机构的自主权落到实处。

（一）科研方向和项目选择。科学技术研究开发机构根据科学研究、技术创新和研发服务实际需求，自主确定研发方向和选题，是国家保障开展科学技术研究开发自由的客观要求。党中央、国务院有关文件都提出要赋予科研机构更大自主权，支持研究机构自主布局科研项目，扩大科研院所学术自主权和个人科研选题选择权。

（二）经费使用。经费使用自主权是指科学技术研究开发机构根据发展需要具有自主决定经费使用方向、使用方式的权利。科学技术研究开发机构的经费使用，应当符合相关财务规定，严禁贪污、浪费、挪用科研资金的现象。

（三）机构设置。科学技术研究开发机构可以根据其章程规定，及完成使命定位和任务的要求，按照精简、效能的原则，自主设置、变更和取消单位的内设机构。

（四）绩效考核及薪酬分配。科学技术研究开发机构有权按照使命定位和完成职责、任务的需要，自主建立绩效考核及薪酬分配制度。2019年，科技部、教育部、发展改革委、财政部、人力资源社会保障部、中科院等联合印发《关于扩大高校和科研院所科研相关自主权的若干意见》提出，高校和科研院所可在绩效工资总量内，按国家有关规定自主确定绩效工资结构、考核办法、分配方式、工资项目名称、标准和发放范围，绩效工资分配要向关键创新岗位、作出突出贡献的科研人员、承担财政科研项目的人员、创新团队和优秀青年人才倾斜等。

（五）职称评审。科学技术研究开发机构可以根据自身发展需要，自主开展职称评审。《关于扩大高校和科研院所科研相关自主权的若干意见》提出，切实下放职称评审权限。高校和科研院所按照国家规定自主制定职称评审办法和操作方案，按照管理权限自主开展职称评审，评审结果事后按要求报主管部门备案。部分条件不具备、尚不能独立组织评审的高校和科研院所，可自主采取联合评审、委托评审等方式。对引进的急需紧缺高层次人才和有突出贡献的人才，允许高校和科研院所在明确标准、程序和公示公开的前提下，开辟评审绿色通道，评审标准不设资历、年限等门槛。

（六）科技成果转化及收益分配。根据《中华人民共和国促进科技成果转化法》，国家设立的研究开发机构、高等院校对其持有的科技成果，可以自主决定转让、许可或者作价投资，但应当通过协议定价、在技术交易市场挂牌交易、拍卖等方式确定价格。同时规定，国家设立的研究开发机构、高等院校转化科技成果所获得的收入全部留归本单位，在对完成、转化职务科技成果做出重要贡献的人员给予奖励和报酬后，主要用于科学技术研究开发与成果转化等相关工作。2016 年，国务院印发《实施〈中华人民共和国促进科技成果转化法〉若干规定》，依法对职务科技成果完成人和为成果转化做出重要贡献的其他人员给予奖励，在研究开发和科技成果转化中做出主要贡献的人员获得奖励的份额不低于奖励总额的 50%。

（七）岗位设置。科学技术研究开发机构可以根据发展需要和资源配置情况，自主确定岗位设置。高校和科研院所可根据国家有关规定，结合科技创新事业发展需要，在编制或人员总量内可以自主制定岗位设置方案和管理办法，确定岗位结构比例。已全面实行聘用合同、岗位管理和公开招聘制度，建立能上能下、能进能出灵活用人机制的单位，可在编制内适当增加高级专业技术岗位比例，调整情况按管理权限报相关部门备案等。

（八）人员聘用及合理流动。科学技术研究开发机构可根据国家有关规定和开展科研活动需要，制定招聘方案，设置岗位条件，自主组织公开招聘以及人员的聘用；可以自主调整岗位聘用和人员调整，自主聘用内设机构负责人；可以自主决定本单位人员以挂职、参与项目合作、兼职、在职创业等方式从事创新活动。

三、联合开展科学技术研究开发等活动的权利

1986年，《国务院关于扩大科学技术研究机构自主权的暂行规定》（现已失效）明确，研究所可以与其他单位就技术开发、技术转让和利用技术为社会服务订立合同，获得合法收入。随着科技体制改革深入推进，科学技术研究开发机构进一步加强了与外部各类创新主体的合作，合作领域和内容进一步扩大，不仅包括科学技术研究开发，还包括技术咨询、技术服务等活动。

四、获得社会捐赠和资助的权利

社会捐赠和资助是科学技术研究开发机构获取研发资源支持的重要渠道。科学技术研究开发机构享有获得社会捐赠和资助的权利，接受捐赠和资助的程序以及使用按照民法典、税法等有关规定办理。

除以上列举的权利内容外，法律、行政法规规定科学技术研究开发机构享有的其他权利，都应给予充分保护。

第五十一条 科学技术研究开发机构应当依法制定章程，按照章程规定的职能定位和业务范围开展科学技术研究开发活动；加强科研作风学风建设，建立和完善科研诚信、科技伦理管理制度，遵守科学研究活动管理规范；不得组织、参加、支持迷信活动。

利用财政性资金设立的科学技术研究开发机构开展科学技术研究开发活动，应当为国家目标和社会公共利益服务；有条件的，应当向公众开放普及科学技术的场馆或者设施，组织开展科学技术普及活动。

◆ 条文主旨

本条是关于科学技术研究开发机构义务的规定。

◆ 修改提示

本条是对原法第四十四条的修改。主要是对第一款进行扩充，增加了“依法制定章程”“加强科研作风学风建设，建立和完善科研诚信、科技伦理管理制度，遵守科学研究活动管理规范”的内容。主要原因是强调科学技术研究开发机构应当依法制定章程，以及遵守科学研究活动管理规范。

◆ 条文释义

一、依法制定并遵守章程

章程是科学技术研究开发机构管理运行、开展科研活动的基本准则，章程上承法律法规和国家政策，下接科学技术研究开发机构各项规章制度，是科学技术研究开发机构依法自主管理和运行的总依据，也是举办单位或主管部门、科技行政管理部门、登记管理机关以及社会各界对科学技术研究开发机构进行监督、评估的主要依据。

科学技术研究开发机构制定章程，是国家法律法规和政策以及科学技术研究开发机构职能、使命、定位、基本管理制度以及运行规范的集中反映，必须依据法律法规有关规定进行，经过必要程序后，具备法律效力。章程内容要明确规定单位的宗旨目标、功能定位、业务范围、领导体制、运行管理机制等，确保机构运行各项事务有章可循、有法可依。科学技术研究开发机构开展科学技术研究开发活动，必须按照章程规定的职能定位和业务范围开展，机构运行和管理的重大事项需要调整或变更的，需及时按照法律程序修改章程。

明确章程的法律地位、实行章程管理是我国科研机构管理改革的重要内容。2018 年，中共中央办公厅、国务院办公厅印发的《关于深化项目评审、人才评价、机构评估改革的意见》中提出，推动中央级科研事业单位制定实施章程，确立章程在单位管理运行中的基础性制度地位，实现“一院（所）一章程”和依章程管理。2019 年，科技部等部门印发的《关于扩大高校和科研院所科研相关自主权的若干意见》要求完善章程管理，主管部门要按照中央改革精神和政事分开、管办分离的原则，组织所属高校完善章程，推动科研院所制定章程，科学确定不同类型单位的职能定位和权利责任边界。科研院所要按照章程规定的职能和业务范围开展科研活动，完善内部治理结构，建立高效运行管理机制。主管部门对章程赋予高校和科研院所管理权限的事务不得干预。

二、加强科研作风学风建设

科学技术研究开发机构应当加强管理，履行相应责任，不断加强科研作风学风建设，强化相关制度建设，为科研人员营造风清气正的科研环境。本法主要进行三个方面的规定：一是建立和完善科研诚信管理制度。要切实履行科研诚信建设的主体责任，对加强科研诚信建设作出具体安排，将科研诚信工作纳入常态化管理。通过单位章程、员工行为规范、岗位说明书等内部规章制度及聘用合同，对本单位员工遵守科研诚信要求及责任追究作出明确规定或约定。二是建立和完善科技伦理管理制度。科学技术研究开发机构应当履行科技伦理管理主体责任，按照国家有关规定建立健全科技伦理审查制度，对单位内部科研活动开展科技伦理审查。三是遵守科学研究活动管理规范。有些科研单位制定科学研究行为规范等相关管理制度，列明违反科学研究活动规范的具体情形及相应责任，成为科研人员日常工作的行为准则。

科学的本质是求真，发展科学必须破除迷信。科学技术研究开发机构作为科研活动的主体，承担着普及科学知识、反对迷信活动的重要责任，要求其不得以任何形式组织、参加、支持迷信活动，切实履行起社会责任。

三、对利用财政性资金设立的科学技术研究开发机构的要求

利用财政性资金设立的科学技术研究开发机构应当履行完成国家使命和社会责任的职责，应坚持单位发展与国家使命相一致，将单位发展融入国家发展大局，在服务国家目标过程中实现自身可持续发展。相关科学技术研究开发活动内容应当紧密围绕国家重点科研任务，推动单位自由探索和目标导向有机结合，为国家目标和社会公共利益服务。具备相应条件的机构，应当履行科学技术普及法规定的义务，向公众开放普及科学技术的场馆或者设施，组织开展科学技术普及活动。

第五十二条　利用财政性资金设立的科学技术研究开发机构，应当建立职责明确、评价科学、开放有序、管理规范的现代院所制度，实行院长或者所长负责制，建立科学技术委员会咨询制和职工代表大会监督制等制度，并吸收外部专家参与管理、接受社会监督；院长或者所长的聘用引入竞争机制。

◆ 条文主旨

本条是关于科学技术研究开发机构建立现代管理制度的规定。

◆ 修改提示

本条是原法的第四十五条，未作修改。

◆ 条文释义

一、建立现代院所制度

根据形势发展需要建立和完善管理制度，是科学技术研究开发机构履行职责使命、完成科技创新发展战略目标和任务的重要保障。我国不断探索完善科学技术研究开发机构的现代管理制度，取得积极成效。1985 年《中共中央关于科学技术体制改革的决定》中提出研究所实行所长负责制。2002 年，科技部、教育部、中国科学院、中国工程院、国家自然科学基金委员会印发的《关于进一步增强原始性创新能力的意见》中提出，探索实行理事会制。形成理事会决策制、院所长负责制、科学技术委员会咨询制和职工代表大会监督制的现代科研机构管理制度。行业主管部门授权理事会对科研机构进行领导和监督，通过理事会对科研机构实行间接管理。《国家中长期科学和技术发展规划纲要（2006—2020 年）》明确提出必须以提高创新能力为目标，以健全机制为重点，进一步深化管理体制改革，加快建设“职责明确、评价科学、开放有序、管理规范”的现代科研院所制度。

建立健全科研机构现代科研院所制度，重点是处理好政府与科研机构之间的关系，要解决部分科研机构作为事业单位政事分开和管办分离的问题，支持科研机构按照章程规定的职能定位和业务范围开展科研活动，推动不同类型的科研机构建立完善的法人治理结构。主要包括以下几个方面：

（一）明确机构的职责和使命。结合国家科学技术研究开发机构总体布局和科学技术研究开发体系建设，明确国家赋予科学技术研究开发机构的职责定位，按照职责使命要求加强机构建设，切实改变部分科研机构职责定位不清、力量分散、创新能力不强的局面，优化资源配置，集中力量形成优势学科领域和研究基地。社会公益类科研机构要发挥行业技术优势，提高科技创新和服务能力，解决社会发展重大科技问题；基础科学、前沿技术科研机构要发挥学科优势，提高研究水平，取得理论创新和技术突破，解决重大科学技术问题。

（二）建立和完善科研机构整体创新能力评价制度。根据科学技术研究开发机构的职责定位和使命任务，建立科学合理的综合评价体系，在科研成果质量、人才队伍建设、管理运行机制等方面对科学技术研究开发机构的整体创新能力和运行绩效进行综合评价，促进提高管理水平和创新能力。

（三）建立机构开放合作的有效机制。实行固定人员与流动人员相结合的用人制度。全面实行聘用制和岗位管理，面向全社会公开招聘科研和管理人才。通过建立有效机制，促进科研院所与企业和大学之间多种形式的联合，促进知识流动、人才培养和科技资源共享。

（四）建立和完善规范、高效的管理制度。建立健全科学技术研究开发机构法人治理结构，坚持权责一致原则，完善机构自主权的行使规则与监督制度，明确重大管理决策事项的基本规则、决策程序、监督机制、责任机制，完善内控机制，做到激励与约束相结合，防范发展中的重大风险，提高机构内部协调运行效率，保障科研单位依法合规管理运行。

利用财政性资金设立的科学技术研究开发机构的院长或者所长，按照章程规定的职责范围，全面负责本单位的科学研究、行政管理等工作。关于院长或者所长的聘用，应当引入竞争机制，便于人才选拔。2015 年，《深化科技体制改革实施方案》规定开展高等学校和科研院所非涉密的部分岗位全球招聘试点，提高科研院所所长全球招聘比例。

二、建立监督管理机制

利用财政性资金设立的科学技术研究开发机构现代院所制度的完善，需要建立起必要的配套性制度，包括科学技术委员会咨询制、职工代表大会监督制等制度。

建立科学技术委员会咨询制，应当完善科学技术委员会的主要职责、组织形式、工作方式等内容，为其正常运转提供保障条件。科学技术委员会应当针对本机构发展面临的前瞻性、战略性、综合性的重大科技问题进行研究和评议，为决策提供客观的、科学的咨询建议，提高决策的科学性。职工代表大会是企业等单位实行民主管理的基本形式，是职工参加企业经营决策管理、行使民主监督权利的权力机构。职工代表大会对涉及本单位发展和职工权益的重要事项有知情权、建议权、参与权和监督权，可以依法对所在的科学技术研究开发机构进行监督。利用财政性资金设立的科学技术研究开发机构应当注重借鉴外部相关资源，吸收外部专家参与内部事项管理，充分发挥外部专家专业优势，为机构建设出谋划策。此外，利用财政性资金设立的科学技术研究开发机构应当接受社会团体、群众组织、公民个人和大众传媒等社会力量的监督，督促其依法依规稳定发展。

第五十三条 国家完善利用财政性资金设立的科学技术研究开发机构的评估制度，评估结果作为机构设立、支持、调整、终止的依据。

◆ **条文主旨**

本条是关于完善利用财政性资金设立的科学技术研究开发机

构评估制度的规定。

◆ 修改提示

本条是新增法条，明确评估制度作为利用财政性资金设立的科学技术研究开发机构设立运行的依据，为决策科学化提供有力支撑。

◆ 条文释义

建立和完善评估制度，对利用财政性资金设立的科学技术研究开发机构进行评估，是进行科学规范管理的重要内容。世界主要国家普遍把评估结果作为对科学技术研究开发机构进行管理的重要依据。

2018 年，中共中央办公厅、国务院办公厅印发《关于深化项目评审、人才评价、机构评估改革的意见》规定将机构评估改革作为推进科技评价制度改革的重要举措之一。加强对利用财政性资金设立的科学技术研究开发机构的评估，一是以章程为评估的基本依据。章程在单位管理运行中具有基础性制度地位，是科研机构绩效评价的基本依据。确定机构绩效目标以及评估完成情况，都要以章程为基本依据和出发点。二是建立中长期绩效评价制度。根据科研机构从事的科研活动类型，分类建立相应的评价指标和评价方式，避免简单以高层次人才数量评价科研机构。建立综合评价与年度抽查评价相结合的中央级科研事业单位绩效评价长效机制。对科研机构开展综合评价，涵盖职责定位、科技产出、创新效益等方面。加强绩效评价结果与科研管理机制的衔接，充分发挥绩效评价的激励约束作用。在科技创新政策规划制定、财政拨款、国家科技计划项目承担、国家级科技人才推荐、国家科技创新基地建设、学科专业设置、研究生和博士后招收、科研机构领导人员考核评价、人事管理、绩效工资总量核定等工作中，将绩效评价结果作为重要依据。

通过对利用财政性资金设立的科学技术研究开发机构进行评估，形成适应创新驱动发展要求、符合科技创新规律、突出质量贡献绩效导向的评估体系，不断优化科研机构内部管理，完善管理流程，促进科技资源配置更加高效，激发科研机构创新潜能；引导科研事业单位聚焦自身定位和发展方向，集聚资源完成机构的科技发展任务；强化绩效评价的导向性，引导科研事业单位面向国家目标开展研发、提供服务。

要加强评估结果的使用，将评估结果作为政策规划、财政拨款、项目承担、人才评价等方面的重要参考，作为机构设立、支持、调整、终止的依据。科学技术研究开发机构是根据国家发展战略任务和使命的要求而设立的，在建设和运行过程中仍然需要政府提供支持，也会随着科技发展形势的变化而进行调整，甚至终止，这些都应以评估的结果作为重要的依据。

第五十四条 利用财政性资金设立的科学技术研究开发机构，应当建立健全科学技术资源开放共享机制，促进科学技术资源的有效利用。

国家鼓励社会力量设立的科学技术研究开发机构，在合理范围内实行科学技术资源开放共享。

◆ 条文主旨

本条是关于促进科学技术研究开发机构开放共享的规定。

◆ 修改提示

本条是对原法第四十六条的修改。与原法条相比，增加了第二款“国家鼓励社会力量设立的科学技术研究开发机构，在合理范围内实行科学技术资源开放共享”。主要原因是科学技术资源开放共享是科学技术研究开发机构的共同责任，对于社会力量设立的科学技术研究开发机构，也应鼓励其实行科学技术资源开放共享。

◆ **条文释义**

科学技术资源，通常包括研究试验基地、大型科学仪器设备、自然科技资源、科技数据、科技文献以及公益性科技成果等资源。开放共享，是指科研机构等将拥有的科技资源向社会开放，与其他单位、个人共享，用于科学研究、试验和技术开发的行为。

科学技术资源是科研人员探索科学前沿，开展科学研究的重要物质基础和前提条件。经过长期持续投入，我国科学技术资源积累日益丰厚，覆盖领域不断拓展，但是，基于相关制度尚不够健全、开放共享理念不够深入等原因，科学技术资源开放共享程度不高，对全社会科技创新发挥的支撑作用还比较有限，已有的科学技术资源对科技创新的服务和支撑作用没有得到充分发挥，部分科学技术资源重复投入建设，且存在碎片化、孤岛化倾向，闲置浪费现象比较严重，迫切需要加快推进科学技术资源向社会开放，进一步提高科技资源使用效率。

一、利用财政性资金设立的科学技术研究开发机构建立开放共享机制

利用财政性资金设立的科学技术研究开发机构通常占有大量公共科学技术资源，在推进科学技术资源开放共享方面负有特定义务，需要带头建立健全相关制度推动科技资源共享，解决资源分散、重复投入、封闭管理、低效使用等问题，应充分释放资源潜能，进一步提高资源利用率，为全社会科技创新提供服务，为实施创新驱动发展战略提供有效支撑。

近年来，我国在推进利用财政性资金设立的科学技术研究开发机构科学技术资源开放共享方面进行了积极探索，相关制度进一步完善。2014 年，国务院印发《关于国家重大科研基础设施和大型科研仪器向社会开放的意见》，要求加快推进科研设施与仪器向高校、科研院所、企业、社会研发组织等社会用户开放，实现资源共享，避免部门分割、单位独占，充分释放服务潜能，为科技创新和社会需求服务，为实施创新驱动发展战略提供有效支撑。教育部、交通运输部、科技部、发展改革委、财政部等部门印发了关于开放共享的管理办法或者具体指导意见等文件，陕西、山西、重庆等地出台了专门性规定，建设相关共享平台，积极推进科学技术研究开发机构科技创新资源开放共享。

推进利用财政性资金设立的科学技术研究开发机构的科学技术资源开放共享，需重点做好以下方面的工作：一是坚持制度推动。应制定促进科学技术资源开放共享的管理制度和办法，明确管理部门和单位的责任，理顺开放运行的管理机制，逐步纳入法制化轨道，推动非涉密和无特殊规定限制的科研设施与仪器一律向社会开放。二是完善信息共享。搭建统一的网络管理平台，实现科学技术资源配置、管理、服务、监督、评价的全链条有机衔接。三是做好资源统筹。既要盘活存量，统筹管理，挖掘现有科学技术资源的潜力，促进利用效率最大化；又要调控增量，合理布局新增科学技术资源，以开放共享推动解决重复购置和闲置浪费的问题。四是进行分类管理。对于不同类型的科学技术资源，采取不同的开放方式，制定相应的管理制度、支撑措施及评价办法。五是做到奖惩结合。建立以用为主、用户参与的评估监督体系，形成科学技术资源向社会服务的数量质量与利益补偿、后续支持紧密挂钩的奖惩机制。

二、社会力量设立的科学技术研究开发机构实行开放共享

社会力量设立的科学技术研究开发机构同样拥有大量的科学技术资源，同样存在着推动科技资源开放共享的要求。为此，国家需要通过制定政策等方式，引导其树立开放共享理念，提供开放共享平台，积极履行科技资源开放共享的义务，提高科学技术资源利用效率。

社会力量设立的科学技术研究开发机构实行科学技术资源开放共享，应符合合作共赢理念，通过多种合作方式支持开放共享持续推进。推进实行科学技术资源开放共享的过程中，在对开放共享的内容、范围等方面应当尊重相关机构的自身意愿，严格遵守保密规定等，切实保护其知识产权、商业秘密等正当权益。

第五十五条　国家鼓励企业和其他社会力量自行创办科学技术研究开发机构，保障其合法权益。

社会力量设立的科学技术研究开发机构有权按照国家有关规定，平等竞争和参与实施利用财政性资金设立的科学技术计划项目。

国家完善对社会力量设立的非营利性科学技术研究开发机构税收优惠制度。

◆ 条文主旨

本条是关于社会力量创办科学技术研究开发机构的规定。

◆ 修改提示

本条是对原法第四十七条的修改。与原法条相比，一是第一款将“社会力量”改为“企业和其他社会力量”，主要原因是强

调企业作为社会力量在创办科学技术研究开发机构中的作用；去掉“不受侵犯”，主要原因是保障其合法权益本身包含不受侵犯的含义。二是删去第二款“财政性资金设立的科学技术基金项目、科学技术计划项目”中的“科学技术基金项目”，主要原因是科技计划管理改革后，科学技术基金项目包含在科学技术计划项目之内。三是将第三款“社会力量设立的非营利性科学技术研究开发机构按照国家有关规定享受税收优惠”修改为“国家完善对社会力量设立的非营利性科学技术研究开发机构税收优惠制度”，主要原因是进一步明确国家实行税收优惠制度的要求。

◆ 条文释义

科学技术研究开发机构是科学技术研究开发体系的重要组成部分，在推动科技创新上发挥着不可替代的作用。科学技术研究开发机构的建设，不仅需要依靠政府财政资金的投入，也需要社会力量的支持。科学技术研究开发机构的建设，也是企业等提升核心竞争力的重要途径。

一、鼓励企业和其他社会力量自行创办科学技术研究开发机构

国家鼓励企业和其他社会力量创办科学技术研究开发机构，既是完善国家科学技术研究开发体系、增强国家科技创新能力的需要，也是企业和其他社会力量在新时代条件下增强科技创新能力、提升核心竞争力的需要。在本法中，社会力量指政府以外的自然人、法人及非法人组织。从国家的角度来看，实现高水平科技自立自强、建设世界科技强国，需要调动各方面力量投入科技创新，加大对科学技术研究开发机构发展的支持力度。从企业和其他社会力量的角度来看，随着科技竞争日益激烈，科技创新能力成为企业创新发展的重要推动力，迫切要求企业和其他社会力量把加强科学技术研究开发机构建设作为增强企业核心竞争力的重要途径，加大投入，打造企业发展的核心动力源。

企业和其他社会力量自行创办科学技术研究开发机构，是指企业和其他社会力量按照自身发展需求，自主决策选择时机创办科学技术研究开发机构，自主决定科学技术研究开发机构的研究方向以及资金、人员等资源投入，建立和完善运行机制。鼓励企业和其他社会力量自行创办科学技术研究开发机构，可以更好地发挥市场在资源配置中的决定性作用，完善科学技术研究开发体系，构建多元化科技投入体系，为促进科学技术进步形成稳定支持。

二、社会力量设立的科学技术研究开发机构平等参与权

利用财政性资金设立的科学技术计划项目，应当公平对待项目申报主体，为其公平申报提供平等竞争和参与实施的环境。确定利用财政性资金设立的科学技术计划项目承担者，应当坚持平等竞争、择优支持的原则。平等竞争，即项目申报者不受地区、行业以及所有制等的限制，凡符合条件并具备相当科技创新能力的，均可以按照一定程序提出申请，公平参与竞争。择优选择，即对项目申请者应当从科研基础能力、创新价值、社会影响以及研究方案的可行性等方面进行综合评定，选择优秀承担者。2014年国务院印发的《关于深化中央财政科技计划（专项、基金等）管理改革的方案》、2014年《国务院关于改进加强中央财政科研项目和资金管理的若干意见》、2007年《国家自然科学基金条例》等，对平等竞争、择优支持的原则作出了相应规定。

社会力量设立的科学技术研究开发机构享有对财政资金设立的科学技术计划项目的平等参与权，包含的一个重要含义是“不论出身”，科学技术计划项目承担者的选择主要依靠的是科研实力以及预期能够取得的科技成果。这是对科学技术研究开发机构进行选择性支持的重要政策导向。

三、对社会力量设立的非营利性科学技术研究开发机构实行优惠政策

非营利性活动是指社会团体、组织或个人不以营利为目的的所从事的活动，其本身不以营利为目的，产生的收益用于为其提供活动的资金。2000年，科技部、中编办、财政部、税务总局印发的《关于非营利性科研机构管理的若干意见（试行）》指出，非营利性科研机构以推进科技进步为宗旨，不以营利为目的，主要从事社会公益为主的科学研究、技术咨询与服务活动。非营利性科研机构向社会提供有偿服务的收入按国家规定留给单位的部分，全部用于自身发展。申请按非营利性机构运行和管理的科研机构，要调整和明确业务方向，优化结构、分流人员，由主管部门（单位）报科技部、财政部、中编办、税务总局共同审核，认定为非营利性科研机构，并在国家机构编制管理部门进行事业单位法人登记。

根据科技部等部门《关于非营利性科研机构管理的若干意见（试行）》及2001年《财政部、国家税务总局关于非营利性科研机构税收政策的通知》的规定，对社会力量设立的非营利性科学技术研究开发机构实行的税收优惠政策，包括以下内容：（1）非营利性科研机构从事技术开发、技术转让业务和与之相关的技术咨询、技术服务所得的收入，按有关规定免征营业税和企业所得税。（2）非营利性科研机构从事与其科研业务无关的其他服务所取得的收入，如租赁收入、财产转让收入、对外投资收入等，应当按规定征收各项税收；非营利性科研机构从事上述非主营业务收入用于改善研究开发条件的投资部分，经税务部门审核批准可抵扣其应纳税所得额，就其余额征收企业所得税。（3）非营利性科研机构自用的房产、土地、免征房产税、城镇土地使用税。（4）社会力量对非关联的非营利性科研机构的新产品、新技术、

新工艺所发生的研究开发经费资助，经主管税务机关审核确定，其资助支出可以全额在当年度应纳税所得额中扣除。当年度应纳税所得额不足抵扣的，不得结转抵扣。对非营利性科研机构实行年度检查制度，凡不符合条件的，应取消其免税资格，并按规定补缴当年已免税款。国家进一步完善对社会力量设立的非营利性科学技术研究开发机构的税收优惠制度，支持其发展。

第五十六条　国家支持发展新型研究开发机构等新型创新主体，完善投入主体多元化、管理制度现代化、运行机制市场化、用人机制灵活化的发展模式，引导新型创新主体聚焦科学研究、技术创新和研发服务。

◆ 条文主旨

本条是关于新型创新主体的规定。

◆ 修改提示

本条是新增法条。

◆ 条文释义

新型研发机构等新型创新主体是科学技术研究开发机构建设的新的实践探索，是将创新要素按照新的体制机制进行的新组合，是深化科技体制改革的重要内容。构建以新型研发机构为代表的新型创新主体，有助于弥补传统科研机构在组织管理、投资来源等方面的不足，进一步激发科技人员创新活力，发挥科技创新对高质量发展的支撑引领作用。

党的十八大以来，党和国家高度重视新型创新主体的培育和发展。2015 年，中共中央办公厅、国务院办公厅印发的《深化科技体制改革实施方案》提出推动新型研发机构发展，制定鼓励社会化新型研发机构发展的意见，探索非营利性运行模式等。2016年，中共中央、国务院印发的《国家创新驱动发展战略纲要》提出发展面向市场的新型研发机构，要求围绕区域性、行业性重大技术需求，实行多元化投资、多样化模式、市场化运作，发展多种形式的先进技术研发、成果转化和产业孵化机构。2019年，科技部印发《关于促进新型研发机构发展的指导意见》，对新型研究开发机构发展提出具体要求。《中华人民共和国国民经济和社会发展第十四个五年规划和2035年远景目标纲要》明确提出支持发展新型研究型大学、新型研发机构等新型创新主体，推动投入主体多元化、管理制度现代化、运行机制市场化、用人机制灵活化。各地方积极推进新型研究开发机构等新型创新主体建设，积累了较为丰富的实践经验。目前，已有二十多个省市出台关于促进新型研究开发机构发展的指导意见，在新型研究开发机构建设上进行了积极的探索。为体现我国科技领域改革发展经验成果，全面反映促进科技创新的实践需求，本次修法注重将各地方经过长期实践证明行之有效的实践经验和重大改革制度转化为法律规定，因而增加关于新型研究开发机构等新型创新主体的规定，发挥法律的规范、引导和促进作用。

一、支持发展新型创新主体

一般来说，新型研究开发机构是相对于传统的研究开发机构来说的，其本质是研究开发机构，主要在出资设立方式、管理运行机制以及发展目标方向上与传统的研究开发机构相区别，是适应经济社会和科技发展需要而产生的一类新型的科学技术研究开发机构。新型研究开发机构具有科学技术研究开发机构的一般特征和相似功能，享有与科学技术研究开发机构同等的法律地位，也应享有同样的政策支持。

（一）组织形式。《关于促进新型研发机构发展的指导意见》规定，新型研究开发机构应是独立法人机构。新型研究开发机构可依法注册为以下三种类型：一是科技类民办非企业单位（社会服务机构）。2016年颁布的《中华人民共和国慈善法》首次将“民办非企业单位”的名称统一称为“社会服务机构”，民法典也采用了这个概念。符合条件的科技类民办非企业单位，按照企业所得税法、企业所得税法实施条例以及非营利组织企业所得税、职务科技成果转化个人所得税、科技创新进口税收等规定，享受税收优惠。二是科技类事业单位。按照《事业单位登记管理暂行条例》的规定，事业单位是指国家为了社会公益目的，由国家机关举办或者其他组织利用国有资产举办的，从事教育、科技、文化、卫生等活动的社会服务组织。三是科技类企业。该类企业首先应是独立法人，主要包括有限责任公司、股份有限公司等。

（二）成立条件。《关于促进新型研发机构发展的指导意见》规定，新型研究开发机构除应当具有独立法人资格外，一般还应符合下列条件：内控制度健全完善；主要开展基础研究、应用基础研究，产业共性关键技术研发、科技成果转移转化，以及研发服务等；拥有开展研发、试验、服务等所必需的条件和设施；具有结构相对合理稳定、研发能力较强的人才团队；具有相对稳定的收入来源，主要包括出资方投入，技术开发、技术转让、技术服务、技术咨询收入，政府购买服务收入以及承接科研项目获得的经费等。

二、完善新型创新主体发展模式

新型研究开发机构等新型创新主体承担着科技创新的重要任务，对激发创新活力、推动创新链条有机衔接具有重要意义，需要探索完善发展模式。一是投入主体多元化。与传统的财政资金设立的科学技术研究开发机构相比，新型研究开发机构强调出资的多元化，往往由多个投资主体共同投资设立，也有可能是财政资金与社会力量共同设立，吸引企业、金融与社会资本、高校、科研机构等共同投入，通过建立基金会、接受社会捐赠、设立联合基金、探索技术入股、开展成果交易等方式拓宽资金来源渠道。二是管理制度现代化。新型研究开发机构往往根据发展需要，探索建立符合科技创新发展需要的运行管理制度，能够调动各方面积极性，合理调配利用科技创新资源，激发科研人员创新创造活力。通过多元投资设立的新型研发机构，原则上应实行理事会、董事会决策制和院长、所长、总经理负责制，根据法律法规和出资方协议制定章程，依照章程管理运行。三是运行机制市场化。新型研究开发机构应当遵守市场化运行规律，发挥市场在资源配置中的决定性作用，尽量减少行政干预因素，建立市场化运行机制。新型研究开发机构往往根据科学研究、技术创新和研发服务实际需求，确定资源配置方式和选择研发方向，并进行动态调整，建立市场化收益分配和激励机制。四是用人机制灵活化。新型研究开发机构紧密围绕发展需求，坚持人才导向，在用人机制方面积极探索、灵活创新，逐步形成人员招聘自主化、薪酬激励市场化、收益分配企业化的引人用人机制，实现人尽其才、才尽其用。

三、新型创新主体的目标任务

近年来，新型研究开发机构等新型创新主体发展较快，数量较多，出现参差不齐的现象，有些创新主体业务范围偏离应有的功能定位。从总体上看，应引导新型创新主体聚焦科学研究、技术创新和研发服务。《关于促进新型研发机构发展的指导意见》明确规定，举办单位（业务主管单位、出资人）应当为新型研发机构管理运行、研发创新提供保障，引导新型研发机构聚焦科学研究、技术创新和研发服务，避免功能定位泛化，防止向其他领域扩张。各地制定的新型研发机构管理办法，对新型创新主体的目标任务也提出了明确要求。

第六章 科学技术人员

第五十七条 国家营造尊重人才、爱护人才的社会环境，公正平等、竞争择优的制度环境，待遇适当、保障有力的生活环境，为科学技术人员潜心科研创造良好条件。

国家采取多种措施，提高科学技术人员的社会地位，培养和造就专门的科学技术人才，保障科学技术人员投入科技创新和研究开发活动，充分发挥科学技术人员的作用。禁止以任何方式和手段不公正对待科学技术人员及其科技成果。

◆ **条文主旨**

本条是关于国家支持人才发展的原则性规定。

◆ **修改提示**

本条是对原法第四十八条的修改。与原法条相比，一是增加了第一款；二是增加“保障科学技术人员投入科技创新和研究开发活动”“禁止以任何方式和手段不公正对待科学技术人员及其科技成果”。主要原因：一是贯彻落实中央人才会议精神。2021年召开的中央人才工作会议要求，明确营造识才爱才敬才用才的环境是做好人才工作的社会条件，新增内容对环境和条件进行更加具体的规定；二是为保障科学技术人员从事主责主业提出进一步要求，强调对科学技术人员权益的保障。

◆ 条文释义

科学技术人员，一般指掌握科学技术知识，从事科学技术工作（包括从事科学研究、技术开发、生产工艺、分析实验、示范推广、科技咨询服务、科技教育、科技管理等工作）的人员。科学技术人员作为一个整体，是我国人才队伍的重要组成部分，是科学技术第一生产力的开拓者、实践者，是我国社会主义现代化建设的重要力量。长期以来，广大科学技术人员胸怀祖国、献身科研、无私奉献，为我国科学技术进步事业发展做出了卓越贡献。党中央、国务院始终高度重视科学技术人员，切实解决他们所想所盼难题，千方百计为科学技术人员潜心科研提供创造良好条件，让他们能够心无旁骛地投身科研，为国家科学技术进步事业继续贡献更大力量。

一、营造良好环境

环境是人才发挥作用的保障。习近平总书记在2021年中央人才工作会议上强调“坚持营造识才爱才敬才用才的环境。这是做好人才工作的社会条件”。良好环境是吸引、集聚和培养造就大批科学技术人员的基础。

（一）营造尊重人才、爱护人才的社会环境。

尊重人才是中华民族的悠久传统。牢固树立人才是第一资源的发展理念，要尊重人才、爱护人才。一是要树立人才优先的理念，教育、引导和动员全社会都关心人才发展、支持人才工作，将是否有利于人才更好地成长和发挥作用作为工作的出发点。二是要加强对人才的政治引领，做好人才的联系服务工作，关心爱护人才，办实事做好事解难题。三是要加大激励力度，通过采取优化人才表彰奖励制度，大力弘扬科学家精神，形成尊重人才的社会风尚，使人才充分享有实现自身价值的满足感、贡献社会的成就感、得到社会承认和尊重的荣誉感。四是要激发人才活力，尊重和保护科学技术人员的创新成果，充分释放科学技术人员的主动性积极性，注重发挥其特点和特长，为人才潜心研究提供宽松环境。

（二）构建公正平等、竞争择优的制度环境。

用好人才，需要通过合理有效的制度为广大科学技术人员提供公平竞争的环境和施展才华的平台，充分激发创新积极性，让人才多出成果、出好成果。一是要完善科技评价机制，坚持破“唯论文、唯学历、唯职称、唯奖励”的倾向，避免简单以学术头衔、人才称号确定薪酬待遇、配置学术资源的倾向，让各类科学技术人员公平参与竞争。二是要建立公正平等的选拔机制，推行“揭榜挂帅”“赛马”等制度，不问出身、不设门槛，为各类人才搭建干事创业的平台。三是要向人才授权、为人才松绑，完善人才管理制度，建立以信任为基础的人才使用机制，使各类人才各得其所、尽展其长。

（三）提供待遇适当、保障有力的生活环境。

生活环境是广大人才干事创业的基础，要在生活上关心人才，为人才及其家庭的生活提供相应的政策支持和物质保障。一是推动形成体现增加知识价值的收入分配机制，使科学技术人员收入与价值贡献相匹配。二是要加强科学技术人员的服务保障，要在住房安居、子女教育、配偶就业、医疗保健等方面解决其后顾之忧，使其能够安心、安身、安业。三是要关心科学技术人员身心健康，加强思想沟通和感情交流，增强政治认同感和向心力。

二、提高科学技术人员的社会地位

通常来讲，社会地位是指个体在一定社会关系体系中所处的位置。本法所称的社会地位的含义，包括了收入、政治地位与专业地位以及职业声望等各个方面。党的十八大以来，党中央作出人才是实现民族振兴、赢得国际竞争主动的战略资源的重大判断，科学技术人员社会地位不断得到改善，但仍与科学技术人员的知识价值、经济价值、社会价值不够匹配。

提高科学技术人员地位符合国家科教兴国、人才强国和创新驱动发展战略的要求，与党和国家建设中国特色社会主义的政策方向相一致，因此提高科学技术人员的地位应作为一项长期性政策，继续予以明确和加强。一是政治地位和专业地位上，要更加明确科学技术人员的战略性地位。二是收入上，要继续构建充分体现知识、技术等创新要素价值的收益分配机制，提高科学技术人员与贡献相应的收入待遇水平。三是职业声望方面，还需要进一步营造崇尚科学的社会氛围，吸引更多科学后备军。要通过加大宣传优秀科学家事迹、增加荣誉性奖励等多项举措，让社会公众了解科学技术人员群体，提升科学技术人员的社会声望。

三、培养和造就专门的科学技术人才

本法中所指的科学技术人才是指从事科学技术工作的人员（即科学技术人员）中对科学技术事业及经济社会和发展做出贡献的劳动者。

在新的形势下，培养造就一大批高素质的各类专门的科学技术人才具有重要战略意义。当前，我国科学技术人才队伍总量规模持续扩大，但仍面临重点领域关键核心技术人才缺乏、与产业转型升级相关的高技能人才和高层次工程技术人才队伍总量不足等问题。

实现高水平科技自立自强，需要加大培养造就各种专门科学技术人才。一是面向国家重大科技战略需求，培养造就一大批具有国际水平的战略科技人才、科技领军人才、青年科技人才和高水平创新团队。二是面向高质量发展需求，培养造就一批支撑产业发展的高技能人才、工程技术人才和科技型企业家队伍。三是面向科学创新事业，加强培养科技管理、服务和科普人才等科学技术服务支撑人才。

四、保障科学技术人员投入科技创新和研究开发活动

保障科学技术人员投入科技创新和研究开发活动，是科学技术人员充分发挥作用的前提基础。一是要为科学技术人员发挥作用搭建舞台，加大科技投入，依托科技基础设施、科技基础条件平台等创新基地，为科技人员提供必要的科研平台。二是完善科学技术人员人尽其才的使用机制、各展其能的激励机制、脱颖而出的竞争机制，建立健全科研相关制度。三是完善科学技术人员管理服务机制，把科学技术人员从科研管理的各种形式主义、官僚主义的束缚中解放出来，保障科学技术人员能够全身心地投入科技创新和研究开发活动中，让每位科学技术人员能够充分施展才华，发挥应有作用。

五、禁止以任何方式和手段不公正对待科学技术人员及其科技成果

要提倡学术争鸣，营造诚信、宽松、和谐的学术民主环境，为科学技术人员展现智慧创新成果提供良好的学术平台。党中央、国务院以及相关部门出台相关文件，多次作出明确规定，提倡崇尚学术民主，反对学术压制。2015 年，《国务院办公厅关于优化学术环境的指导意见》中要求优化学术民主环境，营造浓厚学术氛围。2017 年，中国科协《科技工作者道德行为自律规范》中提出，反对庸俗化学术评价。2019 年，《中共中央办公厅、国务院办公厅关于进一步弘扬科学家精神加强作风和学风建设的意见》明确提出崇尚学术民主，鼓励不同学术观点交流碰撞，倡导严肃认真的学术讨论和评论，排除地位影响和利益干扰。开展学术批评要开诚布公，多提建设性意见，反对人身攻击。尊重他人学术话语权，反对门户偏见和“学阀”作风，不得利用行政职务或学术地位压制不同学术观点。鼓励年轻人大胆提出自己的学术观点，积极与学术权威交流对话。

本法总结实践经验和已有制度内容，增加“禁止以任何方式和手段不公正对待科学技术人员及其科技成果”条款，从法律层面上表明保护科学技术人员及其科技成果的国家态度和坚定意志，为严禁滥用职权阻挠、限制、压制科学技术研究开发活动，保护科学技术人员免遭打压、排挤、刁难，提供了明确法律依据。

第五十八条　国家加快战略人才力量建设，优化科学技术人才队伍结构，完善战略科学家、科技领军人才等创新人才和团队的培养、发现、引进、使用、评价机制，实施人才梯队、科研条件、管理机制等配套政策。

◆ **条文主旨**

本条是关于加快战略人才力量建设的规定。

◆ **修改提示**

本条是新增法条，主要是增加了对战略科学家和科技领军人才的专门规定，提出完善机制和实施配套政策来对战略人才力量建设予以支持。

◆ 条文释义

世界科技发展史证明，谁拥有了一流创新人才、拥有了一流科学家，谁就能在科技创新中占据优势。我国站在新的发展历史起点上，迫切需要加快建设国家战略人才力量。

一、加快战略人才力量建设

习近平总书记在2021年中央人才工作会议中，对加快战略人才力量建设进行了全面部署，指出“战略人才站在国际科技前沿、引领科技自主创新、承担国家战略科技任务，是支撑我国高水平科技自立自强的重要力量，要把建设战略人才力量作为重中之重来抓”。

加快战略人才力量建设，一是培养使用战略科学家。要尊重科技人才成长规律，激励科技人才勇攀高峰，在实践中造就一批战略科学家，实现更多“0”到“1”的原创性突破和颠覆性创新，引领世界科技潮流，掌握新一轮全球科技竞争的战略主动权。二是培养壮大科技领军人才队伍和创新团队。造就一批具有杰出科研能力和创新能力、能够引领本领域科技创新前沿发展的科技领军人才，攻克关键核心技术难题，推动重大科技创新突破。三是培育扩大青年科技人才队伍，打造战略人才力量后备军。引导和鼓励更多青年人才投身到科技创新事业中，营造有利于优秀青年科技人才施展才华、脱颖而出的环境条件，夯实科技创新发展的战略人才储备，为科技创新发展提供不竭的动力。四是建设高水平复合型的工程师队伍。发展壮大从事工程实用技术开发和工程技术管理的高层次人才，培养造就具有精湛技艺的卓越工程师，支撑解决重大科技创新过程中面临的工程技术难题，促进基础研究和重大原创成果转化为实际生产力。

二、优化科学技术人才队伍结构

我国科学技术人才队伍结构正逐步优化，一大批高端人才、领军人才和创新团队加快涌现，青年科技人才逐渐成为科研主力军。但我国科技人才队伍的结构性矛盾仍然突出，科技人才的地域分布不均衡现象日益严重，重点领域科技人才缺乏、质量不高，这些问题严重地制约了我国科技人才的发展。

实施新时代人才强国战略，必须形成创新型科技人才优先发展的战略布局，突出“高精尖缺”导向，建设国家战略人才力量，加快优化科学技术人才队伍结构，促进各类科学技术人才队伍协调发展，形成各类科技人才衔接有序、梯次配备、合理分布的格局。一是加快造就一支高层次创新型科技人才队伍。加大培养引进战略科学家、科技领军人才和创新团队、青年科技人才，稳定支持重点领域优秀创新团队，形成科研人才和科研辅助人才的梯队合理配备。二是服务于高质量发展，加大培养基础研究人才、工程师队伍、高技能人才和创新型企业家。三是优化科技人才队伍的区域结构，引导科技人才向西部地区、边远地区、民族地区流动，引导和支持中西部地区吸引更多科技人才集聚。

三、完善战略科学家、科技领军人才等创新人才和团队的相关机制和配套政策

为发挥战略科学家和科技领军人才的作用，必须加强相关机制和配套政策建设，将培养、引进、使用有机结合起来。

战略科学家一般是指具有深厚科学素养、长期奋战在科研第一线，视野开阔，前瞻性判断力、跨学科理解能力、大兵团作战组织领导能力强的科学家。习近平总书记指出，战略科学家是科学帅才，是国家战略人才力量中的“关键少数”，要从科技创新主战场中涌现出来，从科技创新主力军中成长起来。战略科学家

在科技创新活动中起着谋战略、指方向的重要作用。在空气动力学、航空工程、喷气推进、物理力学等领域做出开创性贡献的钱学森，为我国甩掉“贫油”帽子立下不可磨灭功勋的李四光，带领团队创造多项“中国第一”、使中国正式进入“深地时代”的黄大年，都是战略科学家的代表。要坚持实践标准，在国家重大科技任务担纲领衔者中发现战略科学家。要坚持长远眼光，有意识地发现和培养更多具有战略科学家潜质的高层次复合型人才，形成战略科学家成长梯队。

科技领军人才是指在某一学科或技术领域发挥带头人作用，领衔高层次创新团队或领导高水平创新基地和重点学科建设的高水平科技人才。科技领军人才具有杰出的科研能力和显著科研成就，能够引领所在领域科技创新发展方向，同时具有出色的科研项目组织能力和团队建设能力，能够有效带领团队承担和完成国家重大科技任务，攻克关键核心技术难题，取得重大科技创新突破。习近平总书记指出，要建立“卡脖子”关键核心技术攻关人才特殊调配机制，制定实施专项行动计划，跨部门、跨地区、跨行业、跨体制调集领军人才，组建攻坚团队。

实施人才梯队、科研条件、管理机制等配套政策，是支持战略科学家和科技领军人才发挥作用的重要举措。一是人才梯队方面，青年科技人才是培育国家战略人才力量的政策重点，要有意识地发现和培养更多具有战略科学家潜质的高层次复合型人才，形成战略科学家成长梯队，确保战略科技人才力量的可持续性。二是科研条件方面，要发挥国家重大科研任务和重大创新基地的作用，提供必要的科研条件和资源。三是管理机制方面，要积极为人才松绑，赋予科学家技术路线决定权、经费支配权和资源调度权，改革科研项目和经费管理，让人才静心做学问、搞研究，多出成果、出好成果。

第五十九条　国家完善创新人才教育培养机制，在基础教育中加强科学兴趣培养，在职业教育中加强技术技能人才培养，强化高等教育资源配置与科学技术领域创新人才培养的结合，加强完善战略性科学技术人才储备。

◆ 条文主旨

本条是关于创新人才教育培养的规定。

◆ 修改提示

本条是新增法条，主要针对创新型后备人才的培养，对基础教育、职业教育、高等教育等不同教育阶段提出相应的要求，以加强战略性科学技术人才储备。

◆ 条文释义

培养创新型人才是国家、民族长远发展的大计。从发展阶段来看，创新人才培养在基础教育、职业教育和高等教育等不同阶段有不同的要求。

一、在基础教育中加强科学兴趣培养

基础教育是面向全体学生的国民素质教育，对于提高中华民族的素质，培养各级各类人才，促进社会主义现代化建设具有全局性、基础性和先导性的作用。多年来，国家坚持教育适度超前发展，把基础教育摆在优先地位，并作为基础设施和教育事业发展的重点领域予以保障。在我国，目前基础教育包括幼儿教育、义务教育、高中教育，以及扫盲教育。

在基础教育中加强科学兴趣培养，是国家完善创新人才教育培养机制的重要方面，目的是培养学生创新意识和创新能力，培养更多的科学技术人才。习近平总书记在 2020 年科学家座谈会上指出，对科学兴趣的引导和培养要从娃娃抓起，使他们更多了解科学知识，掌握科学方法，形成一大批具备科学家潜质的青少年群体。把科技创新后备人才培养关口前移，厚植科学教育根基，对长远解决我国创新人才培养短板，从根本上改变高层次创新人才匮乏的窘境具有重要意义。

在基础教育中加强科学兴趣培养，不仅要传授孩子们科学知识，还要注重激发科学兴趣，培养科学精神，提升广大青少年儿童的科学素养。要引导变革教学方式，倡导启发式、探究式、开放式教学，保护学生好奇心，激发求知欲和想象力。完善综合素质评价制度，引导有创新潜质的学生个性化发展。

二、在职业教育中加强技术技能人才培养

职业教育是指使受教育者具备从事某种职业或者职业发展所需要的职业道德、科学文化与专业知识、技术技能等综合素质而实施的教育活动。职业教育包括职业学校教育和职业培训。职业学校教育是学历性的教育，分为中等、高等职业学校教育。职业培训是非学历性的教育，包括业前培训、学徒培训、在职培训、再就业培训、创业培训及其他职业性培训。职业教育的目的是培养应用型人才和具有一定文化水平和专业知识技能的社会主义劳动者、社会主义建设者，与普通教育和成人教育相比较，职业教育侧重于实践技能和实际工作能力的培养。

随着我国进入高质量发展新阶段，社会对高素质技术技能人才的需求更加旺盛。我国经济发展方式的转变，推动由制造业大国向制造业强国转变，都需要更多高素质技术技能人才，需要更多能工巧匠、大国工匠。在职业教育中加强技术技能人才培养，一是要着眼服务国家现代化建设、推动高质量发展，着力推进改革创新，借鉴先进经验，努力建设高水平、高层次的技术技能人才培养体系。二是要瞄准技术变革和产业优化升级的方向，推进产教融合、校企合作，吸引更多青年接受职业技能教育，促进教育链、人才链与产业链、创新链有效衔接。三是加强职业学校师资队伍和办学条件建设，优化完善教材和教学方式，探索中国特色学徒制，注重学生工匠精神和精益求精习惯的养成，努力培养数以亿计的高素质技术技能人才。

三、强化高等教育资源配置与科学技术领域创新人才培养的结合

高等教育是指在完成高级中等教育基础上实施的教育。高等教育的任务是培养具有社会责任感、创新精神和实践能力的高级专门人才，发展科学技术文化，促进社会主义现代化建设。高等教育包括学历教育和非学历教育，由高等学校和其他高等教育机构实施。经国务院教育行政部门批准，科学研究机构可以承担研究生教育的任务。其他高等教育机构实施非学历高等教育。《中华人民共和国高等教育法》第三十一条规定，高等学校应当以培养人才为中心，开展教学、科学研究和社会服务，保证教育教学质量达到国家规定的标准。

高等教育资源配置，是指高等学校将通过不同渠道获得的教育资源，合理分配到高等学校的各部门和各业务上，以达到学校培养目标的方式。科学技术领域创新人才培养，需要强化高等教育资源配置与科学技术领域创新人才培养的结合，这对于提高科学技术素质教育，培养更多的战略性科学技术人才具有重要意义。

强化高等教育资源配置与科学技术领域创新人才培养的结合，要鼓励高校根据基础研究需求导向积极设置新兴交叉学科专业，着力培养基础学科人才。加快完善既符合基础学科规律又满足基础研究需要的学科设置及动态调整机制，促进学科交叉融合，激发高校基础研究活力。要促进科教融合、产教融合。促进基础学

科课程学习和科学研究的有机结合，以高水平科研支撑创新型、复合型基础学科拔尖学生培养，依托国家科技计划项目以及各类国家科技创新基地培养本科生、研究生，吸引最优秀的学生投身原创性基础研究。

第六十条 各级人民政府、企业事业单位和社会组织应当采取措施，完善体现知识、技术等创新要素价值的收益分配机制，优化收入结构，建立工资稳定增长机制，提高科学技术人员的工资水平；对有突出贡献的科学技术人员给予优厚待遇和荣誉激励。

利用财政性资金设立的科学技术研究开发机构和高等学校的科学技术人员，在履行岗位职责、完成本职工作、不发生利益冲突的前提下，经所在单位同意，可以从事兼职工作获得合法收入。技术开发、技术咨询、技术服务等活动的奖酬金提取，按照科技成果转化有关规定执行。

国家鼓励科学技术研究开发机构、高等学校、企业等采取股权、期权、分红等方式激励科学技术人员。

◆ **条文主旨**

本条是关于完善科学技术人员体现知识、技术等创新要素价值的收益分配机制的规定。

◆ **修改提示**

本条是对原法第四十九条的修改。与原法条相比，一是在第一款中将“各级人民政府和企业事业组织”修改为“各级人民政府、企业事业单位和社会组织”，主要原因是对企事业单位和社会组织进行区分，以进一步规范实施主体范围；增加“完善体现知识、技术等创新要素价值的收益分配机制，优化收入结构，建立工资稳定增长机制”，主要原因是进一步明确实行以增加知识价值为导向的收入分配政策的要求；将“工资和福利待遇”修改为“工资水平”，主要原因是福利待遇已经体现在收入分配和其他保障举措中；增加“荣誉激励”，主要原因是突出物质激励和精神激励并重的原则。二是增加第二款，对科学技术人员兼职取酬和技术开发、技术咨询、技术服务等活动奖酬金提取进行规定，以促进科技成果转化工作。三是增加第三款，对科学技术人员股权、期权、分红等激励方式进行规定，强化科技成果产权的长期激励作用。

◆ **条文释义**

建立完善体现知识、技术等创新要素价值的收益分配机制，是科学技术人员激励机制建设的核心内容。本次修法对第一款进行了修改完善，并增加了两款规定，进一步保障科学技术人员的收入分配激励水平。

一、完善体现知识、技术等创新要素价值的收益分配机制

习近平总书记在2021年中央人才工作会议上指出：“要为各类人才搭建干事创业的平台，构建充分体现知识、技术等创新要素价值的收益分配机制，让事业激励人才，让人才成就事业。”完善科学技术人员体现知识、技术等创新要素价值的收益分配机制，使其劳动贡献和实现的价值能得到社会的承认，对于激发广大科学技术人员的积极性、主动性和创造性，推动科技成果加快向现实生产力转化具有重要意义。

党中央、国务院对体现知识价值导向的分配机制进行了一系列部署。十八届五中全会提出实行以增加知识价值为导向的分配政策。十九大报告中提出要坚持按劳分配原则，完善按要素分配的体制机制，促进收入分配更合理、更有序。2016 年，中共中央办公厅、国务院办公厅印发的《关于实行以增加知识价值为导向分配政策的若干意见》对科学技术人员收入分配制度改革的方向进行部署，提出稳定提高基本工资、加大绩效工资分配激励力度、落实科技成果转化奖励等激励措施。《中共中央关于制定国民经济和社会发展第十四个五年规划和二〇三五年远景目标的建议》提出构建充分体现知识、技术等创新要素价值的收益分配机制，完善科研人员职务发明成果权益分享机制。

构建体现知识、技术等创新要素价值的收益分配机制，要由市场评价贡献、按贡献决定报酬，使科学技术人员收入与岗位职责、工作业绩、实际贡献紧密联系。一是完善知识参与分配的机制，在全社会形成知识创造价值、价值创造者得到合理回报的良性循环。二是完善科学技术人员职务发明成果权益分享机制，落实科学技术人员职务科技成果转化现金奖励制度，建立健全对科学技术人员实施股权、期权和分红激励的机制。三是要建立健全知识产权制度和相关要素市场，完善有利于激励创新的知识产权归属制度，为体现知识价值的分配制度提供制度保障和市场环境。

二、优化科学技术人员收入结构

《关于实行以增加知识价值为导向分配政策的若干意见》对收入分配的机制进行了系统设计，构建了三元收入结构，即从稳定提高基本工资、加大绩效工资的分配力度、落实科技成果转化的奖励激励措施这三个方面进行制度安排。

一是逐步提高科学技术人员收入水平。在保障基本工资水平正常增长的基础上，逐步提高体现科学技术人员履行岗位职责、承担政府和社会委托任务等的基础性绩效工资水平，并建立绩效工资稳定增长机制。加大对作出突出贡献科学技术人员和创新团队的奖励力度，提高科学技术人员科技成果转化收益分享比例。

二是发挥财政科研项目资金的激励引导作用。对不同功能和资金来源的科研项目实行分类管理，在绩效评价的基础上，加大对科学技术人员的绩效激励力度。完善科研项目资金和成果管理制度，对目标明确的应用型科研项目逐步实行合同制管理。对社会科学研究机构和智库，推行政府购买服务制度。

三是鼓励科学技术人员通过科技成果转化获得合理收入。积极探索通过市场配置资源加快科技成果转化、实现知识价值的有效方式。财政资助科研项目所产生的科技成果在实施转化时，应明确项目承担单位和完成人之间的收益分配比例。对于接受企业、其他社会组织委托的横向委托项目，允许项目承担单位和科学技术人员通过合同约定知识产权使用权和转化收益，探索赋予科学技术人员科技成果所有权或长期使用权。逐步提高稿费和版税等付酬标准，增加科学技术人员的成果性收入。

三、对有突出贡献的科学技术人员给予优厚待遇和荣誉激励

对科学技术人员的激励，应坚持物质待遇和精神激励并重，对有突出贡献的，提供优厚待遇和荣誉激励是提高科学技术人员地位的重要举措。

优厚待遇的内涵是长期性、持续性社会地位的提升和收入水平的提高，强调长效机制，区别于一次性丰厚奖金奖励。国家对承担国家重大科技任务、做出突出业绩的科学技术人员加大收入分配激励力度。2018 年，《国务院关于优化科研管理提升科研绩效若干措施的通知》提出，对全时全职承担任务的团队负责人（领衔科学家/首席科学家、技术总师、型号总师、总指挥、总负责人等）以及引进的高端人才，实行一项一策、清单式管理和年薪制。2021 年，《国务院办公厅关于改革完善中央财政科研经费管理的若干意见》中要求，分配绩效工资时，要向承担国家科研任务较多、成效突出的科研人员倾斜。借鉴承担国家关键领域核心技术攻关任务科研人员年薪制的经验，探索对急需紧缺、业内认可、业绩突出的极少数高层次人才实行年薪制。

完善荣誉激励制度体现了尊重劳动、尊重知识、尊重人才、尊重创造的价值导向，激发了更多科学技术人员的创新创造热情和爱国之心、报国之志，为推动科技进步和经济社会发展、建成创新型国家和世界科技强国注入强劲动力。要坚持物质待遇和精神激励并重。本法第十八条第二款规定，国家建立和完善科学技术奖励制度，设立国家最高科学技术奖等奖项，对在科学技术进步活动中做出重要贡献的组织和个人给予奖励。具体办法由国务院规定。2017 年国务院办公厅印发的《关于深化科技奖励制度改革的方案》明确提出，有关部门和评价机构要树立正确的价值导向，坚持“物质利益和精神激励相结合、突出精神激励”的原则，适当提高国家科学技术奖奖金标准，增强获奖科学技术人员的荣誉感和使命感。

四、允许科学技术人员兼职

科学技术人员兼职，主要是指科学技术人员在完成所在单位赋予的科研、教学等本职工作任务的前提下，到其他单位兼任其他职务，收取合理报酬，用科学技术知识为社会服务的行为。科学技术人员的兼职源于经济社会发展对科技人力资源和智力资源的巨大需求，对鼓励智力流动，推动科技进步和经济社会发展，起到了较大的促进作用。但同时需要对科学技术人员兼职活动进行规范，避免可能产生的兼职与本职发生冲突、侵占所在单位或兼职单位合法权益等负面效应。美国、英国、俄罗斯、德国、日本等国家和地区在法律上均支持中央科研单位和高校科学技术人员兼职兼薪，同时进行必要约束。

《关于实行以增加知识价值为导向分配政策的若干意见》提出，允许科研人员从事兼职工作获得合法收入。科研人员在履行好岗位职责、完成本职工作的前提下，经所在单位同意，可以到企业和其他科研机构、高校、社会组织等兼职并取得合法报酬。鼓励科研人员公益性兼职，积极参与决策咨询、扶贫济困、科学普及、法律援助和学术组织等活动。兼职取得的报酬原则上归个人，建立兼职获得股权及红利等收入的报告制度。担任领导职务的科研人员兼职及取酬，按中央有关规定执行。经所在单位批准，科研人员可以离岗从事科技成果转化等创新创业活动。兼职或离岗创业收入不受本单位绩效工资总量限制，个人须如实将兼职收入报单位备案，按有关规定缴纳个人所得税。

科学技术人员兼职需要满足一定的前提条件，体现了激励与约束并重的原则。科研机构、高校应当规定或与科学技术人员约定兼职的权利和义务。具体的约束性规定为：一是兼职的范围有所约定，并非所有活动都可以兼职从事。二是兼职要经所在单位同意，需要履行严格的申请、审批、公示等手续。三是利用财政性资金设立的科学技术研究开发机构和高等学校的科学技术人员更是要在完成单位使命和岗位职责的前提下进行兼职，且兼职的工作与原单位不发生利益冲突，不能泄漏原单位的技术秘密，违反承担的社会责任。四是要遵守相应的管理制度。包括兼职获得的股权和红利收入应该向本单位报告的制度。

五、技术开发、技术咨询、技术服务等活动奖酬金

技术开发、技术咨询、技术服务等活动，是科学技术人员实现知识价值的一种重要方式。为全面促进科技成果转化活动，本次修法本着促进科学技术人员采取多种方式促进科技成果转化的出发点，明确规定技术开发、技术咨询、技术服务等活动的奖酬金提取按照科技成果转化有关规定执行。

为激励科学技术人员通过技术开发、技术咨询、技术服务等活动促进科技成果转化，科学技术人员所在单位可以从技术合同的净收入中提取一定比例，作为对科学技术人员的奖励。根据《中华人民共和国促进科技成果转化法》规定，职务科技成果转化后，由科技成果完成单位对完成、转化该项科技成果做出重要贡献的人员给予奖励和报酬。科技成果完成单位可以规定或者与科技人员约定奖励和报酬的方式、数额和时限。科技成果完成单位未规定、也未与科技人员约定奖励和报酬的方式和数额的，按照下列标准对完成、转化职务科技成果做出重要贡献的人员给予奖励和报酬：（1）将该项职务科技成果转让、许可给他人实施的，从该项科技成果转让净收入或者许可净收入中提取不低于百分之五十的比例；（2）利用该项职务科技成果作价投资的，从该项科技成果形成的股份或者出资比例中提取不低于百分之五十的比例；（3）将该项职务科技成果自行实施或者与他人合作实施的，应当在实施转化成功投产后连续三至五年，每年从实施该项科技成果的营业利润中提取不低于百分之五的比例。2016 年 2 月，《实施〈中华人民共和国促进科技成果转化法〉若干规定》中规定，对科技人员在科技成果转化工作中开展技术开发、技术咨询、技术服务等活动给予的奖励，可按照促进科技成果转化法和本规定执行。2016 年 11 月，中共中央办公厅、国务院办公厅印发的《关于实行以增加知识价值为导向分配政策的若干意见》中规定，技术开发、技术咨询、技术服务等活动的奖酬金提取，按照《中华人民共和国促进科技成果转化法》及《实施〈中华人民共和国促进科技成果转化法〉若干规定》执行。在实践中，有关部门和地方按照上述规定执行，并制定了具体的管理办法。

六、股权、期权、分红等激励方式

《关于实行以增加知识价值为导向分配政策的若干意见》中

对加强科技成果产权对科研人员的长期激励提出了要求，科研机构、高校方面，应坚持长期产权激励与现金奖励并举，探索对科研人员实施股权、期权和分红激励，加大在专利权、著作权、植物新品种权、集成电路布图设计专有权等知识产权及科技成果转化形成的股权、岗位分红权等方面的激励力度。企业方面，符合条件的国有科技型企业，可采取股权出售、股权奖励、股权期权等股权方式，或项目收益分红、岗位分红等分红方式进行激励。同时，进一步完善股权激励等相关税收政策。对符合条件的股票期权、股权期权、限制性股票、股权奖励以及科技成果投资入股等实施递延纳税优惠政策。以上相关要求，强调了要发挥产权对收入分配长期的激励作用，更好地引导科学技术研究开发机构、高等学校、企业等采取股权、期权、分红等方式激励科学技术人员。

实践中，相关部门出台政策落实对科学技术人员的股权、期权激励。2016 年，财政部、科技部和国资委在总结中关村国家自主创新示范区股权和分红激励试点办法的基础上，制定了《国有科技型企业股权和分红激励暂行办法》，规定国有科技型企业以本企业股权为标的，采取股权出售、股权奖励、股权期权等方式，对企业重要技术人员和经营管理人员实施股权激励。国有科技型企业以科技成果转化收益为标的，采取项目收益分红方式；或者以企业经营收益为标的，采取岗位分红方式，对企业重要技术人员和经营管理人员实施分红激励。

第六十一条　各级人民政府和企业事业单位应当保障科学技术人员接受继续教育的权利，并为科学技术人员的合理、畅通、有序流动创造环境和条件，发挥其专长。

◆ **条文主旨**

本条是关于保障科学技术人员接受继续教育，促进科学技术人员合理、畅通、有序流动的规定。

◆ **修改提示**

本条是对原法第五十条的修改。与原法条相比，将“合理流动”修改为“合理、畅通、有序流动”，主要原因是针对新形势下人才流动存在体制机制障碍、流动无序等问题，进一步明确“畅通”和“有序”的要求。

◆ **条文释义**

继续教育是人力资源开发的重要内容，是实现人才价值和效用增值的重要过程。创造有利于科学技术人员合理、畅通、有序流动的环境和条件，是激发科学技术人员创新、创业、创造活力的重要保障，也是优化资源配置、充分发挥科学技术人员作用的重要环节。

一、保障科学技术人员接受继续教育的权利

对专业技术人员的继续教育，其主要对象是企业事业单位从事专业技术工作的在职人员，主要任务是对在职专业技术人员进行知识技能的补充、增新、拓展和提高，促使专业技术人员学习新知识、新技术，提高理论水平、业务技能和创新能力。

继续教育是提高科学技术人员素质的重要途径。接受继续教育是科学技术人员的权利与义务。当前，技术迭代更新不断加快，只有不断加强继续教育，保持知识更新，才能适应社会环境变化，面向前沿和新兴领域不断进行探索。自1984年以来，国家和各地方、各部门大力推进继续教育。2015年，人力资源和社会保障部发布《专业技术人员继续教育规定》，其第四条和第九条规定：“用人单位应当保障专业技术人员参加继续教育的权利。专业技术人员应当适应岗位需要和职业发展的要求，积极参加继续教育，完善知识结构、增强创新能力、提高专业水平。”“用人单位可以根据本规定，结合本单位发展战略和岗位要求，组织开展继续教育活动或者参加本行业组织的继续教育活动，为本单位专业技术人员参加继续教育提供便利。”

要从经费保障、时间保障、待遇保障、基地建设等方面进一步细化落实保障科学技术人员接受继续教育的权利。主要包括：一是经费上，企业、事业单位等应当依照法律、行政法规和国家有关规定提取和使用职工教育经费，不断加大对科学技术人员继续教育经费的投入。二是时间上，科学技术人员根据岗位要求和职业发展需要，参加本单位组织的继续教育活动，也可以利用业余时间或者经用人单位同意利用工作时间，参加本单位组织之外的继续教育活动。三是待遇上，科学技术人员经用人单位同意，脱产或者半脱产参加继续教育活动的，用人单位应当按照国家有关规定或者与劳动者的约定，支付工资、福利等待遇。用人单位安排科学技术人员在工作时间之外参加继续教育活动的，双方应当约定费用分担方式和相关待遇。四是基地建设上，建设国家级专业技术人员继续教育基地，开展对科学技术人员的培训。

二、科学技术人员的合理、畅通、有序流动

科学技术人员的流动，是指科学技术人员在法律和政策许可的范围内，从一部门、一地区或一单位进入另一部门、地区或单位而引起的工作关系的变迁。促进人才合理、畅通、有序流动是激发人才创新、创业、创造活力的重要途径，是深化人才发展体制机制改革的重要任务，是实施人才强国战略的重要内容。本次科学技术进步法修订增加了“畅通”和“有序”的要求。

建立科学技术人员合理、畅通、有序流动制度，对于创造人才辈出、人尽其才的良好环境，更好地发挥科学技术人员的专长、优化科技人力资源配置以及确保国家重大科研任务的完成，加速落后地区的开发，调动科学技术人员的积极性，都具有重要的意义。但我国科技人才流动仍然面临着市场机制不健全，人才跨体制、跨地区流动仍受到户籍、编制、职称等因素影响，优秀科技人才无序流动，特别是艰苦边远地区和基层一线面临高层次人才引不来、留不住等问题。

2019 年，中共中央办公厅、国务院办公厅印发《关于促进劳动力和人才社会性流动体制机制改革的意见》，提出“合理、公正、畅通、有序的社会性流动，是经济持续健康发展的有力支撑，是社会和谐进步的重要标志，是实现人的全面发展的必然要求”。2020 年，中共中央、国务院发布《关于构建更加完善的要素市场化配置体制机制的意见》，明确指出“引导劳动力要素合理畅通有序流动”。

要加强对科学技术人员流动工作的引导，鼓励科学技术人员向急需人才的行业和单位流动，向更能发挥作用的岗位流动。要破除人才流动的体制机制障碍，推动科学技术人员跨所有制、跨行业、跨部门自由流动，特别是党政机关、企事业单位、非公有制经济组织和社会组织之间双向流动。要发挥市场机制在人才流动中的重要作用。国家要建立政府宏观调控、市场公平竞争、单位自主用人、个人自主择业、人力资源服务机构诚信服务的人力资源流动配置机制。要坚持正确的人才流动导向，坚持尊重人才流动规律，形成统一规范、竞争有序的人力资源市场体系，提升科技人员的诚信意识和自律意识，依法依规良性有序流动，实现人才链与创新链、产业链精准对接。鼓励高层次科技人才向中西部和东北等地区流动，要服务于西部大开发、东北老工业基地振兴和“一带一路”等国家重大发展战略，探索柔性引才用才机制。

第六十二条 科学技术人员可以根据其学术水平和业务能力选择工作单位、竞聘相应的岗位，取得相应的职务或者职称。

科学技术人员应当信守工作承诺，履行岗位责任，完成职务或者职称相应工作。

◆ **条文主旨**

本条是关于科学技术人员的工作选择权以及工作义务的规定。

◆ **修改提示**

本条是对原法第五十一条的修改。与原法条相比，新增第二款："科学技术人员应当信守工作承诺，履行岗位责任，完成职务或者职称相应工作。"之所以这样修改，主要原因是根据我国劳动相关法律的规定，增加了对科学技术人员的工作义务的要求，进一步明确科学技术人员履职尽责的义务。

◆ **条文释义**

在职业发展上，科学技术人员享有工作选择权，有权根据自己的学术水平和业务能力，依法选择工作单位、竞聘相应岗位和取得相应的职务或者职称，获得发展的平台和条件以充分发挥作用。这是促使科学技术人员收入、荣誉、社会地位与其工作业绩和实际贡献相适应的一项保护科技人员发展权利的法律措施，也是贯彻执行党和国家尊重知识、尊重人才基本政策的重要一环。

一、科学技术人员可以自由选择工作单位

选择职业的权利是劳动者劳动权利的体现，是社会进步的一个标志。《中华人民共和国宪法》第四十二条第一款、第二款规定："中华人民共和国公民有劳动的权利和义务。国家通过各种途径，创造劳动就业条件，加强劳动保护，改善劳动条件，并在发展生产的基础上，提高劳动报酬和福利待遇。”《中华人民共和国劳动法》第三条第一款规定：“劳动者享有平等就业和选择职业的权利、取得劳动报酬的权利、休息休假的权利、获得劳动安全卫生保护的权利、接受职业技能培训的权利、享受社会保险和福利的权利、提请劳动争议处理的权利以及法律规定的其他劳动权利。”科学技术人员也属于劳动者，因此也具有选择职业的权利。科学技术人员根据自身的学术水平和业务能力，自由选择工作单位和竞聘相应的岗位，有利于科学技术人员充分发挥自己的特长和知识水平，调动科学技术人员科研积极性，激发科学技术人员创新创造活力，更好地发挥科技人才作用，促进科学技术进步。

2002 年起国务院在事业单位实行人员聘用制度，全面推行公开招聘制度，对于岗位空缺要求按照公开招聘、竞聘上岗的有关规定择优聘用，为科学技术人员竞聘相应岗位提供制度保障。

二、科学技术人员可以取得相应的职务或者职称

科学技术人员除了可以自由选择工作单位和竞聘相应的岗位外，还具有取得相应的职务或者职称的权利。职务和职称是实行职业资格制度的重要内容，对于科学技术人员的评价具有重要意义。新中国成立以后，我国基本上实行的是专业技术职务任命制度，职称和职务实质上是合一的。1977 年 9 月，《中共中央关于召开全国科学大会的通知》提出恢复科研人员的技术职称。1986 年 2 月，国务院发布《关于实行专业技术职务聘任制度的规定》，首次对于专业技术职务给予明确规定，对职务和职称进行明确分开。

职务是指单位内具有相当数量和重要性的一系列职位的集合或统称。《关于实行专业技术职务聘任制度的规定》明确提出，“专业技术职务是根据实际工作需要设置的有明确职责、任职条件和任期，并需要具备专门的业务知识和技术水平才能担负的工作岗位，不同于一次获得后而终身拥有的学位、学衔等各种学术、技术称号”。2007 年 2 月，人事部、科技部发布了《关于科学研究事业单位岗位设置管理的指导意见》，将科学研究事业单位岗位分为管理岗位、专业技术岗位、工勤技能岗位三种类别，并对其中科学研究专业技术岗位的名称及等级设置作了具体规定。科学技术人员获得相应职务，激发了科学技术人员奋发向上的进取精神，使得专业技术队伍的高、中、初结构趋于合理，中青年骨干人员得以晋升和脱颖而出，各级岗位责任制得到进一步加强，更加充分地发挥科学技术人员的作用。

职称是指专业技术人员的专业技术水平、能力，以及成就的等级称号，是反映专业技术人员的技术水平、工作能力的标志。2017 年，中共中央办公厅、国务院办公厅发布的《关于深化职称制度改革的意见》明确提出，职称是专业技术人才学术技术水平和专业能力的主要标志。职称的级别一般分为正高级、副高级、中级、初级四个级别。有部分系列初级可分设为助理级和员级。为了建立科学化、规范化、社会化的职称制度，客观科学公正评价专业技术人才，职称制度从完善职称系列体系、完善职称评价标准、加强职称评价与人才培养使用相结合、下放职称评审权限等方面进行了改革。其中在加强职称评价与人才培养使用相结合方面，强调要合理确定评价与聘用的衔接关系，合理处理职务与职称的关系。专业技术职称制度是专业技术人才评价和管理的基本制度。科学技术人员取得相应的职称，对于激励科学技术人员职业发展，加强科学技术人员队伍建设具有重要意义。

三、科学技术人员的工作义务

科学技术人员享有工作选择权的同时，也应当诚实守信，恪尽职守。

科学技术人员应信守工作承诺。根据我国劳动相关法律，我国劳动者应信守工作承诺，遵守劳动合同，履行劳动合同义务，不能无故解除劳动合同。《中华人民共和国劳动法》第三十一条规定，劳动者解除劳动合同，应当提前三十日以书面形式通知用人单位。《中华人民共和国劳动合同法》第二十九条规定，用人单位与劳动者应当按照劳动合同的约定，全面履行各自的义务。国家保障科学技术人员合理、畅通、有序流动的权利，这有利于更好地发挥科技队伍的潜力、多方面地培养锻炼科技人才、优化人才资源配置。但同时，科学技术人员也应该信守工作承诺，不能无故离职、辞职。科学技术研究开发机构、高等学校、企业等为培养优秀的科学技术人员往往花费大量的人力、物力、财力，提供各类培训和学习的资源，创造各种机会帮助科学技术人员提高自身科研水平。而科学技术人员不信守工作承诺，无故离职、辞职，可能会给所在单位带来很大的损失，甚至影响正常科研工作的开展。因此，本次科学技术进步法修订新增了科学技术人员信守工作承诺的义务。

科学技术人员应履行岗位责任。岗位责任是指一个岗位所要求完成的工作内容以及应当承担的责任范围。要求科学技术人员履行岗位责任，完成职务或者职称相应工作，其实也就是要求科学技术人员爱岗敬业。爱岗敬业作为最基本的职业道德规范，是对人们工作态度的一种普遍要求。爱岗就是热爱自己的工作岗位，热爱本职工作，敬业就是要用一种恭敬严肃的态度对待自己的工作。2016 年 5 月，在全国科技创新大会上，习近平总书记强调“两院院士和广大科技工作者是国家的财富、人民的骄傲、民族的光荣，大家责任重大、使命重大，应该努力为建成创新型国家、建成世界科技强国作出新的更大的贡献”。我国实现建成创新型国家、建成世界科技强国的目标，离不开每一位科学技术人员的努力工作，需要每一位科学技术人员认真履行岗位责任，发挥自身的创造性，完成职务或者职称相应工作。因此，本次科学技术进步法修订明确了科学技术人员履行岗位责任的义务。

第六十三条 国家实行科学技术人员分类评价制度，对从事不同科学技术活动的人员实行不同的评价标准和方式，突出创新价值、能力、贡献导向，合理确定薪酬待遇、配置学术资源、设置评价周期，形成有利于科学技术人员潜心研究和创新的人才评价体系，激发科学技术人员创新活力。

◆ 条文主旨

本条是关于科学技术人员分类评价制度的规定。

◆ 修改提示

本条是新增法条。

◆ 条文释义

人才评价是人才发展体制机制的重要组成部分，是人才资源开发管理和使用的前提。建立科学合理、客观公正、切实可行的科学技术人员评价制度，对于激发广大科学技术人员的积极性和创造力，提升科技创新能力和效益具有重要意义。

一、实行分类评价制度

分类评价制度是指根据不同职业、不同岗位、不同层次人才特点和职责，坚持共通性与特殊性、水平业绩与发展潜力、定性与定量评价相结合，分类建立健全涵盖品德、知识、能力、业绩和贡献等要素，科学合理、各有侧重的人才评价标准。分类评价是科学技术人员评价的基本原则，强调要遵循科学规律和人才成长规律，分类建立体现不同职业、不同岗位、不同层次人才特点的评价机制，科学客观公正评价人才。

2018 年 2 月，中共中央办公厅、国务院办公厅《关于分类推进人才评价机制改革的指导意见》提出，实行分类人才评价标准、人才评价方式和人才评价周期。具体为：一是实行不同的人才评价标准。对主要从事基础研究的人才，着重评价其提出和解决重大科学问题的原创能力、成果的科学价值、学术水平和影响等。对主要从事应用研究和技术开发的人才，着重评价其技术创新与集成能力、取得的自主知识产权和重大技术突破、成果转化、对产业发展的实际贡献等。对从事社会公益研究、科技管理服务和实验技术的人才，重在评价考核工作绩效，引导其提高服务水平和技术支持能力。二是采取不同的人才评价方式。基础前沿研究突出原创导向，以同行评议为主；社会公益性研究突出需求导向，以行业用户和社会评价为主；应用技术开发和成果转化评价突出企业主体、市场导向，以用户评价、第三方评价和市场绩效为主。三是实行不同的评价周期。遵循不同类型人才成长发展规律，科学合理设置评价考核周期，注重过程评价和结果评价、短期评价和长期评价相结合，克服评价考核过于频繁的倾向。探索实施聘期评价制度。突出中长期目标导向，适当延长基础研究人才、青年人才等评价考核周期，鼓励持续研究和长期积累。

二、突出创新价值、能力、贡献评价导向

习近平总书记强调，要加快建立以创新价值、能力、贡献为导向的科技人才评价体系。科技人才评价是科技评价的重要组成部分和人才发展的基础性制度，发挥着“指挥棒”和“风向标”作用，引导科学技术人员的创新活动，影响科研活动产出成果方式，是激发科学技术人员活力的关键。当前，科学技术人员评价中“唯论文、唯职称、唯学历、唯奖项”（简称“四唯”）等问题仍比较突出，新的评价标准有待进一步形成，改革的重点是要树立正确的科技评价导向。

突出创新价值、能力、贡献评价导向，其本质要求是更加突出服务于国家目标和使命任务，更加突出体现不同的科技活动类型的特点，更加突出评价原创价值和对经济社会发展的实际贡献，引导各类科学技术人员服务国家、潜心研究、发挥才能、作出贡献，为实现高水平科技自立自强和建设世界科技强国提供有力人才支撑。

构建以创新价值、能力、贡献为导向的科技人才评价体系，关键是要构建符合科研活动特点的评价指标。要以“破四唯”和“立新标”为突破口，突出品德、能力、业绩导向，克服“唯论文、唯职称、唯学历、唯奖项”倾向，推行代表作评价制度，注重标志性成果的质量、贡献、影响。把学科领域活跃度和影响力、重要学术组织或期刊任职、研发成果原创性、成果转化效益、科技服务满意度等作为重要评价指标。

三、形成有利于科学技术人员潜心研究和创新的人才评价体系

当前，在科技人才评价方面，存在着“唯帽子”和“以帽定酬”的现象，导致科学技术人员争“帽子”、拼“头衔”，无法潜心研究，同时也会影响一部分无“帽子”人才创新创造的积极性。为此，2018 年 7 月，中共中央办公厅、国务院办公厅《关于深化项目评审、人才评价、机构评估改革的意见》提出，不简单以学术头衔、人才称号确定薪酬待遇、配置学术资源。不把人才荣誉性称号作为承担各类国家科技计划项目、获得国家科技奖励、职称评定、岗位聘用、薪酬待遇确定的限制性条件，使人才称号回归学术性、荣誉性本质，避免与物质利益简单、直接挂钩。2020 年 11 月，教育部《关于正确认识和规范使用高校人才称号

的若干意见》提出，根据岗位职责、工作业绩、实际贡献等，合理确定收入水平，不将人才称号与薪酬待遇等物质利益简单挂钩。

设置评价周期方面，要根据不同行业、不同岗位的工作特点设置。一般工作任务越复杂、创造性程度越高，评价周期就越长。例如，基础研究转化为现实生产力的时间周期就要比一般的应用科学研究的时间周期长。因此，对从事基础研究的科学技术人员应当适当延长其考核评价周期。2003 年 9 月，科技部《科学技术评价办法（试行）》第四十三条规定，对研究与发展人员的评价应根据岗位的不同性质和特点，结合岗位聘用确定评价周期，一般为 3 至 5 年。2018 年 2 月，中共中央办公厅、国务院办公厅《关于分类推进人才评价机制改革的指导意见》中提出，要科学设置人才评价周期。遵循不同类型人才成长发展规律，科学合理设置评价考核周期，注重过程评价和结果评价、短期评价和长期评价相结合，克服评价考核过于频繁的倾向。探索实施聘期评价制度。突出中长期目标导向，适当延长基础研究人才、青年人才等评价考核周期，鼓励持续研究和长期积累。

第六十四条　科学技术行政等有关部门和企业事业单位应当完善科学技术人员管理制度，增强服务意识和保障能力，简化管理流程，避免重复性检查和评估，减轻科学技术人员项目申报、材料报送、经费报销等方面的负担，保障科学技术人员科研时间。

◆ 条文主旨

本条是关于减轻科学技术人员事务性负担和保障科研时间的规定。

◆ 修改提示

本条是新增法条。通过立法明确为科学技术人员松绑减负、保障科研时间，不仅为科学技术人员开展科研活动提供基本保障，也为相关政策实施提供法律依据。

◆ 条文释义

减轻科学技术人员事务性负担、保障科学技术人员科研时间，是使科学技术人员将主要精力用于科研、潜心科研的重要举措。近年来，我国深化科技体制改革，不断激发广大科学技术人员创新、创造、活力，取得了积极的成效。但是，各个方面的政策再好，如果科学技术人员不能将主要时间、主要精力用于科研和发展科技事业，那么，即便再加大投入、提高激励等，都是徒劳的。因此，减轻科学技术人员事务性负担、保障科研时间是推进科技创新的一项基本制度。这对科学技术行政等有关部门和企业事业单位进一步完善相关管理制度、提高服务意识和保障能力提出了更高的要求。

一、完善科学技术人员管理制度

科学技术人员管理制度是关于科学技术人员的相关管理、服务制度的统称。科学技术行政等有关部门以及作为科学技术人员的管理和使用的企业事业单位，其相关管理制度和工作方式方法直接关系科学技术人员能否专注于科技创新活动。在制定相关管理制度时，应充分反映科学技术人员开展科技创新活动的诉求，既要体现管理的规范统一性，又要尊重科技创新的不确定性特点，避免过多干预、繁琐流程，完善考核评价制度，为科学技术人员潜心研究、开展交流与合作提供足够的保障。

科学技术行政等有关部门和企业事业单位还应加强统筹协调，树立服务理念，增强服务意识，提升服务质量，切实减少不必要的事项、环节和材料，为科学技术人员潜心科研创造良好的环境和氛围；切实增强保障能力，把工作做实，防止把增强服务保障变成过多“关心”打扰。

二、简化管理流程

科研活动与对科研活动的管理是相互影响、相互制约的。建立和完善科学技术人员管理制度，就要有利于科研活动与对科研活动管理的相互促进、相互协调，做到尊重科技创新规律，把握关键环节，宽严有度，既要保障科研活动的灵活性与包容性，又要做到风险可控。科学技术行政等有关部门和企业事业单位应进一步简化管理流程，不设置对于科研活动来说不必要的检查和评估环节，尤其要避免重复性的检查和评估，应提升检查和评估质量，避免以检查和评估次数来代替管理成效。

三、减轻事务性负担

事务性工作，是指区别于业务性工作，为一个单位的中心工作或者业务工作提供辅助、后勤、保障等服务或基础性的工作。事务性工作具有长期重复的特点，科研领域的事务性工作，主要是指科研活动必需之外的辅助性、保障性工作，往往会占用科学技术人员的精力和时间，使科学技术人员不能全身心投入科研活动。这些事务性工作，有些来自科学技术行政等有关部门，是申报项目以及项目管理、政策实施中的必备程序；有些则来自企业事业单位。从总体上看，事务性工作过多，会对科学技术人员的科研活动造成过多干扰，使其不能将主要精力和时间用于科研活动。比如很多科学技术人员反映，目前项目申报、评奖、经费报销等涉及大量的事务性工作，需要填很多的表格，履行繁琐的程序，科学技术人员往往对这类工作并不熟悉，并且占用了大量工作时间，甚至已经影响正常科研工作的开展。

为此，本法规定，科学技术行政等有关部门和企业事业单位应减轻科学技术人员在项目申报、材料报送、经费报销等方面的负担。要落实这一规定，不仅要求科学技术行政等有关部门和企业事业单位减少项目申报、材料报送、经费报销等方面的具体事务要求，还要求科学技术行政等有关部门和企业事业单位对管理流程进行系统的梳理优化，提升管理效率和水平。2021 年 8 月，《国务院办公厅关于改革完善中央财政科研经费管理的若干意见》聚焦经费报销中存在的难点、堵点问题，对症下药、精准发力，从全面落实科研财务助理制度、改进财务报销管理方式、推进科研经费无纸化报销试点等方面着力减轻科学技术人员报销负担。

四、保障科研时间

为了保证科学技术人员的时间，1961 年中央就曾提出“保证科技人员每周有 5 天时间搞科研工作”。2021 年 5 月，习近平总书记指出，科技创新离不开科技人员持久的时间投入。保障时间就是保护创新能力！要建立让科研人员把主要精力放在科研上的保障机制，让科技人员把主要精力投入科技创新和研发活动。

本法明确规定“保障科学技术人员科研时间”，就是要求科学技术行政等有关部门和企业事业单位采取各种措施，充分保障科学技术人员的科研时间，使科学技术人员把主要精力用于科研上，减少各类应景性、应酬性活动，无谓的迎来送往活动，不必要的评审评价活动，以及形式主义、官僚主义的种种活动。

第六十五条　科学技术人员在艰苦、边远地区或者恶劣、危险环境中工作，所在单位应当按照国家有关规定给予补贴，提供其岗位或者工作场所应有的职业健康卫生保护和安全保障，为其接受继续教育、业务培训等提供便利条件。

◆ **条文主旨**

本条是关于对在艰苦、边远地区或者恶劣、危险环境中工作的科学技术人员给予补贴和保障的规定。

◆ **修改提示**

本条是对原法第五十二条的修改。与原法条相比，一是将“国家规定”修改为“国家有关规定”，主要原因是使表述更加准确。二是增加“和安全保障，为其接受继续教育、业务培训等提供便利条件”，主要原因是突出强化科学技术人员应该享有安全保障以及教育培训的权利，完善在特殊环境下工作的保障机制。

◆ **条文释义**

国家为了鼓励和引导科学技术人员在艰苦、边远地区，以及恶劣、危险环境中工作，应当在工资、职务、职称、继续教育等方面给予倾斜支持，并且给予相应的补贴和职业健康卫生保护。

一、在艰苦、边远地区工作给予补贴

薪酬包括工资、补贴和福利。与工资关联的福利是津贴补贴，是基于特殊劳动岗位和劳动条件而发生的补充性、补救性工资，如对艰苦工作环境的补偿，对因工作需要造成家庭成员两地分居的补偿，等等。艰苦、边远地区补贴，是指对在艰苦、边远地区工作的科学技术人员额外劳动消耗和特殊生活费支出的适当补偿，主要体现出不同地区自然环境的差异，并根据不同地域的气候、海拔高度及当地物价因素确定。建立艰苦、边远地区补贴制度，有利于发挥工资的补偿和导向作用，鼓励优秀人才到艰苦、边远地区工作，并保持艰苦、边远地区科学技术人员队伍的稳定。这些地区一般地理位置偏远，经济文化落后，生活困难，交通不便，自然环境恶劣。为使科学技术人员派得进、留得住，保障当地科学技术人员队伍的稳定和科技水平的提高，给予在这些地区工作的科学技术人员适当补贴，以减轻他们的生活困难，使他们安心在这些地区工作，是十分必要的。

我国的津贴制度确立于 1956 年工资制度改革，当时根据各地自然条件、经济发展状况、物价水平、交通及工资状况，并适当照顾重点发展地区和生活条件艰苦的地区，将全国分为十一类工资区。对少数物价和生活费用特别高、交通十分不便的地区，除执行十一类地区工资标准外，另按工资标准的一定百分比加发生活费补贴。1993 年工资改革在全国实行统一的职级工资基础上，地区差别、岗位差别，通过津贴来体现。津贴包括两部分内容，一部分是岗位津贴，一部分是地区津贴。地区津贴又分为艰苦、边远地区津贴和地区附加津贴两种。艰苦、边远地区津贴制度的完善是调控地区收入差距，建立科学的工资水平决定机制的重要途径。

二、在恶劣、危险环境中工作加强保护保障

依法享有劳动保护是宪法赋予劳动者的权利。《中华人民共和国宪法》第四十二条第一款和第二款规定："中华人民共和国公民有劳动的权利和义务。国家通过各种途径，创造劳动就业条件，加强劳动保护，改善劳动条件，并在发展生产的基础上，提高劳动报酬和福利待遇。"对于在恶劣、危险环境中工作的科学技术人员，所在单位应当依法为其提供岗位或者工作场所应有的职业健康卫生保护和安全保障。

职业健康卫生保护方面，《中华人民共和国职业病防治法》第四条第一款和第二款规定："劳动者依法享有职业卫生保护的权利。用人单位应当为劳动者创造符合国家职业卫生标准和卫生要求的工作环境和条件，并采取措施保障劳动者获得职业卫生保护。"根据《中华人民共和国职业病防治法》第三十九条第一款的规定，科学技术人员依法享有下列职业卫生保护权利：获得职

业卫生教育、培训；获得职业健康检查、职业病诊疗、康复等职业病防治服务；了解工作场所产生或者可能产生的职业病危害因素、危害后果和应当采取的职业病防护措施；要求用人单位提供符合防治职业病要求的职业病防护设施和个人使用的职业病防护用品，改善工作条件；对违反职业病防治法律、法规以及危及生命健康的行为提出批评、检举和控告；拒绝违章指挥和强令进行没有职业病防护措施的作业；参与用人单位职业卫生工作的民主管理，对职业病防治工作提出意见和建议。

根据《中华人民共和国职业病防治法》第二十条、第二十二条、第二十三条、第二十五条的规定，科学技术人员的所在单位应当采取下列职业病防治管理措施保障科学技术人员获得职业健康卫生保护：设置或者指定职业卫生管理机构或者组织，配备专职或者兼职的职业卫生管理人员，负责本单位的职业病防治工作；制定职业病防治计划和实施方案；建立、健全职业卫生管理制度和操作规程；建立、健全职业卫生档案和劳动者健康监护档案；建立、健全工作场所职业病危害因素监测及评价制度；建立、健全职业病危害事故应急救援预案；采用有效的职业病防护设施；为劳动者提供符合防治职业病的要求的职业病防护用品；优先采用有利于防治职业病和保护劳动者健康的新技术、新工艺、新设备、新材料，逐步替代职业病危害严重的技术、工艺、设备、材料；对职业病防护设备、应急救援设施和个人使用的职业病防护用品，进行经常性的维护、检修，定期检测其性能和效果，确保其处于正常状态，不得擅自拆除或者停止使用等。

安全保障方面，《中华人民共和国安全生产法》第六条规定："生产经营单位的从业人员有依法获得安全生产保障的权利，并应当依法履行安全生产方面的义务。"根据《中华人民共和国安全生产法》第五十三条、第五十四条、第五十五条的规定，科学技术人员依法享有下列安全保障权利：了解其作业场所和工作岗位存在的危险因素、防范措施及事故应急措施，有权对本单位的安全生产工作提出建议；对本单位安全生产工作中存在的问题提出批评、检举、控告；有权拒绝违章指挥和强令冒险作业；发现直接危及人身安全的紧急情况时，有权停止作业或者在采取可能的应急措施后撤离作业场所等。

根据《中华人民共和国安全生产法》第二十一条、第三十六条、第四十四条、第四十五条的规定，科学技术人员的所在单位应当采取下列措施保障科学技术人员获得安全保障：为从业人员提供符合国家标准或者行业标准的劳动防护用品，并监督、教育从业人员按照使用规则佩戴、使用；教育和督促从业人员严格执行本单位的安全生产规章制度和安全操作规程；向从业人员如实告知作业场所和工作岗位存在的危险因素、防范措施以及事故应急措施；建立健全并落实本单位全员安全生产责任制，加强安全生产标准化建设；对安全设备进行经常性维护、保养，并定期检测，保证正常运转等。

三、为接受继续教育和业务培训提供便利

接受继续教育和业务培训，是科学技术人员的权利，又是科学技术人员的义务。由于在艰苦、边远地区或者恶劣、危险环境中工作的科学技术人员，接受继续教育和业务培训的机会相对于其他地区的科学技术人员较少，教育、培训的方式和途径也比较困难，为保证在艰苦、边远地区或者恶劣、危险环境中工作的科学技术人员能够正常接受继续教育和业务培训，不断提高自身素质和工作能力，本次科学技术进步法修订增加规定，明确科学技术人员在艰苦、边远地区或者恶劣、危险环境中工作，所在单位应当为其接受继续教育、业务培训等提供便利条件。

第六十六条　青年科学技术人员、少数民族科学技术人员、女性科学技术人员等在竞聘专业技术职务、参与科学技术评价、承担科学技术研究开发项目、接受继续教育等方面享有平等权利。鼓励老年科学技术人员在科学技术进步中发挥积极作用。

各级人民政府和企业事业单位应当为青年科学技术人员成长创造环境和条件，鼓励青年科学技术人员在科技领域勇于探索、敢于尝试，充分发挥青年科学技术人员的作用。发现、培养和使用青年科学技术人员的情况，应当作为评价科学技术进步工作的重要内容。

各级人民政府和企业事业单位应当完善女性科学技术人员培养、评价和激励机制，关心孕哺期女性科学技术人员，鼓励和支持女性科学技术人员在科学技术进步中发挥更大作用。

◆ 条文主旨

本条是关于青年、少数民族、女性和老年科学技术人员的规定。

◆ 修改提示

本条是对原法第五十三条的修改。与原法条相比，一是在第一款增加“鼓励老年科学技术人员在科学技术进步中发挥积极作用”。主要原因是为充分用好老年智力资源，鼓励发挥老年科学技术人员的作用。二是在第二款增加“各级人民政府和企业事业单位应当为青年科学技术人员成长创造环境和条件，鼓励青年科学技术人员在科技领域勇于探索、敢于尝试，充分发挥青年科学技术人员的作用”。主要原因是为明确政府与单位在发挥青年科学技术人员作用中的责任。三是增加第三款，主要原因是为了更好地保障女性科学技术人员的权益。

◆ **条文释义**

本条主要从享有平等权利、加大鼓励和支持、充分发挥作用等几个方面对青年、少数民族、女性和老年科学技术人员的权利保障作出规定。

一、青年、少数民族、女性科学技术人员享有平等权利

《中华人民共和国宪法》第四十七条规定："中华人民共和国公民有进行科学研究、文学艺术创作和其他文化活动的自由。国家对于从事教育、科学、技术、文学、艺术和其他文化事业的公民的有益于人民的创造性工作，给以鼓励和帮助。"《经济、社会及文化权利国际公约》第十五条第一款对平等的文化权利作出了规定："本公约缔约各国承认人人有权：（甲）参加文化生活；（乙）享受科学进步及其应用所产生的利益；（丙）对其本人的任何科学、文学或艺术作品所产生的精神上和物质上的利益，享受被保护之利。"本条规定青年科学技术人员、少数民族科学技术人员、女性科学技术人员等在竞聘专业技术职务、参与科学技术评价、承担科学技术研究开发项目、接受继续教育等方面享有平等权利，体现了我国宪法精神，同时也是国际社会公认的准则，对于充分发挥青年科学技术人员、少数民族科学技术人员、女性科学技术人员的作用，促进青年科学技术人员健康成长，发展少数民族地区科学技术水平，激发女性科学技术人员的创新活力具有重要意义。

二、鼓励老年科学技术人员发挥积极作用

《中华人民共和国老年人权益保障法》第二条规定，老年人是指六十周岁以上的公民。老年科学技术人员是我国老年人中的一个特殊群体。广大老年科学技术人员为国家科技事业作出了突出贡献，理应得到全社会的尊重和关爱，同时也是一笔不可忽视的宝贵资源和重要财富，是推动中国特色社会主义伟大事业的重要力量和具有独特优势的人才资源。为更好地发挥离退休科技人员的作用，1988 年 7 月，国家科委批准成立“中国退（离）休科技工作者团体联合会”，1993 年更名为“中国老科学技术工作者协会”（简称中国老科协）。中国老科协是中国老年科学技术人员的群众组织，是党和政府联系老年科学技术人员的桥梁和纽带，是中国科学技术协会的组成部分。

广大老年科学技术人员长期以来奋斗在科研、教育、文化卫生和工农业生产各个领域，积累了丰富的实践经验，具有较高的专业技术水平和过硬的业务能力，为我国科技事业进步和经济社会发展作出了积极的贡献。继续发挥老年科学技术人员，特别是老专家的作用，对实现人才强国战略，促进人才队伍建设，推进科技创新、经济社会发展都具有重要的带动作用。因此，本次修法新增规定，鼓励老年科学技术人员在科学技术进步中发挥积极作用。

三、重视发现、培养和使用青年科学技术人员

青年是国家经济社会发展的生力军和中坚力量。促进青年更好成长、更快发展，是国家的基础性、战略性工程。当今世界的综合国力竞争，归根结底是科技实力的竞争、高素质人才的竞争。这就必须高度重视发现、培养和使用青年科学技术人员，努力创造青年优秀科学技术人员特别是拔尖人才脱颖而出的环境和条件，为青年科学技术人员提供公平的发展环境。

党的十八大以来，以习近平同志为核心的党中央高度重视青年发展事业，多次强调培养青年科技人才，夯实科技人才战略储备。近年来，党中央、国务院相继出台一系列政策，鼓励青年科学技术人员在科技领域勇于探索、敢于尝试，进一步发挥青年科学技术人员的作用。2016 年 3 月，《中共中央关于深化人才发展体制机制改革的意见》中提出，促进青年优秀人才脱颖而出。破除论资排辈、求全责备等陈旧观念，抓紧培养造就青年英才。建立健全对青年人才普惠性支持措施。加大教育、科技和其他各类人才工程项目对青年人才培养支持力度，在国家重大人才工程项目中设立青年专项。改革博士后制度，发挥高校、科研院所、企业在博士后研究人员招收培养中的主体作用，有条件的博士后科研工作站可独立招收博士后研究人员。拓宽国际视野，吸引国外优秀青年人才来华从事博士后研究。2017 年 4 月，中共中央、国务院《中长期青年发展规划（2016—2025 年）》中提出，要培育青年人才队伍。实施青年英才开发计划，在重点学科领域培养扶持一批青年拔尖人才；在高水平研究型大学和科研院所优势基础学科建设一批国家青年英才培养基地；加大教育、科技和其他各类人才工程项目对青年人才培养支持力度，在国家重大人才工程项目中设立青年专项。加强知识产权保护，鼓励青年人才创新创造。鼓励和支持青年人才参与战略前沿领域研究，着力培养一批青年科技创新领军人才。

本次修法，在原法的基础上，进一步强调应当重视发现、培养和使用青年科学技术人员，明确规定各级人民政府和企业事业单位应当为青年科学技术人员成长创造环境和条件，鼓励青年科学技术人员在科技领域勇于探索、敢于尝试，充分发挥青年科学技术人员的作用。

四、关心、鼓励和支持女性科学技术人员

女性科学技术人员是科技人才队伍的重要组成部分，是我国科技事业十分重要的力量。近年来，我国女性科学技术人员队伍规模逐步扩大、结构不断优化、能力显著提升，在基础理论、应用技术、工程实践等各个方面作出杰出贡献，充分彰显出巾帼力量。但

从总体上看，女性科学技术人员在科技创新中的作用尚未得到充分发挥，存在高层次女性科学技术人员仍较为缺乏、女性科学技术人员职业发展面临瓶颈、生育友好型科研环境有待改善等问题。

为进一步激发女性科技人才创新活力，更好发挥女性科技人才的重要作用，2021 年 6 月，科技部、全国妇联、教育部等十三个部门联合制定了《关于支持女性科技人才在科技创新中发挥更大作用的若干措施》，从培养造就高层次女性科技人才、大力支持女性科技人才创新创业、完善女性科技人才评价激励机制、支持孕哺期女性科技人才科研工作、加强女性后备科技人才培养、加强女性科技人才基础工作等六个方面有针对性地提出十六项具体措施，为女性科技人才成长进步、施展才华、发挥作用创造更好的政策环境。

面向未来，女性科学技术人员肩负的使命与任务更加艰巨，亟需通过系统性政策安排，为女性科学技术人员事业发展营造良好环境，并对女性科学技术人员给予更多的关切和支持，引导全社会大力支持女性科学技术人员参与科技创新事业。因此，本条新增一款规定，各级人民政府和企业事业单位应当完善女性科学技术人员培养、评价和激励机制，关心孕哺期女性科学技术人员，鼓励和支持女性科学技术人员在科学技术进步中发挥更大作用。

第六十七条　科学技术人员应当大力弘扬爱国、创新、求实、奉献、协同、育人的科学家精神，坚守工匠精神，在各类科学技术活动中遵守学术和伦理规范，恪守职业道德，诚实守信；不得在科学技术活动中弄虚作假，不得参加、支持迷信活动。

◆ **条文主旨**

本条是关于科学技术人员弘扬科学家精神、坚守工匠精神、遵守学术和伦理规范等方面的规定。

◆ **修改提示**

本条是对原法第五十五条的修改。与原法条相比，一是将“弘扬科学精神”修改为“大力弘扬爱国、创新、求实、奉献、协同、育人的科学家精神”，主要原因是将我国广大科学技术人员在长期科学实践中积累凝练形成的科学家精神以法律形式确定下来。二是新增“坚守工匠精神”，主要原因是体现新时代科学技术人员精神层面和价值观的新要求。三是增加“伦理”要求，主要原因是加强科技伦理治理。

◆ **条文释义**

广大科学技术人员是先进生产力的开拓者，是科技知识和现代文明的传播者，是社会主义现代化建设的骨干力量。科学技术人员的言行在社会上具有较大的影响，应当在社会主义现代化建设中起到模范和表率作用。因此，提高科学技术人员的政治素质、业务能力和道德修养，规范科学技术人员行为，引导科学技术人员在践行社会主义核心价值观中走在前列，争做重大科研成果的创造者、建设科技强国的奉献者、崇高思想品格的践行者、良好社会风尚的引领者，是新时期科技工作的一项重要内容。

一、弘扬科学家精神

科学家精神是我国广大科学技术人员在长期科学实践中积累的宝贵精神财富。2019 年 6 月，中共中央办公厅、国务院办公厅印发《关于进一步弘扬科学家精神加强作风和学风建设的意见》，对科学家精神作了明确的阐述：一是胸怀祖国、服务人民的爱国精神。二是勇攀高峰、敢为人先的创新精神。三是追求真理、严谨治学的求实精神。四是淡泊名利、潜心研究的奉献精神。五是集智攻关、团结协作的协同精神。六是甘为人梯、奖掖后学的育人精神。习近平总书记在2021年中央人才工作会议上指出，坚持弘扬科学家精神，是做好人才工作的精神指引和思想保证，必须弘扬科学家精神，教育引导各类人才矢志爱国奋斗、锐意开拓创新。

二、坚守工匠精神

科学研究同样离不开工匠精神。现代科技创新，是包括科学家、工程师、工人等共同参与的“工程”，这种“工程式”的大科学研究，例如人类基因组计划、国际热核聚变实验计划、大型强子对撞机、航天科技等，需要参与主体都把自己当作工程活动中的一个“工匠”，在自己负责的节点上精益求精，对工作疏漏保持“零容忍”。习近平总书记在2020年全国劳动模范和先进工作者表彰大会上强调，要大力弘扬劳模精神、劳动精神、工匠精神，指出在长期实践中，我们培育形成了执着专注、精益求精、一丝不苟、追求卓越的工匠精神。

工匠精神的基本内涵包括敬业、精益、专注等方面。一是敬业。科学研究是追求真理、揭示规律的崇高事业，要求科学技术人员必须具备高度的责任感和敬业精神。二是精益。科学研究只有本着极端负责的态度，严肃认真地对待所从事的科研工作，每一个环节、细节都想周全、做精细，才有可能在探索未知的道路上有所发现、有所突破。三是专注。科学研究中失败往往多于成功，只有在日复一日、琐碎而枯燥的研究中持之以恒，甘于坐冷板凳，才有可能实现科技创新的重大突破。

三、遵守学术和伦理规范

共同遵守学术和伦理规范是促进科学技术进步的基石和保障。科学技术人员要以实事求是的态度、严格的要求、严谨的方法对待科研工作。科学技术研究是有风险的探索性活动，应当恪守学术规范，注重符合伦理要求，并正确对待失败。要倡导学术上的百花齐放、百家争鸣，鼓励和支持新发现以及新理论、新学说的创立。在科学技术研究活动中，不得为得出某种主观期望的结论而捏造、篡改、拼凑研究结果或者实验数据，也不得投机取巧、断章取义，片面给出与客观事实不符的研究结论。对于一些缺乏科学依据、未经严格科学验证的现象和观点，应当在学术界内部进行严谨的论证、研讨，不得不负责任地在公共场合或者通过大众媒体进行传播。广大科学技术人员要以高度的社会责任感，自觉把人民的生命和财产安危放在心上，坚决抵制唯利是图等各种不良行为。对那些可能造成重大社会影响，但对其真实性、科学性尚有较大争议的研究项目，尤其是对那些可能对社会造成负面影响而又没有经过专门研究机构和规范化实验程序检验的研究项目，应当严格按照有关规定进行论证和实验。

科学技术人员在科研开发项目（或课题）申报或者接受委托时，必须对项目（或课题）进行认真的调查研究和充分的可行性论证。不得故意夸大项目的学术价值和经济效益，不得通过弄虚作假等不正当手段骗取项目（或课题）。

四、禁止迷信活动

科学知识和技术是我们认识世界、改造世界的工具和手段，科学技术带给人类的是文明和社会的进步。崇尚科学，就是一切要按照客观世界的本来面目揭示客观规律，用科学的思想观察问题，用科学的方法处理问题，用科学的知识解决问题。科学的对立面是迷信。一部人类文明进步史，就是一部科学不断战胜愚昧的历史。现实生活中，有些人相信星占、卜筮、风水、命相，崇尚唯心主义，反对科学。不少迷信职业者以算命卜卦、测字看相、预测未来的方式宣传迷信、诈骗群众钱财，扰乱社会秩序，给社会和谐造成不利影响。

随着经济社会的发展，科学思想越来越成为人们的共识。作为科学技术人员，更是要坚持辩证唯物主义和历史唯物主义，牢固树立正确的世界观、人生观和价值观。要高举科学的伟大旗帜，坚持真理，自觉维护科学尊严，并以科学技术知识为武器，勇于同一切愚昧、迷信活动和各种伪科学活动作斗争。科学技术人员要正确对待各种自然现象，不得参与、支持任何形式的伪科学和愚昧、迷信活动，带头崇尚科学文明，反对愚昧迷信。

第六十八条 国家鼓励科学技术人员自由探索、勇于承担风险，营造鼓励创新、宽容失败的良好氛围。原始记录等能够证明承担探索性强、风险高的科学技术研究开发项目的科学技术人员已经履行了勤勉尽责义务仍不能完成该项目的，予以免责。

◆ 条文主旨

本条是关于鼓励科学技术人员自由探索、勇于承担风险和宽容失败的规定。

◆ 修改提示

本条是对原法第五十六条的修改。与原法条相比，一是增加了“营造鼓励创新、宽容失败的良好氛围”。主要原因是强调国家要鼓励科学技术人员自由探索、勇于承担风险，营造鼓励创新、宽容失败的良好氛围。二是将“给予宽容”修改为“予以免责”，主要原因是明确免除责任，为司法实践等提供更明晰的指引。

◆ 条文释义

科技创新是探索的过程。鼓励科学技术人员自由探索、勇于承担风险，对科学技术人员的失败给予宽容、予以免责，都是为了激发科学技术人员的积极性和创造性，给予科学技术人员面对失败从头再来的勇气，促使科学技术人员坚持不懈、勇往直前、寻求突破。

一、鼓励自由探索

科技创新本质上是人的创造性活动，科学技术人员自由探索、勇于承担风险，是发挥科学技术人员自主性、能动性推动科技创新的必备条件。为了鼓励科学技术人员进行创新，必须为其提供宽松的学术环境，鼓励自由探索。所以本条明确规定，国家鼓励科学技术人员自由探索、勇于承担风险。这里“勇于承担风险”，就是指勇于承担探索性强、风险高的科研项目，不怕失败。只有科学技术人员具备了不怕风险、勇于探索的勇气，科技创新探索才会有活力、有动力。各级人民政府及其政府主管部门，要为科学技术人员的大胆创新提供好的政策环境，使他们能够放下思想包袱，轻装上阵，全身心地投入到科研工作中，只有这样才能多出科研成果，使科技创新的过程能够持续下去。所以，这样的自由探索工作，具有积极的意义，需要得到鼓励。本法第八条第一款也规定，国家保障开展科学技术研究开发的自由，鼓励科学探索和技术创新，保护科学技术人员自由探索等合法权益。

二、宽容创新失败

科技创新具有很强的不确定性。因此，失败总是不可避免并与科技创新相伴而生的。但失败并不是毫无意义，它也是科技创新的一部分。历史上任何的重大科技发明，都是在千百次的失败之后获得的。如果缺乏宽容失败的氛围，科学技术人员就会由于害怕失败和被谴责而不敢创新冒险，会丧失原始创新的动力和潜力。科技创新从本质上来讲就是一种探索，因此也必然有失败的风险。如果不允许失败，也就扼杀了可能的创新。

鼓励科学技术人员自由探索、勇于承担风险，潜心研究、大胆创新，多出科研成果，多攻克科学难题，需要国家建立相应的宽容创新失败的制度，保护科学技术人员的积极性和创造性。鼓励创新、宽容失败的良好社会氛围，对于科学技术人员解放思想、敢闯敢试、大胆创新具有重要的促进作用。本法新增此项规定，明确营造鼓励创新、宽容失败的良好氛围是国家的责任，也就是各级人民政府和部门的职责。实践中，已经有一些地方通过制定相关规定和政策来营造鼓励创新、宽容失败的良好环境。例如，2020 年 1 月，上海市人民代表大会通过《上海市推进科技创新中心建设条例》，其中第五十条规定，市、区人民政府及其有关部门和各类社会组织应当通过多种方式，广泛开展社会动员，弘扬科学家精神、企业家精神和工匠精神，宣传科技创新先进事迹，推动创新文化、创新精神、创新价值融入城市精神，营造鼓励创新、宽容失败的社会氛围。

三、实行履职免责

本次修法明确规定，在一些特殊情况下，科学技术人员虽然没有取得研究开发项目的成功，没有实现原定的研究目标，但已经履行了勤勉尽责义务，即应对其的失败予以免责。为避免实践中这项免责制度被滥用，对于科学技术人员的失败予以免责必须符合两个条件：一是科学技术人员承担的是探索性强、风险高的科学技术研究开发项目，不是所有的科学技术研究开发项目都能适用免责制度。二是原始记录等能够证明科学技术人员已经履行了勤勉尽责义务。如果科学技术人员承担了项目后，因为不认真钻研、不努力工作而没有完成项目目标的，是不能免除其责任的，否则会导致科研管理的混乱，也不利于科学技术人员职业道德的建设。

第六十九条 科研诚信记录作为对科学技术人员聘任专业技术职务或者职称、审批科学技术人员申请科学技术研究开发项目、授予科学技术奖励等的重要依据。

◆ 条文主旨

本条是关于科研诚信记录的规定。

◆ 修改提示

本条是对原法第五十七条的修改。与原法条相比，一是删除“利用财政性资金设立的科学技术基金项目、科学技术计划项目的管理机构，应当为参与项目的科学技术人员建立学术诚信档案”，修改为“科研诚信记录”，主要原因是科研诚信记录囊括范围更广，是当前科研诚信管理的重要手段，不仅仅局限于利用财政性资金设立的科学技术基金项目、科学技术计划项目的管理机构等方面。二是明确“授予科学技术奖励”，主要原因是实践中科研诚信已经作为授予科学技术奖励的重要依据。

◆ 条文释义

一、科研诚信的重要性

诚实守信是中华民族的传统美德，是公民道德规范的基本要求，也是现代社会文明的基础和标志，是社会发展、社会和谐的基础。科研诚信是科技创新的基石，也是科技工作者的生命。近年来，我国科研诚信建设在工作机制、制度规范、教育引导、监督惩戒等方面取得了显著成效，但整体上仍存在短板和薄弱环节，违背科研诚信要求的行为时有发生。必须建立一套更加完善的科学技术诚信系统，加大科学技术诚信的监督力度，从诚信角度约束和促进科学技术的正常发展和良性循环。

科研诚信是科学技术人员最基本的职业道德和操守。本次修法，放宽了科研诚信记录的范围，将参与利用财政性资金设立的科学技术基金项目、科学技术计划项目的科学技术人员的科研诚信记录，扩展到整个科学技术活动中的科研诚信记录，并新增科研诚信记录作为授予科学技术奖励的重要依据，进一步强调科研诚信的重要性。

二、科研诚信记录的使用

近年来，党中央和国务院就加强科研诚信建设、营造诚实守信的良好科研环境制定了一系列政策和规定，强调要将科研诚信记录与职务职称评定、科学项目申请、奖励授予等挂钩。2018 年 5 月，中共中央办公厅、国务院办公厅《关于进一步加强科研诚信建设的若干意见》提出，要强化科研诚信审核。科技计划管理部门、项目管理专业机构要对科技计划项目申请人开展科研诚信审核，将具备良好的科研诚信状况作为参与各类科技计划的必备条件。对严重违背科研诚信要求的责任者，实行“一票否决”。相关行业主管部门要将科研诚信审核作为院士增选、科技奖励、职称评定、学位授予等工作的必经程序。将科研诚信状况与学籍管理、学历学位授予、科研项目立项、专业技术职务评聘、岗位聘用、评选表彰、院士增选、人才基地评审等挂钩。2019 年 6 月，中共中央办公厅、国务院办公厅《关于进一步弘扬科学家精神加强作风和学风建设的意见》提出，要坚守诚信底线。高等学校、科研机构和企业等要把教育引导和制度约束结合起来，主动发现、严肃查处违背科研诚信要求的行为，并视情节追回责任人所获利益，按程序记入科研诚信严重失信行为数据库，实行“零容忍”，在晋升使用、表彰奖励、参与项目等方面“一票否决”。2020 年 10 月，国务院修订了《国家科学技术奖励条例》，其中新增的第二十四条第一款规定，国家科学技术奖励工作实行科研诚信审核制度。国务院科学技术行政部门负责建立提名专家、学者、组织机构和评审委员、评审专家、候选者的科研诚信严重失信行为数据库。

第七十条　科学技术人员有依法创办或者参加科学技术社会团体的权利。

科学技术协会和科学技术社会团体按照章程在促进学术交流、推进学科建设、推动科技创新、开展科学技术普及活动、培养专门人才、开展咨询服务、加强科学技术人员自律和维护科学技术人员合法权益等方面发挥作用。

科学技术协会和科学技术社会团体的合法权益受法律保护。

◆ 条文主旨

本条是关于科学技术社会团体的规定。

◆ 修改提示

本条是对原法第五十八条的修改。与原法条相比，一是增加“推动科技创新”；二是将“发展科学技术普及事业”修改为“开展科学技术普及活动”。主要原因是更加体现科学技术社会团体推动科技创新的特点，在表述上更加规范。

◆ 条文释义

一、科学技术人员有依法创办或者参加科学技术社会团体的权利

科学技术社会团体，是科学技术工作者从事科学技术活动的群众性组织，是发扬学术民主、开展自由探索、促进智力开发和人才流动、普及科技知识、推动科技进步的重要阵地。根据《中华人民共和国宪法》第三十五条，中华人民共和国公民有言论、出版、集会、结社、游行、示威的自由。同时，为了进一步推动科学技术事业发展，促进科学技术进步，本条第一款规定科学技术人员有依法创办或者参加科学技术社会团体的权利。

在我国，科学技术社会团体包括自然科学、技术科学、科研管理、科技普及以及自然科学和社会科学交叉学科、边缘学科等广泛领域的全国性和地方性学会、协会、研究会。其中多数是中国科协或地方科协的成员。中国科协是中国科学技术协会的简称，是党领导下的各种科学技术工作者的联合组织，由全国学会、协会、研究会和地方科学技术协会组成。地方科学技术协会由同级学会、协会、研究会和下一级科学技术协会及基层组织组成。全国学会、协会、研究会是中国科学技术协会的团体会员。各级地方学会、协会、研究会是同级地方科学技术协会的团体会员。中国科协作为各科技社会团体中力量最强、活动最具代表性的社团，已成为党和政府发展科技事业的助手、科技工作者利益的代表和维护者以及党和政府联系科技工作者的重要纽带，在社会主义民主政治建设中发挥着越来越重要的作用。

二、科学技术协会和科学技术社会团体的作用

本条第二款对科学技术协会和科学技术社会团体在科学技术进步工作中主要应当发挥的作用作了规定，具体包括以下方面：

一是促进学术交流。通过组织各种学术会议，组织专家为科学决策和发展战略提出科学建议等活动的同时，不断开拓国际民间科技交流与合作；通过举办或参加国际学术会议、组织科技人员出国进修和邀请外国专家来华讲学以及组织科技展览赴国外展出等活动，增强科技工作者的国际竞争能力，是政府间科技交流交往渠道必不可少的重要补充。

二是推进学科建设，积极普及科学技术知识。我国各地科协和各类科技社会团体都把推进学科建设和进行科技知识普及，提高社会团体成员及广大公民的科学文化水平作为自己活动的主要内容。通过举办各种科普展览、兴办学习培训班、制作科普电影和录像、出版科普期刊和读物等活动进行科普宣传。

三是培养专门人才。通过组织科技人员培训班、进修班，举办研讨会、讲座等形式，提高科技人员的业务水平；大力发展青少年科技活动，通过组织一些国内和国际的基础学科竞赛或科学创造发明比赛，培养青少年科技人才。

四是开展科技咨询服务。目前，我国科技社会团体在科技咨询服务方面已形成网络，在组织综合性决策咨询和为企业提供技术服务方面，做了大量工作，产生了良好的经济效益和社会效益。

五是加强科学技术人员自律。主要通过发挥科学技术社会团体的会员管理职能，引导广大科学技术人员弘扬科学精神，遵守学术规范，恪守职业道德，不在科学技术活动中弄虚作假，不参加、支持迷信活动。

六是维护科学技术人员的合法权益。科技社会团体作为科技工作者利益的代表，理当关心和维护科技工作者的合法权益，向党和政府反映科技工作者的意见和建议，发挥纽带和助手的作用。

三、科学技术协会和科学技术社会团体的合法权益受法律保护

合法权益是指法律确认的并受法律保护的公民、法人和其他组织所享有的一定的社会权利和利益。我国的科学技术学会和科学技术社会团体享有的主要合法权益有：（1）学术自由权。体现在独立自主地开展学术交流、科学普及、继续教育和技术开发、技术转让、技术咨询、技术服务及其他科技活动。（2）财产所有

权。科技社团可以筹集资金，接受国家和地方财政拨款或者补助，政府部门的资助，国内外组织和个人的资助、捐赠，会员缴纳的会费等，并对以上财产依法享有所有权。（3）订立合同并取得收入权。即在科技研究等活动中依法订立合同并获得的合法收入。（4）开展国际科技合作与交流权。（5）获得知识产权。（6）其他合法的权益。

科学技术协会和科学技术社会团体作为为科技工作者服务、为创新驱动发展服务、为提高全民科学素质服务、为党和政府科学决策服务的重要机构，各级人民政府应当加以鼓励和引导，保障科技社团的学术自由和自主活动，奖励对科学技术事业作出重要贡献的科技社团及其成员，保护科技社团及其成员的合法权益，使之成为党领导下团结联系广大科技工作者的重要纽带，成为科技创新的重要力量。

第七章 区域科技创新

第七十一条 国家统筹科学技术资源区域空间布局，推动中央科学技术资源与地方发展需求紧密衔接，采取多种方式支持区域科技创新。

◆ 条文主旨

本条是关于中央对地方科技创新支持的规定。

◆ 修改提示

本条是新增法条。

◆ 条文释义

地方是推动科技创新的重要力量，也是科技创新资源空间布局的重要载体。加强中央与地方科技创新工作的统筹协调、促进中央与地方科学技术资源的相互衔接、支持区域科技创新，对于推动科技创新发展具有重要的战略意义。党的十八大提出实施创新驱动发展战略以来，地方加快探索各具特色的创新驱动发展道路，建设和完善区域创新体系，已成为国家创新体系的一个重要组成部分。建设创新型国家，必须加强区域创新体系建设。从2007年以来，我国地方财政科学技术支出开始超过中央财政科学技术支出，在财政科学技术支出中占比达到51.1%。2021年，地方财政科学技术支出达到6093.9亿元，在财政科学技术支出中的比重达到65.4%。

一、国家统筹科学技术资源区域空间布局

科学技术资源是与科学技术发展相关的人、财、物的统称，科学技术资源是现代科学技术发展的重要保障，也是科学技术发展的重要结果和体现。国家科学技术资源在地理空间上的分布就构成了科学技术资源的空间分布格局。科学技术资源与区域科技创新是相互促进的关系，一方面要认识到科学技术资源对区域科技创新的促进作用，比如科技基础设施的建设会带来科技创新人才、资金的集聚，对区域科技创新发展起到较强的带动作用；另一方面要认识到区域对科学技术资源的形成和发展所能发挥的支撑作用，在现代区域创新发展呈现一定的差异性的情况下，区域科技创新条件和水平对于科技资源的形成、发展和作用发挥具有较强的促进作用。

科技创新资源在地理上的分布是客观上形成的状态。中央对科学资源的区域空间布局进行统筹，有利于加强与区域科技创新发展的衔接，促进区域科技创新发展，也有利于科学技术资源的形成和发展，尤其是现代科技基础设施的分布，往往能够对区域的科技创新产生深远的影响。科学技术资源的宏观区域配置往往需要考虑区域的科技创新条件和能力、区域科技创新发展目标与趋势以及科学技术资源的辐射带动作用等因素。

二、推动中央科学技术资源与地方发展需求紧密衔接

中央科学技术资源的配置还应与地方发展需求衔接起来，特别是要找准结合点，发挥集聚带动作用，使中央和地方在推动科技创新上的努力效用最大化。从国家对地方发展的空间布局来看，21世纪以来，我国根据不同区域的资源环境承载能力、现有开发强度和发展潜力，统筹谋划人口分布、经济布局、国土利用和城镇化格局，确定不同区域的主体功能，并据此明确开发方向，完善开发政策，控制开发强度，规范开发秩序，逐步形成人口、经济、资源环境相协调的国土空间开发格局。党的十八大以来，各地方加快探索各具特色的创新驱动发展道路，区域发展上形成了以京津冀协同发展、长江经济带发展、粤港澳大湾区建设、长三角一体化发展、黄河流域生态保护和高质量发展五大重大国家战略为引领的区域协调发展新格局。

第七十二条　县级以上地方人民政府应当支持科学技术研究和应用，为促进科技成果转化创造条件，为推动区域创新发展提供良好的创新环境。

◆ 条文主旨

本条是关于地方人民政府在推动区域科技创新上的职责和义务的规定。

◆ 修改提示

本条是新增法条。

◆ 条文释义

科技创新已成为区域发展的重要推动力，在新时代，科技创新的能力和水平已成为区域发展的主要制约因素。地方在实施创新驱动发展战略中的作用也更加突出。发挥各地在创新发展中的积极性和主动性，对形成国家科技创新合力十分重要。对于县级以上地方人民政府来说，推动科技创新，为科技创新创造良好条件并发挥科技创新在推动地方经济社会高质量发展中的支撑引领作用，已成为基本职责。

一、支持科学技术研究和应用

县级以上地方人民政府应当统筹地方的资源、条件对科学技术研究给予必要的支持，为本地区的科学技术研究活动提供场所、必要的物质和条件保障，保障科学技术研究活动正常开展，保障相关科学技术研究主体的权益，努力为本地区的科学技术研究活动提供有效的激励，繁荣科学技术研究事业。此外，县级以上地方人民政府还应支撑科学技术应用活动，保障科学技术成果权利不受侵害，为科学技术在本地区的应用创造必要的条件，甚至出台相关的激励政策和措施，促进科学技术在本地区的应用。

二、为促进科技成果转化创造条件

科技成果转化是地方培育发展新技术、新产业，打造经济增长新动能的重要来源。科技成果转化也是地方推动科技创新的重要途径，有利于利用新技术成果推动地区经济社会发展的转型，为地方创新发展注入新动力。县级以上地方人民政府应积极促进科技成果转化，为促进科技成果转化创造条件，包括为产学研有机结合创造机会和平台，有条件地构建和完善技术交易市场，提供科技成果转化信息交流机制，培育技术转移专业化人才等。

三、为推动区域创新发展提供良好的创新环境

创新环境是创新主体所处空间范围内各种要素结合形成的关系总和，包括有利于创新的政策体系、与科技创新发展需求相适应的体制机制、浓厚的创新文化氛围等。良好的区域创新生态环境，是科技创新要素和资源集聚、人才流动、科技成果转移转化以及新技术新产业发展的必要保障。由于创新本身具有开放性、创新创造性，创新环境逐步成为科技创新发展的主要制约因素，也成为区域创新发展的起点。良好的创新环境包括良好的政策环境，运用市场化手段保护企业创新，激发创新活力，引导创新要素向创新主体集聚，鼓励竞争，引导创新主体形成依靠科技创新获取经济价值；完善的市场环境，形成优胜劣汰的市场机制，发挥市场需求的科技创新牵引作用；开放合作环境，为创新主体开展国际开放合作和国内的产学研合作等提供必要的支持，为科技创新要素和资源的集聚和流动创造有利的条件；鼓励创新的社会文化环境，形成鼓励创新、激励创新的氛围，倡导勇于创新、敢为人先的社会理念，营造开放、公平的创新创业环境。在现代科技创新中，科技基础设施、创新基础资源等条件对于区域科技创新来说越来越重要，比如互联网、大数据等信息基础设施，已成为现代科技创新的必要基础条件，对于营造区域科技创新竞争优势来说日益重要，也要求地方人民政府在营造软的创新环境的同时，高度重视营造科技创新的硬环境。

第七十三条 县级以上人民政府及其有关部门制定的与产业发展相关的科学技术计划，应当体现产业发展的需求。

县级以上人民政府及其有关部门确定科学技术计划项目，应当鼓励企业平等竞争和参与实施；对符合产业发展需求、具有明确市场应用前景的项目，应当鼓励企业联合科学技术研究开发机构、高等学校共同实施。

地方重大科学技术计划实施应当与国家科学技术重大任务部署相衔接。

◆ 条文主旨

本条是关于地方制定科学技术计划和确定科学技术计划项目的规定。

◆ **修改提示**

本条是对原法第三十一条的修改。与原法条相比，一是将第二款“具有明确市场应用前景的项目”改为“对符合产业发展需求、具有明确市场应用前景的项目”，主要原因是本条重点强调鼓励企业联合科学技术研究开发机构、高等学校共同实施的项目，不仅应具有明确的市场应用前景，还应明确符合产业发展需求，从而更加突出企业在体现产业发展需求的科技计划项目实施中发挥的作用。二是增加第三款“地方重大科学技术计划实施应当与国家科学技术重大任务部署相衔接”，主要原因是地方科学技术计划越来越多，规模越来越大，对国家科技创新发展的影响不断加大，有必要加强中央与地方科学技术计划的衔接。

◆ **条文释义**

科技计划（专项、基金等）是政府支持科技创新活动的重要方式。改革开放以来，我国先后设立了一批科技计划（专项、基金等），为增强国家科技实力、提高综合竞争力、支撑引领经济社会发展发挥了重要作用。2014 年以后，我国中央财政科技计划（专项、基金等）形成了五类科技计划（专项、基金等）构成的新型计划体系。与国家科技计划相衔接，地方政府出于区域科技发展需求，普遍实施地方科技计划，并把科技计划作为推动地方科技创新的重要手段。各地根据中央财政科技计划管理改革的方案，普遍把科技计划按照五类进行部署。比如北京市根据政府科技管理职能和科技创新规律，将本市各项目主管部门管理的科技计划（专项、基金等）整合为五个类别，形成各有侧重、相互协同的分类管理格局，包括北京市自然科学基金、北京市科技重大专项、北京市重点研发计划、北京市科技创新引导专项（基金）以及北京市基地建设和人才培养专项。并按照上述五个类别，通过撤、并、转等方式，对实行公开竞争方式的科技计划（专项、基金等）进行优化整合。

一般来说，中央财政科学技术计划的任务部署更加全面，覆盖从基础研究到应用研究再到技术开发和成果转化的全链条，科学技术计划项目的设置也根据其功能和目标不同，在解决的科学技术问题上各有侧重。而地方由于科技发展阶段和经济社会发展需求的不同，在科技计划配置上更加倾向于支持对区域和产业发展具有支撑和引领作用的科技创新活动，侧重于面向产业发展需求的科技创新活动。近年来，随着一些地方经济实力的增强、地方财政科技经费支出的扩大和发展需求增加，科技和产业发展更加前沿，地方科学技术计划覆盖的范围不断扩大，科学技术计划的配置越来越多地加大对基础研究的支持，比如很多地方开始加大地方自然科学基金的规模，越来越多地实施地方的重大科技项目，并通过建设地方实验室来加强基础研究。

一、与产业发展相关的科学技术计划应当体现产业发展的需求

与产业发展相关的科学技术计划应当体现产业发展的需求，包括以满足产业发展需求为目标，在组织实施过程中有利于提升产业科技创新能力，能够解决产业发展中的科学技术问题，以及科学技术计划实施的成果最终能够用于推动产业发展等。在一定时期中，我国科学技术计划的实施与产业发展存在一定的脱离现象，科学技术计划设定的目标虽然是支撑产业发展，但是在实施中往往由于体制机制保障不够、研发活动与产业发展需求脱节，造成科学技术计划的实施难以真正对产业发展起到有力的支撑作用，一方面，科学技术成果很多，另一方面，产业发展中面临的科学技术难题得不到有效解决，科学技术计划本身发生实施中的目标偏移问题。这些都需要通过立法的方式明确加以解决。

二、企业在科学技术计划实施中发挥应有作用

企业是技术创新的主体，在科技创新上具有独特的资源和优势，在科学技术计划实施中也应发挥应有的作用。一是对于科学技术计划项目，企业拥有平等竞争和参与实施的权利。科学技术计划项目的实施主要采取竞争性的方式，任何创新主体都拥有平等竞争的权利，企业作为一类重要的创新主体也不例外。二是对于符合产业发展需求、具有明确市场应用前景的项目，应当鼓励企业联合科学技术研究开发机构、高等学校共同实施。在面向产业发展的科学技术计划项目实施中，企业具有贴近市场、掌握产业发展需求以及促进科技成果转化和产业化的优势，而科学技术研究开发机构、高等学校具有科研资源密集、研发积累比较丰富以及科技人才集聚等方面的优势，鼓励企业与科学技术研究开发机构、高等学校共同实施科学技术计划项目，有利于发挥各类创新主体的优势专长，并实现科学技术计划项目面向产业发展需求、实现市场应用前景的目标。

三、地方重大科学技术计划实施与国家科学技术重大任务部署的衔接

随着地方科技创新和经济实力的快速提升，地方科学技术计划实施的体量和规模不断扩大，组织实施方式与中央财政科学技术计划的组织实施方式基本一致，实施的目标也更加偏向基础和前沿。加强地方与国家重大科研任务的衔接，有利于保障国家战略目标的实现，有利于地方科学技术计划的顺利实施，也有利于整合资源，提高创新效能。比如，面向中长期，在脑科学、人工智能等领域，国家部署了一批科学技术重大任务，而地方出于发展的需要，也在脑科学、人工智能等领域实施一批重大科学技术计划。地方重大科学技术计划的实施，需要在国家科学技术重大任务部署之下，找准计划实施的主要方向和任务目标，加强与国家科学技术计划在任务部署以及科研团队上的分工与协作，形成计划实施的协同机制，发挥中央与地方科技资源的集成效应，避免资源的重复、分散、低效、浪费。

第七十四条　国务院可以根据需要批准建立国家高新技术产业开发区、国家自主创新示范区等科技园区，并对科技园区的建设、发展给予引导和扶持，使其形成特色和优势，发挥集聚和示范带动效应。

◆ 条文主旨

本条是关于科技园区的规定。

◆ 修改提示

本条是对原法第二十四条的修改。与原法条相比，一是增加“国家自主创新示范区等科技园区”；二是增加发挥“示范带动”效应的要求。主要原因是自上一轮中长期科技发展规划纲要实施以来，我国科技园区种类已经更加丰富，而且在推动科技创新发展上发挥越来越重要的示范带动作用。除了国家高新技术产业开发区外，国家自主创新示范区已经成为国务院批准的又一重要先行先试区域，还有国家农业科技园区、国家可持续发展议程创新示范区等。这些科技园区在推动区域、产业和可持续发展上发挥着越来越重要的集聚和示范带动效应。

◆ 条文释义

科技园区，是以科技创新为核心的创新要素和高新技术产业集聚的综合性区域。推动科技园区建设和发展是我国推动科技创新发展的重要手段，是营造良好科技创新环境、引导创新要素集聚、通过体制机制改革释放科技创新活力从而带动区域创新发展的重要探索。我国通过发展科技园区推动科技创新发展，已经形成了宝贵的经验。

我国从20世纪80年代开始尝试探索建设高新技术产业开发区，在推动科技园区建设和发展上逐步形成一系列宝贵的经验，至今，已形成以高新技术产业开发区、国家自主创新示范区等重点科技园区为引领的较为完善的科技园区布局，在推动体制机制创新、引领带动区域科技创新发展上发挥着越来越重要的作用。

高新技术产业开发区是指专门研究、培育与开发高新技术并使之迅速产业化的特定区域。1985年，我国在借鉴国外科技工业园区的发展经验的基础上，提出“为加快新兴产业的发展，要在全国选择若干智力资源密集的地区，采取特殊政策，逐步形成具有不同特色的新兴产业开发区”，对我国高新技术产业开发区的发展起到了重要作用。截至2021年底，我国已批准建设169家国家高新区，据统计，2021年国家高新区实现营业收入49.5万亿元，利润总额4.1万亿元。国家高新技术产业开发区经过三十多年发展，已经成为我国实施创新驱动发展战略的重要载体，在转变发展方式、优化产业结构、增强国际竞争力等方面发挥了重要作用，走出了一条具有中国特色的高新技术产业化道路。

国家自主创新示范区是指经国务院批准，在推进自主创新和高技术产业发展方面先行先试、探索经验、做出示范的区域。建设国家自主创新示范区对于进一步完善科技创新的体制机制，加快发展战略性新兴产业，推进创新驱动发展，加快转变经济发展方式等方面将发挥重要的引领、辐射、带动作用。2009年3月，北京中关村国家自主创新示范区成为第一个国家自主创新示范区，此后，武汉东湖、上海张江、深圳等被批准建设国家自主创新示范区。截至2021年底，我国共有二十一个国家自主创新示范区，在通过体制机制创新和政策先行先试，集聚创新要素、打造创新创业环境和培育经济发展新动能等方面发挥着重要的作用。国家自主创新示范区积极与自由贸易区实现“双自联动”，截至2021年底，国家自主创新示范区及所在省市发布创新政策近五千条。

我国还积极探索其他各类各具特色的科技园区建设。农业科技园区，通常是指在特定的区域内，推动农科教、产学研紧密结合，农业生产要素优化配置，加速农业科技成果的转化和产业化，不断提高农业生产力，逐步实现农业现代化的一种新型发展模式。农业科技园区在深入贯彻落实乡村振兴战略和创新驱动发展战略、持续推进农业供给侧结构性改革、加快培育农业农村发展新动能、推进农业农村现代化上发挥着重要的作用。国家可持续发展议程创新示范区是探索以科技为核心的可持续发展问题系统解决方案，为了破解新时代社会主要矛盾、落实新时代发展任务作出示范并发挥带动作用，为全球可持续发展提供中国经验而作出的重要决策部署。

此外，我国各相关部门还大力推进国家大学科技园等的建设。国家大学科技园建设从2002年4月起步，目前已基本覆盖我国主要的高等学校，是以具有科研优势特色的大学为依托，将高校科教智力资源与市场优势创新资源紧密结合，推动创新资源集成、科技成果转化、科技创业孵化、创新人才培养和开放协同发展，促进科技、教育、经济融通的重要平台和科技服务机构。

第七十五条　国家鼓励有条件的县级以上地方人民政府根据国家发展战略和地方发展需要，建设重大科技创新基地与平台，培育创新创业载体，打造区域科技创新高地。

国家支持有条件的地方建设科技创新中心和综合性科学中心，发挥辐射带动、深化创新改革和参与全球科技合作作用。

◆ 条文主旨

本条是关于区域科技创新高地的规定。

◆ 修改提示

本条是新增法条，对建设区域科技创新高地等提出要求。

◆ 条文释义

从国际上看，随着科学技术的进步和科技在经济社会发展中作用的增强，涌现出一批科技实力较强、创新创业环境较好的区域科技创新高地，比如硅谷、波士顿、纽约、特拉维夫等，它们的共同特征是以创新为经济社会发展的核心驱动力，拥有丰富的创新资源、充满活力的创新主体、高效的创新服务、良好的创新创业环境，因此，能够在全球创新网络中发挥枢纽节点功能和在带动高科技产业发展、提升区域科技创新能力上发挥重要的带动作用，从而成为引领全球创新浪潮的中心。从历史上看，区域科技创新中心有自然形成的，也有在政府的引导支持下形成的，伴随着科技革命和产业变革的发展，全球科技创新中心也呈现着转移的态势。实践证明，打造并发挥区域科技创新高地的作用，是实施创新驱动发展战略的必由之路，是在区域范围内推动创新发展的必经途径。

一、打造区域科技创新高地

区域科技创新高地是指在一定区域内创新资源密集、具备较强的科技创新能力、创新创业活跃，从而能够在区域创新发展中起到引领和带动作用的地区。从国家科技创新发展战略出发，必然需要打造和形成一批区域科技创新高地，而打造区域科技创新高地的过程，也是区域不断提升科技创新能力和实力的过程。实施创新驱动发展战略，客观上也需要各地从地方发展需要出发，发挥主观能动性积极打造区域科技创新高地。

从法律规范的角度出发，一是站在国家发展战略的需求角度，国家鼓励有条件的县级以上地方人民政府打造区域科技创新高地。对于没有条件或者条件不成熟的，不提倡进行不切实际的打造区域科技创新高地行为。二是地方打造区域科技创新高地，要根据国家发展战略和地方发展需要，在区域上进行合理的宏观布局，要与地方发展实际以及发展需求相适应，不能脱离地方发展特色以及发展的实际需要。三是打造区域科技创新高地，要重点从建设重大科技创新基地与平台、培育创新创业载体等方面入手，着力提升区域科技创新位势，改善区域科技创新环境。重大科技创新基地与平台是指围绕国家目标，根据科学前沿发展、国家战略需求以及产业创新发展需要，开展基础研究、行业产业共性关键技术研发、科技成果转化及产业化、科技资源共享服务等科技创新活动的重要载体，是国家创新体系的重要组成部分。重大科技创新基地与平台能够持续产生科技成果，促进科技资源的集聚，从而为区域发展提供长期的科技创新动力支持，因此是打造区域科技创新高地的重要基础。创新创业载体则是指为聚集科技创新提供服务的公共服务平台、各类专业技术服务平台和科研机构、企业研发中心、工程技术研究中心等研发机构的载体。孵化器、众创空间是典型的创新创业载体，在推动区域创新资源集聚、推动新技术新产业发展上发挥着重要的作用。创新创业载体建设本身就是改善创新创业环境的重要途径，也是在新时期打造区域科技创新高地的重要保障。

二、建设科技创新中心和综合性科学中心

我国对科技创新中心和综合性科学中心建设已经进行了系统的部署。习近平总书记2016年指出，要围绕“一带一路”建设、长江经济带发展、京津冀协同发展等重大规划，尊重科技创新的区域集聚规律，因地制宜探索差异化的创新发展路径，加快打造具有全球影响力的科技创新中心，建设若干具有强大带动力的创新型城市和区域创新中心。《中华人民共和国国民经济和社会发展第十四个五年规划和2035年远景目标纲要》提出，支持北京、上海、粤港澳大湾区形成国际科技创新中心，建设北京怀柔、上海张江、大湾区、安徽合肥综合性国家科学中心，支持有条件的地方建设区域科技创新中心。

科技创新中心是指科技创新资源密集、科技创新活动集中、科技创新实力雄厚、科技成果辐射范围广大，从而在科技创新发展中发挥显著带动作用的城市或地区。很多省市积极建设区域性科技创新中心。例如，建设科技创新中心是党中央赋予北京、上海两个城市的光荣任务。2019年2月，《粤港澳大湾区发展规划纲要》发布，提出将粤港澳大湾区打造成为“具有全球影响力的国际科技创新中心”。2021年10月，中共中央、国务院印发《成渝地区双城经济圈建设规划纲要》，明确提出要“共建具有全国影响力的科技创新中心”。综合性国家科学中心是国家科技领域竞争的重要平台，是国家创新体系建设的基础平台。建设综合性国家科学中心，有助于汇聚世界一流科学家，突破一批重大科学难题和前沿科技瓶颈，显著提升中国基础研究水平，强化原始创新能力。我国目前经批准建设的综合性国家科学中心有北京怀柔、上海张江、粤港澳大湾区、安徽合肥综合性国家科学中心。

第七十六条 国家建立区域科技创新合作机制和协同互助机制，鼓励地方各级人民政府及其有关部门开展跨区域创新合作，促进各类创新要素合理流动和高效集聚。

◆ **条文主旨**

本条是关于区域科技创新合作的规定。

◆ **修改提示**

本条是新增法条，强调创新要素应合理流动等。

◆ **条文释义**

我国幅员辽阔，各个区域之间科技创新基础差异较大、资源要素禀赋不同，在加快实施创新驱动发展战略的过程中，必然产生区域之间科技创新差距等问题。而从国家的角度来看，加强区域之间的科技创新协同至关重要，可以避免产生过大的发展差距，同时也有利于产生区域创新发展的协同效应，为实现国家创新驱动发展战略提供有力支撑。当前，我国区域发展不平衡、不充分问题突出，东部与中部、西部和东北地区的差距逐步拉大，同一区域发达地区与欠发达地区之间分化现象日益显现。因此，区域创新发展要紧紧围绕解决发展不平衡、不充分问题，贯彻新发展理念，在国家层面建立和完善区域科技创新合作机制和协同互助机制，鼓励开展跨区域创新合作，促进各类创新要素合理流动和高效集聚。

2014 年 2 月，习近平总书记在北京市考察工作结束时的讲话中指出，“行政区划并不必然就是区域合作和协同发展的障碍和壁垒”。2019 年 12 月，习近平总书记在《求是》杂志上发表《推动形成优势互补高质量发展的区域经济布局》，提出新形势下促进区域协调发展，总的思路是：按照客观经济规律调整完善区域政策体系，发挥各地区比较优势，促进各类要素合理流动和高效集聚，增强创新发展动力。

一、国家建立区域科技创新合作机制和协同互助机制

国家建立区域科技创新合作机制和协同互助机制，主要含义包括：第一，在区域间建立科技创新合作机制。当前，出于地方科技发展需要，区域内加强科技创新合作的需求日益迫切，也需要建立完善科技创新合作机制。比如为了促进长三角一体化发展，中共中央、国务院印发《长江三角洲区域一体化发展规划纲要》，提出合力打造长三角科技创新共同体。为打造京津冀协同创新共同体，不断完善协同创新机制，包括政策互动机制、资源共享机制、市场开放机制等，促进京津冀地区协同创新的各种政策机制、资源成果、人才团队等有效整合对接，以政府引导、市场主导逐步形成京津冀区域内创新要素科学、有效、顺畅地配置的格局。

第二，建立区域科技创新协同互助机制。建立区域科技创新协同互助机制，是促进欠发达地区科技创新的重要路径，通过区域间的协同互助，有利于将发达地区的科技创新资源引入欠发达地区，增加欠发达地区科技创新供给，帮助欠发达地区探索符合区域特色的创新驱动发展道路，当然，也有利于发达地区科技创新资源发挥更大的作用，实现更大范围的协同，创造更大的发展效用。习近平总书记 2016 年 7 月在宁夏考察时的讲话中指出："越是欠发达地区，越需要实施创新驱动发展战略"，"欠发达地区可以通过东西部联动和对口支援等机制来增加科技创新力量，以创新的思维和坚定的信心探索创新驱动发展新路"。2018 年 11 月，中共中央、国务院发布《关于建立更加有效的区域协调发展新机制的意见》提出，在完善市场一体化发展机制、深化区域合作机制、优化区域互助机制、健全区际利益补偿机制等方面取得新进展，区域协调发展新机制在有效遏制区域分化、规范区域开发秩序、推动区域一体化发展中发挥积极作用；优化区域互助机制，包括：深入实施东西部扶贫协作、深入开展对口支援以及创新开展对口协作（合作）。区域科技创新协同互助机制，可以从多个渠道上建立，包括“一对一结对帮扶”“东西部联动”“对口支援”等，在全国范围内统筹布局科技要素资源，探索一条东西部“共享互助、互利共赢”的协同创新发展道路，对于不断缩小区域间发展差距、实现全国各族人民共同富裕具有重要意义。

二、鼓励地方各级人民政府及其有关部门开展跨区域创新合作

破除区域间科技创新合作障碍，实现跨区域创新合作，才能实现科技创新资源和要素在更大范围内的协同，促进区域取长补短，利用科技创新的成果更好地支撑和服务本区域创新发展。国家鼓励地方各级人民政府及其有关部门开拓科技创新合作的视野，积极开展跨区域创新合作，在更大的范围内加强创新资源的协同与互动，发挥本地区的科技创新优势，尽可能地提高国家创新体系的整体效能。

三、促进各类创新要素合理流动和高效集聚

资金、人才、技术、创新主体等各类创新要素流动与集聚是区域科技创新合作的基本实现形式，也是区域科技创新合作的结果。区域之间的科技创新合作，是互利共赢的合作，即便是东西部联动和对口支援机制，也应强调创新要素的合理流动和高效集聚，实现以互利共赢为前提的流动与集聚，避免造成新的“资源掠夺”式合作以及“拔苗助长”式合作，减少低效、走形式的合作，这样才能形成长期合作机制，真正促进区域的科技创新协调发展。

第七十七条 国家重大战略区域可以依托区域创新平台，构建利益分享机制，促进人才、技术、资金等要素自由流动，推动科学仪器设备、科技基础设施、科学工程和科技信息资源等开放共享，提高科技成果区域转化效率。

◆ 条文主旨

本条是关于国家重大战略区域的规定。

◆ 修改提示

本条是新增法条，主要是对国家重大战略区域的建设和发展提出加强科技创新的要求，促进国家重大战略区域向创新驱动发展的转型。

◆ 条文释义

国家重大战略区域是对国家发展具有重大战略影响区域。党的十八大以来，我国先后明确京津冀协同发展、长江经济带发展、粤港澳大湾区建设、长三角一体化等国家重大战略区域，2019年，黄河流域生态保护和高质量发展成为重大国家战略，国家重大区域战略进一步完善。党中央、国务院围绕国家重大战略区域的发展制定并发布规划，对其发展予以明确的要求和指引。2018年11月，中共中央、国务院发布《关于建立更加有效的区域协调发展新机制的意见》，明确提出建立区域战略统筹机制，推动国家重大区域战略融合发展。国家重大战略区域的发展，必须是依靠科技创新的发展，既要不断提高科技创新能力，实现高水平科技自立自强，又要实现发展方式的转型，实现以创新为第一动力的发展，在创新驱动发展战略的实施上起到表率和带头的作用。

国家重大战略区域具有科技资源密集的特点。我国已经建立了一些区域创新平台，包括区域性科技创新中心。例如，京津冀协同发展中，北京在建设具有全球影响力的全国科技创新中心，长三角一体化中，上海在打造国际科技创新中心，粤港澳大湾区在建设国际科技创新中心，还有各种类型的在建和准备建设的区域创新平台，为国家重大战略区域实施创新驱动发展战略提供了有力的支持，也成为了国家重大战略区域建设的坚强依托。应充分发挥这些平台和中心的作用，使其作为创新资源集聚和发挥作用的基本载体，促进创新高地建设与国家重大战略区域发展的有机衔接。

国家重大战略区域往往涉及跨区域的协同问题，多的如长江经济带覆盖 11 个省（直辖市）。实现国家重大战略区域的发展，必须加强区域内省（直辖市）以及相关区域的协同，构建利益分享机制，使发展惠及每个地区，实现互利共赢。

2016 年 1 月，习近平总书记在中央财经领导小组第十二次会议上的讲话中指出，要促进要素在区域之间流动，增强发展统筹度和整体性、协调性、可持续性，提高要素配置效率。对于国家重大战略区域来说，要实现创新驱动发展，应促进人才、技术、资金等要素在区域范围内的自由流动，解除要素流动的限制，在要素自由流动的基础上实现优势互补、协同共进。

推动科技信息资源开放共享，是为国家重大战略区域发展提供科技创新支撑服务的重要途径。近年来，我国各地方加强科技资源条件建设，科学仪器设备、科技基础设施、科学工程等建设不断加强，但是开放共享还不够，存在一定的重复、闲置现象，造成科技信息资源利用效率不高。科技信息资源是开展科技创新的重要保障，推动科技信息资源的开放共享对于国家重大战略区域来说也是十分重要的。

科技成果转移转化是区域实现创新驱动发展的重要推动力，国家重大战略区域不仅要积极承接外部科技成果到区域内转移转化，更要积极推动区域内科技成果转移转化，通过搭建区域科技成果转移转化平台、建立和完善新技术新产业发展环境、培育专业化技术转移机构和人才等来促进科技成果转化，发挥科技成果在发展新产业、培育新动能方面的重要作用。提高科技成果区域转化效率，需要在区域层面上建立和完善科技成果转化的体制机制，提高科技成果转化的综合能力，完善科技成果转化的服务体系。

第七十八条 国家鼓励地方积极探索区域科技创新模式，尊重区域科技创新集聚规律，因地制宜选择具有区域特色的科技创新发展路径。

◆ **条文主旨**

本条是关于区域科技创新路径的规定。

◆ **修改提示**

本条是新增法条，目的是促进地方根据发展的实际探索具有区域特色的科技创新发展路径。

◆ **条文释义**

区域的科技创新发展要根据发展的实际探索各具特色的差异化科技创新发展道路，这是由我国幅员辽阔的国情所决定的。应结合各地区的条件，走合理分工、优化发展的路子，形成优势互补、高质量发展的区域科技创新布局。从历史上看，我国区域发展同质化的问题比较突出，一些地区不顾实际条件，追求快速增长，在新技术、新产业的发展上一哄而上，靠加大投资、扩大生产等迅速扩大规模，而不论是否掌握核心技术以及生产能力大小，容易造成投资的过剩、低效以及区域之间重复建设。比如在“十三五”期间，我国大力发展机器人产业，几乎所有的省（市）都把发展机器人技术和产业作为“十三五”科技创新规划的重要内容，加大机器人产业投资。还有些区域片面与国家科技创新发展规划保持一致，在科技创新发展部署上“上下一般粗”，大而全、小而全，欠发达地区与发达地区一样比拼科技创新投入、建设科技创新载体，拿不出与本地发展需求和实际相适应的科技创新发展办法，探索的科技创新发展路径缺乏实效性，最后造成科技创新实力的差距越来越大，区域科技创新发展更加不平衡。

区域科技创新发展路径是关系到区域长远发展的一个重要方面。为解决存在的突出问题，从法律上对区域科技创新发展的路径进行规范实属必要。

一、国家鼓励地方积极探索区域科技创新模式

区域科技创新的模式有多种，从科技创新的源头来看，有自主研发、技术引进等模式；在科技与产业发展的协同上，有引领型创新、跟随型创新等模式；在区域创新体系建设上，有创新型企业引领、产学研协同创新以及高校、科研院所驱动等模式。无论采取哪种模式，都需要地方积极地在实践中探索，而不是照搬照用，或者不切实际地好高骛远。

二、尊重区域科技创新集聚规律，因地制宜选择具有区域特色的科技创新发展路径

按照科技创新资源发展的集聚规律，既存在一定的集中发展的需求，也存在一定的分布式发展的需求。区域科技创新发展要充分尊重科技创新集聚的规律，按照科技创新的规律进行布局、发展。

具有区域特色的科技创新发展路径就是与地方发展基础和实际需求相结合的科技创新发展路径，各地方在实施创新驱动发展战略过程中，应该因地制宜地选择适合区域发展特点和需求的科技创新发展路径，形成各具特色的区域创新发展格局。2016 年 5 月，中共中央、国务院印发《国家创新驱动发展战略纲要》，提出要构建各具特色的区域创新发展格局。东部地区注重提高原始创新和集成创新能力，全面加快向创新驱动发展转型，培育具有国际竞争力的产业集群和区域经济。中西部地区走差异化和跨越式发展道路，柔性汇聚创新资源，加快先进适用技术推广和应用，在重点领域实现创新牵引，培育壮大区域特色经济和新兴产业。

第八章　国际科学技术合作

第七十九条　国家促进开放包容、互惠共享的国际科学技术合作与交流，支撑构建人类命运共同体。

◆ 条文主旨

本条是关于国际科学技术交流合作，支撑构建人类命运共同体的规定。

◆ 修改提示

本条是新增法条，主要是明确国家对国际科学技术合作与交流、支撑构建人类命运共同体的立场，确立国际科学技术开放合作作为我国科技创新发展的基本模式和基本原则。

◆ 条文释义

科学技术是人类共同的财富，人类科学技术进步也是国际科学技术合作与交流的结果。习近平总书记指出，科学技术是世界性的、时代性的，发展科学技术必须具有全球视野。不拒众流，方为江海。自主创新是开放环境下的创新，绝不能关起门来搞，而是要聚四海之气、借八方之力。要深化国际科技交流合作，在更高起点上推进自主创新，主动布局和积极利用国际创新资源，努力构建合作共赢的伙伴关系，共同应对未来发展、粮食安全、能源安全、人类健康、气候变化等人类共同挑战，在实现自身发展的同时惠及其他更多国家和人民，推动全球范围平衡发展。要深度参与全球科技治理，贡献中国智慧，塑造科技向善的文化理念，让科技更好增进人类福祉，让中国科技为推动构建人类命运共同体作出更大贡献。

一、国家促进国际科学技术合作与交流

当前，世界正面临百年未有之大变局。无论国际形势多么复杂严峻，全球科技竞争格局发生什么样的变化，我国都坚定地推进改革开放，把国际科学技术交流与合作作为推动科技创新的基本途径，把增进各国人民福祉和构建人类命运共同体作为科技创新发展的根本目标。

二、国际科学技术合作与交流应坚持开放包容、互惠共享的原则

国际科学技术合作与交流，不是单方面能够推动的，必须建立在开放包容、互惠共享的基础之上，这样才能使国际科学技术合作与交流深入持久地进行下去，并且不断扩大合作与交流的领域，得到世界各国的共同认可。开放包容、互惠共享是我国开展国际科学技术合作与交流的基本原则。习近平总书记在科学家座谈会上的讲话中指出，国际科技合作是大趋势。我们要更加主动地融入全球创新网络，在开放合作中提升自身科技创新能力。越是面临封锁打压，越不能搞自我封闭、自我隔绝，而是要实施更加开放包容、互惠共享的国际科技合作战略。要以更加开放的思维和举措推进国际科技交流合作。

三、支撑构建人类命运共同体

构建人类命运共同体是习近平新时代中国特色社会主义思想的重要内容，是中国特色大国外交的努力方向，也是全人类的共同事业。支撑构建人类命运共同体，要求科技成果造福全人类。

2021年1月，习近平主席在世界经济论坛“达沃斯议程”对话会上的特别致辞中指出，科技成果应该造福全人类，而不应该成为限制、遏制其他国家发展的手段。中国将以更加开放的思维和举措推进国际科技交流合作，同各国携手打造开放、公平、公正、非歧视的科技发展环境，促进互惠共享。

第八十条 中华人民共和国政府发展同外国政府、国际组织之间的科学技术合作与交流。

国家鼓励科学技术研究开发机构、高等学校、科学技术社会团体、企业和科学技术人员等各类创新主体开展国际科学技术合作与交流，积极参与科学研究活动，促进国际科学技术资源开放流动，形成高水平的科技开放合作格局，推动世界科学技术进步。

◆ 条文主旨

本条是关于明确各类主体开展国际科学技术合作与交流的规定。

◆ 修改提示

本条是对原法第十四条的修改。与原法条相比，一是将原法条分成两款，分别阐述政府间和各类创新主体间的国际科学技术合作与交流。二是在第二款中增加“积极参与科学研究活动，促进国际科学技术资源开放流动，形成高水平的科技开放合作格局，推动世界科学技术进步”，进一步丰富和完善了各类创新主体开展国际科学技术合作与交流的具体途径，强调推动世界科学技术进步的宗旨。三是对各类创新主体的顺序进行一些调整，将机构与人员分开，并加上“各类创新主体”进行概括，强调开展国际科学技术合作与交流是各类创新主体的职责。

◆ 条文释义

根据本条规定，国际科学技术合作与交流包括官方的合作交流与民间的合作交流。前者指中国政府与外国政府、国际组织之间的科学技术合作与交流，后者指的是中国的科学技术研究开发机构、高等学校、科学技术社会团体、企业和科学技术人员等各类创新主体与外国的科学技术研究开发机构、高等学校、科学技术社会团体、企业和科学技术人员等各类创新主体之间的科学技术合作与交流。

一、政府间的科学技术合作与交流

政府间的科学技术合作与交流，是国际关系的延伸，也逐步成为国家之间外交关系的重要内容，能够为国际科学技术合作与交流搭建坚实的舞台、创造良好的环境以及开拓广阔的空间。1978 年，我国召开了第一次全国科技外事工作会议，提出“解放思想，全面开展对外科技活动”的国际科技合作方针。1981 年召开的第二次全国科技外事工作会议，提出要“在独立自主、自力更生的前提下从国内实际情况出发，讲求实效，认真学习各国对我国适用的先进科学技术和科技管理经验，积极、稳妥、深入、扎实地开展国际科技合作与交流活动，为发展我国国民经济和科学技术服务”。这不仅为我国国际科技合作指出了方向，同时也在相当大的程度上阐明了开展国际科技合作的原则和目标。我国与世界主要国家陆续签订了政府间科技合作协定，构建起了国际科技合作的基本框架。我国与法国在 1978 年 1 月签署《中华人民共和国政府和法兰西共和国政府科技合作协议》，这是我国与西方国家签署的第一个政府间科技合作协议。1979 年 1 月，我国与美国签署《中华人民共和国政府和美利坚合众国政府科学技术合作协定》，这是中美建交后两国签署的首批政府间协定之一。双方据此成立中美科技合作联委会机制，首届中美科技合作联委会于次年1月在北京召开。此后，中美科技合作联委会每两年举行一次，轮流在中美两国举行。1978年以前，我国仅与3个国家签有政府间科技合作协定。经过四十年的快速发展，我国科技领域国际交流合作的广度和深度进一步拓展，目前，我国已经与161个国家和地区建立了科技合作关系，签订了114个政府间科技合作协定，参与了涉及科技的200多个国际组织和多边机制。

我国与世界主要国家和地区开启了十大创新对话机制［中美、中欧、中德、中法、中以、中巴（西）、中俄、中加、中澳以及中比（利时）］。与广大发展中国家建立了七大科技伙伴计划（非洲、东盟、南亚、上合组织国家、拉共体成员国、阿拉伯国家、中东欧国家），基本实现了对发展中国家的全球覆盖，支持我国与发展中经济体共同开展高水平联合研发，开展技术转移合作，积极探索科技园区合作，建设技术示范与推广基地，帮助各国培养科技人才，打造务实高效、充满活力的新型科技伙伴关系。我国在许多领导人会晤框架下建立了科技创新合作机制，包括亚太经合组织、二十国集团、金砖国家、亚欧首脑会议等。

二、深入推进民间科技合作与交流

民间科技合作与交流为国际科技创新合作提供了深厚基础。我国积极支持和帮助中国科学家参与国际科技组织活动并担任职务，支持和鼓励在华举办高水平国际组织系列会议。在各类企业层面，围绕经贸合作与产业发展，一大批科技工作者走出国门，实现跨国流动，既加深了人文交流，又促进了创新创业。

深入推进民间科技合作与交流，首先，要促进各类创新主体的国际科学技术合作与交流。当前，参与科技创新的主体范围越来越广，我国参与国际科学技术合作和交流的主体也越来越多，除了传统上发挥比较大作用的科学技术研究开发机构、高等学校之外，企业将经济产业合作与科学技术合作交流融合在一起，发挥越来越大的作用。还有各类新型科技组织、研发机构等，都有着开展国际科学技术合作和交流的迫切需求，各种科学技术社会团体积极发挥着组织、推动作用。其次，要鼓励通过多种途径开展国际科学技术合作与交流，包括鼓励各类创新主体积极参与科学研究活动，促进国际科学技术资源开放流动，引导各类创新主体由人员交流等较为基本的合作交流方式向合作研发、应对人类共同挑战等深层次转换，形成相互交融的高水平合作格局。

第八十一条 国家鼓励企业事业单位、社会组织通过多种途径建设国际科技创新合作平台，提供国际科技创新合作服务。

鼓励企业事业单位、社会组织和科学技术人员参与和发起国际科学技术组织，增进国际科学技术合作与交流。

◆ **条文主旨**

本条是关于国际合作平台与组织的规定。

◆ **修改提示**

本条是新增法条。

◆ **条文释义**

国际科技创新合作平台和国际科学技术组织是开展国际科学技术合作和交流的重要渠道。国际科技创新合作平台的主要功能是为国际科技创新合作提供服务；国际科学技术组织在增进国际科学技术合作与交流上发挥重要的组织作用。

一、建设国际科技创新合作平台

国际科技合作基地是指在承担国家国际科技合作任务中取得显著成效、具有进一步发展潜力和引导示范作用的国内科技园区、科研院所、高等学校、创新型企业和科技中介组织等机构载体，包括国际创新园、国际联合研究中心、国际技术转移中心和示范型国际科技合作基地等不同类型。建设国际科技合作基地的目的是更为有效地发挥国际科技合作基地在扩大科技开放与合作中的促进和推动作用，提升我国国际科技合作的质量和水平，形成“项目—人才—基地”相结合的国际科技合作模式，使国际科技合作基地成为国家推动科技资源流动、扩大科技对外影响力等工作中的骨干和中坚力量，并对领域或地区国际科技合作发展产生引领和示范效果。截至 2021 年年底，我国推动建设了 29 个国际创新园、209 家国际联合研究中心、44 家国际技术转移中心和 427 家示范型国际科技合作基地，形成了不同层次不同形式的国际科技合作与创新平台。但是，从总体上看，我国仍然缺乏吸引和集聚国际科技创新资源的平台和环境，对各类创新主体开展国际科学技术合作与交流的服务还存在不足，特别是在海外科学技术合作与交流的信息沟通、知识产权保护以及法律等相关方面的服务都还存在很大的不足，科技创新资源国际流动的便利性还有待提升。

国家鼓励企业事业单位、社会组织以多种方式建设国际科技创新合作平台，就是鼓励各类创新主体发挥各自优势、结合自身发展需求，为国际科技创新合作提供便利化的服务，这些服务应该覆盖国际科技合作的各个环节，包括信息对接、人员往来、知识产权协议、商务谈判以及法律保障等。

二、参与和发起国际科学技术组织

国际科学技术组织是推动国际科技治理的重要组织者，是国际科学交流平台，深刻影响着全世界科学技术的发展与进步。当前，我国参加了一千多个专门的国际科技合作组织，其中有二百多个政府间科技型国际组织。但是从总体上看，我国对国际组织和国际事务的参与还远远不足，在国际科学技术组织中发挥的作用与一些国家还存在较大差距，相应地，对世界科学技术进步和发展的贡献还需要进一步提升。因此，加大相关机构和人员参与国际科学技术组织的力度对提升我国科技创新的国际化水平、全面融入全球创新网络具有重要作用。

参加和发起设立国际科技组织是主要国家参与全球科技治理的重要方式，能够在更大程度上发挥负责任大国作用，为全球科学技术进步和人类社会发展不断贡献中国智慧和力量。2020 年 9 月，习近平总书记在科学家座谈会上的讲话中指出，要逐步放开在我国境内设立国际科技组织、外籍科学家在我国科技学术组织任职，使我国成为全球科技开放合作的广阔舞台。

第八十二条 国家采取多种方式支持国内外优秀科学技术人才合作研发，应对人类面临的共同挑战，探索科学前沿。

国家支持科学技术研究开发机构、高等学校、企业和科学技术人员积极参与和发起组织实施国际大科学计划和大科学工程。

国家完善国际科学技术研究合作中的知识产权保护与科技伦理、安全审查机制。

◆ **条文主旨**

本条是关于国际合作研发的主要方向，参与和发起实施国际大科学计划和大科学工程，以及完善合作研究机制的规定。

◆ **修改提示**

本条是新增法条。

◆ **条文释义**

国际合作研发是创新能力开放合作的重要内容，是国际科学技术合作和交流的基本形式之一。国际合作研发的实施形式有各类创新主体之间的合作，也有科学技术人员之间的合作，不论是哪种合作，最终都会归结到科学技术人员之间的合作上来。从20世纪以来，为应对人类面临共同挑战，以及各国间共同的科学技术进步需要，出现了很多国际大科学计划和大科学工程，由多国成员共同参与，合作组织形式更加复杂、精细，合作目标更加高远，成为国际合作研发的高级形式。当前以及未来的国际合作研发需要处理的合作方关系更加复杂，也要求合作组织形式不断创新，从政府角度来说，需要为合作研发创造必要条件、营造良好环境，持续支持各类创新主体与科学技术人员与国外相关机构和企业开展高水平研发合作。

一、支持合作研发

不同国家的科学家围绕某个科学技术研发目标开展合作研究是一种普遍的国际合作形式，也是科学界的惯例。通常来讲，国际合作研发是指不同国家或地区的企业、科学技术研究开发机构、高等学校等组织机构，以合作创新为目的，以双方共同利益和优势互补为前提，通过联合行动而自愿形成的研发组织体。该组织体有的是以明确的契约形式为联结，形成明确的合作目标和合作期限，共同遵守契约规定的合作行为规则、成果分配规则、风险承担规则；有的是以隐性的契约为联结，双方共同约定某个目标，在研发过程中不断加强联系、沟通和协调，以最终实现一定的研发目标。合作研发的动机有多种，主要包括克服研发中的高额投入和不确定性、规避风险、缩短研发周期、应对紧急事件威胁以及节约交易成本等。

随着科学技术研究的不断发展，各领域知识与技术的难度与深度都与日俱增，新技术研发的跨学科、跨部门特征日益明显，跨越国际寻求知识与技能的相互补充越来越重要，这些都使国际合作研发更加受到重视。

从全球来看，国际合作研发的重要性不断提升。据统计，国际性的科学研究合作正在以惊人的速度增长。从 1990 年到 2015 年，跨国（多于 2 个国家）多作者合作产出科学论文的数量增加了一倍多，所占比例从 10%提高到 25%。2015 年与 1990 年相比较，参与国际性合作研究的国家多出了近 60 个。而从专利产出来看，参与国际专利合作的国家和地区越来越多，跨国知识流动日趋频繁。

加强国际合作研发，是我国开展国际科学技术合作和交流的重要内容。2020 年 10 月，习近平主席在向第三届世界顶尖科学家论坛（2020）作视频致辞时指出，中国愿同全球顶尖科学家、国际科技组织一道，加强重大科学问题研究，加大共性科学技术破解，加深重点战略科学项目协作。我国积极参加国际合作研发，推动各类创新主体和科学技术人员加强与国外相关机构和人员的合作研发，在基础研究、应用研究以及技术开发、成果转化方面开展了广泛而深入的合作。据 SCI 数据库统计，2019 年收录的中国论文中，国际合作产生的论文为 13.01 万篇，比 2018 年增长了 17.4%。国际合著论文占中国发表论文总数的 26.2%。2019 年，中国作者为第一作者的国际合著论文共计 96157 篇，占中国全部国际合著论文的73.9%，合作伙伴涉及167个国家（地区）。我国的企业在国外设立海外研发机构，加强了与国外高等学校、科学技术研究开发机构的研发合作。

从法律规定上看，我国支持合作研发，主要包括几层含义：一是积极营造良好环境，发挥各类创新主体的能动性。二是支持国内外优秀科技人才进行合作研发。通过优秀的科技人才进行合作研发才能创造出好的成果，政府对优秀科技人才的合作研发进行支持才能保证效率。三是支持的主要方向是应对人类面临的共同挑战，探索科学前沿。

二、支持参与和发起组织实施国际大科学计划和大科学工程

从20世纪以来，全球科学研究进入大科学时代，许多科学问题的范围、规模和复杂性不断扩大，远远超出单一国家的能力，国际大科学合作成为必然。当前，主要国家都高度重视通过组织实施国际大科学计划和大科学工程的方式推动基础研究和重大全球性问题研究，如国际热核聚变实验堆（ITER）计划、大型强子对撞机、平方公里阵列射电望远镜（SKA）等。近年来，我国也将组织和实施国际大科学计划和大科学工程作为建设创新型国家和世界科技强国的重点举措。2021年5月，习近平总书记指出，要主动设计和牵头发起国际大科学计划和大科学工程，设立面向全球的科学研究基金。国务院于2018年3月14日专门发布《积极牵头组织国际大科学计划和大科学工程方案》，明确提出，要聚焦国际科技界普遍关注、对人类社会发展和科技进步影响深远的研究领域，集聚国内外优势科技力量，积极牵头组织国际大科学计划和大科学工程。

本次法律修订，明确规定国家支持科学技术研究开发机构、高等学校、企业和科学技术人员积极参与和发起组织实施国际大科学计划和大科学工程。参与和发起组织实施国际大科学计划和大科学工程，要求各类创新主体发挥积极性，选准切入点，吸引

集聚多国科研人员联合攻关、贡献智慧，提高项目组织协调能力，建立和完善组织运行机制。

三、完善合作研发机制

鉴于各国存在的地域、文化、社会等方面的差异，开展国际合作研发涉及多个国际主体利益以及国际法律制度等的协调问题，合作研发必须建立在共同的治理规则基础之上，为此，需要完善合作研发的共同治理机制。一是完善知识产权保护机制。知识产权是开展合作研发必须处理好的一个核心问题，必须建立和完善知识产权保护机制。二是完善科技伦理机制。科技创新面临越来越多的科技伦理问题，国际合作研发必须建立和完善科技伦理机制，强化伦理监管，细化相关法律法规和伦理审查规则，规范各类科学研究活动，防范科技滥用及其他可能出现的风险或危害。三是完善安全审查机制。国际合作研发还涉及公众健康、国家安全和社会公共利益，应进一步完善安全审查机制。《中华人民共和国人类遗传资源管理条例》自 2019 年 7 月 1 日起施行，对利用我国人类遗传资源开展国际合作科学研究的，要满足的条件包括对我国公众健康、国家安全和社会公共利益没有危害，合作研究方案合理等。随着国际合作研发的范围和领域逐步扩大，更广泛的安全审查机制需要进一步建立和完善。

第八十三条 国家扩大科学技术计划对外开放合作，鼓励在华外资企业、外籍科学技术人员等承担和参与科学技术计划项目，完善境外科学技术人员参与国家科学技术计划项目的机制。

◆ **条文主旨**

本条是关于科技计划开放的规定。

◆ **修改提示**

本条是新增法条。

◆ **条文释义**

科学技术计划是各国配置科学技术资源、实现科学技术发展战略目标的主要方式。进入20世纪80年代以后，为最大限度地使用国际科技人才、设备和资金，利用和转化最新的科学技术知识，促进本国科技发展，提升国际竞争力，大部分国家选择适度开放本国的科学技术计划。部分发达国家或地区为全面推动科技发展，在更大的范围内开放科技计划。各国科学技术计划中，面向基础研究、重大全球化问题研究等领域的开放程度较高，接近产业化阶段的研究开放较少。在能源资源、环境保护、气候变化、人口健康等全球重大问题上，发达国家和地区作为众多国际大科学计划和工程的发起人，通常都推进开放和合作攻关。

近年来，我国不断深化科学技术计划管理改革，科学技术计划对外开放程度不断加深，2015年9月，中共中央办公厅、国务院办公厅联合印发《深化科技体制改革实施方案》，提出要有序开放国家科技计划，提高我国科技的全球影响力，具体举措包括制定国家科技计划对外开放的管理办法、鼓励在华的外资研发中心参与承担国家科技计划项目、启动外籍科学家参与承担国家科技计划项目实施试点等。当前，我国围绕科学技术计划对外开放已建立了较为完善的管理制度，对境内的外资企业、外籍科学技术人员参与和牵头科学技术计划项目一视同仁，并通过进一步加大宣传力度，使境内外资企业、外籍科学技术人员对国家科学技术计划项目的参与越来越多。2017 年，科技部专门出台《关于推进外籍科学家深入参与国家科技计划的指导意见》（国科发资〔2017〕401 号）推进外籍科学家深入参与国家科技计划战略咨询、项目管理、研究开发、验收评价等相关工作，取得很好效果。2020 年，我国也首次选择由外国科学家担任国家重大科学研究计划项目的首席科学家。但是，从总体上看，仍然存在外资企业、外籍科学技术人员在科学技术计划实施中发挥作用不够、相关管理制度实施便利性不足等问题，特别是对境外科学技术人员参与国家科学技术计划项目的实施机制还有待进一步完善。

本条法律规定，包括三层含义：

一是国家扩大科学技术计划对外开放合作。一方面是在各类科学技术计划实施中对非敏感、不涉及国家安全的领域，应采取应放尽放的原则，充分利用国际优秀科技创新资源；另一方面是针对国外的各类创新主体和科学技术人员设立专门的科学技术开放合作计划，使其在总体科学技术计划中占有一定比重。

二是鼓励在华外资企业、外籍科学技术人员等承担和参与科学技术计划项目。当前针对在华外资企业、外籍科学技术人员承担和参与科学技术计划项目的管理制度已经比较完善，但是在实施中还存在一些具体的问题需要解决，进一步加强宣传工作增进外资企业和外籍科学技术人员对我国科学技术计划的了解，以及在各类科学技术计划管理活动中吸收外籍科学技术人员参与等。

三是完善境外科学技术人员参与国家科学技术计划项目的机制。从长远来看，吸收境外科学技术人员参与国家科学技术计划项目十分重要，能够开辟更广阔的国际科技交流渠道，为此，需要进一步破除相关的管理和体制机制障碍，依法完善相应机制。

第八十四条 国家完善相关社会服务和保障措施，鼓励在国外工作的科学技术人员回国，吸引外籍科学技术人员到中国从事科学技术研究开发工作。

科学技术研究开发机构及其他科学技术组织可以根据发展需要，聘用境外科学技术人员。利用财政性资金设立的科学技术研究开发机构、高等学校聘用境外科学技术人员从事科学技术研究开发工作的，应当为其工作和生活提供方便。

外籍杰出科学技术人员到中国从事科学技术研究开发工作的，按照国家有关规定，可以优先获得在华永久居留权或者取得中国国籍。

◆ **条文主旨**

本条是关于鼓励境外科学技术人员来华工作的规定。

◆ **修改提示**

本条是对原法第五十四条的修改。与原法条相比，将原法条第一款分成两款。一是在原条文规定“国家鼓励在国外工作的科学技术人员回国从事科学技术研究开发工作”的基础上，增加规定“国家完善相关社会服务和保障措施”，“吸引外籍科学技术人员到中国从事科学技术研究开发工作”。二是对相关主体的权利与义务进行规定，新增“科学技术研究开发机构及其他科学技术组织可以根据发展需要，聘用境外科学技术人员”的规定，并将原条文“在国外工作的杰出科学技术人员”改为“境外科学技术人员”，删去“回国”，从而将港澳台地区以及外籍科学技术人员都包含在内。三是对外籍科学技术人员到中国从事科学技术研究开发工作进行规定，将“外国的”改为“外籍”，除优先获得在华永久居留权外，增加获得“中国国籍”。

◆ **条文释义**

以习近平同志为核心的党中央明确提出“聚天下英才而用之”，要求使用好海外人才渠道，不仅包括在国外工作的华裔科学技术人员，还要开阔视野，使更多杰出的境外科学技术人员融入我国科技创新活动。

一、国家在吸引科学技术人员回国和外籍科学技术人员来华工作上发挥应有作用

当前，海外人才来源有两个重点渠道，一是在国外工作的科学技术人员，这部分科学技术人员的主体是出国留学并在国外工作的科学技术人员，对于这部分人才，国家鼓励他们回国工作。二是外籍科学技术人员，即拥有外国国籍的科学技术人员，国家欢迎他们到我国来从事科学技术研究开发工作。

国家在鼓励和吸引海外人才上，要以完善相关社会服务和保障措施为前提。当前，无论是出国留学人员还是外籍科学技术人员，在我国从事科学技术研究开发工作仍然面临着一些生活以及工作上的不便利之处，应进一步完善相关社会服务和保障措施，包括完善社会保障服务、医疗保险以及出行、子女教育等方面的保障；提高服务质量和效率，包括海外回国或到中国就业创业、学历学位认证、派遣落户、档案管理等方面的服务，以及在出入境、人事等方面营造良好的工作、创业环境。

需要特别说明的是，出国留学人员是我国人才资源的重要组成部分，党和国家历来高度重视留学人员工作，制定了“支持留学、鼓励回国、来去自由、发挥作用”的工作方针，提出了“拓宽留学渠道，吸引人才回国，支持创新创业，鼓励为国服务”的工作要求。我国从 20 世纪 80 年代起，出台了很多吸引和引进人才的政策，主要集中在提高生活待遇和保障相应工作条件两个基本方面，在鼓励出国留学人员回国工作上发挥了重要作用。近年来，我国出国留学以及回国人数都呈现快速上升势头。根据教育部公布的数据，2016—2019 年 4 年间，我国出国留学人数总计有 251.8 万人，回国人数有 201.3 万人，学成回国占比达八成（79.9%）。

二、创新主体聘用境外科学技术人员

各类创新主体是吸引和使用境外科学技术人员的主体，创新主体的需求是加强国际科学技术合作与交流的重要动力。《深化科技体制改革实施方案》中明确提出，实行更加积极的人才引进政策，聚集全球创新人才；围绕国家重大需求，面向全球引进首席科学家等高层次科技创新人才；开展高等学校和科研院所非涉密的部分岗位全球招聘试点，提高科研院所所长全球招聘比例。

按照本法规定，一是科学技术研究开发机构及其他科学技术组织可以根据发展需要，聘用境外科学技术人员。强调根据发展需要来聘用境外科学技术人员，一方面是保障科学技术研究开发机构在聘用人员上的自主权，另一方面也是明确应从本身发展需要出发，能够满足科学技术研究开发机构和其他科学技术组织的需求，保证境外科学技术人员被聘用后能够发挥应有的作用。二是利用财政性资金设立的科学技术研究开发机构、高等学校聘用境外科学技术人员从事科学技术研究开发工作的，应当为其工作和生活提供方便。一般来讲，工作方便包括科研条件的保障、科研资金的配置以及研发团队的组建等，生活方便包括住宿、交通、子女教育等生活方面的便利。这是对利用财政性资金设立的科学技术研究开发机构、高等学校的义务性规定。

三、外籍科学技术人员在华永久居留权或者取得中国国籍

自 20 世纪 80 年代以来，各国为吸引国际人才纷纷制定和完

善了技术移民法律制度，以增强国家的竞争力。我国也不断完善外籍人才来华管理制度。2015 年 3 月，《中共中央、国务院关于深化体制机制改革加快实施创新驱动发展战略的若干意见》提出，规范和放宽技术型人才取得外国人永久居留证的条件，探索建立技术移民制度。2016 年 2 月，中共中央办公厅、国务院办公厅印发的《关于加强外国人永久居留服务管理的意见》提出，为外国高层次人才申请永久居留开辟绿色通道，建立人才签证与永久居留衔接机制，对纳入重点引才计划备案项目的人选申请永久居留的，予以优先办理。

为创造良好的引才环境，本次修法进一步明确，“外籍杰出科学技术人员到中国从事科学技术研究开发工作的，按照国家有关规定，可以优先获得在华永久居留权或者取得中国国籍”。这是对外籍杰出科学技术人员服务工作的重要改善，拓展了政策空间，将为引进和发挥外籍杰出科学技术人员的作用创造更有利的条件。

第九章 保障措施

第八十五条 国家加大财政性资金投入，并制定产业、金融、税收、政府采购等政策，鼓励、引导社会资金投入，推动全社会科学技术研究开发经费持续稳定增长。

◆ 条文主旨

本条是关于推动全社会科技投入持续稳定增长的规定。

◆ 修改提示

本条是对原法第九条的修改。与原法条相比，主要是将“金融”置于“税收”之前。

◆ 条文释义

一、国家加大财政性资金投入

财政性科技资金是指由各级财政部门拨付的直接用于科学技术活动的经费。加大科技投入，特别是财政科技投入，是科技创新的重要保障，是主要国家加强科技创新的共同做法。党的十九届五中全会提出，“要加大研发投入，健全政府投入为主、社会多渠道投入机制”。财政性资金投入不足会造成科学技术研发活动，尤其是基础研究、社会公益研究等以财政性资金为主要资金来源的科学技术活动的经费不足，影响我国科技创新能力提升，减缓我国科学技术进步的速度。财政科技投入在带动全社会研发投入、引领国家战略导向方面发挥了关键作用，对其他社会主体产生示范带动作用。

“十三五”时期，各级财政大力支持科技创新，将科技作为财政支出重点领域予以支持。根据《中国科技统计年鉴》数据计算，2016—2020 年，全国财政科学技术支出 4.12 万亿元，年均增长 10.37%，其中，中央财政科学技术支出 1.53 万亿元。从国际上看，世界主要国家都通过加大科技投入，特别是财政科技投入来为科技创新提供有力保障。

为支撑建设世界科技强国的新目标和新要求，需要发挥财政科技投入的杠杆作用，引导全社会资本投入科技创新。各级财政要深入推进实施创新驱动发展战略，将科技支出作为重点安排，优化经费投入结构，提高财政科技投入绩效，激励各类创新主体加大创新研发投入。

二、鼓励、引导社会资金投入科学技术进步

2013 年 10 月，习近平总书记在主持中共中央政治局第九次集体学习时强调，“要加大政府科技投入力度，引导企业和社会增加研发投入”。2021 年，我国全社会科学技术研究开发经费为 2.79 万亿元，国家财政科学技术支出为 9700 亿元，社会资本已经成为科技投入的重要来源。

为促进科学技术持续进步，需要进一步完善以政府投入为引导、企业投入为主体、全社会资金广泛投入的多元化、多层次、多渠道的投入机制。一是进一步明晰政府与市场支持科技创新的功能定位，科学合理确定政府科技投入的边界和方式，使市场在资源配置中起决定性作用，更好发挥政府作用；二是通过制定产业、金融、税收、政府采购等政策，调动企业等创新主体投入的积极性和主动性；三是引导激励社会力量加大科技投入，加快建立完善多元化、多层次、多渠道的科技投入体系。

三、推动全社会科学技术研究开发经费持续稳定增长

全社会科学技术研究开发经费是指全社会实际用于研究与试验发展活动的经费，包括实际用于研究与试验发展活动的人员劳务费、原材料费、固定资产购建费、管理费及其他费用支出。研究开发活动是全部科技活动的核心部分，是科学发现和技术创新之源，研发经费投入的总量以及比例如何直接影响到整个社会的科学技术进步水平和速度。

近年来，我国全社会科学技术研究开发经费持续增长。2021年，我国全社会科学技术研究开发经费为2.79万亿元，同比增长14.2%。《中华人民共和国国民经济和社会发展第十四个五年规划和2035年远景目标纲要》提出，“十四五”时期，全社会研发经费投入要年均增长7%以上、力争投入强度高于“十三五”时期实际。

第八十六条　国家逐步提高科学技术经费投入的总体水平；国家财政用于科学技术经费的增长幅度，应当高于国家财政经常性收入的增长幅度。全社会科学技术研究开发经费应当占国内生产总值适当的比例，并逐步提高。

◆ 条文主旨

本条是关于提高科学技术经费投入水平的规定。

◆ 修改提示

本条是原法第五十九条，未作修改。

◆ 条文释义

一、国家逐步提高科学技术经费投入的总体水平

科技投入是科技持续发展的重要前提和基本保障。科技经费投入的数量和规模与国家科技进步水平及实力的增强密切相关，是衡量一个国家科技创新水平和能力的重要指标。世界主要国家都把大幅度增加科技投入作为提升竞争力的重要措施。20 世纪 90 年代以来，我国研究与试验发展（R&D）经费规模持续增长，尤其在进入 21 世纪以后，R&D 经费支出快速提升。我国 R&D 经费支出规模自 2015 年超越欧盟，排在美国之后，稳居世界第二。但是我国科学技术经费投入的总体水平仍然较低，R&D 经费投入强度与科技强国相比尚显不足。虽然我国 R&D 人员年人均研发经费由 2014 年的 37 万元/年提升到 2020 年的 50 万元/年，但与世界发达国家相比差距巨大。

科学技术经费投入主要包括两部分，一是各级财政部门所拨付的直接用于科技活动的款项；二是其他主体如企业等用于科技活动的投入。提高科学技术经费投入的总体水平，就是提高科技创新对现代化全局的支撑引领作用。在新发展阶段，必须逐步提高科学技术经费投入的总体水平，确保科技强国建设目标的实现。

二、国家财政用于科学技术经费的增长幅度，应当高于国家财政经常性收入的增长幅度

国家财政用于科学技术经费的支出包括科学技术支出和其他功能支出中用于科学技术的支出。科学技术经费支出主要包括：（1）科学技术管理事务。各级政府科学技术管理事务方面的支出。（2）基础研究。从事基础研究、近期无法取得实用价值的应用研究机构的支出、专项科学研究支出，以及重点实验室、重大

科学工程的支出。(3) 应用研究。在基础研究成果上，针对某一特定的实际目的或目标进行的创造性研究工作的支出。(4) 技术研究与开发。用于技术研究与开发等方面的支出。(5) 科技条件与服务。用于完善科技条件及从事科技标准、计量和检测，科技数据、种质资源、标本、基因等的收集、加工处理和服务，科技文献信息资源的采集、保存、加工和服务等为科技活动提供基础性、通用性服务的支出。(6) 社会科学。用于社会科学方面的支出。(7) 科学技术普及。用于科学技术普及方面的支出。(8) 科技交流与合作。用于科技交流与合作方面的支出。(9) 科技重大项目。用于科技重大专项和重点研发计划的有关经费支出。(10) 其他科学技术支出。用于科学技术奖励、核事故应急、转制科研机构补助等其他方面的支出。其他功能支出中用于科学技术的支出是指，一般公共服务、外交、国防、公共安全、教育、医疗卫生、节能环保、农林水事务、交通运输等其他功能支出中用于科学技术的支出。国家财政用于科学技术的经费应当持续增长，本条对国家财政用于科学技术经费的增长幅度提出了明确要求，即应当高于国家财政经常性收入的增长幅度。

国家财政经常性收入是指国家以社会公共事务管理者身份每个财政年度都能连续不断、稳定取得的财政收入。按照《财政部关于统一界定地方财政经常性收入口径的意见》(2004) 的规定，财政经常性收入原则上包括三个方面：地方一般预算收入（剔除城市维护建设税、罚没收入、专项收入及国有资产经营收益等一次性收入)；中央核定的增值税及消费税税收返还、所得税基数返还及出口退税基数返还；中央通过所得税分享改革增加的一般性转移支付收入。

三、全社会科学技术研究开发经费应当占国内生产总值适当的比例，并逐步提高

国内生产总值（GDP）指一个国家所有常住单位在一定时期内生产活动的最终成果，反映在一定时期内一个国家或地区的经济中所生产出的全部最终产品和劳务的价值，是衡量国家经济状况的重要指标。全社会科学技术研究开发经费应当占国内生产总值的比例是一种非常重要的投入产出比。它既可以直接地反映出科学技术研究开发在国家中的重要程度，又可以间接地反映出科学技术研究开发对国内生产总值的推动作用。国际上通常采用R&D活动的规模和强度指标反映一国的全社会科学技术研究开发经费。R&D是指在科学技术领域，为增加知识总量，以及运用这些知识去创造新的应用进行的系统的创造性的活动，包括基础研究、应用研究、试验发展三类活动。

全社会科学技术研究开发经费应当占国内生产总值适当的比例，并与经济社会发展阶段、发展战略目标要求以及科技发展趋势相适应。从科技强国建设和发展的规律和趋势来看，创新型国家科学技术研究开发经费占国内生产总值一般在2.5%以上，进入创新型国家前列，这一比例一般超过3%。近年来，我国科技经费投入力度持续加大，全社会研究与试验发展（R&D）经费规模及其占GDP的比重稳步提升。根据《中国科技统计年鉴》数据和OECD数据计算，2020年，我国全社会R&D投入占GDP比重达到2.4%。2019年日本研发经费投入3.24%，德国3.18%，以色列4.93%，韩国4.64%，瑞典3.40%，澳大利亚3.19%，比利时2.89%，丹麦2.96%等。2019年，36个OECD国家研发投入强度的平均水平是2.47%。我国全社会研发投入占国内生产总值的比重于2014年才首次突破2%，与世界主要国家相比，我国研发投入强度仍然较低。我国建设创新型国家和世界科技强国，必须确保全社会科学技术研究开发经费占国内生产总值适当的比例并逐步提高。

第八十七条　财政性科学技术资金应当主要用于下列事项的投入：

（一）科学技术基础条件与设施建设；

（二）基础研究和前沿交叉学科研究；

（三）对经济建设和社会发展具有战略性、基础性、前瞻性作用的前沿技术研究、社会公益性技术研究和重大共性关键技术研究；

（四）重大共性关键技术应用和高新技术产业化示范；

（五）关系生态环境和人民生命健康的科学技术研究开发和成果的应用、推广；

（六）农业新品种、新技术的研究开发和农业科技成果的应用、推广；

（七）科学技术人员的培养、吸引和使用；

（八）科学技术普及。

对利用财政性资金设立的科学技术研究开发机构，国家在经费、实验手段等方面给予支持。

◆ 条文主旨

本条是关于财政性科学技术资金投入方向的规定。

◆ 修改提示

本条是对原法第六十条的修改。与原法条相比，一是在第二项中增加“前沿交叉学科研究”，主要原因是根据学科交叉融合趋势，增加前沿交叉学科研究的投入方向；二是增加“（五）关系生态环境和人民生命健康的科学技术研究开发和成果的应用、推广”，主要原因是强化生态环境和人民生命健康等关系社会民生的科学技术研究开发和成果的应用、推广；三是增加“（七）科学技术人员的培养、吸引和使用”，主要原因是加大对科学技术人员的培养、吸引和使用的投入。从总体上看，本次修改主要按照国家支持科学技术进步的主要领域，对财政性科学技术资金投入方向进行进一步完善。

◆ 条文释义

财政性科学技术资金的投入要突出重点，主要用于支持市场机制不能有效解决的基础研究、前沿技术研究、社会公益研究和重大共性关键技术研究等公共科学技术活动。根据本条规定，财政性科学技术资金主要用于以下事项的投入：

一、科学技术基础条件与设施建设

国家科技基础条件是开展科学技术研究开发、应用推广等活动的基础和前提，是服务于全社会科技进步与技术创新的基础支撑体系，主要由大型科学仪器设备和研究实验基地、自然科技资源保存和利用体系、科学数据共享服务中心和网络、科技图书文献资源共享服务网络、科技成果转化公共服务平台、网络科技环境等组成。财政通过基本运行经费、基本科研业务费、改善科研条件专项资金等，支持高校、科研机构改善科研基础条件；通过中央引导地方科技发展专项资金支持地方科研基础条件和能力建设；同时，促进科学技术基础条件与设施的开放共享。

二、基础研究和前沿交叉学科研究

基础研究难度大、花费高、周期长，需要持续稳定的经费支持。习近平总书记在科学家座谈会上指出，要加大基础研究投入，首先是国家财政要加大投入力度。当代科学的发展和重大科学技术成就的取得，越来越依赖于不同学科之间的交叉与融合和前沿领域研究，科技创新发展的前沿交叉融合态势更加明显，成为财政科技投入的支持方向。

三、对经济建设和社会发展具有战略性、基础性、前瞻性作用的前沿技术研究、社会公益性技术研究和重大共性关键技术研究

前沿技术是高技术领域中具有前瞻性、先导性和探索性的重大技术，是未来高技术更新换代和新兴产业发展的重要基础，是国家高技术创新能力的综合体现，必须重点投入。社会公益研究是与社会公共利益相关的研究活动，主要包括与人民生命、财产密切相关的公共研究领域（公共安全、应急救灾等），与人民健康密切相关的公共研究领域（公共卫生与健康保障），与可持续发展密切相关的公共研究领域（资源、环境、农业等）。无论是发达国家还是发展中国家，政府都是社会公益研究最主要的资助者。重大共性关键技术是在很多领域内已经或未来可能被广泛采用，其研发成果是可共享并对一个产业或多个产业及企业产生深刻影响的重要技术。从各国实践经验可以看出，支持重大共性关键技术研究作为一种政策工具，最重要的是抓住其经济和社会效益大、影响面广的特点，从本国国情出发，支持基础共性技术研究，为提升国内产业竞争力奠定技术基础。

四、重大共性关键技术应用和高新技术产业化示范

重大共性关键技术对整个行业或产业技术水平、产业质量和生产效率都会发挥迅速的带动作用，具有很强的经济和社会效益，必须加快重大共性关键技术从研究到应用的速度，以提升产业和行业的整体水平。高新技术产业化是科技创新的重要内容，对于提升高新技术产业自主发展能力，突破产业关键技术瓶颈，保障和促进全社会创新活动，培养和凝聚高层次人才，扶持新兴产业群体，促进产业结构升级和经济增长方式转变都具有重要作用。二者都是财政科技投入的重要方向。

五、关系生态环境和人民生命健康的科学技术研究开发和成果的应用、推广

生态环境是关系民生的重大社会问题，广大人民群众热切期盼加快提高生态环境质量。当前，我国生态环境保护结构性、根源性、趋势性压力总体上尚未根本缓解，生态环保任重道远。要引领聚集各方科研力量和科技资源，投入到打好污染防治攻坚战和生态环境保护中，更好地发挥科技支撑作用。

提升人民健康水平和实现“健康中国”建设目标需要科技创新的引领和支撑。让人民享有更好的医疗卫生服务、更放心的食品药品，解决重大疾病防控、生殖健康、食品药品安全、营养与健康、人口老龄化等重大民生问题，离不开科技创新；打破重要专利药物市场被国外垄断、高端医疗装备主要依赖进口的局面，从根本上缓解看病贵，迫切需要科技创新；在生命科学和生物医药技术等前沿领域实现新突破，满足国家战略布局需求，根本在于科技创新。要立足解决保障人民健康、促进健康产业发展的关键科技问题，加大财政性科学技术资金的投入力度，全面增强自主创新能力。

六、农业新品种、新技术的研究开发和农业科技成果的应用、推广

科技进步是解决“三农”问题的一项根本措施，应大力提高农业科技水平，加大先进适用技术推广力度，突破资源约束，持续提高农业综合生产能力。农业新品种、新技术的研究开发和农业科技成果的应用、推广是加速农业现代化建设的有效途径，是财政科学技术资金的投入重点。《中华人民共和国农业法》第四十八条第二款规定，县级以上人民政府应当按照国家有关规定逐步增加农业科技经费。《中华人民共和国农业技术推广法》第二十八条第一款和第二款规定，国家逐步提高对农业技术推广的投入。各级人民政府在财政预算内应当保障用于农业技术推广的资金，并应当使该资金逐年增长。各级人民政府通过财政拨款以及从农业发展基金中提取一定比例的资金的渠道，筹集农业技术推广专项资金，用于实施农业技术推广项目。

七、科学技术人员的培养、吸引和使用

科技创新关键在人才，集聚科技人才已成为世界各国赢得国际竞争优势的战略性选择。《中华人民共和国国民经济和社会发展第十四个五年规划和2035年远景目标纲要》明确提出，贯彻尊重劳动、尊重知识、尊重人才、尊重创造方针，深化人才发展体制机制改革，全方位培养、引进、用好人才，充分发挥人才第一资源的作用。科学技术人员的培养、吸引和使用是财政性科学技术资金投入的重要方面，通过财政性科学技术资金投入，引导构建多元化投入机制，为科技人才发挥第一资源作用提供有力的保障。

八、科学技术普及

《中华人民共和国科学技术普及法》第四条第一款规定，科普是公益事业，是社会主义物质文明和精神文明建设的重要内容。发展科普事业是国家的长期任务。第十条第一款规定，各级人民政府领导科普工作，应将科普工作纳入国民经济和社会发展计划，为开展科普工作创造良好的环境和条件。第二十三条规定，各级人民政府应当将科普经费列入同级财政预算，逐步提高科普投入水平，保障科普工作顺利开展。各级人民政府有关部门应当安排一定的经费用于科普工作。

此外，利用财政性资金设立的科学技术研究开发机构承担着国家的战略任务和使命，国家在经费、实验手段等方面也应给予支持。

第八十八条 设立国家科学技术计划，应当按照国家需求，聚焦国家重大战略任务，遵循科学研究、技术创新和成果转化规律。

国家建立科学技术计划协调机制和绩效评估制度，加强专业化管理。

◆ **条文主旨**

本条是关于国家科学技术计划的设立和管理的规定。

◆ **修改提示**

本条是新增法条。

◆ **条文释义**

国家科学技术计划是政府支持科技创新活动的重要方式，有助于增强国家科技实力、提高综合竞争力、支撑引领经济社会发展。我国应当构建和完善总体布局合理、功能定位清晰、具有中国特色的科技计划体系，提升国家科技计划的整体效能。本条主要从两个方面进行规定：明确国家科技计划设立的原则，应当按照国家需求，聚焦国家重大战略任务，遵循科学研究、技术创新和成果转化规律；明确国家科技计划要建立协调机制和绩效评估制度，加强专业化管理。

一、国家科学技术计划的设立原则

国家科学技术计划是根据国家科技发展战略安排，以中央财政支持或以宏观政策调控、引导，由政府部门组织和实施的科学研究或实验发展活动及相关的其他科学技术活动。改革开放以来，我国先后设立了一批科技计划（专项、基金等），为增强国家科技实力、提高综合竞争力、支撑引领经济社会发展发挥了重要作用。2014 年，国务院印发的《关于深化中央财政科技计划（专项、基金等）管理改革的方案》规定，国家科技计划应当聚焦国家重大战略任务，科学布局中央财政科技计划（专项、基金等），完善项目形成机制，优化资源配置，需求导向，分类指导，超前部署，瞄准突破口和主攻方向，加大财政投入，建立围绕重大任务推动科技创新的新机制。促进科技与经济深度融合。加强科技与经济在规划、政策等方面的相互衔接。同时，设立国家科学技术计划时，也应当遵循科学研究、技术创新和成果转化规律，基础前沿科研项目突出创新导向，公益性科研项目聚焦重大需求，市场导向类项目突出企业主体，重大项目突出国家目标导向。科技计划（专项、基金等）要围绕产业链部署创新链，围绕创新链完善资金链，统筹衔接基础研究、应用开发、成果转化、产业发展等各环节工作，更加主动有效地服务于经济结构调整和提质增效升级，建设具有核心竞争力的创新型经济。

根据《关于深化中央财政科技计划（专项、基金等）管理改革的方案》，我国将中央各部门管理的科技计划（专项、基金等）整合形成五类科技计划（专项、基金等）：一是国家自然科学基金。资助基础研究和科学前沿探索，支持人才和团队建设，增强源头创新能力。二是国家科技重大专项。聚焦国家重大战略产品和重大产业化目标，发挥举国体制的优势，在设定时限内进行集成式协同攻关。三是国家重点研发计划。针对事关国计民生的农业、能源资源、生态环境、健康等领域中需要长期演进的重大社会公益性研究，以及事关产业核心竞争力、整体自主创新能力和国家安全的战略性、基础性、前瞻性重大科学问题、重大共性关键技术和产品、重大国际科技合作，按照重点专项组织实施，加强跨部门、跨行业、跨区域研发布局和协同创新，为国民经济和社会发展主要领域提供持续性的支撑和引领。四是技术创新引导专项（基金）。通过风险补偿、后补助、创投引导等方式发挥财政资金的杠杆作用，运用市场机制引导和支持技术创新活动，促进科技成果转移转化和资本化、产业化。五是基地和人才专项。优化布局，支持科技创新基地建设和能力提升，促进科技资源开放共享，支持创新人才和优秀团队的科研工作，提高我国科技创新的条件保障能力。

二、建立科学技术计划协调机制和绩效评估制度

《关于深化中央财政科技计划（专项、基金等）管理改革的方案》规定，国家建立科学技术计划协调机制，科技行政主管部门及有关部门要充分发挥科技工作重大问题会商与沟通机制的作用，按照国民经济和社会发展规划的部署，加强科技发展优先领域、重点任务、重大项目等的统筹协调，形成年度科技计划重点工作安排和部门分工，经国家科技体制改革和创新体系建设领导小组审议通过后，分工落实、协同推进。财政部门要加强科技预算安排的统筹，做好各类科技计划年度预算方案的综合平衡。涉及国民经济、社会发展和国家安全的重大科技事项，按程序报国务院决策。

科技部、财政部要对科技计划（专项、基金等）的实施绩效、战略咨询与综合评审委员会和专业机构的履职尽责情况等统一组织评估评价和监督检查，进一步完善科研信用体系建设，实行“黑名单”制度和责任倒查机制。对科技计划（专项、基金等）的绩效评估通过公开竞争等方式择优委托第三方机构开展，评估结果作为中央财政予以支持的重要依据。各有关部门要加强对所属单位承担科技计划（专项、基金等）任务和资金使用情况的日常管理和监督。建立科研成果评价监督制度，强化责任；加强对财政科技资金管理使用的审计监督，对发现的违法违规行为要坚决予以查处，查处结果向社会公开，发挥警示教育作用。科技部、财政部要根据绩效评估和监督检查结果以及相关部门的建议，提出科技计划（专项、基金等）动态调整意见。完成预期目标或达到设定时限的，应当自动终止；确有必要延续实施的，或新设立科技计划（专项、基金等）以及重点专项的，由科技部、财政部会同有关部门组织论证，提出建议。上述意见和建议经联席会议审议后，按程序报批。

三、加强专业化管理

《关于深化中央财政科技计划（专项、基金等）管理改革的方案》规定，国家科技计划依托专业机构管理项目。由专业机构通过统一的国家科技管理信息系统受理各方面提出的项目申请，组织项目评审、立项、过程管理和结题验收等，对实现任务目标负责。加强对专业机构的监督、评价和动态调整，确保其按照委托协议的要求和相关制度的规定进行项目管理工作。鼓励具备条件的社会化科技服务机构参与竞争，推进专业机构的市场化和社会化。

2016 年，科技部发布的《中央财政科技计划（专项、基金等）项目管理专业机构管理暂行规定》规定，中央财政科技计划（专项、基金等）项目管理专业机构是指经国家科技计划（专项、基金等）管理部际联席会议审议确定的，具有独立法人资格，主要从事科研项目管理工作，承担中央财政科技计划（专项、基金等）项目管理工作的科研管理类事业单位或社会化科技服务机构。专业机构依据国家有关规定和管理任务委托协议，组织项目评审、立项、过程管理和结题验收等，对项目进行全过程管理，履行有关职责，对实现任务日标负责。

第八十九条 国家设立基金，资助中小企业开展技术创新，推动科技成果转化与应用。

国家在必要时可以设立支持基础研究、社会公益性技术研究、国际联合研究等方面的其他非营利性基金，资助科学技术进步活动。

◆ 条文主旨

本条是关于国家设立科学技术相关基金的规定。

◆ 修改提示

本条是对原法第十六条的修改。与原法条相比，一是在第一款删除“科技型中小企业创新”，增加“推动科技成果转化与应用”；二是在第二款增加“支持基础研究、社会公益性技术研究、国际联合研究等方面”“非营利性”，主要原因是明确科学技术基金设立的方向和重点，通过设立基金资助中小企业开展技术创新，推动科技成果转化与应用，并在必要时设立支持基础研究、社会公益性技术研究、国际联合研究等方面的非营利性基金。

◆ 条文释义

设立基金是国家支持科学技术进步的重要方式，通过立法形式，进一步明确科学技术基金的设立方向和重点。

一、设立资助中小企业开展技术创新的基金

与大企业相比，中小企业普遍存在规模较小、原始资本不足、抗风险能力弱等问题，但是中小企业是就业的主力军，是科技成果转化和创新创业的重要载体。1999 年，国家设立了科技型中小企业技术创新基金。《关于深化中央财政科技计划（专项、基金等）管理改革的方案》提出“分类整合技术创新引导专项（基

金）”，要求“按照企业技术创新活动不同阶段的需求”，对已有专项资金（基金）进行分类整合，“发挥杠杆作用，通过市场机制引导社会资金和金融资本进入技术创新领域，形成天使投资、创业投资、风险补偿等政府引导的支持方式”。2015 年 9 月，国务院常务会议决定设立国家中小企业发展基金。

2020 年 5 月，在工信部与财政部的牵头推动下，中央财政与上海国盛、中国烟草等社会出资人共同发起成立了国家中小企业发展基金有限公司（母基金），注册资本为 357.5 亿元，通过投资设立子基金等方式（同时保留部分可投资金用于跟随子基金直接投资相关优质项目），使基金总规模达到 1000 亿元以上，重点解决创新型中小企业的中长期股权融资问题，更好地服务实体经济、促进中小企业创新发展。截至 2021 年年底，国家中小企业发展基金子基金累计完成投资项目 687 个，投资金额约 245 亿元。其中，初创期成长型中小企业 520 个，占比 76%，投资金额约 168 亿元。投资项目覆盖工业、农业、科技等各行业领域。

二、设立基金推动科技成果转化

为加速推动科技成果转化与应用，引导社会力量和地方政府加大科技成果转化投入，科技部、财政部设立国家科技成果转化引导基金，充分发挥财政资金的杠杆和引导作用，创新财政科技投入方式，带动金融资本和民间投资向科技成果转化集聚，进一步完善多元化、多层次、多渠道的科技投融资体系。2011 年，财政部、科技部印发《国家科技成果转化引导基金管理暂行办法》（财教〔2011〕289 号，已于 2021 年修订），规定国家科技成果转化引导基金支持方式为设立创业投资子基金。2014 年、2015 年先后出台创业投资和贷款风险补偿管理办法。截至 2021 年年底，国家科技成果转化引导基金共设立了 30 家创业投资子基金，总规模达到 422.37 亿元，其中国家科技成果转化引导基金出资 106.42

亿元，设立子基金放大比例为1∶3.97，通过项目投入带动社会资本投资直接放大比例约为1∶15.2。子基金主要投资电子信息、生物医药、新材料、新能源与节能以及先进制造与自动化等领域，对国家重点支持的高新技术领域和战略性新兴产业基本实现了全覆盖。

三、设立资助科学技术进步活动的其他基金

在科学研究领域中，基础研究、社会公益性技术研究、国际联合研究等十分重要，需要投入较多的资金支持，但是由于这些研究领域经济效益并不突出，难以取得社会力量的支持，往往需要国家财政科学技术资金的支持。《中共中央关于制定国民经济和社会发展第十四个五年规划和二〇三五年远景目标的建议》提出，研究设立面向全球的科学研究基金。随着经济社会进步和科学技术的发展，根据基础研究、社会公益性技术研究和国际联合研究等方面的实际需要，国家可以设立相应的基金，资助相关领域的科学技术进步活动。

国家设立这些基金，应按照基金管理的有关规定运行，并对运行机制进行有效设计，提高运行绩效。

第九十条 从事下列活动的，按照国家有关规定享受税收优惠：

（一）技术开发、技术转让、技术许可、技术咨询、技术服务；

（二）进口国内不能生产或者性能不能满足需要的科学研究、技术开发或者科学技术普及的用品；

（三）为实施国家重大科学技术专项、国家科学技术计划重大项目，进口国内不能生产的关键设备、原材料或者零部件；

（四）科学技术普及场馆、基地等开展面向公众开放的科学技术普及活动；

（五）捐赠资助开展科学技术活动；

（六）法律、国家有关规定规定的其他科学研究、技术开发与科学技术应用活动。

◆ 条文主旨

本条是关于科技活动税收优惠政策的规定。

◆ 修改提示

本条是对原法第十七条的修改。与原法条相比，一是在第一项中增加“技术许可”，主要原因是与民法典关于技术合同的分类相衔接；二是在第二项中增加“科学技术普及”，主要原因是进口国内不能生产或者性能不能满足需要的科学技术普及的用品也可按照有关规定享受税收优惠；三是新增“（四）科学技术普及场馆、基地等开展面向公众开放的科学技术普及活动”，主要原因是加强对科学技术普及活动的税收优惠；四是新增“（五）捐赠资助开展科学技术活动”，主要原因是明确科技捐赠享受税收优惠。

◆ 条文释义

税收是国家进行宏观管理的重要手段，税收政策对科学技术的发展具有引导、支持和鼓励的作用。根据本条规定，下列活动可以享受税收优惠：

一、从事技术开发、技术转让、技术许可、技术咨询、技术服务

技术开发、技术转让、技术许可、技术咨询、技术服务是技术转移的重要方式，对其给予税收优惠的主要目的在于奖励科技研发和促进科技成果转化。原法规定是包括技术开发、技术转让、技术咨询、技术服务的“四技”。《中华人民共和国民法典》第八百四十三条规定，技术合同是当事人就技术开发、转让、许可、咨询或者服务订立的确立相互之间权利和义务的合同。本次修法，将原法的“四技”改为包括技术开发、技术转让、技术许可、技术咨询、技术服务在内的“五技”。根据《中华人民共和国民法典》相关规定：(1) 技术开发合同是当事人之间就新技术、新产品、新工艺、新品种或者新材料及其系统的研究开发所订立的合同。技术开发合同包括委托开发合同和合作开发合同。(2) 技术转让合同是合法拥有技术的权利人，将现有特定的专利、专利申请、技术秘密的相关权利让与他人所订立的合同。技术转让合同包括专利权转让、专利申请权转让、技术秘密转让等合同。(3) 技术许可合同是合法拥有技术的权利人，将现有特定的专利、技术秘密的相关权利许可他人实施、使用所订立的合同。技术许可合同包括专利实施许可、技术秘密使用许可等合同。(4) 技术咨询合同是当事人一方以技术知识为对方就特定技术项目提供可行性论证、技术预测、专题技术调查、分析评价报告等所订立的合同。(5) 技术服务合同是当事人一方以技术知识为对方解决特定技术问题所订立的合同，不包括承揽合同和建设工程合同。

从事技术开发、技术转让、技术许可、技术咨询、技术服务享受的税收政策主要包括：(1) 技术转让、技术开发和与之相关的技术咨询、技术服务免征增值税（根据《财政部、国家税务总局关于全面推开营业税改征增值税试点的通知》附件 3《营业税改征增值税试点过渡政策的规定》第一条“下列项目免征增值税”第二十六项)；(2) 研发和技术服务、信息技术服务、鉴证咨询服务，以及销售技术、著作权等无形资产，可以选择简易计税方法按照 3%征收率计算缴纳增值税；技术转让、技术开发和与之相关的技术咨询、技术服务可参照上述规定（根据《财政部、国家税务总局关于明确金融 房地产开发 教育辅助服务等增值税政策的通知》）；（3）企业符合条件的技术转让所得500万以下免征企业所得税，以上减半征收（根据《中华人民共和国企业所得税法》第二十七条第四项，《财政部、国家税务总局关于居民企业技术转让有关企业所得税政策问题的通知》）。

二、进口国内不能生产或者性能不能满足需要的科学研究、技术开发或者科学技术普及的用品

科学研究、技术开发或者科学技术普及需要使用不同类型、满足不同需求的材料、设备等用品，有的用品国内尚不能生产，或者国内生产产品的性能不能满足科学研究、技术开发或者科学技术普及的需要，需要从国外进口满足需要的产品。通过对进口国内不能生产或者性能不能满足需要的科学研究、技术开发或者科技普及用品实行税收优惠，能够对相关的科学研究、技术开发或者科学技术普及活动起到支持作用，保障相关的活动的开展。

《中华人民共和国增值税暂行条例》第十五条第一款规定，直接用于科学研究、科学试验和教学的进口仪器、设备免征增值税。财政部、海关总署、税务总局发布的《关于“十四五”期间支持科技创新进口税收政策的通知》（财关税〔2021〕23号）规定，对科学研究机构、技术开发机构、学校、党校（行政学院）、图书馆进口国内不能生产或性能不能满足需求的科学研究、科技开发和教学用品，免征进口关税和进口环节增值税、消费税。2021年4月，财政部、海关总署、税务总局出台的《关于“十四五”期间支持科普事业发展进口税收政策的通知》（财关税〔2021〕26号）规定，自2021年1月1日至2025年12月31日，对公众开放的科技馆、自然博物馆、天文馆（站、台）、气象台（站）、地震台（站），以及高校和科研机构所属对外开放的科普基地，进口国内不能生产或性能不能满足需求的自用科普仪器设备、科普展品、科普专用软件等科普用品，免征进口关税和进口环节增值税。财政部、中央宣传部、科技部、工业和信息化部、海关总署、税务总局、广电总局同期出台《关于"十四五"期间支持科普事业发展进口税收政策管理办法的通知》（财关税〔2021〕27号），进一步明确享受税收优惠政策的进口单位核定、减免税手续办理等内容。2022年3月，科技部、工业和信息化部、财政部、海关总署、税务总局发布《"十四五"期间免税进口科普用品清单（第一批）》，进一步对国内不能生产或性能不能满足需求的科普仪器设备、科普展品、科普专用软件等科普用品的范围进行了明确：包括用于特效场馆画面播放的银幕、激光数字投影机、数字播放系统及音响系统，光学天象仪和高速摄影机在内的科普仪器设备；包括图书、报纸、杂志、期刊、地图，化石、标本、模型在内的科普展品；包括专门用于科普工作的软件及软件许可证在内的科普专用软件。

三、为实施国家重大科学技术专项、国家科学技术计划重大项目，进口国内不能生产的关键设备、原材料或者零部件

国家重大科学技术专项、国家科学技术计划重大项目对科技创新具有重要意义，应当采取多种措施予以支持。实施国家重大科学技术专项、国家科学技术计划重大项目需要应用各种设备、材料，有的设备、材料或者零部件国内尚无法生产。通过对实施有关项目时进口国内不能生产的关键设备、原材料或者零部件实行税收优惠，能够减少实施国家重大科学技术专项、国家科学技术计划重大项目的支出，鼓励企业或者其他机构承担国家重大科学技术专项、国家科学技术计划重大项目。根据《财政部、科技部、国家发展改革委、海关总署、国家税务总局关于科技重大专项进口税收政策的通知》（财关税〔2010〕28号）的规定，对符合条件的承担科技重大专项项目（课题）的企业和大专院校、科研院所等事业单位使用中央财政拨款、地方财政资金、单位自筹资金以及其他渠道获得的资金进口项目（课题）所需国内不能生产的关键设备（含软件工具及技术）、零部件、原材料，免征进口关税和进口环节增值税。

四、科学技术普及场馆、基地等开展面向公众开放的科学技术普及活动

科学技术普及场馆、基地等开展的面向公众开放的科学技术普及活动，有的会采取向公众免费开放的方式，有的会通过收取门票等方式取得收入，以支付开展活动所支出的场地、人员等成本。通过对科学技术普及场馆、基地等开展面向公众开放的科学技术普及活动实行税收优惠，有利于鼓励开展数量更多、形式更丰富、内容更多样的科学技术普及活动，有利于提高公众的科学素质。

2003 年，财政部、税务总局等五部门印发《关于鼓励科普事业发展税收政策问题的通知》，对科技馆、自然博物馆、对公众开放的天文馆（站、台）和气象台（站）、地震台（站）、高校和科研机构对公众开放的科普基地的门票收入，以及县及县以上（包括县级市、区、旗等）党政部门和科协开展的科普活动的门票收入免征营业税。其后，该税收优惠政策一直延续执行。《财政部、国家税务总局关于延续宣传文化增值税优惠政策的公告》（财政部、税务总局公告 2021 年第 10 号）再次明确，自 2021 年 1 月 1 日起至 2023 年 12 月 31 日，对科普单位的门票收入，以及县级及以上党政部门和科协开展科普活动的门票收入免征增值税。

五、捐赠资助开展科学技术活动

科学捐赠是基础研究和应用研究等多元化投入的重要来源。以美国为例，据估算，美国科学捐赠年增速 5%左右，约占顶尖研究型大学研发投入总额的 30%。美国科学慈善联盟调查数据显示，连续接受调查的25家科研机构在2017年接受了共16.8亿美元用于基础研究的捐款，比2015年增加40%。2018年，《国务院关于全面加强基础科学研究的若干意见》强调要“建立基础研究多元化投入机制”。《中华人民共和国公益事业捐赠法》第三条第二项明确，公益事业包括“教育、科学、文化、卫生、体育事业”。近年来，我国科学捐赠呈现增加势头。向科研机构以及设置科学大奖的捐赠事件引发社会广泛关注，企业科学捐赠增加趋势明显。

《中华人民共和国企业所得税法》第九条规定：“企业发生的公益性捐赠支出，在年度利润总额12%以内的部分，准予在计算应纳税所得额时扣除；超过年度利润总额12%的部分，准予结转以后三年内在计算应纳税所得额时扣除。”《中华人民共和国个人所得税法》第六条规定，“个人将其所得对教育、扶贫、济困等公益慈善事业进行捐赠，捐赠额未超过纳税人申报的应纳税所得额百分之三十的部分，可以从其应纳税所得额中扣除”。但是我国科学捐赠的总体规模与强度仍然较低，除了拓展捐赠渠道、完善管理制度之外，可以通过税收政策给予引导和激励。

根据本条第六项的规定，除了本条第一至五项规定的可以享受税收优惠的情形外，如果依照其他法律或者国家有关规定的规定，还有其他科学研究、技术开发与科学技术应用活动应当享受税收优惠，则应当依法享受税收优惠。

第九十一条　对境内自然人、法人和非法人组织的科技创新产品、服务，在功能、质量等指标能够满足政府采购需求的条件下，政府采购应当购买；首次投放市场的，政府采购应当率先购买，不得以商业业绩为由予以限制。

政府采购的产品尚待研究开发的，通过订购方式实施。采购人应当优先采用竞争性方式确定科学技术研究开发机构、高等学校或者企业进行研究开发，产品研发合格后按约定采购。

◆ **条文主旨**

本条是关于政府采购支持科技创新的规定。

◆ **修改提示**

本条是对原法第二十五条的修改。与原法条相比，一是在第一款增加“不得以商业业绩为由予以限制”，之所以这样修改，主要是因为首次投放市场的科技创新产品和服务缺乏商业业绩，要求商业业绩实际上是限制了科技创新产品和服务进入政府采购。二是在第二款中将原法“采购人应当运用招标方式确定”修改为“采购人应当优先采用竞争性方式确定”并规定“产品研发合格后按约定采购”，之所以这样修改，主要原因是使其表述更准确清楚，以便于实施。

◆ **条文释义**

一、政府采购支持科技创新产品

政府采购，是指各级国家机关、事业单位和团体组织，使用财政性资金采购依法制定的集中采购目录以内的或者采购限额标准以上的货物、工程和服务的行为。政府采购作为市场经济条件下政府运用财政支出实施宏观调控的一项手段，具有拉动市场引导科技创新方向、分担创新风险、促进创新产品应用的作用。

本次修法规定，我国境内自然人、法人和非法人组织的科技创新产品、服务，在功能、质量等指标能够满足政府采购需求的条件下，政府采购应当购买。根据这一规定，政府采购科技创新产品、服务有一定的条件要求：一是该产品、服务是由我国境内的自然人、法人和非法人组织提供的，如果是境外的自然人、法人和非法人组织提供的科技创新产品、服务，则不能适用本条，而且从范围上看，自然人、法人和非法人组织提供的科技创新产品、服务都在政府采购的范围之内。二是该产品、服务必须是科技创新产品、服务，比如该产品的生产采用了新技术、新工艺、新设备、新材料等。三是该产品、服务的功能、质量等指标能够满足政府采购需求的条件，即符合政府采购的产品、服务的需求，而不是在所有备选产品、服务中挑选功能、质量最好的。满足以上三个条件的科技创新产品、服务，政府采购应当购买，不得以其他原因为由不予购买。

对于首次投放市场的科技创新产品、服务，本法对政府采购进行了规定。一是首次投放市场的科技创新产品、服务，政府采购应当率先购买。相对于其他主体来说，政府采购应当起到率先的示范作用，不需要等到其他主体购买使用有了先例以后政府采购才予以购买。二是不得以商业业绩为由予以限制。首次投放市场的科技创新产品、服务，本来就是没有商业业绩的，如果对这类科技创新产品、服务还要求具有商业业绩，实际上就是设置了购买的障碍。因此，法律规定对于首次投放市场的科技创新产品、服务，不得以商业业绩为由予以限制。

二、尚待研究开发的政府采购产品实行订购和约定采购

对于政府采购的尚待研究开发的产品，即该产品或者服务尚未研究开发成功和投放市场，本法对采购方式进行了明确的规定。一是实行订购。订购是预先约定购买的一种方式，政府采购以订购方式购买尚待研究开发的产品，在国外已经有比较成熟的实践，政府订购研究开发产品，成为克服研究开发不确定性风险的重要手段，在推动科技创新上发挥了重要作用。一般来说，科技创新过程的长期性、创新结果的不确定性和创新收益的非独占性，决定了技术创新存在着市场收益失败的风险，成为科学技术研究开发机构、高等学校或者企业等创新主体进行科技创新的现实阻碍。通过订购方式进行政府采购，可以在一定程度上减少影响科技创新的不确定性，鼓励科学技术研究开发机构、高等学校或者企业进行目标更为明确的研究开发，并为其提供市场的保障，因此能极大地促进科技创新。二是采购人应当优先采用竞争性方式确定科学技术研究开发机构、高等学校或者企业进行研究开发，产品研发合格后按约定采购。“优先采用竞争性方式”，是指相对于其他方式来说，采购人应当首选竞争性方式，所谓的竞争性方式就是非排他、单一或垄断的方式，至于具体采取什么方式，由采购人确定。采购人应面向全社会来选择确定研究开发机构，订购的对象是科学技术研究开发机构、高等学校或者企业，即具有相应的科研实力的组织，无论是科学技术研究开发机构、高等学校或者企业都可以成为政府订购的相对方。产品研究开发完成后，应当对产品是否合格进行评价，研究开发出的产品需要符合事先确定的标准，即产品合格后才能按照事先的约定予以采购。

第九十二条　国家鼓励金融机构开展知识产权质押融资业务，鼓励和引导金融机构在信贷、投资等方面支持科学技术应用和高新技术产业发展，鼓励保险机构根据高新技术产业发展的需要开发保险品种，促进新技术应用。

◆ 条文主旨

本条是关于发展科技金融促进科学技术应用和产业发展的规定。

◆ 修改提示

本条是对原法第十八条的修改。与原法条相比，主要是删除了原法第二款“政策性金融机构应当在其业务范围内，为科学技术应用和高新技术产业发展优先提供金融服务”的内容。同时，本次修改删除了原法第三十四条的内容。之所以这样修改，主要原因是关于政策性金融机构的要求已在科技金融中体现，不需再单独表述。

◆ 条文释义

知识产权质押、信贷、投资以及保险等，是金融机构支持科技创新的重要工具，本法对金融机构运用以上工具支持科技创新及其应用进行规定，为科技创新开辟资金渠道。

一、鼓励金融机构开展知识产权质押融资业务

知识产权质押融资是以依法可以转让的商标专用权，专利权、著作权中的财产权出质，从银行获得贷款的一种融资方式，旨在帮助科技型中小企业解决因缺少不动产担保而带来的资金紧张难题。《中华人民共和国民法典》第四百四十四条规定，以注册商标专用权、专利权、著作权等知识产权中的财产权出质的，质权自办理出质登记时设立。知识产权中的财产权出质后，出质人不得转让或者许可他人使用，但是出质人与质权人协商同意的除外。出质人转让或者许可他人使用出质的知识产权中的财产权所得的价款，应当向质权人提前清偿债务或者提存。

知识产权质押融资是中小企业融资的一个重要渠道。《知识产权强国建设纲要（2021—2035 年）》规定，要积极稳妥发展知识产权金融，健全知识产权质押信息平台，鼓励开展各类知识产权混合质押和保险，规范探索知识产权融资模式创新。2019 年 8 月，《中国银保监会、国家知识产权局、国家版权局关于进一步加强知识产权质押融资工作的通知》（银保监发〔2019〕34 号）规定，采取多种措施促进银行保险机构加大对知识产权运用的支持力度，扩大知识产权质押融资。比如，支持商业银行建立专门的知识产权质押融资管理制度；鼓励商业银行通过单列信贷计划、专项考核激励等方式支持知识产权质押融资业务发展；支持商业银行建立适合知识产权质押融资特点的风险评估、授信审查、授信尽职和奖惩制度，创新信贷审批制度和利率定价机制；鼓励商业银行对企业的专利权、商标专用权、著作权等相关无形资产进行打包组合融资，提升企业复合型价值，扩大融资额度；支持商业银行与知识产权密集型产业园区开展战略性合作，给予园区合理的意向性授信额度；鼓励保险机构在风险可控前提下，开展与知识产权质押融资相关的保证保险业务。

二、鼓励金融机构通过信贷、投资等支持科学技术应用和高新技术产业发展

国家鼓励和引导金融机构通过相应的业务支持科学技术应用和高新技术产业的发展。在信贷支持方面，一是大力发展科技信贷业务，采取差异化监管政策，鼓励商业银行建立专门的组织、风险控制和激励考核体系，设立广为覆盖的科技金融专营机构。二是建立支持科技企业的信贷产品体系，开展信用贷款、股权质押贷款等融资业务，开展投贷联动融资服务，满足科技企业技术研发、成果转化、装备购置、并购重组等融资需求。三是制定专门的科技企业信贷政策、业务运营机制和流程，调整对科技企业的信用评级和信用增级方式，推动大数据、区块链、人工智能等技术在科技企业征信、风险评级、成果评估等方面的应用。

在投资方面，鼓励更多社会资本设立创业投资、股权投资和天使投资，支持引导投资机构聚焦科技型企业开展业务，持续加大对创新成果在种子期、初创期的投入力度。适度放开保险、社保基金等参与创业投资，探索税收优惠与投资期限相挂钩，鼓励长期投资。推动国有资本以市场化方式进入投资市场，推动政府投资引导基金向市场化母基金转化，推动对子基金由统筹管理向服务和激励转变，优化容错机制及基金绩效考评机制，提升投资效率。

三、鼓励保险机构开发保险品种

国家鼓励保险机构完善科技保险产品体系，形成覆盖科技企业研发、生产、销售等各环节的保险保障，加大科研物资设备和科研成果质量的保障力度。比如，支持开展首台（套）重大技术装备保险试点和新材料首批次应用保险试点，以及有条件的地区探索开办首版次软件保险。鼓励保险公司为科技企业提供综合性保险解决方案，通过承保大型商业保险和统括保单等方式，更好服务大型科技企业保险需求。丰富知识产权保险业务品种，为科技企业提供知识产权执行保险、知识产权侵权责任保险、知识产权被侵权损失保险等服务。

第九十三条　国家遵循统筹规划、优化配置的原则，整合和设置国家科学技术研究实验基地。

国家鼓励设置综合性科学技术实验服务单位，为科学技术研究开发机构、高等学校、企业和科学技术人员提供或者委托他人提供科学技术实验服务。

◆ 条文主旨

本条是关于整合和设置国家科学技术研究实验基地、提供科学技术实验服务的规定。

◆ **修改提示**

本条是原法第六十三条，未作修改。

◆ **条文释义**

一、整合和设置国家科学技术研究实验基地

国家科学技术研究实验基地是科技创新的发源地，是承担高水平研究任务、聚集和培养高层次人才、开展学术交流的重要基地，包括国家实验室、全国重点实验室、重大科学基础设施、国家野外科学观测研究站等。

重大科技基础设施是为探索未知世界、发现自然规律、引领技术变革提供极限研究手段的大型复杂科学技术研究装置或系统。《国家重大科技基础设施建设中长期规划（2012—2030 年）》指出，瞄准科技前沿研究和国家重大战略需求，根据重大科技基础设施发展的国际趋势和国内基础，以能源、生命、地球系统与环境、材料、粒子物理和核物理、空间和天文、工程技术等 7 个科学领域为重点，从预研、新建、推进和提升四个层面逐步完善重大科技基础设施体系。到 2030 年，基本建成布局完整、技术先进、运行高效、支撑有力的重大科技基础设施体系。

目前，我国高等院校和科研院所已陆续建成一定规模的国家重大科技基础设施，覆盖了物理学、地球科学、生物学、材料科学、信息科学、力学和水利工程等二十多个一级学科，对我国科技发展发挥着广泛的支撑作用。在地域上，重大科技基础设施集聚效应已经初步显现，北京、上海、合肥等地区已初步形成学科领域相对集中、布局比较合理的重大科技基础设施集聚态势。一批重大科技基础设施已在国际前沿领域科学研究中占有重要的一席之地，综合性能达到国际先进水平。例如，国家授时中心（NTSC）对国际原子时（TAI）归算的钟权重为5.5%，排在全球时间实验室的第4位，为全球最重要的守时实验室之一；贵州的500米口径球面射电望远镜（FAST）是世界最大的单口径望远镜，把我国空间测控能力由地球同步轨道延伸至太阳系外缘，将深空通信数据下行速率提高100倍。

国家野外科学观测研究站是重要的国家科技创新基地之一，主要依据我国自然条件的地理分布规律布局，通过长期野外定位观测获取科学数据，开展野外科学试验研究，加强科技资源共享，为科技创新提供基础支撑和条件保障。截至目前，围绕陆地自然生态系统与生物多样性、生态环境与气候变化、农业资源与农田生态系统、地球物理与自然灾害、材料腐蚀与设施装备安全五大重点领域共建设167个国家野外科学观测研究站，已初步形成国家野外科学观测研究站体系。

同时，为提高国家科学技术研究实验基地效能，需要进一步优化布局，加强整合和重组。2014年国务院印发《关于深化中央财政科技计划（专项、基金等）管理改革的方案》明确，对部门管理的各类科技创新基地进行优化布局，按功能定位分类整合，完善评价机制，加强与国家重大科技基础设施的相互衔接。2017年，科技部会同财政部、国家发展改革委制定了《国家科技创新基地优化整合方案》，根据国家战略需求和不同类型科研基地功能定位，对现有国家级基地平台进行分类梳理，归并整合为科学与工程研究、技术创新与成果转化和基础支撑与条件保障三类进行布局建设。

二、提供科学技术实验服务

根据本条第二款的规定，国家鼓励设置综合性科学技术实验服务单位，为科学技术研究开发机构、高等学校、企业和科学技术人员提供或者委托他人提供科学技术实验服务。这些服务主要包括：(1) 国家鼓励设置综合性科学技术实验服务单位，在非涉密或国家无特殊规定的情况下，向社会开放；(2) 综合性科学技术实验服务单位要利用现代信息技术手段建立信息网站和公共信息交流服务平台，通过多种方式向社会发布开放工作信息；(3) 综合性科学技术实验服务单位可以采取有偿服务的形式，但不能以营利为目的；(4) 提供科学技术实验服务过程中要遵守国家有关保密规定。

第九十四条 国家根据科学技术进步的需要，按照统筹规划、突出共享、优化配置、综合集成、政府主导、多方共建的原则，统筹购置大型科学仪器、设备，并开展对以财政性资金为主购置的大型科学仪器、设备的联合评议工作。

◆ 条文主旨

本条是关于购置大型科学仪器、设备的规定。

◆ 修改提示

本条是对原法第六十四条的修改。与原法条相比，主要是将"制定购置大型科学仪器、设备的规划"改为"统筹购置大型科学仪器、设备"，主要原因是根据购置大型科学仪器、设备的实际管理制度，强调购置大型科学仪器、设备的统筹。

◆ 条文释义

一、统筹购置大型科学仪器和设备

大型科学仪器、设备是一定价值限额以上，在科学研究、技术开发及其他科技活动中使用的单台或成套仪器、设备。根据本条规定，统筹购置大型科学仪器、设备应当遵循下列原则：（1）统筹规划。国家按照大型科学仪器、设备的特点和发展规律，结合地区、行业的发展需求，突出重点，科学合理地安排大型科学仪器、设备的购置活动。（2）突出共享。高等学校、科研院所、企业等管理大型科学仪器、设备的单位将大型科学仪器设施向社会开放，由其他单位、个人用于科学研究和技术开发的行为。加强大型科学仪器、设备共享，有助于避免重复购置，减少资源浪费，充分释放服务潜能，为科技创新和社会需求服务。根据《国务院关于国家重大科研基础设施和大型科研仪器向社会开放的意见》（国发〔2014〕70号）的要求，所有符合条件的大型仪器设备都应纳入国家网络管理平台进行管理，按照科研设施与仪器功能实行分类开放共享。目前，科技部、财政部每年都开展大型科研仪器开放共享评价考核。（3）优化配置。在统筹规划的基础上，打破地域限制、条块分割、行业划分，提高大型科学仪器、设备的配置效率；并按照整合、共享、完善、提高的要求，有效调控增量资源，激活存量资源，最大限度地发挥现有大型科学仪器、设备的潜能。（4）综合集成。统筹购置大型科学仪器、设备时，需要考虑该仪器、设备对促进全社会科技资源综合集成方面的作用。（5）政府主导，多方共建。政府在购置大型科学仪器、设备方面发挥主导作用的同时，应充分调动高等院校、科研院所、企业等各方面的积极性，参与大型科学仪器、设备的资源整合与建设。

二、开展大型科学仪器和设备联合评议工作

开展对以财政性资金为主购置的大型科学仪器、设备的联合评议工作，可以从源头避免大型科学仪器、设备的重复购置，实现合理布局，推动资源共建、共享机制的建立，促进存量资源和新增资源的系统集成与高效利用，提高国家财政科教经费的使用效益。

从2015年开始，科技部、财政部持续加强对中央级科学事业单位修缮购置专项、国家重点实验室建设、国家科技重大专项和中央引导地方科技发展专项以及科技计划（专项、基金等）项目等申请购置大型科研仪器进行必要性评议。2019年，财政部、科技部联合印发《中央级新购大型科研仪器设备查重评议管理办法》（财科教〔2019〕1号），进一步明确规范了中央级新购大型科研仪器购置查重评议工作机制，减少重复浪费，提高财政资金使用效益。

根据《中央级新购大型科研仪器设备查重评议管理办法》，有关单位申请购置大型科研仪器设备预算时，应当提请负责审核批复仪器设备购置事项预算的部门或单位对新购大型科研仪器设备的学科相关性、必要性、合理性等进行评议。

第九十五条　国家加强学术期刊建设，完善科研论文和科学技术信息交流机制，推动开放科学的发展，促进科学技术交流和传播。

◆ **条文主旨**

本条是关于加强学术期刊建设、推动开放科学、促进科学技术交流和传播的规定。

◆ **修改提示**

本条是新增法条，主要目的是推动开放科学发展，促进科学技术交流传播。

◆ **条文释义**

一、加强学术期刊建设

学术期刊是开展学术研究交流的重要平台，是促进科学技术进步的重要力量。从总体上看，我国学术期刊建设取得快速发展，但是仍然存在整体质量不高、国际竞争力不强等问题。我国需要进一步加强学术期刊建设，加快提升学术期刊办刊质量和传播力、引导力、影响力、公信力，充分发挥学术期刊在科学技术交流和传播中的重要作用。2021 年，中共中央宣传部、教育部、科技部印发《关于推动学术期刊繁荣发展的意见》，提出加强学术期刊建设主要从加强出版能力建设、优化布局结构、加快融合发展、提升国际传播能力、优化发展环境以及加强指导扶持六个方面进行。

二、完善科研论文和科学技术信息交流机制

科研论文与科技信息是开展科技创新的重要资源。促进科研信息数据的高效开放共享和广泛传播利用，保障重要科技领域的数据资源安全，是促进科技创新发展的必然要求。《中华人民共和国国民经济和社会发展第十四个五年规划和 2035 年远景目标纲要》提出，构建国家科研论文和科技信息高端交流平台。通过构建国家科研论文和科技信息高端交流平台，充分利用大数据、人工智能等新技术，促进科研信息数据的高效开放共享和广泛传播利用，全面提升对科研活动的服务保障水平。

三、推动开放科学发展

我国通过立法鼓励开放科学的发展，促进科学技术交流和传播。从国际上看，开放科学发展越来越受到重视。2021 年 11 月，联合国教科文组织大会第 41 届会议审议通过《开放科学建议书》，其中提出开放科学是一个集各种运动和实践于一体的包容性架构，旨在实现人人皆可公开使用、获取和重复使用多种语言的科学知识，为了科学和社会的利益增进科学合作和信息共享，并向传统科学界以外的社会行为者开放科学知识的创造、评估和传播进程。同时建议会员国根据国际法并结合本国政治、行政和法律框架，在以下七个领域同时采取行动：促进就开放科学、相关惠益和挑战以及开放科学的多样化途径形成共识；营造有利于开放科学的政策环境；投资于开放科学基础设施和服务；投资于开放科学的人力资源、培训、教育、数字素养和能力建设；培育开放科学文化，协调统一开放科学的激励措施；在科学进程的不同阶段促进开放科学的创新方法；在开放科学背景下，从缩小数字、技术和知识差距的角度促进国际和多利益相关方合作。

第九十六条 国家鼓励国内外的组织或者个人捐赠财产、设立科学技术基金，资助科学技术研究开发和科学技术普及。

◆ **条文主旨**

本条是关于国家鼓励科技捐赠的规定。

◆ **修改提示**

本条是原法第六十六条，未作修改。

◆ **条文释义**

捐赠是科技创新的重要资金来源渠道，本法鼓励通过社会捐赠来资助科学技术研究开发和科学技术普及。

一、鼓励国内外的组织或者个人捐赠财产

《中华人民共和国公益事业捐赠法》第三条规定，教育、科学、文化、卫生、体育事业属于公益事业。科学事业捐赠行为是自然人、法人或其他非法人组织为发展科学事业而做出无偿捐赠财产的意思表示，经受赠人做出接受捐赠的意思表示而成立并履行的合同行为。根据《中华人民共和国公益事业捐赠法》的规定，自然人、法人或者其他组织可以选择符合其捐赠意愿的公益性社会团体和公益性非营利的事业单位进行捐赠。捐赠人可以与受赠人就捐赠财产的种类、质量、数量和用途等内容订立捐赠协议，捐赠人有权决定捐赠的数量、用途和方式。

本法鼓励组织或者个人进行科技捐赠。企业捐赠财产用于科学事业可以按照规定享受企业所得税优惠，个人捐赠财产用于科学事业可以按照规定享受个人所得税优惠，境外捐赠科学事业可以按照规定享受进口税收优惠。

二、鼓励国内外的组织或者个人设立科学技术基金

科学技术基金是科技投入的重要方式之一，是为了推动科学技术进步而通过捐赠等方式设立的，筹集、管理、使用具有一定数量的资金。科学技术基金具有集合社会财富支持科学事业的功能，很好地适应和推动了社会发展和科学进步。目前，我国的科学技术基金形成了以国家基金为主，地方基金为辅，个人捐助型基金和单位自设基金为重要补充的结构。除财政性资金设立科学技术基金外，吸纳国内外的组织或者个人的投入，调动国内外的组织或者个人设立科学技术基金的积极性，能够有效地扩充科学技术的资金来源，大大推动科学事业的发展。

国内外的组织或者个人捐赠财产、设立科学技术基金，主要用途是资助科学技术研究开发和科学技术普及。根据《中华人民共和国科学技术普及法》的规定，科普组织开展科普活动、兴办科普事业，可以依法获得资助和捐赠。国家鼓励境内外的社会组织和个人设立科普基金，用于资助科普事业。国家鼓励境内外的社会组织和个人捐赠财产资助科普事业；对捐赠财产用于科普事业或者投资建设科普场馆、设施的，依法给予优惠。科普经费和社会组织、个人资助科普事业的财产，必须用于科普事业，任何单位或者个人不得克扣、截留、挪用。

第九十七条 利用财政性资金设立的科学技术研究开发机构、高等学校和企业，在推进科技管理改革、开展科学技术研究开发、实施科技成果转化活动过程中，相关负责人锐意创新探索，出现决策失误、偏差，但尽到合理注意义务和监督管理职责，未牟取非法利益的，免除其决策责任。

◆ **条文主旨**

本条是关于相关负责人在科学技术决策有关活动中尽职免责的规定。

◆ **修改提示**

本条是新增法条。新增对相关机构负责人尽职免责的规定，鼓励有关负责人解放思想，敢于创新，大胆尝试，从而加快体制机制改革，鼓励颠覆传统的原始创新，并加快相关技术的转化应用。

◆ **条文释义**

一、尽职免责条款适用的科学技术进步活动

本条的适用情形，应当从单位性质和活动情形两个层面进行理解，即机构性质应当为利用财政性资金设立的科学技术研究开发机构、高等学校和企业，而活动情形则包括推进科技管理改革、开展科学技术研究开发、实施科技成果转化活动等。

从单位性质来看，适用本条款的相关负责人所在单位，基本是公办的教育、科研单位以及国有企业。这些机构一般都具有国有属性，实行领导人员负责制，其负责人由主管部门或出资机构进行考核监督管理，他们需对所在机构从事的科学技术进步活动的结果负责。与之相比，其他社会组织和民营企业按照相关的法律和内部管理制度进行考核监督，其决策结果一般不涉及上级组织追责，并不适用本条的规定。

从活动情形看，本条明确免责的情形主要包括三个方面：

一是推进科技管理改革。2017 年 7 月中央全面深化改革领导小组第三十七次会议要求，各地要配齐配强各级改革工作力量，加大改革创新在干部考核和提拔任用中的权重，建立健全改革容错纠错机制，形成允许改革有失误、但不允许不改革的鲜明导向。

二是开展科学技术研究开发。2016 年中共中央、国务院发布《国家创新驱动发展战略纲要》规定，重视科研试错探索价值，建立鼓励创新、宽容失败的容错纠错机制。2019 年中共中央办公厅、国务院办公厅印发《关于进一步弘扬科学家精神加强作风和学风建设的意见》规定，高等学校、科研机构领导人员和企业负责人在履行勤勉尽责义务、没有牟取非法利益前提下，免除追究其技术创新决策失误责任，对已履行勤勉尽责义务但因技术路线选择失误等导致难以完成预定目标的项目单位和科研人员予以减责或免责。

三是实施科技成果转化。2016 年国务院印发《实施〈中华人民共和国促进科技成果转化法〉若干规定》规定，科技成果转化过程中，通过技术交易市场挂牌交易、拍卖等方式确定价格的，或者通过协议定价并在本单位及技术交易市场公示拟交易价格的，单位领导在履行勤勉尽责义务、没有牟取非法利益的前提下，免除其在科技成果定价中因科技成果转化后续价值变化产生的决策责任。2017 年《国务院关于印发国家技术转移体系建设方案的通知》要求，营造有利于技术转移的社会氛围。针对技术转移过程中高校、科研院所等单位领导履行成果定价决策职责、科技管理人员履行项目立项与管理职责等，健全激励机制和容错纠错机制，完善勤勉尽责政策，形成敢于转化、愿意转化的良好氛围。

二、相关负责人适用尽职免责条款的限制条件

虽然国家鼓励相关机构负责人积极探索实践，推动改革创新，但绝不是否定必要的监督管理，更不是为个别人谋取私利提供机会，因此，本条对相关负责人在前述科学技术进步活动决策中免除相应责任设置了必要的限制条件，主要是从主观动机、行为表现、预防措施、事实结果四个方面作了规定。

在主观动机方面，应当是锐意创新探索，也就是相关负责人作出决策的目的是希望积极创新探索新的体制机制、新的科学研究发现或者新的成果转化路径等，而并非出于从中谋利或者徇私舞弊等其他目的。在行为表现方面，仅限于决策失误、偏差，这就要求相关活动造成的不良后果应当是与决策行为有直接关系，如果是由于执行过程中的偏差或者失误造成的后果，并不在本条规定的范围内。在预防措施方面，要求相关负责人应当尽到合理的注意义务和监督管理职责。因此，有关负责人应当基于其合理的认知能力和范围对有关决策的可行性、必要性等作出判断，同时切实担负起领导责任，对有关活动实施必要的监督管理，否则由于失职造成的不良后果，有关负责人仍应承担决策责任。

最后，在事实结果方面，本条划出一条红线，即相关负责人不得牟取非法利益，也就是不得利用相关科学技术进步活动，为自己或者他人牟取非法利益，否则非但不能免除决策责任，情节严重的还应当追究相关负责人的刑事责任。

第十章 监督管理

第九十八条 国家加强科技法治化建设和科研作风学风建设，建立和完善科研诚信制度和科技监督体系，健全科技伦理治理体制，营造良好科技创新环境。

◆ 条文主旨

本条是关于科技法治化建设和科研作风学风建设的规定。

◆ 修改提示

本条是新增法条。

◆ 条文释义

国家加强科技法治化建设，将科技监督纳入法治化轨道，提高科技监督的科学化、法治化水平，通过完善科研诚信制度、健全科技伦理治理体制等措施，推动加强科研作风建设，目的是要营造风清气正的科技创新环境，筑牢建设创新型国家和世界科技强国的根基。

一、国家加强科技法治化建设

加强法治政府建设是全面依法治国的重要任务之一。科技等行政管理部门应当加强法治政府建设，将对科技活动的监督管理纳入法治化轨道。科技法治化建设任务主要包括以下方面：一是依法全面履行科技监督管理职责，按照“放管服”要求，深化科技领域行政审批制度改革，大力推行权力清单、责任清单、负面清单制度，并实行动态管理，提高科技治理的科学化、法治化水平。二是完善依法行政制度体系，根据新时代科技创新发展需求，创新和完善科技监督管理制度，尤其是要加强科技安全、科技伦理等重点领域的法律制度建设。三是推进科技领域行政决策科学化、民主化、法治化，增强科技人员和公众参与实效，提高科技决策的专家论证和风险评估质量。四是坚持严格规范公正文明监管和执法，正确、高效地履行相关法律法规赋予科技和相关管理部门对科技活动的监督管理职责和执法权力。五是强化对科技领域行政权力的制约和监督，完善科学有效的行政权力运行制约和监督体系，切实保障广大科技人员和人民群众的知情权、参与权、表达权、监督权，及时依法依纪追究违法行政责任。

二、国家加强科研作风学风建设

科研作风学风是科学精神和创新文化在科研人员和科研活动中的体现，是科学共同体广泛认可、共同遵循、弘扬倡导的价值理念。

长期以来，我国一大批优秀科学家坚持国家利益和人民利益至上，科学报国、艰苦奋斗、不计名利、潜心研究、奖掖后学、勇攀科学高峰，形成了优良的科研作风学风。但同时也要看到，科研活动中学术造假、浮夸浮躁、急功近利等问题时有发生，严重影响了良好的科研生态。

党中央、国务院始终高度重视科研作风学风建设。2019 年 6 月，中共中央办公厅、国务院办公厅印发《关于进一步弘扬科学家精神加强作风和学风建设的意见》，对科研作风学风建设做出系统部署，明确科研作风学风建设的主要任务。一是崇尚学术民主。鼓励不同学术观点交流碰撞，排除地位影响和利益干扰，反对门户偏见和“学阀”作风，鼓励年轻人大胆提出自己的学术观点。二是坚守诚信底线。要求科研活动主体主动发现、严肃查处违背科研诚信要求的行为，实行“零容忍”；要求科研项目承担者树立“红线”意识，严守科研伦理规范；要求主管部门和科研单位健全监督管理制度和工作机制。三是反对浮夸浮躁、投机取巧。不人为夸大研究基础和学术价值，规范原始数据资料管理，确保将主要精力集中在科研任务上。四是反对科研领域“圈子”文化。着力破除各种利益纽带和人身依附关系，抵制各种人情评审。高层次专家要带头打破壁垒，树立跨界融合思维，在科研实践中做好传帮带，善于发现、培养青年科研人员。积极履行社会责任，传播爱国奉献的价值理念，开展科普活动，引领更多青少年投身科技事业。

三、科研诚信、科技监督和科技伦理治理

建立和完善科研诚信制度和科技监督体系，健全科技伦理治理体制，是加强科技法治化建设和科研作风学风建设的重要方面。

科研诚信制度包括科研人员应当遵守的学术规范和科研诚信建设的工作机制、责任体系、管理内容，以及违反科研诚信行为的查处程序和处罚措施等。

科技监督主要是按有关规章制度，对科技计划、项目、资金等的管理和执行情况所开展的检查、督导和问责，以促进管理的科学规范、公平公开，提高财政科技资金使用效益。科技监督的主体是多元的，包括科技部和财政部、有关部门和地方、项目管理专业机构以及项目承担单位等。各类科技计划、项目组织实施的各个环节都应当明确责任主体。按照谁主责谁接受监督、权责对等的原则，各责任主体都要自觉接受监督。科技监督涉及主体和环节多，需要明确各类主体的权责，建立健全监督体系，结合科技计划管理层级，实行分层分级监督机制，强化事中、事后监督和绩效评估评价，加强责任倒查，突出对关键环节的监督。

科技伦理是科技活动必须遵循的价值理念和行为规范，是科技事业健康发展的重要保障。健全科技伦理治理体制，需要明确政府部门、创新主体、科技社团、科技人员等不同主体在科技伦理治理中的职责定位，以及科技伦理教育培训、审查监管、违规查处等方面的工作机制。

良好科研作风学风的形成既要靠广大科技人员和科技团体的自律，也离不开规范有力的科技治理。近年来，科技、教育等相关部门通过落实学风建设主体责任、把学风建设成效纳入用人单位领导班子考核指标、建立通报问责制度、实施学风建设行动计划、开展重点问题集中治理等方式，积极推进科研作风学风制度建设，科技法治化建设和科研作风学风建设取得了阶段性成果。但是，学术论文造假等作风学风领域的突出问题仍然一定程度存在。同时，随着科技创新快速发展，科技法治化建设和科研作风学风建设也将不断面临新的问题和挑战。科技法治化建设和科研作风学风建设是一项长期任务。

本条规定将科技法治化建设和科研作风学风建设由政策规范上升到国家法律，为科技法治化建设和科研作风学风建设奠定了法律基础。

第九十九条 国家完善科学技术决策的规则和程序，建立规范的咨询和决策机制，推进决策的科学化、民主化和法治化。

国家改革完善重大科学技术决策咨询制度。制定科学技术发展规划和重大政策，确定科学技术重大项目、与科学技术密切相关的重大项目，应当充分听取科学技术人员的意见，发挥智库作用，扩大公众参与，开展科学评估，实行科学决策。

◆ 条文主旨

本条是关于科学技术决策和科技决策咨询制度的规定。

◆ 修改提示

本条是对原法第十三条的修改。与原法条相比，一是在第一款中增加了“法治化”；二是在第二款中增加了“国家改革完善重大科学技术决策咨询制度”“发挥智库作用，扩大公众参与，开展科学评估”，主要原因是：科学技术决策法治化是科技法治化建设的重要方面，体现了全面依法治国的要求；改革和完善重大科技决策咨询制度，对推进国家治理体系和治理能力现代化、深化科技体制改革、实施创新驱动发展战略具有重要作用；发挥智库作用、扩大公众参与、开展科学评估是实现科学决策的重要举措。

◆ 条文释义

加强国家科技决策咨询制度建设是党中央作出的重要部署。2018 年 5 月，习近平总书记在两院院士大会上强调，“要加快建立科技咨询支撑行政决策的科技决策机制，注重发挥智库和专业研究机构作用，完善科技决策机制，提高科学决策能力”，为我国科技决策和科技决策咨询制度建设指明方向。

一、国家完善科学技术决策的规则和程序

完善科学技术决策的规则和程序，是在党中央、国务院领导下推进科学技术决策科学化、民主化、法治化的重要途径。我国科学技术宏观决策机制主要包括中央全面深化改革委员会、国家

科技领导小组、国家科技体制改革和创新体系建设领导小组等。其中，国家科技领导小组是于2018年由国家科技教育领导小组调整而来，主要负责研究、审议国家科技发展战略及重大政策，讨论、审议科技重要任务及项目，协调国务院各部门及部门与地方之间涉及科技的重大事项。国家科技体制改革和创新体系建设领导小组是由国务院专门成立的科技体制改革协调机构，负责组织领导科技体制改革和创新体系建设工作，审议相关重大政策措施，统筹协调有关重大问题，总结推广工作经验。

科学技术部是国家科学技术行政管理部门，负责贯彻落实党中央关于科技创新工作的方针政策和决策部署，拟订国家创新驱动发展战略方针以及科技发展规划和政策，并组织实施。围绕科技计划管理改革，2014年12月，国务院印发《关于深化中央财政科技计划（专项、基金等）管理改革的方案》，建立由科技部牵头，财政部、发展改革委等相关部门参加的科技计划（专项、基金等）管理部际联席会议制度，负责审议科技发展战略规划、科技计划（专项、基金等）的布局与设置、重点任务和指南等科技计划管理相关重大事项。

完善科学技术决策的规则和程序，需要把决策咨询纳入重大科学技术决策的必经程序，提升决策科学化、民主化水平。同时，遵循依法决策原则，严格遵守法定权限，依法履行法定程序，保证决策内容符合法律、法规和规章等规定，并按规定程序进行合法性审查，提升决策的法治化水平。

二、国家改革完善重大科学技术决策咨询制度

科技决策咨询是指具有专业科学技术知识和经验的人员，围绕促进科技创新发展的各项议题，为决策者提供科学知识、证据支撑和政策建议，是实现决策科学化、民主化的重要途径和方式。当前，科技战略与政策的决策复杂性日益增强，需要科学、技术、教育、经济、人才等各界力量与各类智库的综合参与，在多个层面设立不同运行模式的科技创新决策咨询机制，多渠道及时、准确、系统提供相关事实证据和科学建议，为科学决策提供支撑。大部分国家高度重视科技决策咨询制度建设，将其作为政府科技决策的必要环节。

我国向来高度重视发挥科技决策咨询的作用。在科学技术发展规划制定、科技计划体系改革等方面，科技决策咨询对相关决策发挥着不可替代的作用。党的十八大以来，科技决策咨询制度建设得到进一步加强。2017 年 2 月，中央全面深化改革领导小组第三十二次会议审议通过了《国家科技决策咨询制度建设方案》，强调建设国家科技决策咨询制度，要把立足点放在支撑国家发展全局、服务党中央重大科技决策需求上，着力做好机制设计。

国家科技咨询委员会的建立是我国科技决策咨询制度建设的重大举措。国家科技咨询委员会既要对科技创新发展面临的重点难点问题及时提出意见和建议，又要瞄准世界科技前沿，定期向党中央、国务院报告国际科技创新动向，从全球科技创新视角为国家经济社会发展、保障和改善民生、国防建设等方面的重大科技决策提供咨询建议。

改革完善科技决策咨询制度，需要充分发挥各类智库作用。2015 年 1 月，中共中央办公厅、国务院办公厅印发《关于加强中国特色新型智库建设的意见》，要求建设高水平科技创新智库和企业智库。科研院所要围绕建设创新型国家和实施创新驱动发展战略，研究国内外科技发展趋势，提出咨询建议，开展科学评估，进行预测预判，促进科技创新与经济社会发展深度融合。发挥中国科学院、中国工程院、中国科协等在推动科技创新方面的优势，在国家科技战略、规划、布局、政策等方面发挥支撑作用。支持产学研用紧密结合的新型智库围绕行业产业改革发展的重大问题开展决策咨询研究。

改革完善科技决策咨询制度，需要充分听取广大科技人员的意见，扩大公众参与。制定科学技术发展规划和重大政策、确定科学技术重大项目，对科学技术发展以及经济建设、社会发展和环境保护都会产生重大影响，涉及公共利益以及科技人员和广大人民群众切身利益，需要通过不同方式和渠道充分听取科学技术人员的意见，扩大公众参与，保证决策的科学化、民主化和法治化。

第一百条 国家加强财政性科学技术资金绩效管理，提高资金配置效率和使用效益。财政性科学技术资金的管理和使用情况，应当接受审计机关、财政部门的监督检查。

科学技术行政等有关部门应当加强对利用财政性资金设立的科学技术计划实施情况的监督，强化科研项目资金协调、评估、监管。

任何组织和个人不得虚报、冒领、贪污、挪用、截留财政性科学技术资金。

◆ 条文主旨

本条是关于财政性科学技术资金使用监督管理的规定。

◆ 修改提示

本条是对原法第六十一条的修改。与原法条相比，一是在第一款增加“国家加强财政性科学技术资金绩效管理，提高资金配置效率和使用效益”。将“审计机关、财政部门应当依法对财政性科学技术资金的管理和使用情况进行监督检查”改为“财政性科学技术资金的管理和使用情况，应当接受审计机关、财政部门的监督检查”。主要原因是对财政性科学技术资金实施绩效管理、提高资金配置效率和使用效益，是财政性科学技术资金使用和管理的基本要求；财政性科学技术资金的管理和使用情况有接受相关部门监督检查的义务。二是增加第二款，主要原因是对科学技术行政等有关部门的监督和科研项目资金的协调、评估、监督的权利和义务进行明确规定。

◆ 条文释义

财政性科学技术资金的投入、使用、监督，构成财政性科学技术资金运作的完整过程。监督作为最后的环节，不仅有助于保障财政性科学技术资金的管理和使用的真实、合法，还可以提高财政性科学技术资金管理和使用效率。

一、加强财政性科学技术资金绩效管理

财政资金绩效管理是以财政资金支出效果或使用效果为导向的财政管理，目的在于明确资金流向，提高资金的使用效率，以有限的资金创造最大的价值。近年来，我国财政科技投入大幅增加，但是总体来看仍然存在很大不足，提高资金使用效率和效益始终是财政资金管理的根本要求，对于保障科技创新投入具有重要意义。

党的十八大以来，在党中央、国务院统一部署下，科技部、财政部等从扩大科研项目经费管理自主权、完善科研项目经费拨付机制、加大科研人员激励力度、减轻科研人员事务性负担、创新财政科研经费投入与支持方式、改进科研绩效管理和监督检查等方面大力推进科研经费管理改革，着力破除我国科研资金管理中存在的一些突出问题，目的就是要加快建立适应科技创新规律、统筹协调、职责清晰、科学规范、公开透明、监管有力的科研项目和资金管理机制，使科研项目和资金配置更加聚焦国家经济社会发展重大需求，财政资金使用效益明显提升，科研人员的积极性和创造性充分发挥。

二、对财政性科学技术资金的管理和使用情况进行审计监督

对财政性科学技术资金管理和使用的审计监督是指审计机关依法独立检查被审计财政性科学技术资金管理、使用单位的会计凭证、会计账簿、会计报表以及其他与财政收支、财务收支有关的资料和资产，监督财政收支、财务收支真实、合法和效益的行为。

对财政性科学技术资金的管理和使用情况进行审计监督，应当充分尊重科研活动规律和特点，促进科技创新发展。2016 年 6 月，审计署发布《关于审计工作更好地服务于创新型国家和世界科技强国建设的意见》，要求各级审计机关坚持客观求实，充分尊重科学研究灵感瞬间性、方式随意性、路径不确定性的特点，把因缺乏经验、先行先试出现的失误和错误，同明知故犯的违纪违法行为区分开来；把上级尚无限制的探索性试验中的失误和错误，同上级明令禁止后依然我行我素的违纪违法行为区分开来；把创新工作中的无意过失，同为谋取私利的违纪违法行为区分开来，实事求是地反映问题，客观审慎地做出审计处理和提出审计建议。注重保护科技创新中的新生事物，注重保护科技人员的创新性和积极性，注重维护科研人员的合法权益，推动完善保障和激励创新的分配制度。

三、对财政性科学技术资金的管理和使用情况进行财政监督

对财政性科学技术资金管理和使用的财政监督，是指财政部门依法对财政科学技术资金管理和使用单位的财政、财务管理事项进行的监督检查。

对财政性科学技术资金管理和使用进行财政监督，一方面要严肃查处违纪违规问题，另一方面也要改进监督方式，为科研人员“松绑减负”，更好促进科研活动开展。2021 年 8 月，《国务院办公厅关于改革完善中央财政科研经费管理的若干意见》（国办发〔2021〕32 号）提出，加强审计监督、财会监督与日常监督的贯通协调，增强监督合力。加强事中事后监管，创新监督检查方式，实行随机抽查、检查，推进监督检查数据汇交共享和结果互认。减少过程检查，充分利用大数据等信息技术手段，提高监督检查效率。探索制定相关负面清单，明确科研项目经费使用禁止性行为，有关部门要根据法律法规和负面清单进行检查、评审、验收、审计，对尽职无过错科研人员免予问责。

四、强化科研项目资金协调、评估、监管

近年来，我国财政科技投入快速增长，科研项目和资金管理显著改善，为科技事业发展提供了有力支撑。但也存在项目安排分散重复、管理不够科学透明、资金使用效益亟待提高等问题，必须通过强化科研项目资金协调、评估、监管，切实加以解决。

强化科研项目资金协调，要求加强科研项目和资金配置的统筹协调。科技行政主管部门会同有关部门要充分发挥科技工作重大问题会商与沟通机制的作用，按照国民经济和社会发展规划的部署，加强科技发展优先领域、重点任务、重大项目等的统筹协调，形成年度科技计划（专项、基金等）重点工作安排和部门分工，经国家科技体制改革和创新体系建设领导小组审议通过后，分工落实、协同推进。财政部门要加强科技预算安排的统筹，做好各类科技计划（专项、基金等）年度预算方案的综合平衡。涉及国民经济、社会发展和国家安全的重大科技事项，按程序报国务院决策。

强化科研项目资金评估，要求项目申请单位按规定科学合理、实事求是地编制项目预算；相关部门改进预算编制方法，完善预算编制指南和评估评审工作细则，健全预算评估评审的沟通反馈机制。评估评审工作的重点是项目预算的目标相关性、政策相符性、经济合理性。

强化科研项目资金监管，要求规范科研项目资金使用行为，加大对违规行为的惩处力度。长期以来，我国科研经费管理存在政策落实不到位、项目经费管理过于刚性、经费拨付机制不完善、经费报销难等问题，不利于科研活动开展。为解决这些问题，相关部门和地方已出台科研经费“包干制”等措施，进一步完善符合科研活动规律的资金监管方式。

五、违法违规管理和使用财政性科学技术资金应承担相应法律责任

根据本法，任何组织或者个人不得虚报、冒领、贪污、挪用、截留财政性科学技术资金，否则就要受到法律追究。本法第一百一十条对违法违规管理和使用财政性科学技术资金行为的法律责任进行了明确规定。

第一百零一条 国家建立科学技术计划项目分类管理机制，强化对项目实效的考核评价。利用财政性资金设立的科学技术计划项目，应当坚持问题导向、目标导向、需求导向进行立项，按照国家有关规定择优确定项目承担者。

国家建立科技管理信息系统，建立评审专家库，健全科学技术计划项目的专家评审制度和评审专家的遴选、回避、保密、问责制度。

◆ 条文主旨

本条是关于国家科技计划项目管理的规定。

◆ 修改提示

本条是对原法第六十二条的修改。与原法条相比，一是在第一款增加“国家建立科学技术计划项目分类管理机制，强化对项目实效的考核评价”。将“坚持宏观引导、自主申请、平等竞争、同行评审、择优支持的原则”修改为“坚持问题导向、目标导向、需求导向进行立项”。主要原因是明确科学技术计划项目分类管理机制、强化对项目实效的考核评价的规定；强调利用财政性资金设立的科学技术计划项目立项的问题导向、目标导向、需求导向原则。二是在第二款增加“国家建立科技管理信息系统”“保密”，主要原因是为国家建立科技管理信息系统提供法律依据，建立保密制度已成为重要的要求。

◆ 条文释义

加强国家科学技术计划项目的管理具有重要的意义，围绕科学技术计划项目管理建立和完善相关制度，有助于保障相关项目的实施发挥应有的作用。

一、建立科学技术计划项目分类管理机制

科技计划项目由于定位、目标、特点不同，应当遵循科学研究、技术创新和成果转化规律，实行分类管理，提高科研项目和资金管理水平。

基础前沿科研项目突出创新导向。基础、前沿类科研项目要立足原始创新，充分尊重专家意见，通过同行评议、公开择优的方式确定研究任务和承担者，激发科研人员的积极性和创造性。引导支持企业增加基础研究投入，推动基础研究与应用研究的紧密结合。对优秀人才和团队给予持续支持，加大对青年科研人员

的支持力度。项目主管部门要减少项目执行中的检查评价，发挥好学术咨询机构、协会、学会的咨询作用，营造“鼓励探索、宽容失败”的实施环境。

公益性科研项目聚焦重大需求。公益性科研项目要重点解决制约公益性行业发展的重大科技问题，强化需求导向和应用导向。行业主管部门应当充分发挥组织协调作用，提高项目的系统性、针对性和实用性，及时协调解决项目实施中存在的问题，保证项目成果服务社会公益事业发展。

市场导向类项目突出企业主体。明晰政府与市场的边界，充分发挥市场对技术研发方向、路线选择、要素价格、各类创新要素配置的导向作用，政府主要通过制定政策、营造环境，引导企业成为技术创新决策、投入、组织和成果转化的主体。对于政府支持企业开展的产业重大共性关键技术研究等公共科技活动，在立项时要加强对企业资质、研发能力的审核，鼓励产学研协同攻关。对于政府引导企业开展的科研项目，主要由企业提出需求、先行投入和组织研发，形成主要由市场决定技术创新项目和资金分配、评价成果的机制以及企业主导项目组织实施的机制。

重大项目突出国家目标导向。对于事关国家战略需求和长远发展的重大科研项目，应当集中力量办大事，聚焦攻关重点，设定明确的项目目标和关键节点目标，并在任务书中明确考核指标。项目主管部门主要采取定向择优方式遴选优势单位承担项目，鼓励产学研协同创新，加强项目实施全过程的管理和节点目标考核，探索实行项目专员制和监理制；项目承担单位上级主管部门要切实履行在项目推荐、组织实施和验收等环节的相应职责；项目承担单位要强化主体责任，组织有关单位协同创新，保证项目目标的实现。

二、强化对项目实效的考核评价

国家科技计划项目是财政资金资助开展的科学技术研究开发

项目，应当对其实施过程和完成情况进行考核评价。2018年，中共中央办公厅、国务院办公厅印发《关于深化项目评审、人才评价、机构评估改革的意见》，要求加强国家科技计划绩效评估。

科研项目绩效分类评价要突出代表性成果和项目实施效果评价。基础研究与应用基础研究类项目重点评价新发现、新原理、新方法、新规律的重大原创性和科学价值，解决经济社会发展和国家安全重大需求中关键科学问题的效能，支撑技术和产品开发的效果，代表性论文等科研成果的质量和水平，以国际国内同行评议为主。技术和产品开发类项目重点评价新技术、新方法、新产品、关键部件等的创新性、成熟度、稳定性、可靠性，突出成果转化应用情况及其在解决经济社会发展关键问题、支撑引领行业产业发展中发挥的作用。应用示范类项目绩效评价以规模化应用、行业内推广为导向，重点评价集成性、先进性、经济适用性、辐射带动作用及产生的经济社会效益，更多采取应用推广相关方评价和市场评价方式。对于关键核心技术攻关重大项目，进一步发挥需求方、用户、产业界等的重要作用，需求方、用户、产业界代表应直接参与综合绩效评价工作，充分发表意见，并将需求方和用户对项目完成情况的评价意见，以及对项目成果的推广应用意见，作为评价的核心指标。

三、完善科技计划项目立项和承担者遴选机制

科技计划项目的管理流程通常分为项目指南制定和发布、项目立项、项目过程管理、项目验收和结题等环节，项目承担者主要通过公开择优、定向择优等方式确定。近年来，随着国家科技计划项目管理改革逐步深入，项目形成和承担者遴选机制呈现多元化趋势，如“揭榜挂帅”“赛马制”等，在项目的组织管理方式上更加突出问题导向、目标导向、需求导向。

2020年9月，习近平总书记在科学家座谈会上指出，“研究方向的选择要坚持需求导向，从国家急迫需要和长远需求出发，真正解决实际问题”。贯彻落实这一要求，就需要将问题导向和需求导向作为科技计划项目立项的出发点。目前，国家重点研发计划已经开始实行“揭榜挂帅”“赛马制”，创新和完善项目形成机制和项目承担者遴选机制。

四、建立国家科技管理信息系统

国家科技管理信息系统是深化中央财政科技计划管理改革的重要举措，是支撑科技计划综合统筹、服务项目申报管理、保障各类评审评估、落实科技管理监督的综合性服务平台。通过统一的信息系统，对科技计划（专项、基金等）的全过程进行信息管理，主动向社会公开非涉密信息，接受公众监督。按照深化中央财政科技计划（专项、基金等）管理改革工作部署和国家科技计划管理流程要求，“国家科技管理信息系统公共服务平台”已经于2015年9月正式上线服务，面向科研单位申报用户、地方管理部门、社会公众等用户群体，提供需求征集、指南发布、项目申报、立项公示、过程管理、绩效评价、数据查询、用户交互、咨询答疑等用户服务功能，有效保障各类用户参与科技计划组织实施、科技项目管理执行。

五、建立评审专家库

专家库是国家科技管理信息系统的重要组成部分，集成科技、产业和经济高层次人才，服务于国家科技管理。科技部牵头专家库建设的总体部署和统筹协调，研究制定相关政策和管理制度，委托相关单位分工负责，开展专家库建设、运行维护、开发利用等相关工作。中央财政科技计划（项目、基金等）各管理部门、直属机构主管司局和专业机构等因项目评审评估、结题验收、评价奖励等管理活动所需专家，一律从专家库中选取。各地方科技行政管理部门、各行业、各地方专业机构需要使用专家库专家的，按照专家抽取与使用的管理规定和专家自愿参与的原则，依申请使用。

六、健全科学技术计划项目的专家评审制度

2014 年 12 月，国务院印发《关于深化中央财政科技计划（专项、基金等）管理改革的方案》（国发〔2014〕64 号），要求政府各部门不再直接管理具体项目，充分发挥专家和专业机构在科技计划（专项、基金等）具体项目管理中的作用。以国家重点研发计划为例，项目管理专业机构根据国家重点研发计划相关管理规定和任务委托协议，开展具体项目管理，按照公开、公平、公正和利益回避的原则，充分发挥专家作用，支撑具体项目管理工作。项目评审专家应从国家科技专家库中选取，按照相关规定向社会公布，并实行回避制度和轮换机制。

七、健全评审专家的遴选、回避、保密、问责制度

一是专家遴选制度。专家库由科技界、产业界和经济界的高层次专家组成。专家进入专家库有经本人同意直接入库和由本人申请、经单位推荐和科技人才管理与服务单位信息校验后入库两种方式。从专家库中抽取项目评审咨询专家，一般应遵循随机原则。

二是专家回避制度。为最大限度保证评审的公平、公正，有一定情形的评审专家应回避，包括被评审项目的负责人或参与人员以及有其他重大利益关系等可能妨碍评审公正性的情形等。

三是专家的监督和保密制度。除涉密及法律法规另有规定外，项目评审专家名单应当向社会公开，接受社会监督，评审结束后按要求公示专家。评审专家必须遵守国家科学技术活动保密相关规定。

四是专家问责制度。《国家科技专家库管理办法（试行）》规定，专家如存在学术不端、填写虚假信息、在评审咨询工作中存在不当行为情况，一经查实，取消专家资格。对徇私舞弊者予以通报批评，并公开相关信息，取消申报中央财政科技计划（项目、基金等）资格。

第一百零二条 国务院科学技术行政部门应当会同国务院有关主管部门，建立科学技术研究基地、科学仪器设备等资产和科学技术文献、科学技术数据、科学技术自然资源、科学技术普及资源等科学技术资源的信息系统和资源库，及时向社会公布科学技术资源的分布、使用情况。

科学技术资源的管理单位应当向社会公布所管理的科学技术资源的共享使用制度和使用情况，并根据使用制度安排使用；法律、行政法规规定应当保密的，依照其规定。

科学技术资源的管理单位不得侵犯科学技术资源使用者的知识产权，并应当按照国家有关规定确定收费标准。管理单位和使用者之间的其他权利义务关系由双方约定。

◆ 条文主旨

本条是关于科学技术资源建设与使用的规定。

◆ 修改提示

本条是对原法第六十五条的修改。与原法条相比，在第一款“科学技术资源的信息系统”之后增加了“资源库”，主要原因是进一步完善对科学技术资源的表述。

◆ 条文释义

科技资源是科学技术发展的基础和条件，是国家科技进步和科技创新的保障和物质支撑。实践中，部分科研设施与仪器重复建设购置、闲置，科学数据等科技资源共享程度较低的问题一定程度上存在。科技资源不能充分共享不仅造成了国家投资的巨大浪费，而且成为制约我国科技创新和科技进步的瓶颈之一。建设科技资源信息系统和资源库是实现科技资源共享的重要途径。

一、科学技术资源的信息系统和资源库建设

近年来，国家重点建设了一批科研基础设施和大型科学仪器设备共享平台、自然科技资源共享平台、科学数据共享平台、科技文献共享平台等，加强对科学研究和技术创新的全面支撑；建立创新资源配置的信息交流制度，防止重复立项和资源分散、浪费；建设国家科技基础条件平台，充分运用信息、网络等现代技术，对科技基础条件资源进行战略重组和系统优化，促进全社会科技资源高效配置和综合利用。科技部、财政部是国家平台的宏观管理部门，负责国家平台建设运行以及考核、评价等管理工作。

此外，中国科协和地方科协积极推动科普资源共建共享平台建设。借助信息化手段，对科普图文、音频、视频，以及科普展品、教具等科普资源共建共享，提高科普资源的利用效率，尤其是对欠发达地区的科普工作具有极大的促进作用。

二、科学技术资源管理单位的资源共享义务

科学技术资源的管理单位包括拥有科学技术资源的科研院所、高等学校、企业等组织。利用财政性资金形成的科技资源，除保密要求和特殊规定外，应当面向社会开放共享。科学技术资源的管理单位应当向社会公布所管理的科学技术资源的共享使用制度和使用情况，并根据使用制度安排使用。管理单位是科研设施与仪器开放共享的责任主体，法律、行政法规规定应当保密的，依照其规定。

三、科学技术资源管理单位的知识产权保护义务和收费标准

科学技术资源的管理单位不得侵犯科学技术资源使用者的知识产权，并应当按照国家有关规定确定收费标准。管理单位应当建立知识产权管理工作机制，保护科研设施与仪器用户身份信息及在使用过程中形成的知识产权和科学数据。用户（科学技术资源使用者）独立开展科学实验形成的知识产权由用户自主拥有，所完成的著作、论文等发表时，应明确标注利用科研设施与仪器情况。管理单位应当加强网络防护和网络环境下数据安全管理，保护用户身份信息以及在使用过程中形成的知识产权、科学数据和技术秘密。管理单位对外提供开放共享服务，可以按照成本补偿和非营利性原则收取材料消耗费和水、电等运行费，还可以根据人力成本收取服务费，服务收入纳入单位预算，由单位统一管理。管理单位对各类科研设施与仪器向社会开放服务建立公开透明的成本核算和服务收费标准，行政主管部门要加强管理和监督。

管理单位和使用者之间的其他权利义务关系由双方约定。管理单位提供开放共享服务，应当与用户订立合同，约定服务内容、知识产权归属、保密要求、损害赔偿、违约责任、争议处理等事项。

第一百零三条 国家建立科技伦理委员会，完善科技伦理制度规范，加强科技伦理教育和研究，健全审查、评估、监管体系。

科学技术研究开发机构、高等学校、企业事业单位等应当履行科技伦理管理主体责任，按照国家有关规定建立健全科技伦理审查机制，对科学技术活动开展科技伦理审查。

◆ 条文主旨

本条是关于科技伦理管理的规定。

◆ 修改提示

本条是新增法条。主要是适应生物、人工智能等技术快速发展所带来的科技伦理挑战，依法加强科技伦理管理，为科技伦理管理提供基本的法律制度依据。

◆ 条文释义

科技伦理是科学技术活动必须遵循的价值准则和行为规范。进入21世纪以来，全球科技创新进入空前密集活跃的时期。科技的快速发展深刻影响着人类的生活，也带来科技伦理方面的挑战。新技术发展及应用带来伦理与社会风险法律规制问题，人工智能、基因编辑等的伦理问题已成为社会热点问题。

党中央、国务院始终高度重视科技伦理建设，党的十九届四中、五中全会要求健全科技伦理治理体制、健全科技伦理体系。2021年12月17日，中央全面深化改革委员会第二十三次会议审议通过《关于加强科技伦理治理的指导意见》，对科技伦理治理进行总体部署，明确相关部门的责任和任务。进一步完善治理体制机制，要坚持促进创新与防范风险相统一、制度规范与自我约束相结合，强化底线思维和风险意识，把科技伦理要求贯穿到科学研究、技术开发等科技活动全过程，覆盖到科技创新各领域，加强监测预警和前瞻研究，及时从规制上做好应对，确保科技活动风险可控。同时，要避免把科技伦理问题泛化，努力实现科技创新高质量发展与高水平安全的良性互动。

一、建立国家伦理委员会

建立国家伦理委员会是推动覆盖全面、导向正确、规范有序、统筹协调的科技伦理治理体系建设的重要一环。2019年10月，国家科技伦理委员会成立。组建国家科技伦理委员会的目的是加强统筹规范和指导协调，推动构建覆盖全面、导向明确、规范有序、协调一致的科技伦理治理体系。

二、完善科技伦理制度规范

我国目前的科技伦理制度规范主要集中在生物技术和人工智能领域。在法律法规层面，《中华人民共和国民法典》第一千零九条明确规定，从事与人体基因、人体胚胎等有关的医学和科研活动，应当遵守法律、行政法规和国家有关规定，不得危害人体健康，不得违背伦理道德，不得损害公共利益。《中华人民共和国生物安全法》规定，从事生物技术研究、开发与应用活动，应当符合伦理原则。《中华人民共和国人类遗传资源管理条例》规定，采集、保藏、利用、对外提供我国人类遗传资源，应当符合伦理原则，并按照国家有关规定进行伦理审查；采集、保藏、利用、对外提供我国人类遗传资源，应当尊重人类遗传资源提供者的隐私权，取得其事先知情同意，并保护其合法权益。在具体规范层面，科技部和原卫生部 2003 年联合发布《人胚胎干细胞研究伦理指导原则》，明确了人胚胎干细胞的来源定义、获得方式、研究行为规范等，禁止进行生殖性克隆人的任何研究，禁止买卖人类配子、受精卵、胚胎或胎儿组织。科技部 2006 年发布《关于善待实验动物的指导性意见》，对饲养管理、应用、运输过程中如何善待实验动物提出具体指导意见，倡导“减少、替代、优化”的“3R”原则，科学、合理、人道地使用实验动物，对虐待实验室动物的行为明确处理措施。原国家卫生计生委 2016 年制定《涉及人的生物医学研究伦理审查办法》，对各级各类医疗卫生机构开展涉及人的生物医学研究伦理审查工作进行了具体规定。2021 年 9 月，国家新一代人工智能治理专业委员会发布《新一代人工智能伦理规范》，提出了增进人类福祉、促进公平公正、保护隐私安全、确保可控可信、强化责任担当、提升伦理素养等6项基本伦理要求和人工智能管理、研发、供应、使用等特定活动的18项具体伦理要求。

为有效应对新兴技术研究开发和应用带来的伦理风险，未来还需要加快围绕人工智能、基因编辑、医疗诊断等领域的立法工作，进一步完善制度规范，健全治理机制，细化相关法律法规和伦理审查规则，强化伦理监管，引导和规范各类科学研究活动，推动科技伦理法治化建设稳步加快发展。

三、加强科技伦理教育和研究

伦理规范只有深植于个人价值观，才能转化为自觉行为。最好的伦理风险防范方法，是将伦理制度规范融入科研和管理细节中、内化到人的观念深处。科技人员和社会公众能否正确理解，科技人员能否严格遵守科技伦理规则要求，守住科技伦理底线，是科技伦理治理的关键。许多国际科技组织章程、工程师职业标准、工程教育培养标准等，已将科技伦理要求作为重要内容。

相关政府部门、高校、科研院所、企业、行业协会、媒体等需要明确责任、各司其职、互相配合，广泛深入开展科技伦理的教育培训和宣传，提高科技人员和社会公众的科技伦理意识，让科技人员主动承担伦理责任，让科技向善的理念深入人心。引导社会公众科学、客观、准确看待科技伦理问题，避免科技伦理问题泛化。同时，需要对科技伦理的内涵、原则、规范、责任等开展持续深入的理论研究和实践经验总结，及时将研究成果和有益的实践经验转化为制度规范，以有效应对新技术快速发展所带来的伦理风险。

四、健全科技伦理审查、评估和监管体系

目前，我国主要是在涉及人的生物医学研究领域形成了伦理审查、评估和监管体系，科技伦理审查、评估和监管体系总体尚不健全。

《中华人民共和国生物安全法》规定，从事生物医学新技术临床研究，应当通过伦理审查，并在具备相应条件的医疗机构内进行。《中华人民共和国人类遗传资源管理条例》将通过伦理审查作为申请采集、保藏人类遗传资源，利用我国人类遗传资源开展国际合作科学研究行政审批，以及取得人类遗传资源材料出境证明的必要条件，规定国务院科学技术行政部门应当聘请生物技术、医药、卫生、伦理、法律等方面的专家组成专家评审委员会，对依照本条例规定提出的采集、保藏我国人类遗传资源，开展国际合作科学研究以及将我国人类遗传资源材料运送、邮寄、携带出境的申请进行技术评审。2016 年，原国家卫生计生委制定的《涉及人的生物医学研究伦理审查办法》规定，在国家和省级层面设立医学伦理专家委员会；从事涉及人的生物医学研究的医疗卫生机构应当设立伦理委员会，并采取有效措施保障伦理委员会独立开展伦理审查工作。目前，国家相关部门正在完善相关领域的伦理审查、评估和监管体系和制度。基于这些进展，本法进一步对健全科技伦理的审查、评估、监管体系作出规定，推动在人工智能、基因编辑、实验动物等更多领域建立健全符合相关技术领域特点的体系化科技伦理审查、评估和监管制度。

五、履行科技伦理管理主体责任

科学技术研究开发机构、高等学校、企业事业单位等是履行科技伦理管理责任的主体。按照国家有关规定建立健全科技伦理审查机制，对科学技术活动开展科技伦理审查，是其履行科技伦理管理主体责任的重要内容。未按规定开展科技伦理审查的，应承担相应的法律责任。例如，《中华人民共和国人类遗传资源管理条例》规定，采集、保藏、利用、对外提供我国人类遗传资源未通过伦理审查的，由省、自治区、直辖市人民政府科学技术行政部门责令停止开展相关活动，没收违法采集、保藏的人类遗传资源和违法所得，处 50 万元以上 100 万元以下罚款，违法所得在 100 万元以上的，处违法所得 5 倍以上 10 倍以下罚款。

第一百零四条 国家加强科研诚信建设，建立科学技术项目诚信档案及科研诚信管理信息系统，坚持预防与惩治并举、自律与监督并重，完善对失信行为的预防、调查、处理机制。

县级以上地方人民政府和相关行业主管部门采取各种措施加强科研诚信建设，企业事业单位和社会组织应当履行科研诚信管理的主体责任。

任何组织和个人不得虚构、伪造科研成果，不得发布、传播虚假科研成果，不得从事学术论文及其实验研究数据、科学技术计划项目申报验收材料等的买卖、代写、代投服务。

◆ 条文主旨

本条是关于科研诚信管理的规定。

◆ 修改提示

本条是新增法条。主要是为加强科研诚信建设、加大对科研失信行为的处罚力度提供法律依据，推动营造风清气正的科研生态环境。

◆ 条文释义

科研诚信是科技创新的基石，是科研人员必须坚守的底线。近年来，科技部等相关部门在中央统一部署下，针对科研诚信建设中存在的突出问题，加强统筹协调，完善科研诚信制度，规范调查处理程序，加大了处罚力度。

一、建立科研诚信管理机制

国家在部际层面建立了21个部门参加的科研诚信建设联席会议制度，强化对科研诚信建设的统筹协调。科技部和中国社会科学研究院分别牵头负责自然科学、哲学社会科学领域的科研诚信建设工作。

地方各级政府和相关行业主管部门负责加强本地区本系统的科研诚信建设，充实工作力量，强化工作保障。各主管部门负责指导和监督本系统科研诚信案件调查处理工作，建立健全重大科研诚信案件信息报送机制，并可对本系统重大科研诚信案件独立组织开展调查。

从事科研活动及参与科技管理服务的各类机构要切实履行科研诚信建设的主体责任，将科研诚信工作纳入常态化管理，通过单位章程、员工行为规范、岗位说明书等内部规章制度及聘用合同，对本单位员工遵守科研诚信要求及责任追究作出明确规定或约定。

二、加强科研诚信制度建设

在中央层面，2018年5月，中共中央办公厅、国务院办公厅印发《关于进一步加强科研诚信建设的若干意见》，对科研诚信建设作出系统部署。要求建立终身追究制度，依法依规对严重违背科研诚信要求行为实行终身追究，推动立法、司法部门适时出台相应刑事制裁措施。2019年6月，中共中央办公厅、国务院办公厅发布《关于进一步弘扬科学家精神加强作风和学风建设的意见》，要求建立信任为前提、诚信为底线的科研管理机制，并对科研诚信建设进一步提出具体要求和措施。

在部门层面，2016年，科技部等15个部门联合发布《国家科技计划（专项、基金等）严重失信行为记录暂行规定》，将严重科研失信的行为和人员纳入专业数据库和失信人员名单；教育部发布《高等学校预防与处理学术不端行为办法》，规范高校教学科研人员、管理人员和学生学术行为。2020 年 7 月，科技部印发《科学技术活动违规行为处理暂行规定》，对科技领域 6 大类主体的 64 种违规行为，明确了处理程序、尺度和标准。2022 年 8 月，科技部等 22 个部门印发《科研失信行为调查处理规则》，对科研失信行为进行界定，明确了科研失信行为调查处理的职责分工和调查处理程序。

三、建立学术诚信档案和科研诚信管理信息系统

国家科技行政部门建设了覆盖全国的科研诚信管理信息系统，记录科研人员和单位的违规失信行为，实现了有关部门和地方的科研诚信严重失信行为信息在线汇交和在线审核。依托系统在科技计划项目，科技奖励，科技人才、基地等的申报评审中全面开展科研诚信审核，对系统内记录的处罚期限内的科研失信人员和单位取消申请或申报科技计划项目等资格。

四、完善对科研失信行为的调查处理机制

2022 年 8 月，科技部等 22 个部门联合出台《科研失信行为调查处理规则》，在明确科研失信行为定义和范围的基础上，建立对科研失信行为的调查处理机制。明确了科研失信行为调查处理的职责分工，规范了科研失信行为的调查处理程序，规定了科研诚信诫勉谈话、一定范围内公开通报、暂停科技计划（专项、基金等）项目等财政性资金支持的活动等具体处理措施。

五、关于虚构、伪造科研成果和发布、传播虚假科研成果

虚构、伪造科研成果是典型的科研造假行为，行为人违反科研活动规范，以编造实验数据、虚构研究过程、伪造证据材料等方式，制造虚假的科研成果。此类行为不仅违反科研活动规范，让投机取巧者获利，破坏学术公平，同时虚假科研成果还会误导其他相关科研人员的科研活动方向，造成科研人员时间精力和科研资源的浪费，是严重的科研失信行为。

发布、传播虚假科研成果是指相关组织或个人通过刊物、网络自媒体等渠道发布、传播虚假科研成果的行为。近年，发布、传播虚假科研成果的情况时有发生。有些是为了获取声誉、博取眼球，也有别有用心的人，故意发布、传播编造的虚假“科研成果”，误导社会公众，获取非法利益，甚至打着科普名义进行意识形态渗透。此类行为的主体可能是虚构、伪造科研成果的科研人员，也可能是媒体机构或其他第三方。

此外，近年来一些组织和个人，特别是一些中介服务机构以翻译公司、科技服务公司、文化传播公司之名，行论文、科技计划项目申报验收材料等的买卖之实，有的甚至从论文撰写、选刊投稿、审稿改稿到最终发表，提供“一条龙”服务，不仅破坏科研秩序，浪费科研资源，还践踏学术公平原则，损害科研生态，产生大量现实危害。但长期以来，我国对从事此类行为的中介服务的机构和个人缺乏有效监管，进行处罚的法律依据和手段不足。2018 年 5 月，《中共中央办公厅、国务院办公厅关于进一步加强科研诚信建设的若干意见》提出，对从事学术论文买卖、代写代投以及伪造、虚构、篡改研究数据等违法违规活动的中介服务机构，市场监督管理、公安等部门应主动开展调查，严肃惩处。此前，2015 年《国务院办公厅关于优化学术环境的指导意见》（国办发〔2015〕94 号）和中国科协、教育部、科技部等 7 个部门联合印发的《发表学术论文“五不准”》中也有相关规定。但由于这些都是政策性文件，而不是法律法规，因此，相关执法和司法仍面临法律依据不足的问题。考虑到以上情况，本条款对这几类科研造假欺骗行为进行了特别规定。同时，本法第一百一十二条对此类科研造假欺诈行为明确了相应法律责任，为对相关违法行为进行处罚提供了法律依据，弥补了法律制度上的空白。

第一百零五条 国家建立健全科学技术统计调查制度和国家创新调查制度，掌握国家科学技术活动基本情况，监测和评价国家创新能力。

国家建立健全科技报告制度，财政性资金资助的科学技术计划项目的承担者应当按照规定及时提交报告。

◆ 条文主旨

本条是关于国家科学技术统计调查制度、创新调查制度和科技报告制度的规定。

◆ 修改提示

本条是新增法条。建立健全科学技术统计调查制度、创新调查制度和科技报告制度有利于国家全面掌握科技创新总体情况，推动科技资源的充分利用。本条将国家科学技术统计调查制度、创新调查制度和科技报告制度纳入基本科技法律制度，为推动相关制度的深入实施提供了法律依据。

◆ 条文释义

建立健全科学技术统计调查制度、国家创新调查制度和国家科技报告制度是深化科技体制改革的任务要求，有助于全面反映科技创新活动的现状，客观监测和评价我国创新能力，促进科技知识的积累、传播和交流。

一、国家建立健全科学技术统计调查制度

科学技术统计调查是国家统计调查工作的重要组成部分，其基本任务是对我国科学技术活动基本状况、政策效果等进行统计调查和分析，开展指标研究，为科学决策提供支撑服务，为社会提供公共产品。

科技统计工作依据统计法、统计法实施条例以及部门统计调查项目管理办法等法律法规和规章开展。2018 年 11 月，科技部印发了《科学技术部科技统计工作管理办法》，对科技统计调查管理等内容进行了具体规定。科技统计工作实行统一部署、分工负责的管理体制。科技部负责组织、指导和协调全国科技系统的科技统计工作。地方科技管理部门和科技统计调查的组织实施单位负责本地区的科技统计工作。科技部组织实施的统计调查分为综合科技统计调查和专项科技统计调查。综合科技统计调查是涉及国家科技发展全局的统计调查。专项科技统计调查是涉及某一领域或某项工作的统计调查。经过多年努力，我国已建立起以普查为基础，全面调查和抽样调查并重的科技创新统计调查体系。科技创新指标与专题研究持续深化，科技统计基础性工作稳步推进，地方和专项统计工作蓬勃发展，为推动高质量发展、构建新发展格局作出了重要贡献。

二、国家建立健全国家创新调查制度

国家创新调查制度是在科学、规范的统计调查基础上，对国家创新能力进行全面监测和评价的制度安排，包括创新活动统计调查、创新能力监测和评价。国家创新调查按照服务创新发展、加强协同推进、注重开放共享和鼓励社会参与的原则，由科技部、国家统计局牵头实施。

国家统计局牵头会同相关部门负责创新活动统计调查工作，制定统计调查工作方案，研究建立统计调查数据的共享机制，对全国创新活动统计调查进行统一规范管理。创新活动统计调查对企业、高校、政府研究机构等创新主体的活动进行调查，重点调查企业在产品创新、工艺创新、营销创新、管理创新等方面的状况，高校和科研机构在人才培养、技术服务、成果转化和产学研合作等方面的状况，全面掌握各类创新主体的创新活动数据。

科技部牵头会同相关部门负责创新能力监测和评价工作，统筹设计创新能力监测和评价报告体系，形成创新能力监测和评价的标准与规范，组织开展创新能力监测和评价活动，定期协调组织发布监测和评价报告，建立成果共享机制。同时，鼓励有关部门积极参加国家创新调查制度实施工作，指导有条件的地方参照国家创新调查制度开展各具特色的区域创新调查工作。

三、国家建立健全科技报告制度

科技报告是描述科研活动的过程、进展和结果，并按照规定格式编写的科技文献，包括专题报告、进展报告、最终报告和组织管理报告。科研人员可依据科技报告中的描述重复实验过程或了解科研结果。欧美等国家都有系统的科技报告制度，美国政府科技报告工作始于1945年，近年来每年产生约60万份科技报告，其中公开发行约6万份。

建立国家科技报告制度，对财政科技投入形成的科技信息资源进行全面保存和共享，可为科研人员提供科研基础信息，为科技管理者提供决策支持，为社会公众了解和利用国家科研成果提供服务平台，有利于加强各类科技计划的协调衔接、避免科技项目重复部署，有利于广大科研人员共享科研成果、提高国家科技投入效益，有利于社会公众了解科技进展、促进科技成果转化应用。

2012年9月，中共中央、国务院印发了《关于深化科技体制改革加快国家创新体系建设的意见》，明确提出加快建立统一的科技报告制度。2013年4月，科技部在国家科技计划中启动了科技报告试点。2014年3月，国务院印发《关于改进加强中央财政科研项目和资金管理的若干意见》，对建立国家科技报告制度进行了更为明确的规定。要求科技行政主管部门会同有关部门制定科技报告的标准和规范，建立国家科技报告共享服务平台，实现国家科技资源持续积累、完整保存和开放共享。2014 年 8 月，《国务院办公厅转发科技部关于加快建立国家科技报告制度指导意见的通知》指出，以促进科技报告规范产生、持续积累、集中收藏和开放共享为主要任务，充分利用现有机构和渠道，逐步建立健全国家科技报告组织管理机制和开放共享体系，形成统一的国家科技报告制度。

国家科技投入形成的科技报告通过"国家科技报告服务系统"对广大科研人员和社会公众实行开放共享。

财政性资金资助的科学技术计划项目的承担者应当按照规定及时提交报告。财政性资金来自税收收入，对利用财政性资金开展的科研活动，报告活动开展情况和结果，是公共财政管理的基本要求。欧美国家对此也有明确要求。按照规定及时提交科技报告，是财政性资金资助的科学技术计划项目的承担者必须履行的法定义务。对企业资金等社会资金资助的科研活动，国家引导和鼓励自愿呈交科技报告，不作硬性要求。

第一百零六条 国家实行科学技术保密制度，加强科学技术保密能力建设，保护涉及国家安全和利益的科学技术秘密。

国家依法实行重要的生物种质资源、遗传资源、数据资源等科学技术资源和关键核心技术出境管理制度。

◆ 条文主旨

本条是关于科学技术保密和出境管理的规定。

◆ **修改提示**

本条是对原法第二十八条的修改。与原法条相比，一是在第一款中增加“加强科学技术保密能力建设”，主要原因是科学技术保密能力建设是科学技术保密的重要内容；二是在第二款中将“珍贵、稀有、濒危”改为“重要”，主要原因是科学技术资源的范围有了极大的扩展，原有的限定性描述不能涵盖所有的资源情况；三是在第二款中增加“数据资源”“关键核心技术”，主要原因是数据资源是重要的科学技术资源，在出境管理对象中应增加关键核心技术。

◆ **条文释义**

科学技术秘密、重要科学技术资源和关键核心技术事关国家安全和重大利益，我国依法保障科学技术秘密安全，对重要科学技术资源和关键核心技术出境实行管理。

一、国家实行科学技术保密制度

国家科学技术秘密，是指科学技术规划、计划、项目及成果中，关系国家安全和利益，依照法定程序确定，在一定时间内只限一定范围的人员知悉的事项。科技保密事关国家安全和竞争力，加强自主创新，实现高水平科技自立自强，必须切实加强科技保密工作。

2015 年，科技部和国家保密局联合制定了《科学技术保密规定》，对国家科学技术秘密的范围和密级、国家科学技术秘密保密管理等进行了具体规定。2018 年，科技部、国家保密局印发《国家科学技术秘密持有单位管理办法》，科技部印发《国家科学技术秘密定密管理办法》，进一步规范科学技术秘密保密管理。

关于科学技术保密工作的基本方针和总体要求。科学技术保密工作坚持积极防范、突出重点、依法管理的方针，既保障国家科学技术秘密安全，又促进科学技术发展。科学技术保密工作应当与科学技术管理工作相结合，同步规划、部署、落实、检查、总结和考核，实行全程管理。

关于各责任主体的保密工作职责。国家科学技术行政管理部门管理全国的科学技术保密工作。省、自治区、直辖市科学技术行政管理部门管理本行政区域的科学技术保密工作。中央国家机关在其职权范围内，管理或者指导本行业、本系统的科学技术保密工作。国家保密行政管理部门依法对全国的科学技术保密工作进行指导、监督和检查。县级以上地方各级保密行政管理部门依法对本行政区域的科学技术保密工作进行指导、监督和检查。机关、单位应当实行科学技术保密工作责任制，健全科学技术保密管理制度，完善科学技术保密防护措施，开展科学技术保密宣传教育，加强科学技术保密检查。

关于国家科学技术秘密的范围。关系国家安全和利益，泄露后可能造成下列后果之一的科学技术事项，应当确定为国家科学技术秘密：削弱国家防御和治安能力；降低国家科学技术国际竞争力；制约国民经济和社会长远发展；损害国家声誉、权益和对外关系。国家科学技术秘密及其密级的具体范围，由国家保密行政管理部门会同国家科学技术行政管理部门另行制定。

关于国家科学技术秘密的保护。国家科学技术秘密的保护涉及涉密人员、涉密科研活动、涉密科技计划项目、涉密科技成果等方面的保密管理。相关部门、单位和人员应当依法履行科学技术秘密保护职责和义务。对外科学技术交流与合作中需要提供国家科学技术秘密的，应当经过相关管理部门的批准，并与对方签订保密协议。

关于科学技术秘密违法行为的法律责任。本法未对科学技术秘密违法行为的法律责任进行直接规定。但本法第一百一十五条规定："违反本法规定的行为，本法未作行政处罚规定，其他有关法律、行政法规有规定的，依照其规定；造成财产损失或者其他损害的，依法承担民事责任；构成违反治安管理行为的，依法给予治安管理处罚；构成犯罪的，依法追究刑事责任。"因此，对科学技术秘密违法行为追责，适用保守国家秘密法、刑法、保守国家秘密法实施条例等法律法规的相关规定。

二、国家实行重要科学技术资源出境管理制度

种质资源是指农作物、畜、禽、鱼、草、花卉等栽培植物和驯化动物的人工培育品种资源及其野生近缘种，是发展种业的种源，也是人类社会可持续发展的根本。世界各国高度重视农作物种质资源的收集。进入21世纪后，很多发达国家将种质资源的收集保存、评价和挖掘利用进一步聚焦于野生物种。遗传资源是指有实际或潜在价值的遗传材料，包括来自植物、动物、微生物或其他来源的任何含有遗传功能单位（基因和DNA水平）和携带遗传信息的材料，包括人类遗传资源。重要的种质资源、遗传资源是指珍贵、稀有、濒危或具有重要科学研究价值或安全意义的种质资源和遗传资源。同时，随着新一代信息技术等加速突破应用，数据成为关键生产要素，地理信息等重要数据资源不仅涉及个人隐私和商业秘密保护，还涉及国家安全和利益。重要的生物种质资源、遗传资源、数据资源等科学技术资源，在解决粮食、环境问题，维护人民生命健康，促进人工智能、生物医药等新技术、新产业发展等方面具有巨大的经济和社会价值，是国民经济可持续发展的战略性资源。我国是世界上生物种质资源、遗传资源、数据资源最为丰富的国家之一，但由于保护意识不强、保护制度不完善等原因，这些资源的流失情况也非常严重。

近年来，国家制定和完善了生物种质资源、遗传资源、数据资源保护的相关管理制度和措施，颁布了野生动物保护法、种子法、野生植物保护条例、自然保护区条例、人类遗传资源管理条例和生物安全法等法律法规，加强生物种质资源、遗传资源出境管控，加大对违法行为的处罚力度。2018 年，国务院办公厅印发《科学数据管理办法》，规定涉及国家秘密、国家安全、社会公共利益、商业秘密和个人隐私的科学数据，不得对外开放共享；确需对外开放的，要对利用目的、用户资质、保密条件等进行审查，并严格控制知悉范围。2020 年 3 月，中共中央、国务院印发的《关于构建更加完善的要素市场化配置体制机制的意见》中将数据作为新型生产要素，对加强数据资源整合和安全保护提出明确要求。2021 年 6 月，我国出台数据安全法，加大对非法向境外提供重要数据行为的处罚力度。

三、国家实行关键核心技术出境管理制度

世界主要国家普遍重视科技产品和服务出口对本国经济增长的促进作用，但在出口过程中始终把国家安全利益摆在首位，不同程度地建立了涉及国家安全及竞争优势的技术出口审查体系。我国实行关键核心技术出境管理制度。《中华人民共和国对外贸易法》第十六条规定："国家基于下列原因，可以限制或者禁止有关货物、技术的进口或者出口：（一）为维护国家安全、社会公共利益或者公共道德，需要限制或者禁止进口或者出口的；（二）为保护人的健康或者安全，保护动物、植物的生命或者健康，保护环境，需要限制或者禁止进口或者出口的；（三）为实施与黄金或者白银进出口有关的措施，需要限制或者禁止进口或者出口的；（四）国内供应短缺或者为有效保护可能用竭的自然资源，需要限制或者禁止出口的；（五）输往国家或者地区的市场容量有限，需要限制出口的；（六）出口经营秩序出现严重混乱，需要限制出口的；（七）为建立或者加快建立国内特定产业，需要限制进口的；（八）对任何形式的农业、牧业、渔业产品有必要限制进口的；（九）为保障国家国际金融地位和国际收支平衡，需要限制进口的；（十）依照法律、行政法规的规定，其他需要限制或者禁止进口或者出口的；（十一）根据我国缔结或者参加的国际条约、协定的规定，其他需要限制或者禁止进口或者出口的。”

《中华人民共和国技术进出口管理条例》规定，有对外贸易法第十六条规定情形之一的技术，禁止或者限制出口。国务院外经贸主管部门会同国务院有关部门，制定、调整并公布禁止或者限制出口的技术目录。属于禁止出口的技术，不得出口。属于限制出口的技术，实行许可证管理；未经许可，不得出口。出口属于限制出口的技术，应当向国务院外经贸主管部门提出申请。对属于自由出口的技术，实行合同登记管理。出口属于自由出口的技术，应当向国务院外经贸主管部门办理登记。

我国对国防和两用品相关技术的出口采取清单制和许可证管理。中国积极履行《禁止生物武器公约》《禁止化学武器公约》《武器贸易条约》等国际条约规定义务，实施相应的技术出口管制，以维护世界和平和国家安全。主要涉及的我国行政法规有核出口管制条例、军品出口管理条例、导弹及相关物项和技术出口管制条例、生物两用品及相关设备和技术出口管制条例等。此外，2002 年原外经贸部、原国家经贸委、海关总署联合颁布了《有关化学品及相关设备和技术出口管制办法》，2005 年商务部、海关总署联合颁布了《两用物项和技术进出口许可证管理办法》等。

当前，在科技发展和国际竞争的新形势下，为保证国家安全及根本利益不受损，我国在履行国际条约义务、提升开放创新水平的同时，也亟需进一步构建和完善关键核心技术出口的风险防控体系和审查制度。

第一百零七条 禁止危害国家安全、损害社会公共利益、危害人体健康、违背科研诚信和科技伦理的科学技术研究开发和应用活动。

从事科学技术活动，应当遵守科学技术活动管理规范。对严重违反科学技术活动管理规范的组织和个人，由科学技术行政等有关部门记入科研诚信严重失信行为数据库。

◆ 条文主旨

本条是关于禁止开展的科学技术活动和科学技术活动管理规范的规定。

◆ 修改提示

本条是对原法第二十九条的修改。与原法条相比，一是在第一款中将“违反伦理道德”修改为“违背科研诚信和科技伦理”。同时，考虑到相关科学技术应用活动与研究开发活动同样具有危害性，将相关“应用”活动也纳入禁止的范围。二是新增第二款，对遵守科学技术活动管理规范提出明确要求，并将科研诚信记录制度上升到国家法律层面，为科学技术行政管理等有关部门依法规范和管理科学技术活动提供了更加充分的法律依据。

◆ 条文释义

科学技术是一把双刃剑。一方面，科技进步给人类生产生活带来了前所未有的便利和益处；另一方面，恶意或不当开展的科研活动，以及科技成果的谬用误用，可能会给国家安全、社会公共利益、人体健康造成严重损害，甚至会给人类和人类生存环境带来不可逆的巨大损害，因此需要进行相应规制。同时，科学技术活动应当遵守财政资金使用、科技计划项目管理、科研诚信和科技伦理等方面的管理规范。建立科研诚信记录制度，有利于依法开展科研管理，推动营造风清气正的科研环境。

一、禁止开展的科学技术活动

本条明确禁止危害国家安全、损害社会公共利益、危害人体健康、违背科研诚信和科技伦理四种科学技术研究开发和应用活动。这些活动情形可以从科学技术研究开发和应用活动的目的、危害结果和行为性质等不同角度分析界定。有的科学技术研究开发和应用活动可能同时属于两种或两种以上情形。

国家安全是指国家政权、主权、统一和领土完整、人民福祉、经济社会可持续发展和国家其他重大利益相对处于没有危险和不受内外威胁的状态，以及保障持续安全状态的能力。如果技术研究开发和应用危害国家安全，例如为实施恐怖主义行动而研发生物武器，则属于本条规定的禁止开展的科学技术活动。

社会公共利益一般是指关系到全体社会成员或者社会不特定多数人的利益，主要包括社会公共秩序以及社会善良风俗等。如果科学技术活动会对不特定多数人的生存环境、财产、人身安全、个人隐私等方面的合法权益造成损害，则应当被禁止开展。《中华人民共和国生物安全法》禁止从事危及公众健康、损害生物资源、破坏生态系统和生物多样性等危害生物安全的生物技术研究、开发与应用活动，就体现了对社会公共利益的保护。

生物等领域的一些技术研究、开发、应用活动，会对人体健康造成不可避免、不可逆转的重大危害，应当被禁止。如果此类科学技术活动危害不特定多数人的身体健康，那么它也同时是一种损害社会公共利益的行为。当然，如果采取合法防护措施或替代方案，如在具备相应安全等级的实验室、采取动物实验方式开展等，可以有效避免对人体健康的危害的，则不属于此类禁止范围。有些科学技术活动，例如新药开发的临床研究，可能会对受试者（利益相关方）人体健康造成一定程度的潜在危害，但如果严格遵守相关法律规定的条件和程序，遵守伦理规范，充分保护受试者（利益相关方）的知情权等合法权益，则是被允许的。

科研诚信，指科研工作者要实事求是，不欺骗、不弄虚作假，恪守科学价值准则、科学精神以及科学活动的行为规范。科技伦理规定了科技工作者及其共同体应恪守的价值观念、社会责任和行为规范，是从观念和道德层面上规范人们从事科技活动的行为准则。对于科学技术研究开发活动是否违背科技伦理，由于人们的主观认识不尽相同，且科技伦理的具体内容也会随着时代发展、科技进步和科研管理模式的变化等而发生变化，因此有时不容易界定，甚至存在较大争议，需要相关管理部门与时俱进，不断完善科技伦理的认定标准和程序，合理确定相应的法律责任。

二、遵守科学技术活动管理规范

2020 年 7 月，科技部发布的《科学技术活动违规行为处理暂行规定》对六大类科技活动主体在科技活动过程中可能发生的六十四种违规行为，提出了十项处理措施，划出了科技活动的“边界”，明确了违法行为的处理程序、尺度和标准，突出了可操作性和规范性。六大类科技活动主体包括：受托管理机构，即接受科技行政和相关部门委托，承担国家科技计划（专项、基金等）项目管理工作的具有法律资格的科研管理类事业单位或社会化科技服务机构；受托管理机构工作人员；科学技术活动实施单位；科学技术人员；科学技术活动咨询评审专家；第三方科学技术服务机构及其工作人员。

《科学技术活动违规行为处理暂行规定》对不同科技活动主体的违规行为情形进行了具体列举，这些在科学技术活动中不得进行的行为，是对相关单位和人员的规范性要求，也是其必须遵守的底线，否则就应当承担责任，受到相应处罚、处分。

三、科研诚信记录制度和严重失信行为数据库

科研严重失信行为是指违背科研诚信要求且造成严重后果和恶劣影响的行为。按相关科研活动管理规范，对科研严重失信行为进行客观记录，并纳入科研诚信严重失信行为数据库，是科研信用体系建设的重要组成部分。

2016年，科技部、国家发展改革委、教育部等15个部门和单位联合发布《国家科技计划（专项、基金等）严重失信行为记录暂行规定》。该规定所指严重失信行为记录，是对经有关部门/机构查处认定的，科技计划和项目相关责任主体在项目申报、立项、实施、管理、验收和咨询评审评估等全过程的严重失信行为，按程序进行的客观记录。

《国家科技计划（专项、基金等）严重失信行为记录暂行规定》第十条规定，参与科技计划、项目管理和实施的相关项目承担人员、咨询评审专家等自然人，参与科技计划、项目管理和实施相关项目管理专业机构、项目承担单位以及中介服务机构等法人和机构存在严重失信行为，且受到以下处理的，纳入严重失信行为记录：（1）受到刑事处罚或行政处罚并正式公告。（2）受审计、纪检监察等部门查处并正式通报。（3）受相关部门和单位在科技计划、项目管理或监督检查中查处并以正式文件发布。（4）因伪造、篡改、抄袭等严重科研不端行为被国内外公开发行的学术出版刊物撤稿，或被国内外政府奖励评审主办方取消评审和获奖资格并正式通报。（5）经核实并履行告知程序的其他严重违规违纪行为。第十三条规定，实行记录名单动态调整机制，对处理处罚期限届满的相关责任主体，及时移出严重失信记录名单。第十四条规定，严重失信行为记录名单为科技部、相关部门、项目管理专业机构、监督和评估专业化支撑机构掌握使用，严格执行信息发布、查询、获取和修改的权限。严重失信行为记录名单应及时向责任主体通报，对于责任主体为自然人的还应向其所在法人单位通报。对行为恶劣、影响较大的严重失信行为按程序向社会公布失信行为记录信息。第十一条规定，依托国家科技管理信息系统建立严重失信行为数据库。记录信息包括：责任主体名称、统一社会信用代码、所涉及的项目名称和编号、违规违纪情形、处理处罚结果及主要责任人、处理单位、处理依据和作出处理决定的时间。对于责任主体为法人和机构的，根据处理决定，记录信息还应包括直接责任人员。

以上规定针对的是国家科技计划（专项、基金等）实施过程中的严重失信行为。2020 年 7 月科技部出台的《科学技术活动违规行为处理暂行规定》，将“记入科研诚信严重失信行为数据库”作为对科学技术活动违规行为的处理措施之一。根据该文件，国家科技计划（专项、基金等）之外的科学技术活动严重失信行为，也记入科研诚信严重失信行为数据库。

本条规定，对严重违反科学技术活动管理规范的组织和个人，由科学技术行政等有关部门记入科研诚信严重失信行为数据库。这一规定的适用范围不限于国家科技计划（专项、基金等）实施过程中的严重失信行为，为《科学技术活动违规行为处理暂行规定》相关规定的执行提供了更加充分的法律依据。

第十一章 法律责任

第一百零八条 违反本法规定，科学技术行政等有关部门及其工作人员，以及其他依法履行公职的人员滥用职权、玩忽职守、徇私舞弊的，对直接负责的主管人员和其他直接责任人员依法给予处分。

◆ 条文主旨

本条是关于公职人员滥用职权、玩忽职守、徇私舞弊行为的法律责任的规定。

◆ 修改提示

本条是对原法第七十二条的修改。与原法条相比，在违法主体中增加了“其他依法履行公职的人员”，主要原因是将项目管理专业机构及其工作人员等其他相关主体纳入，更加符合科技管理制度改革的实际，能更好地与监察法的相关规定对接。

◆ 条文释义

本条的立法目的在于依法处罚相关职务违法行为，促进国家公职人员更好履行科学技术进步相关工作职责。

一、关于适用本条的法律责任主体

本法第十六条明确规定了国务院和县级以上地方人民政府科

学技术行政等有关部门的科学技术进步工作职责，相关部门及其工作人员没有依法履行本法规定的法定职责，就要依法承担相应的法律责任。同时，本条修订后在责任主体中新增了其他依法履行公职的人员，包括公办的教育、科研等单位中从事管理的人员，法律、法规授权或者受国家机关依法委托管理公共事务的组织中从事公务的人员等。

需要重点指出的是，2014 年 12 月，国务院印发《关于深化中央财政科技计划（专项、基金等）管理改革的方案》，规定政府各部门不再直接管理具体科技计划项目。将现有具备条件的科研管理类事业单位等改造成规范化的项目管理专业机构，由专业机构通过统一的国家科技管理信息系统受理各方面提出的项目申请，组织项目评审、立项、过程管理和结题验收等，对实现任务目标负责。2016 年 3 月，科技部印发《中央财政科技计划（专项、基金等）项目管理专业机构管理暂行规定》，明确中央财政科技计划（专项、基金等）项目管理专业机构（以下简称专业机构）是指经国家科技计划（专项、基金等）管理部际联席会议审议确定的，具有独立法人资格，主要从事科研项目管理工作，承担中央财政科技计划（专项、基金等）项目管理工作的科研管理类事业单位或社会化科技服务机构。对专业机构提交的项目管理任务申请，部际联席会议办公室择优推荐部际联席会议专题会议审议。审议通过后，科技部代表部际联席会议与专业机构签订任务委托协议书，明确相关职责、权利和义务。因此，专业机构中从事财政科技计划（专项、基金等）项目管理的相关人员是“法律、法规授权或者受国家机关依法委托管理公共事务的组织中从事公务的人员”，属于本条规定的法律责任主体。

二、关于滥用职权、玩忽职守、徇私舞弊行为

滥用职权是指行使公权力的机构及其工作人员故意超越职权

范围行使职权或者不适当地行使职权，致使公共财产、国家和人民利益遭受损失的违法行为。科学技术行政等有关部门及其工作人员，以及其他依法履行公职的人员违反本法规定滥用职权的行为，主要是指在科学技术进步工作中超越法律、行政法规所赋予的职权范围行使职权，或者不适当地行使职权，造成危害后果的行为。

玩忽职守是指行使公权力的机构及其工作人员严重不负责任，不履行或者不正确地履行职责，致使公共财产、国家和人民利益受到损失的行为。科学技术行政等有关部门及其工作人员，以及其他依法履行公职的人员违反本法规定玩忽职守的行为，主要表现为对工作极端不负责任，对依法承担的科学技术进步工作职责不予履行，如科技部门没有执行国家科学技术进步的政策，财政和审计部门没有依法对财政性科学技术资金的管理和使用情况进行监督检查等，都属于玩忽职守的行为。

徇私舞弊是指行使公权力的机构及其工作人员为徇个人私利、私情，违反国家法律、行政法规的规定，使国家和人民利益受到损失的行为。科学技术行政等有关部门及其工作人员，以及其他依法履行公职的人员违反本法规定徇私舞弊的行为，主要表现为故意串通篡改科研数据或者申报材料影响考核评价结果，或者出于贪赃、报复、袒护亲友的目的产生的失职、渎职行为。

三、关于依法给予处分的法律责任

科学技术行政等有关部门及其工作人员，以及其他依法履行公职的人员滥用职权、玩忽职守、徇私舞弊的，要对直接负责的主管人员和其他直接责任人员依法给予处分。对公职人员进行处分的法律依据主要是公务员法、监察法和公职人员政务处分法的相关规定。根据相关情节的严重程度，可以分别给予警告、记过、记大过、降级、撤职、开除处分。

处分与行政处罚虽然同属行政责任的一种，但二者是不同的：第一，适用对象不同。处分只适用于国家公职人员，不适用于社会上一般公民；而行政处罚则适用于所有的公民、法人或其他组织。第二，适用的违法行为不同。处分与行政处罚都适用于行政违法行为，但行政处分适用于一般的违法失职行为，而行政处罚则适用于违反某种特定的，设定有行政处罚的法律、法规、规章的违法行为。第三，实施处罚的机关不同。实施处分的机关必须是被处分人员所在单位或者监察机关，实施行政处罚的机关则是国家法律规定的具有行政处罚权的行政机关，法律、法规授权的具有管理公共事务职能的组织，以及行政机关依照法律、法规、规章的规定，在其法定权限内委托的组织。第四，救济渠道不同。行政处罚的救济渠道为行政复议和行政诉讼。处分的救济渠道是申诉、控告，复审、复核。

此外，国家公职人员滥用职权、玩忽职守、徇私舞弊，情节严重构成犯罪的，还应依据《中华人民共和国刑法》第三百九十七条的规定追究刑事责任。

第一百零九条 违反本法规定，滥用职权阻挠、限制、压制科学技术研究开发活动，或者利用职权打压、排挤、刁难科学技术人员的，对直接负责的主管人员和其他直接责任人员依法给予处分。

◆ 条文主旨

本条是关于非法妨碍科学技术研究开发活动和打压科学技术人员的法律责任的规定。

◆ **修改提示**

本条是对原法第六十九条的修改。与原法条相比，增加“阻挠”“或者利用职权打压、排挤、刁难科学技术人员的”，之所以这样修改，主要原因是进一步完善对违法情形的规定，增加保护科学技术人员的相关内容。本条规定的违法情形具体分为两种情况：一是滥用职权阻挠、限制、压制科学技术研究开发活动；二是利用职权打压、排挤、刁难科学技术人员。修订后的条款内容更加全面、准确，有利于更好保护科技人员的合法利益。

◆ **条文释义**

本条规定的目的在于保障科学技术研究开发活动的顺利进行以及维护科学技术人员的合法权益。

一、滥用职权阻挠、限制、压制科学技术研究开发活动

本法明确规定，国家保障开展科学技术研究开发的自由，鼓励科学探索和技术创新，保护科学技术人员自由探索等合法权益。科学技术研究开发机构、高等学校、企业事业单位和公民有权自主选择课题，探索未知科学领域，从事基础研究、前沿技术研究和社会公益性技术研究。国家鼓励机关、群团组织、企业事业单位、社会组织和公民参与和支持科学技术进步活动。因此，从事、参与和支持科学技术研究开发活动，是各机关、群团组织、企业事业单位、社会组织和公民的合法权利，任何单位和个人不得非法妨碍，否则就要承担相应的法律责任。

本条规定了三种妨碍科学技术研究开发活动的情形：一是阻挠科学技术研究开发活动，人为制造各种障碍。例如故意干扰研究开发进程，阻断实验数据采集，破坏科研实验现场等。二是限制科学技术研究开发活动，具体可以表现为故意对科学技术研究开发活动所必需的资金、人员、场地、设施等进行限制，导致无法满足开展相关科研活动的基本要求。三是压制科学技术研究开发活动，比如无正当理由禁止开展相关领域科学技术研究，拒绝为相关科研项目办理申报手续、故意拖延相关科技成果应用转化等。现实中，有关主管部门对科学技术研究开发活动具有合法管理权限，也有监管职责；从事科学技术研究开发活动的不同主体有各自的职能定位、业务领域，对自身的科学技术研究开发活动拥有合法的管理自主权。为区别于正常合理的监管措施和合法的科研管理活动，本条明确相关行为构成违法行为的前提，应当是有关单位和个人存在“滥用职权”的情况。如果有关单位和个人是依照法律法规以及其他规范性文件的要求采取必要监管措施，依法行使经营管理权利，并不构成本条中规定的违法情形。

二、利用职权打压、排挤、刁难科学技术人员

本法明确规定，国家营造尊重人才、爱护人才的社会环境，公正平等、竞争择优的制度环境，待遇适当、保障有力的生活环境，为科学技术人员潜心科研创造良好条件。国家采取多种措施，提高科学技术人员的社会地位，禁止以任何方式和手段不公正对待科学技术人员及其科技成果。同时，本次修订时，在全国人大常委会审议过程中，也有委员指出要维护科学技术人员的合法权益，避免其遭遇不公正对待。因此在原有滥用职权妨碍科学技术研究开发活动违法情形基础上，本次修订新增了利用职权损害科学技术人员权益的违法情形，以期改善科研环境，减少消极因素，激发科学技术人员的创新活力，提高科学技术人员的社会地位。

本条列举了三种具体的损害科学技术人员权益的情形。一是打压科学技术人员，比如故意拖延职称职级考核晋升，粗暴否定科学研究开发成果，拒绝为科学技术人员提供必要科研资源等。二是排挤科学技术人员，具体可以表现为无故禁止科学技术人员参加科研课题项目，或者在科研机构内故意孤立、排斥特定科学技术人员等。三是刁难科学技术人员，具体可以表现为故意设置不切实际的科研指标要求，对资金、人员、场地等作不合理的限制等。值得注意的是，现实当中损害科学技术人员权益的情形比较复杂，上述情形仅作举例，具体的"打压、排挤、刁难"形式应当作广义理解，关键在于是否存在造成科学技术人员的合法权益受到损害的客观事实。同时，应当对有关单位或者个人的职权行为具体问题具体分析，注意区分是否存在打压、排挤、刁难科学技术人员的主观故意。对于合法合规的监督管理措施，按照规章制度、劳动合同、聘用合同等开展的人事管理，一般不应视为违法行为。

三、对直接负责的主管人员和其他直接责任人员的处分

本条涉及的违法主体，包括两部分：一部分是"直接负责的主管人员"，包括各级人民政府及其科技行政等有关部门的负责人，以及科学研究开发机构、高等学校、企业等企业事业单位的有关负责人，如院（所）长、校长、企业负责人等。另一部分是"其他直接责任人员"，包括在上述部门、机构内，具体存在滥用职权阻挠、限制、压制科学技术研究开发活动，或者利用职权打压、排挤、刁难科学技术人员行为的直接责任人员。

本法所指处分，根据违法主体的身份性质存在不同。若相关违法主体为公务员或者参照公务员法管理的人员，则可依据公务员法给予处分，处分类型具体包括警告、记过、记大过、降级、撤职、开除等。如果相关违法主体并非公务员或者参照公务员法管理的人员，但属于《中华人民共和国监察法》第十五条规定的人群范围，也即法律、法规授权或者受国家机关依法委托管理公共事务的组织中从事公务的人员，国有企业管理人员，公办的教育、科研、文化、医疗卫生、体育等单位中从事管理的人员，基层群众性自治组织中从事管理的人员，其他依法履行公职的人员，则可适用公职人员政务处分法有关规定给予政务处分。相关人员对处分决定不服的，可依法提出申诉、控告、复审或复核。

第一百一十条　违反本法规定，虚报、冒领、贪污、挪用、截留用于科学技术进步的财政性资金或者社会捐赠资金的，由有关主管部门责令改正，追回有关财政性资金，责令退还捐赠资金，给予警告或者通报批评，并可以暂停拨款，终止或者撤销相关科学技术活动；情节严重的，依法处以罚款，禁止一定期限内承担或者参与财政性资金支持的科学技术活动；对直接负责的主管人员和其他直接责任人员依法给予行政处罚和处分。

◆ **条文主旨**

本条是关于财政性资金和社会捐赠资金违法行为的法律责任的规定。

◆ **修改提示**

本条是对原法第六十七条的修改。与原法条相比，一是增加了对“社会捐赠资金”违法行为的规定；二是进一步明确了法律责任的内容，包括“责令退还捐赠资金，给予警告或者通报批评，并可以暂停拨款，终止或者撤销相关科学技术活动；情节严重的，依法处以罚款，禁止一定期限内承担或者参与财政性资金支持的科学技术活动”。修订后的法律条款将原来原则性的行政处罚规定予以具体化，增强了可操作性。

◆ **条文释义**

本法规定，国家加大财政性资金投入，鼓励、引导社会资金投入，推动全社会科学技术研究开发经费持续稳定增长。其中，用于科学技术进步的财政性资金和社会捐赠资金，属于公共财政资金和公益性资金，是科学技术研究开发经费的重要来源。本条对违法违规处置资金的法律责任予以明确，旨在保障相关资金的足额拨付和规范使用。

一、虚报、冒领、贪污、挪用、截留相关资金的行为

本条规范的违法行为应当从行为类型和资金类型两个层面来准确把握。

从行为类型角度，本条规定的违法行为具体包括虚报、冒领、贪污、挪用、截留五种违法表现形式。虚报，即通过虚开发票、虚列开支、虚假采购、签订虚假合同等方式违规报销、支取财政性科学技术资金或者社会捐赠资金。冒领，即通过假冒他人名义、签字等方式违规冒充领取财政性科学技术资金或者社会捐赠资金。贪污，即国家工作人员利用职务上的便利，侵吞、窃取、骗取或者以其他手段非法占有国有财产的行为，具体表现为将用于科学技术进步的资金挪作个人开销等，造成国有财产损失的行为。挪用，即挪作他用。与贪污不同，挪用资金一般只改变资金的用途，并不改变资金归属，更不会将资金用作个人消费、投资等。现实当中，财政性资金和社会捐赠资金通常在划拨或者捐赠时会明确资金用途，违规用于其他支出，则属于本条规定的挪用行为。截留，即把应划拨给其他主体的资金留为己用。用于科学技术进步的财政性资金和社会捐赠资金在资金拨付、流转过程中，任何经手机构或者个人不得违规将有关资金据为己有，导致相关资金不能按时、足额用于具体的科研活动或者科研人员和团队，否则就构成本条规定的截留行为。

从资金类型角度，则包括了财政性资金和社会捐赠资金。本次修订在原有财政性资金基础上，增加了用于科学技术进步的社会捐赠资金。这样规定主要是因为国家鼓励、引导社会资金通过捐赠等方式投入科学技术研究开发活动，社会捐赠资金具有公益性，为充分发挥社会捐赠资金对促进科学技术进步的作用，有必要规范用于科学技术进步的社会捐赠资金的使用，追究相关违法行为的法律责任。

二、虚报、冒领、贪污、挪用、截留相关资金的法律责任

本条规定的法律责任包括三个部分，即一般的法律责任，加重的法律责任，以及有关人员的法律责任。

本条视情节严重程度对违法情形作了区分，对于一般违法情形，本条规定应暂停拨款，终止或者撤销相关科学技术活动。对于情节严重的，则进一步加重处罚，规定依法处以罚款，禁止一定期限内承担或参与财政性资金支持的科学技术活动。

对于直接负责的主管人员和其他直接责任人员，本条规定可以依法给予行政处罚和处分，但行政处罚和处分的具体内容，则应当视人员身份、违法情形等适用其他相应法律、行政法规的规定。例如，依据《财政违法行为处罚处分条例》，虚报、冒领、截留、挪用用于科学技术进步的财政性资金的，对直接负责的主管人员和其他直接责任人员给予记大过处分；情节较重的，给予降级或者撤职处分；情节严重的，给予开除处分。又如，依据《中华人民共和国公益事业捐赠法》，挪用、侵占或者贪污用于科学技术进步的社会捐赠资金的，对直接责任人员，由所在单位依照有关规定予以处理。

需要指出的是，我国科研经费管理长期存在项目经费管理刚性偏大、间接费用比例偏低、经费报销难等问题。为此，2021 年 8 月，国务院办公厅印发《关于改革完善中央财政科研经费管理的若干意见》，从简化预算编制、下放预算调剂权、扩大经费包干制实施范围、改进结余资金管理、提高间接费用比例、扩大劳务费开支范围等方面出台措施，扩大科研项目经费管理自主权，加大科研人员激励力度，改进科研绩效管理和监督检查。目前，我国科研经费管理仍处于改革探索的过程中。这是本条规定在适用时需要重点考虑的因素。

虽然本条没有规定有关刑事责任，但是本章最后一条作了兜底性规定，即违反本法规定的行为，构成犯罪的，依法追究刑事责任。因此，对于本章涉及的所有违法行为，只要依据刑法构成犯罪的，都要追究相应的刑事责任。

第一百一十一条 违反本法规定，利用财政性资金和国有资本购置大型科学仪器、设备后，不履行大型科学仪器、设备等科学技术资源共享使用义务的，由有关主管部门责令改正，给予警告或者通报批评，对直接负责的主管人员和其他直接责任人员依法给予处分。

◆ 条文主旨

本条是关于不履行科学技术资源共享使用义务的法律责任的规定。

◆ 修改提示

本条是对原法第六十八条的修改。与原法条相比，增加了“给予警告或者通报批评”的处罚措施，修订后的条款加大了对相关违法行为的处罚力度，完善了法律责任的内容，有利于促进相关大型科研仪器、设备的共享利用。

◆ 条文释义

利用财政性资金和国有资本购置的大型科研仪器、设备是用于探索未知世界、发现自然规律、实现技术变革的复杂科学研究系统，是突破科学前沿、解决经济社会发展和国家安全重大科技问题的技术基础。通过规定违反共享使用义务的法律责任，有助于推动这些仪器、设备实现资源共享，避免部门分割、单位独占，充分释放服务潜能，为科技创新和社会需求服务，为实施创新驱动发展战略提供有效支撑。

一、利用财政性资金和国有资本购置大型科学仪器、设备后的共享使用义务

本法第九十四条规定，国家根据科学技术进步的需要，按照统筹规划、突出共享、优化配置、综合集成、政府主导、多方共建的原则，统筹购置大型科学仪器、设备。根据《国务院关于国家重大科研基础设施和大型科研仪器向社会开放的意见》的要求，所有符合条件的大型仪器设备都应纳入国家网络管理平台进行管理，按照科研设施与仪器功能实行分类开放共享。因此，利用财政性资金和国有资本购置大型仪器、设备后，管理单位应履行资源共享使用义务，允许其他单位依法有序使用，从而有效解决科技资源分散、重复、低效的问题，提高我国大型科学仪器、设备等重要科技资源的使用效率。

本条规定的适用范围限于“利用财政性资金和国有资本”购置大型科学仪器、设备。此类大型科学仪器、设备有其特殊性，是利用财政性资金和国有资本购置的，属于国家科学技术资源。因此，管理单位不应独占使用，而应当按照相关规定对外开放共享。目前，我国拥有一批国家大型科学仪器中心，通过有偿委托测试、共同课题研究、远程协同研究等多种服务形式实现共享，各地也陆续建立了一批区域、省级、市级大型科学仪器共享平台，共同推动科学仪器、设备的共享。而对于利用非财政性资金和国有资本购置的大型科研仪器、设备，购置、管理单位没有必须与其他单位共享使用的义务。

二、关于本条规定的违法行为的法律责任

本条规定给予警告或者通报批评的执法主体“有关主管部门”是指相关财政性资金的管理部门。而对直接负责的主管人员和其他直接责任人员依法给予处分的部门、单位，是相应的监察机关和依人事管理权限对相关人员具有处分权的单位或主管部门。

本条规定有关主管部门可以采取的处罚措施包括责令改正、给予警告或者通报批评。根据《中华人民共和国行政处罚法》第九条规定，行政处罚的种类包括警告、通报批评，除此之外，还包括罚款、行政拘留等。考虑到违反本条规定造成的社会危害性较小，且一般不会给其他主体造成损失，因此仅规定给予警告或者通报批评是适当的。《中华人民共和国行政处罚法》第二十八条规定，行政机关实施行政处罚时，应当责令当事人改正或者限期改正违法行为。因此，存在本条规定的违法情形的，有关主管部门应当给予警告或者通报批评，并责令改正，消除违法状态。

本条规定的处分包括政务处分和基于隶属和人事管理关系的处分。

政务处分是监察机关对违法公职人员依照法定程序给予的处分。利用财政性资金和国有资本购置大型科学仪器、设备的单位，多为国有企业或公办教育、科研机构等事业单位，对于其管理人员和其他依法履行公职的人员，监察机关对其浪费国家资财等职务违法行为可以进行监察。监察机关根据监督、调查结果，可依法作出如下处置：对有职务违法行为但情节较轻的公职人员，按照管理权限，直接或者委托有关机关、人员，进行谈话提醒、批评教育、责令检查，或者予以诫勉；对违法的公职人员依照法定程序作出警告、记过、记大过、降级、撤职、开除等政务处分决定；对不履行或者不正确履行职责负有责任的领导人员，按照管理权限对其直接作出问责决定，或者向有权作出问责决定的机关提出问责建议。

基于隶属和人事管理关系的处分，是指上级对有隶属关系的下级、单位对其工作人员违反纪律的行为或尚未构成犯罪的轻微违法行为所给予的惩戒。对高校、科研机构等事业单位人员适用《事业单位人事管理条例》。根据该条例规定，处分分为警告、记过、降低岗位等级或者撤职、开除，可由相关人员所属事业单位或事业单位主管部门按照人事管理权限作出。

第一百一十二条 违反本法规定，进行危害国家安全、损害社会公共利益、危害人体健康、违背科研诚信和科技伦理的科学技术研究开发和应用活动的，由科学技术人员所在单位或者有关主管部门责令改正；获得用于科学技术进步的财政性资金或者有违法所得的，由有关主管部门终止或者撤销相关科学技术活动，追回财政性资金，没收违法所得；情节严重的，由有关主管部门向社会公布其违法行为，依法给予行政处罚和处分，禁止一定期限内承担或者参与财政性资金支持的科学技术活动、申请相关科学技术活动行政许可；对直接负责的主管人员和其他直接责任人员依法给予行政处罚和处分。

违反本法规定，虚构、伪造科研成果，发布、传播虚假科研成果，或者从事学术论文及其实验研究数据、科学技术计划项目申报验收材料等的买卖、代写、代投服务的，由有关主管部门给予警告或者通报批评，处以罚款；有违法所得的，没收违法所得；情节严重的，吊销许可证件。

◆ 条文主旨

本条是关于从事禁止开展的科学技术活动以及科研造假欺骗行为的法律责任的规定。

◆ 修改提示

本条是对原法第七十条的修改。与原法条相比，主要是明确了从事禁止开展的科学技术活动以及科研造假欺骗行为的法律责任。这样修改的主要原因是本法第一百零七条第一款规定了禁止开展的科学技术活动，因此本条第一款规定了相应违法行为的法律责任；本法第一百零四条第三款新增规定了几种不得从事的科研造假欺骗行为，因此本条第二款规定了相应违法行为的法律责任。原法第七十条仅涉及抄袭、剽窃他人科学技术成果和在科学技术活动中弄虚作假行为的法律责任，与之相比较，修订后的本条规定，针对日益突出的科技安全风险和科研诚信、科技伦理问题，强化了对相关违法行为的法律规制。从违法情形的规定看，更加具体完善；从法律责任规定看，处罚力度更大，处罚措施更加具体明确，更具可操作性，有利于依法加强科技安全、科研诚信和科技伦理治理。

◆ 条文释义

危害国家安全、损害社会公共利益、危害人体健康、违背科研诚信和科技伦理的科学技术研究开发和应用活动是科技安全风险的主要来源。同时，近年来，虚构、伪造科研成果，发布、传播虚假科研成果，从事学术论文及其实验研究数据、科学技术计划项目申报验收材料等买卖、代写、代投服务等违法行为屡禁不止，危害甚巨。本条针对上述违法行为，明确了法律责任，加大了处罚力度。

一、进行危害国家安全、损害社会公共利益、危害人体健康、违背科研诚信和科技伦理的科学技术研究开发和应用活动的法律责任

对于本条第一款规定的违法情形，首先由有关单位或部门责令改正。违法主体是科学技术人员的，由其所在单位责令改正；违法主体是机构组织的，由有关主管部门责令改正。责令改正的对象即本条第一款中列举的违法情形，而改正效果应当是立即停止违法违规行为并积极消除负面危害。例如，行为人违法从事人体基因编辑研究的，所在单位或者有关主管部门应当第一时间阻止后续研究，评估现有研究的危害后果并采取适当的补救措施。只要存在本款规定的违法行为，无论情节严重与否，违法人员或单位都应当主动或按要求及时改正。

有上述违法行为，同时存在获得用于科学技术进步的财政性资金情况的，由有关主管部门终止或者撤销相关科学技术活动，追回财政性资金。这里的有关主管部门是指相关财政性资金、科技活动的管理部门。如果有关违法活动存在非法收入，根据违法行为的性质，由有关主管部门依法予以没收。

本条还对情节严重的情况规定了加重的法律后果。第一，由有关主管部门以适当的形式将违法行为向社会公开，通过曝光提高违法成本，同时也可以起到警示教育作用。例如，2022 年 1 月 27 日，科技部网站通报了 46 起教育、医疗机构医学科研诚信案件，向社会公开相关科研诚信违法行为和案件调查处理结果。第二，对违法的单位和人员依法进行行政处罚和处分，根据不同违法行为的性质、情节和危害程度，由有关主管部门按职责分工，依据相应法律法规的具体规定作出。例如，《中华人民共和国生物安全法》第七十四条规定："违反本法规定，从事国家禁止的生物技术研究、开发与应用活动的，由县级以上人民政府卫生健康、科学技术、农业农村主管部门根据职责分工，责令停止违法行为，没收违法所得、技术资料和用于违法行为的工具、设备、原材料等物品，处一百万元以上一千万元以下的罚款，违法所得在一百万元以上的，处违法所得十倍以上二十倍以下的罚款，并可以依法禁止一定期限内从事相应的生物技术研究、开发与应用活动，吊销相关许可证件；对法定代表人、主要负责人、直接负责的主管人员和其他直接责任人员，依法给予处分，处十万元以上二十万元以下的罚款，十年直至终身禁止从事相应的生物技术研究、开发与应用活动，依法吊销相关执业证书。"第三，禁止一定期限内承担或者参与财政性资金支持的科学技术活动、申请相关科学技术活动行政许可。具体措施可包括取消一定期限内申请或申报科技计划项目（专项、基金等）、科技奖励、科技人才称号资格，以及作为提名或推荐人、被提名或推荐人、评审专家资格等。此处所称的"科学技术活动行政许可"包括但不限于采集、保藏、利用、对外提供我国人类遗传资源，利用我国人类遗传资源开展国际合作科学研究的行政许可，实验动物生产、使用许可等。

除对行为主体规定了法律责任外，本条还规定可以对直接负责的主管人员和其他直接责任人员给予行政处罚和处分，从而加强有关责任人员的预防提醒与监督管理意识。

二、虚构、伪造科研成果，发布、传播虚假科研成果，或者从事学术论文及其实验研究数据、科学技术计划项目申报验收材料等的买卖、代写、代投服务的法律责任

对于本条第二款规定的违法行为，对情节轻微的给予警告，如果警告不足以起到警示训诫作用，则可以进一步在一定范围内或者公开通报批评。本条第二款还规定了财产罚，即处以罚款，有违法所得的，没收违法所得。罚款的数额标准，需要结合其他配套法律、行政法规等予以明确。情节严重的，吊销有关主体的许可证件。情节严重的情形包括但不限于危害国家安全，在国内外造成恶劣影响，骗取财政科研资金或造成财政科研资金重大损失，造成他人重大财产损失，严重危害他人身体健康，以营利为目的专门或主要从事此类违法行为等。此处的许可证件既包括业务许可证，也包括营业执照。此类违法行为往往涉及高校、科研院所、医院及其科研人员，中介服务机构等不同类型的主体。对此类违法行为的处罚需要结合具体违法主体、违法行为、处罚方式等，由科技、教育、卫生健康、市场监管等部门按职责分工进行，并加强执法协作配合。

本条各款规定的违法情形如果同时触犯其他法律、行政法规的，根据本法第一百一十五条，还可能承担其他行政责任、治安管理处罚、民事责任以及刑事责任。

第一百一十三条 违反本法规定，从事科学技术活动违反科学技术活动管理规范的，由有关主管部门责令限期改正，并可以追回有关财政性资金，给予警告或者通报批评，暂停拨款、终止或者撤销相关财政性资金支持的科学技术活动；情节严重的，禁止一定期限内承担或者参与财政性资金支持的科学技术活动，取消一定期限内财政性资金支持的科学技术活动管理资格；对直接负责的主管人员和其他直接责任人员依法给予处分。

◆ 条文主旨

本条是关于违反科学技术活动管理规范的法律责任的规定。

◆ 修改提示

本条是新增法条。本法第一百零七条增加“从事科学技术活动，应当遵守科学技术活动管理规范”的规定，因此本条对违反科学技术活动管理规范的行为规定了对应的法律责任。科学技术活动管理规范多数是主管部门的规章、规范性文件，其中对相应违规行为的处罚和处理规定主要基于部门的管理职能。而本条规定为对违反科学技术活动管理规范的处罚和处理提供了明确的法律依据，对提高科学技术管理法治化水平具有重要意义。

◆ 条文释义

为保障科学技术活动的有序进行，科技、财政、发展改革和相关行业管理部门按照法定职责和程序制定了一系列的管理规范，从事相关科技活动的单位和个人应当遵守这些管理规范，否则就应当承担相应的责任。

一、关于本条规定的法律责任主体

本条规定主要针对从事科学技术活动的单位和个人，主要包括：（1）受托管理机构及其工作人员，即受科学技术行政部门委托开展相关科学技术活动管理工作的机构及其工作人员。（2）科学技术活动实施单位，即具体开展科学技术活动的科学技术研究开发机构、高等学校、企业及其他组织。（3）科学技术人员，即直接从事科学技术活动的人员和为科学技术活动提供管理、服务的人员。（4）科学技术活动咨询评审专家，即为科学技术活动提供咨询、评审、评估、评价等意见的专业人员。（5）第三方科学技术服务机构及其工作人员，即为科学技术活动提供审计、咨询、绩效评估评价、经纪、知识产权代理、检验检测、出版等服务的第三方机构及其工作人员。

二、关于科学技术活动的主管部门

本条所称“有关主管部门”是指科学技术活动的主管部门。本法第十六条对国务院科学技术行政部门、国务院其他有关部门、县级以上地方人民政府科学技术行政部门、县级以上地方人民政府其他有关部门的科学技术进步工作职责进行了规定，实际上明确了科学技术活动主管部门的范围。科学技术活动的主管部门主要是各级科学技术行政部门，同时教育、发展改革、财政等相关部门也是科学技术活动管理的重要主体，一些科学技术活动管理规范往往由科技、财政、发展改革等部门联合制定。同时，工业和信息化、农业农村、卫生健康、林业等行业主管部门在各自的职责范围内也会制定和实施相关科学技术活动管理规范。对于相关主管部门依法制定、实施的科学技术活动管理规范，从事相关科学技术活动的单位和个人应当遵守。

三、关于本条规定的法律责任形式

对一般违反科学技术活动管理规范的行为，责令限期整改、追回财政性资金、给予警告或者通报批评、暂停拨款、终止或者撤销相关财政性资金支持的科学技术活动。情节严重的，如导致严重偏离国家重大科技任务约定目标、造成严重负面影响或财政资金损失等，禁止相关单位和个人一定期限内承担或者参与财政性资金支持的科学技术活动，取消一定期限内财政性资金支持的科学技术活动管理资格。对直接负责的主管人员和其他直接责任人员依法给予处分。根据相关人员身份不同，处分的法律依据包括公务员法、监察法、公职人员政务处分法、事业单位人事管理条例等。处分的类型主要包括警告、记过、记大过、降级、撤职、开除等。以上这些处理、处罚方式可视具体行为的性质和情节，单独或合并实施。

主管部门在对违反科学技术活动管理规范行为进行处理、处罚时，应当充分听取行政对象的陈述和申辩。相关单位和个人对处理、处罚不服的，可以依据行政复议法、行政诉讼法等相关规定寻求救济。需要特别指出的是，对违反科学技术活动管理规范行为的处罚，应当加强与行政处罚法实施的衔接，严格按照法定程序实施。

第一百一十四条 违反本法规定，骗取国家科学技术奖励的，由主管部门依法撤销奖励，追回奖章、证书和奖金等，并依法给予处分。

违反本法规定，提名单位或者个人提供虚假数据、材料，协助他人骗取国家科学技术奖励的，由主管部门给予通报批评；情节严重的，暂停或者取消其提名资格，并依法给予处分。

◆ 条文主旨

本条是关于骗取、协助他人骗取国家科学技术奖励的法律责任的规定。

◆ 修改提示

本条是对原法第七十一条的修改。与原法条相比，一是在第一款中增加了追回“奖章、证书”等的规定，以更好维护国家科学技术奖励的荣誉性；二是将第二款中的“推荐”改为“提名”，主要是为了与国家科学技术奖励提名制改革相符。

◆ 条文释义

本法第十八条对国家建立和完善科学技术奖励制度进行了规定。设置国家科学技术奖励是为了奖励在科学技术进步活动中做出突出贡献的个人、组织，调动科学技术工作者的积极性和创造性。根据《国家科学技术奖励条例》的有关规定，奖励的对象应当是追求真理、潜心研究、学有所长、研有所专、敢于超越、勇攀高峰的科技工作者。为维护国家科学技术奖的公正性、严肃性、权威性和荣誉性，必须坚决追究任何骗取或者协助他人骗取国家科学技术奖励违法行为的法律责任。

一、关于骗取国家科学技术奖励的违法行为及其法律责任

骗取国家科学技术奖励是指行为人采取剽窃、侵占他人的发现、发明或者其他科学技术成果等手段，或者以其他不正当手段骗取国家科学技术奖的行为。《国家科学技术奖励条例》中对各类奖项的授予条件作了明确规定。例如，对于国家最高科学技术奖，获奖人应当符合以下条件：（1）在当代科学技术前沿取得重大突破或者在科学技术发展中有卓越建树的；（2）在科学技术创新、科学技术成果转化和高技术产业化中，创造巨大经济效益、社会效益、生态环境效益或者对维护国家安全做出巨大贡献的。又例如，国家自然科学奖授予在基础研究和应用基础研究中阐明自然现象、特征和规律，做出重大科学发现的个人。其中重大科学发现，应当具备下列条件：（1）前人尚未发现或者尚未阐明；（2）具有重大科学价值；（3）得到国内外自然科学界公认。

骗取国家科学技术奖励的行为人采取虚构相关事实或者隐瞒真相，人为拼凑、包装项目，提供虚假材料、信息，夸大成果水平、应用情况，或者剽窃、侵占他人科学技术成果等不正当手段骗取国家科学技术奖励的，对于这类违法行为，由国务院科学技术行政部门报国务院批准后撤销奖励，追回奖章、证书和奖金，并由所在单位或者有关部门依法给予行为人相应的处分。值得注意的是，修改后的本款除要求追回奖金外，明确规定奖章、证书也应当一并追回，以确保国家科学技术奖励的荣誉性，这也是对其他获奖者荣誉的尊重和维护。

二、关于协助他人骗取国家科学技术奖励的违法行为及其法律责任

根据《国家科学技术奖励条例》的规定，国家科学技术奖实行提名制度，不受理自荐。候选者应当由下列单位或者个人提名：(1) 符合国务院科学技术行政部门规定的资格条件的专家、学者、组织机构；(2) 中央和国家机关有关部门，中央军事委员会科学技术部门，省、自治区、直辖市、计划单列市人民政府。此外，香港特别行政区、澳门特别行政区、我国台湾地区的有关个人、组织的提名资格条件，由国务院科学技术行政部门规定。中华人民共和国驻外使馆、领馆可以提名中华人民共和国国际科学技术合作奖的候选者。

提名者应当严格按照提名办法提名，提供提名材料，对材料的真实性和准确性负责。提名专家、学者、组织机构弄虚作假、提供虚假数据材料，或者明知被提名者存在重大问题隐匿不报，协助他人骗取国家科学技术奖的，由国务院科学技术行政部门给予通报批评；情节严重的，暂停或者取消其提名资格，并由所在单位或者有关部门依法给予处分。

第一百一十五条 违反本法规定的行为，本法未作行政处罚规定，其他有关法律、行政法规有规定的，依照其规定；造成财产损失或者其他损害的，依法承担民事责任；构成违反治安管理行为的，依法给予治安管理处罚；构成犯罪的，依法追究刑事责任。

◆ 条文主旨

本条是关于法律责任的兜底性和衔接性规定。

◆ 修改提示

本条是对原法第七十三条的修改。与原法条相比，主要是明确对于违反本法的行为给予行政处罚，首先适用本法的规定，本法没有规定的，再适用其他有关法律、法规的规定。同时，增加了适用治安管理处罚的规定，更加全面地与有关法律、法规相衔接。

◆ 条文释义

本条对于非本章其他条款规定的违法情形，或者对于本章其他条款规定的违法情形依法还应当承担其他法律责任的，设置了一个综合性规定，目的是与其他法律、行政法规相衔接。这样的立法技术处理，可以使条文相对简洁，避免了不必要的重复。

一、其他有关法律、行政法规规定的行政处罚

行政处罚是指行政机关依法对违反行政管理秩序的公民、法人或者其他组织，以减损权益或者增加义务的方式予以惩戒的行为。行政处罚的种类有警告、通报批评，罚款、没收违法所得、没收非法财物，暂扣许可证件、降低资质等级、吊销许可证件，限制开展生产经营活动、责令停产停业、责令关闭、限制从业，行政拘留等。

本章前七条法律责任中未规定行政处罚，但其他法律、行政法规有规定的违法行为，要依据相应的法律、行政法规进行处罚。包括但不限于以下情形：（1）违反本法有关政府采购规定的，依照有关政府采购的法律规定予以处罚。本法第九十一条第二款规定：“政府采购的产品尚待研究开发的，通过订购方式实施。采购人应当优先采用竞争性方式确定科学技术研究开发机构、高等学

校或者企业进行研究开发，产品研发合格后按约定采购。”对违反上述规定的，要依据政府采购法的规定追究法律责任。政府采购法规定，采购人、采购代理机构应当采用公开招标方式而擅自采用其他方式采购的，责令限期改正，给予警告，可以并处罚款，对直接负责的主管人员和其他直接责任人员，由其行政主管部门或者有关机关给予处分，并予通报。（2）利用国家科学技术进步政策骗取税收优惠的，依照税收征收管理法的规定给予行政处罚。本法在“企业科技创新”和“保障措施”部分对享受税收优惠的企业类型、科技活动等作了规定，为的是调动企业和科研机构等进行科学研究开发活动的积极性，任何组织和个人如果非法利用这些优惠政策，在不符合法定的给予税收优惠政策的情况下，编造虚假信息，欺骗税务机关，骗取税收优惠的，应当依据税收征收管理法的有关规定追究其法律责任，包括责令限期改正，并处罚款等。

二、造成财产损失或者其他损害的民事责任

民事责任是指民事主体在违反自己的民事义务或者侵犯他人的民事权利时所应当承担的法律后果。构成民事责任的条件包括：（1）损害事实；（2）违法行为；（3）因果关系；（4）主观过错。承担民事责任的方式，根据《中华人民共和国民法典》第一百七十九条的规定，包括：（1）停止侵害；（2）排除妨碍；（3）消除危险；（4）返还财产；（5）恢复原状；（6）修理、重作、更换；（7）继续履行；（8）赔偿损失；（9）支付违约金；（10）消除影响、恢复名誉；（11）赔礼道歉。

根据本法规定追究违法行为的民事责任需要同时具备两个条件：（1）相关行为违反了本法规定。这种规定应当是强制的、具体的，而非鼓励的、抽象的。例如，本法第六十五条中规定，科学技术人员在艰苦、边远地区或者恶劣、危险环境中工作，所在单位应当按照国家有关规定给予补贴，提供其岗位或者工作场所应有的职业健康卫生保护和安全保障。该条款就是关于科学技术人员待遇保障的具体的强制性规定，所在单位应当遵守，否则可能承担相关的民事责任。(2) 造成财产损失或者其他损害的。这里规定的其他损害，包括但不限于名誉权、荣誉权、名称权等非财产性权利遭受的损害。常见的违法情形包括利用职权打压、排挤、刁难科学技术人员给其造成精神损害的；抄袭、剽窃他人科学技术成果，或者在科学技术活动中弄虚作假，造成他人知识产权经济利益的财产损失等。对于这些违法行为除追究本法规定的法律责任外，还可以依法追究相关的民事责任。

三、构成违反治安管理行为的治安管理处罚

根据治安管理处罚法的规定，违反治安管理的行为，主要是指扰乱公共秩序，妨害公共安全，侵犯人身权利、财产权利，妨害社会管理，具有社会危害性的行为。如果构成犯罪的，依法追究刑事责任；尚不够刑事处罚的，则由公安机关给予治安管理处罚。治安管理处罚的种类分为：(1) 警告；(2) 罚款；(3) 行政拘留；(4) 吊销公安机关发放的许可证。对违反治安管理的外国人，可以附加适用限期出境或者驱逐出境。

本法第一百零七条对具有社会危害性的科学技术研究开发和应用活动作了禁止性规定。一些违法行为，如故意研究制作、传播计算机病毒，故意进行干扰无线电业务正常进行的技术研究，冒用宗教、气功名义进行损害他人身体健康的“伪科学”活动等，具有社会危害性，但如果根据违法行为情节，尚不够刑事处罚，通过本条规定，援引治安管理处罚法给予其治安管理处罚，则是恰当且必要的。

四、构成犯罪依法追究的刑事责任

刑事责任，是依据国家刑事法律规定，对实施犯罪行为的行为人所给予的处罚。所谓犯罪，是指一切危害国家主权、领土完整和安全，分裂国家、颠覆人民民主专政的政权和推翻社会主义制度，破坏社会秩序和经济秩序，侵犯国有财产或者劳动群众集体所有的财产，侵犯公民私人所有的财产，侵犯公民的人身权利、民主权利和其他权利，以及其他危害社会的依照法律应当受刑罚处罚的行为。

除本章前七条规定的违法行为构成犯罪时追究刑事责任外，其他违反本法规定，可能构成犯罪的行为主要包括但不限于：(1) 违反本法有关保密和遗传资源出境管理制度的犯罪行为。本法第一百零六条中规定，国家实行科学技术保密制度和重要的生物种质资源、遗传资源、数据资源等科学技术资源和关键核心技术出境管理制度。违反该条规定，可能构成《中华人民共和国刑法》第三百三十四条之一规定的走私人类遗传资源材料罪和第三百九十八条规定的故意或过失泄露国家秘密罪。(2) 从事危害国家安全、损害社会公共利益、危害人体健康、违背科研诚信和科技伦理的科学技术研究开发和应用活动的犯罪行为。例如，非法从事生物基因工程研究的，可能构成《中华人民共和国刑法》第三百三十六条之一规定的非法植入基因编辑、克隆胚胎罪等。

第十二章 附 则

第一百一十六条 涉及国防科学技术进步的其他有关事项，由国务院、中央军事委员会规定。

◆ 条文主旨

本条是关于国防科学技术进步事项的特殊规定。

◆ 修改提示

本条是对原法第七十四条的修改。与原法条相比，主要是将“国防科学技术”修改为“国防科学技术进步”，使之表述更加准确。

◆ 条文释义

国防科学技术进步是我国科学技术进步事业的重要组成部分，推动国防科学技术进步也是科学技术进步立法的任务之一。因此，本法关于科学技术进步的相关规定，如面向科技人员的荣誉激励和保障措施等，同样适用于国防领域科学技术进步工作。例如，本法第十八条中规定，国家建立和完善科学技术奖励制度，设立国家最高科学技术奖等奖项，对在科学技术进步活动中做出重要贡献的组织和个人给予奖励。国防科学技术进步领域的组织和个人，同样可以依据本法参与评比，做出重要贡献的，可以颁发荣誉，给予奖励。事实上，国家最高科学技术奖的历任获奖者中，很多就是来自国防科学技术领域的杰出科学家。

同时，由于国防科学技术进步事业涉及国家安全，无论管理体制还是运行机制等，在本法中不宜就其具有特殊性和保密性的内容作出具体规定。因此，本法有必要在附则中，就涉及国防科学技术进步的其他有关事项作出衔接性规定。根据《中华人民共和国宪法》第九十三条，中华人民共和国中央军事委员会领导全国武装力量。根据本法第十五条，国务院领导全国科学技术进步工作。因此，国防科学技术进步的其他有关事项的规定主体为国务院、中央军事委员会，是符合宪法和本法的立法本义的。需要说明的是，如果国务院、中央军事委员会的有关规定对国防科学技术领域的部分事项作了限制性规定，例如国际合作或者成果转化，则一般应适用国务院、中央军事委员会的特别规定。

第一百一十七条 本法自2022年1月1日起施行。

◆ **条文主旨**

本条是关于本法施行日期的规定。

◆ **修改提示**

本条是对原法第七十五条的修改，主要是明确了修订后的施行日期。

◆ **条文释义**

一、关于法律的施行日期

施行日期即法律的生效日期，是指法律开始施行并发生法律效力的日期。一部法律通过以后面临从什么时候开始生效、在什么地域范围内生效、对什么人有效的问题，也就是法律的效力范围。法律的效力范围包括时间效力、空间效力和对人的效力三个方面。生效日期是关于法律时间效力的规定。它关系到公民、法人和其他组织从何时起开始依法享有权利，并履行法律规定的义务。

二、关于法律修改后的施行日期

法律的修改主要有修改决定、修正案和修订三种形式：

（一）修改决定是全国人大或其常委会单独通过一个决定指明对某个法律有关条文作出修改的一种法律修改形式，是我国法律修改最基本、最主要的形式。

（二）修正案是全国人大或其常委会通过一个修正案指明对某个法律有关条文作出修改的一种法律修改形式，是我国法律修改偶尔采用的形式。修正案单独公布，独立于原法律而生效，可以单独适用。

（三）修订是全国人大或其常委会对某个法律进行修改后重新公布法律文本以代替原法律文本的一种法律修改形式。

因此，法律修改后的生效日期也有三种情形。通过修改决定进行修改的，一般不修改法律的生效日期，只是规定修改决定的实施日期，对于原法修改的部分执行修改决定的生效日期，未修改的部分执行原来法律规定的生效日期；通过修正案进行修改的，因为修正案独立于原法律而生效，一般直接规定生效日期；通过修订的形式进行修改的，一般重新公布法律的生效日期。

三、关于本法的施行日期

本法是对2008年施行的科学技术进步法的修订，采用直接规定生效日期的形式，生效日期与颁布日期之间留有一定的时间间隔。值得注意的是，本法于2021年12月24日由第十三届全国人民代表大会常务委员会第三十二次会议第二次修订，2022年1月1日即施行，中间仅间隔一周时间。本法生效日期与颁布日期时间间隔较短，主要是考虑到科学技术进步对于国家发展、民族复兴，以及加快提升国际竞争力的重要作用和紧迫需求。因此，本条规定本法自2022年1月1日起施行。各级国家机关特别是科学技术行政部门，应当抓紧时间学习掌握本法，制定出台配套的衔接政策，对法律进行必要的宣传、培训，按照职责做好本法的各项实施工作，确保本法有关规定落实到位。

附　录

中华人民共和国主席令

第一〇三号

《中华人民共和国科学技术进步法》已由中华人民共和国第十三届全国人民代表大会常务委员会第三十二次会议于2021年12月24日修订通过，现予公布，自2022年1月1日起施行。

中华人民共和国主席　习近平

2021年12月24日

中华人民共和国科学技术进步法

（1993年7月2日第八届全国人民代表大会常务委员会第二次会议通过　2007年12月29日第十届全国人民代表大会常务委员会第三十一次会议第一次修订　2021年12月24日第十三届全国人民代表大会常务委员会第三十二次会议第二次修订）

目　录

第一章　总　　则
第二章　基础研究
第三章　应用研究与成果转化
第四章　企业科技创新
第五章　科学技术研究开发机构
第六章　科学技术人员
第七章　区域科技创新
第八章　国际科学技术合作
第九章　保障措施
第十章　监督管理
第十一章　法律责任
第十二章　附　　则

第一章　总　　则

第一条　为了全面促进科学技术进步，发挥科学技术第一生产力、创新第一动力、人才第一资源的作用，促进科技成果向现实生产力转化，推动科技创新支撑和引领经济社会发展，全面建设社会主义现代化国家，根据宪法，制定本法。

第二条　坚持中国共产党对科学技术事业的全面领导。

国家坚持新发展理念，坚持科技创新在国家现代化建设全局中的核心地位，把科技自立自强作为国家发展的战略支撑，实施科教兴国战略、人才强国战略和创新驱动发展战略，走中国特色自主创新道路，建设科技强国。

第三条　科学技术进步工作应当面向世界科技前沿、面向经济主战场、面向国家重大需求、面向人民生命健康，为促进经济社会发展、维护国家安全和推动人类可持续发展服务。

国家鼓励科学技术研究开发，推动应用科学技术改造提升传统产业、发展高新技术产业和社会事业，支撑实现碳达峰碳中和目标，催生新发展动能，实现高质量发展。

第四条　国家完善高效、协同、开放的国家创新体系，统筹科技创新与制度创新，健全社会主义市场经济条件下新型举国体制，充分发挥市场配置创新资源的决定性作用，更好发挥政府作用，优化科技资源配置，提高资源利用效率，促进各类创新主体紧密合作、创新要素有序流动、创新生态持续优化，提升体系化能力和重点突破能力，增强创新体系整体效能。

国家构建和强化以国家实验室、国家科学技术研究开发机构、高水平研究型大学、科技领军企业为重要组成部分的国家战略科技力量，在关键领域和重点方向上发挥战略支撑引领作用和重大原始创新效能，服务国家重大战略需要。

第五条　国家统筹发展和安全，提高科技安全治理能力，健全预防和化解科技安全风险的制度机制，加强科学技术研究、开发与应用活动的安全管理，支持国家安全领域科技创新，增强科技创新支撑国家安全的能力和水平。

第六条 国家鼓励科学技术研究开发与高等教育、产业发展相结合，鼓励学科交叉融合和相互促进。

国家加强跨地区、跨行业和跨领域的科学技术合作，扶持革命老区、民族地区、边远地区、欠发达地区的科学技术进步。

国家加强军用与民用科学技术协调发展，促进军用与民用科学技术资源、技术开发需求的互通交流和技术双向转移，发展军民两用技术。

第七条 国家遵循科学技术活动服务国家目标与鼓励自由探索相结合的原则，超前部署重大基础研究、有重大产业应用前景的前沿技术研究和社会公益性技术研究，支持基础研究、前沿技术研究和社会公益性技术研究持续、稳定发展，加强原始创新和关键核心技术攻关，加快实现高水平科技自立自强。

第八条 国家保障开展科学技术研究开发的自由，鼓励科学探索和技术创新，保护科学技术人员自由探索等合法权益。

科学技术研究开发机构、高等学校、企业事业单位和公民有权自主选择课题，探索未知科学领域，从事基础研究、前沿技术研究和社会公益性技术研究。

第九条 学校及其他教育机构应当坚持理论联系实际，注重培养受教育者的独立思考能力、实践能力、创新能力和批判性思维，以及追求真理、崇尚创新、实事求是的科学精神。

国家发挥高等学校在科学技术研究中的重要作用，鼓励高等学校开展科学研究、技术开发和社会服务，培养具有社会责任感、创新精神和实践能力的高级专门人才。

第十条 科学技术人员是社会主义现代化建设事业的重要人才力量，应当受到全社会的尊重。

国家坚持人才引领发展的战略地位，深化人才发展体制机制改革，全方位培养、引进、用好人才，营造符合科技创新规律和人才成长规律的环境，充分发挥人才第一资源作用。

第十一条 国家营造有利于科技创新的社会环境，鼓励机关、群团组织、企业事业单位、社会组织和公民参与和支持科学技术进步活动。

全社会都应当尊重劳动、尊重知识、尊重人才、尊重创造，形成崇尚科学的风尚。

第十二条 国家发展科学技术普及事业，普及科学技术知识，加强科学技术普及基础设施和能力建设，提高全体公民特别是青少年的科学文化素质。

科学技术普及是全社会的共同责任。国家建立健全科学技术普及激励机制，鼓励科学技术研究开发机构、高等学校、企业事业单位、社会组织、科学技术人员等积极参与和支持科学技术普及活动。

第十三条 国家制定和实施知识产权战略，建立和完善知识产权制度，营造尊重知识产权的社会环境，保护知识产权，激励自主创新。

企业事业单位、社会组织和科学技术人员应当增强知识产权意识，增强自主创新能力，提高创造、运用、保护、管理和服务知识产权的能力，提高知识产权质量。

第十四条 国家建立和完善有利于创新的科学技术评价制度。

科学技术评价应当坚持公开、公平、公正的原则，以科技创新质量、贡献、绩效为导向，根据不同科学技术活动的特点，实行分类评价。

第十五条 国务院领导全国科学技术进步工作，制定中长期科学和技术发展规划、科技创新规划，确定国家科学技术重大项目、与科学技术密切相关的重大项目。中长期科学和技术发展规划、科技创新规划应当明确指导方针，发挥战略导向作用，引导和统筹科技发展布局、资源配置和政策制定。

县级以上人民政府应当将科学技术进步工作纳入国民经济和社会发展规划，保障科学技术进步与经济建设和社会发展相协调。

地方各级人民政府应当采取有效措施，加强对科学技术进步工作的组织和管理，优化科学技术发展环境，推进科学技术进步。

第十六条 国务院科学技术行政部门负责全国科学技术进步工作的宏观管理、统筹协调、服务保障和监督实施；国务院其他有关部门在各自的职责范围内，负责有关的科学技术进步工作。

县级以上地方人民政府科学技术行政部门负责本行政区域的科学技术进步工作；县级以上地方人民政府其他有关部门在各自的职责范围内，负责有关的科学技术进步工作。

第十七条 国家建立科学技术进步工作协调机制，研究科学技术进步工作中的重大问题，协调国家科学技术计划项目的设立及相互衔接，协调科学技术资源配置、科学技术研究开发机构的整合以及科学技术研究开发与高等教育、产业发展相结合等重大事项。

第十八条 每年5月30日为全国科技工作者日。

国家建立和完善科学技术奖励制度，设立国家最高科学技术奖等奖项，对在科学技术进步活动中做出重要贡献的组织和个人给予奖励。具体办法由国务院规定。

国家鼓励国内外的组织或者个人设立科学技术奖项，对科学技术进步活动中做出贡献的组织和个人给予奖励。

第二章 基础研究

第十九条 国家加强基础研究能力建设，尊重科学发展规律和人才成长规律，强化项目、人才、基地系统布局，为基础研究发展提供良好的物质条件和有力的制度保障。

国家加强规划和部署，推动基础研究自由探索和目标导向有机结合，围绕科学技术前沿、经济社会发展、国家安全重大需求和人民生命健康，聚焦重大关键技术问题，加强新兴和战略产业等领域基础研究，提升科学技术的源头供给能力。

国家鼓励科学技术研究开发机构、高等学校、企业等发挥自身优势，加强基础研究，推动原始创新。

第二十条 国家财政建立稳定支持基础研究的投入机制。

国家鼓励有条件的地方人民政府结合本地区经济社会发展需要，合理确定基础研究财政投入，加强对基础研究的支持。

国家引导企业加大基础研究投入，鼓励社会力量通过捐赠、设立基金等方式多渠道投入基础研究，给予财政、金融、税收等政策支持。

逐步提高基础研究经费在全社会科学技术研究开发经费总额中的比例，与创新型国家和科技强国建设要求相适应。

第二十一条 国家设立自然科学基金，资助基础研究，支持人才培养和团队建设。确定国家自然科学基金资助项目，应当坚持宏观引导、自主申请、平等竞争、同行评审、择优支持的原则。

有条件的地方人民政府结合本地区经济社会实际情况和发展需要，可以设立自然科学基金，支持基础研究。

第二十二条 国家完善学科布局和知识体系建设，推进学科交叉融合，促进基础研究与应用研究协调发展。

第二十三条 国家加大基础研究人才培养力度，强化对基础研究人才的稳定支持，提高基础研究人才队伍质量和水平。

国家建立满足基础研究需要的资源配置机制，建立与基础研究相适应的评价体系和激励机制，营造潜心基础研究的良好环境，鼓励和吸引优秀科学技术人员投身基础研究。

第二十四条 国家强化基础研究基地建设。

国家完善基础研究的基础条件建设，推进开放共享。

第二十五条 国家支持高等学校加强基础学科建设和基础研究人才培养，增强基础研究自主布局能力，推动高等学校基础研究高质量发展。

第三章 应用研究与成果转化

第二十六条 国家鼓励以应用研究带动基础研究，促进基础研究与应用研究、成果转化融通发展。

国家完善共性基础技术供给体系，促进创新链产业链深度融合，保障产业链供应链安全。

第二十七条 国家建立和完善科研攻关协调机制，围绕经济社会发展、国家安全重大需求和人民生命健康，加强重点领域项目、人才、基地、资金一体化配置，推动产学研紧密合作，推动关键核心技术自主可控。

第二十八条 国家完善关键核心技术攻关举国体制，组织实施体现国家战略需求的科学技术重大任务，系统布局具有前瞻性、战略性的科学技术重大项目，超前部署关键核心技术研发。

第二十九条 国家加强面向产业发展需求的共性技术平台和科学技术研究开发机构建设，鼓励地方围绕发展需求建设应用研究科学技术研究开发机构。

国家鼓励科学技术研究开发机构、高等学校加强共性基础技术研究，鼓励以企业为主导，开展面向市场和产业化应用的研究开发活动。

第三十条 国家加强科技成果中试、工程化和产业化开发及应用，加快科技成果转化为现实生产力。

利用财政性资金设立的科学技术研究开发机构和高等学校，

应当积极促进科技成果转化，加强技术转移机构和人才队伍建设，建立和完善促进科技成果转化制度。

第三十一条 国家鼓励企业、科学技术研究开发机构、高等学校和其他组织建立优势互补、分工明确、成果共享、风险共担的合作机制，按照市场机制联合组建研究开发平台、技术创新联盟、创新联合体等，协同推进研究开发与科技成果转化，提高科技成果转移转化成效。

第三十二条 利用财政性资金设立的科学技术计划项目所形成的科技成果，在不损害国家安全、国家利益和重大社会公共利益的前提下，授权项目承担者依法取得相关知识产权，项目承担者可以依法自行投资实施转化、向他人转让、联合他人共同实施转化、许可他人使用或者作价投资等。

项目承担者应当依法实施前款规定的知识产权，同时采取保护措施，并就实施和保护情况向项目管理机构提交年度报告；在合理期限内没有实施且无正当理由的，国家可以无偿实施，也可以许可他人有偿实施或者无偿实施。

项目承担者依法取得的本条第一款规定的知识产权，为了国家安全、国家利益和重大社会公共利益的需要，国家可以无偿实施，也可以许可他人有偿实施或者无偿实施。

项目承担者因实施本条第一款规定的知识产权所产生的利益分配，依照有关法律法规规定执行；法律法规没有规定的，按照约定执行。

第三十三条 国家实行以增加知识价值为导向的分配政策，按照国家有关规定推进知识产权归属和权益分配机制改革，探索赋予科学技术人员职务科技成果所有权或者长期使用权制度。

第三十四条 国家鼓励利用财政性资金设立的科学技术计划项目所形成的知识产权首先在境内使用。

前款规定的知识产权向境外的组织或者个人转让，或者许可境外的组织或者个人独占实施的，应当经项目管理机构批准；法律、行政法规对批准机构另有规定的，依照其规定。

第三十五条 国家鼓励新技术应用，按照包容审慎原则，推动开展新技术、新产品、新服务、新模式应用试验，为新技术、新产品应用创造条件。

第三十六条 国家鼓励和支持农业科学技术的应用研究，传播和普及农业科学技术知识，加快农业科技成果转化和产业化，促进农业科学技术进步，利用农业科学技术引领乡村振兴和农业农村现代化。

县级以上人民政府应当采取措施，支持公益性农业科学技术研究开发机构和农业技术推广机构进行农业新品种、新技术的研究开发、应用和推广。

地方各级人民政府应当鼓励和引导农业科学技术服务机构、科技特派员和农村群众性科学技术组织为种植业、林业、畜牧业、渔业等的发展提供科学技术服务，为农民提供科学技术培训和指导。

第三十七条 国家推动科学技术研究开发与产品、服务标准制定相结合，科学技术研究开发与产品设计、制造相结合；引导科学技术研究开发机构、高等学校、企业和社会组织共同推进国家重大技术创新产品、服务标准的研究、制定和依法采用，参与国际标准制定。

第三十八条 国家培育和发展统一开放、互联互通、竞争有序的技术市场，鼓励创办从事技术评估、技术经纪和创新创业服务等活动的中介服务机构，引导建立社会化、专业化、网络化、信息化和智能化的技术交易服务体系和创新创业服务体系，推动科技成果的应用和推广。

技术交易活动应当遵循自愿平等、互利有偿和诚实信用的原则。

第四章　企业科技创新

第三十九条　国家建立以企业为主体，以市场为导向，企业同科学技术研究开发机构、高等学校紧密合作的技术创新体系，引导和扶持企业技术创新活动，支持企业牵头国家科技攻关任务，发挥企业在技术创新中的主体作用，推动企业成为技术创新决策、科研投入、组织科研和成果转化的主体，促进各类创新要素向企业集聚，提高企业技术创新能力。

国家培育具有影响力和竞争力的科技领军企业，充分发挥科技领军企业的创新带动作用。

第四十条　国家鼓励企业开展下列活动：

（一）设立内部科学技术研究开发机构；

（二）同其他企业或者科学技术研究开发机构、高等学校开展合作研究，联合建立科学技术研究开发机构和平台，设立科技企业孵化机构和创新创业平台，或者以委托等方式开展科学技术研究开发；

（三）培养、吸引和使用科学技术人员；

（四）同科学技术研究开发机构、高等学校、职业院校或者培训机构联合培养专业技术人才和高技能人才，吸引高等学校毕业生到企业工作；

（五）设立博士后工作站或者流动站；

（六）结合技术创新和职工技能培训，开展科学技术普及活动，设立向公众开放的普及科学技术的场馆或者设施。

第四十一条　国家鼓励企业加强原始创新，开展技术合作与交流，增加研究开发和技术创新的投入，自主确立研究开发课题，开展技术创新活动。

国家鼓励企业对引进技术进行消化、吸收和再创新。

企业开发新技术、新产品、新工艺发生的研究开发费用可以按照国家有关规定，税前列支并加计扣除，企业科学技术研究开发仪器、设备可以加速折旧。

第四十二条 国家完善多层次资本市场，建立健全促进科技创新的机制，支持符合条件的科技型企业利用资本市场推动自身发展。

国家加强引导和政策扶持，多渠道拓宽创业投资资金来源，对企业的创业发展给予支持。

国家完善科技型企业上市融资制度，畅通科技型企业国内上市融资渠道，发挥资本市场服务科技创新的融资功能。

第四十三条 下列企业按照国家有关规定享受税收优惠：

（一）从事高新技术产品研究开发、生产的企业；

（二）科技型中小企业；

（三）投资初创科技型企业的创业投资企业；

（四）法律、行政法规规定的与科学技术进步有关的其他企业。

第四十四条 国家对公共研究开发平台和科学技术中介、创新创业服务机构的建设和运营给予支持。

公共研究开发平台和科学技术中介、创新创业服务机构应当为中小企业的技术创新提供服务。

第四十五条 国家保护企业研究开发所取得的知识产权。企业应当不断提高知识产权质量和效益，增强自主创新能力和市场竞争能力。

第四十六条 国有企业应当建立健全有利于技术创新的研究开发投入制度、分配制度和考核评价制度，完善激励约束机制。

国有企业负责人对企业的技术进步负责。对国有企业负责人的业绩考核，应当将企业的创新投入、创新能力建设、创新成效等情况纳入考核范围。

第四十七条 县级以上地方人民政府及其有关部门应当创造

公平竞争的市场环境，推动企业技术进步。

国务院有关部门和省级人民政府应当通过制定产业、财政、金融、能源、环境保护和应对气候变化等政策，引导、促使企业研究开发新技术、新产品、新工艺，进行技术改造和设备更新，淘汰技术落后的设备、工艺，停止生产技术落后的产品。

第五章　科学技术研究开发机构

第四十八条　国家统筹规划科学技术研究开发机构布局，建立和完善科学技术研究开发体系。

国家在事关国家安全和经济社会发展全局的重大科技创新领域建设国家实验室，建立健全以国家实验室为引领、全国重点实验室为支撑的实验室体系，完善稳定支持机制。

利用财政性资金设立的科学技术研究开发机构，应当坚持以国家战略需求为导向，提供公共科技供给和应急科技支撑。

第四十九条　自然人、法人和非法人组织有权依法设立科学技术研究开发机构。境外的组织或者个人可以在中国境内依法独立设立科学技术研究开发机构，也可以与中国境内的组织或者个人联合设立科学技术研究开发机构。

从事基础研究、前沿技术研究、社会公益性技术研究的科学技术研究开发机构，可以利用财政性资金设立。利用财政性资金设立科学技术研究开发机构，应当优化配置，防止重复设置。

科学技术研究开发机构、高等学校可以设立博士后流动站或者工作站。科学技术研究开发机构可以依法在国外设立分支机构。

第五十条　科学技术研究开发机构享有下列权利：

（一）依法组织或者参加学术活动；

（二）按照国家有关规定，自主确定科学技术研究开发方向和项目，自主决定经费使用、机构设置、绩效考核及薪酬分配、职称评审、科技成果转化及收益分配、岗位设置、人员聘用及合理流动等内部管理事务；

（三）与其他科学技术研究开发机构、高等学校和企业联合开展科学技术研究开发、技术咨询、技术服务等活动；

（四）获得社会捐赠和资助；

（五）法律、行政法规规定的其他权利。

第五十一条 科学技术研究开发机构应当依法制定章程，按照章程规定的职能定位和业务范围开展科学技术研究开发活动；加强科研作风学风建设，建立和完善科研诚信、科技伦理管理制度，遵守科学研究活动管理规范；不得组织、参加、支持迷信活动。

利用财政性资金设立的科学技术研究开发机构开展科学技术研究开发活动，应当为国家目标和社会公共利益服务；有条件的，应当向公众开放普及科学技术的场馆或者设施，组织开展科学技术普及活动。

第五十二条 利用财政性资金设立的科学技术研究开发机构，应当建立职责明确、评价科学、开放有序、管理规范的现代院所制度，实行院长或者所长负责制，建立科学技术委员会咨询制和职工代表大会监督制等制度，并吸收外部专家参与管理、接受社会监督；院长或者所长的聘用引入竞争机制。

第五十三条 国家完善利用财政性资金设立的科学技术研究开发机构的评估制度，评估结果作为机构设立、支持、调整、终止的依据。

第五十四条 利用财政性资金设立的科学技术研究开发机构，应当建立健全科学技术资源开放共享机制，促进科学技术资源的有效利用。

国家鼓励社会力量设立的科学技术研究开发机构，在合理范围内实行科学技术资源开放共享。

第五十五条 国家鼓励企业和其他社会力量自行创办科学技术研究开发机构，保障其合法权益。

社会力量设立的科学技术研究开发机构有权按照国家有关规定，平等竞争和参与实施利用财政性资金设立的科学技术计划项目。

国家完善对社会力量设立的非营利性科学技术研究开发机构税收优惠制度。

第五十六条 国家支持发展新型研究开发机构等新型创新主体，完善投入主体多元化、管理制度现代化、运行机制市场化、用人机制灵活化的发展模式，引导新型创新主体聚焦科学研究、技术创新和研发服务。

第六章 科学技术人员

第五十七条 国家营造尊重人才、爱护人才的社会环境，公正平等、竞争择优的制度环境，待遇适当、保障有力的生活环境，为科学技术人员潜心科研创造良好条件。

国家采取多种措施，提高科学技术人员的社会地位，培养和造就专门的科学技术人才，保障科学技术人员投入科技创新和研究开发活动，充分发挥科学技术人员的作用。禁止以任何方式和手段不公正对待科学技术人员及其科技成果。

第五十八条 国家加快战略人才力量建设，优化科学技术人才队伍结构，完善战略科学家、科技领军人才等创新人才和团队的培养、发现、引进、使用、评价机制，实施人才梯队、科研条件、管理机制等配套政策。

第五十九条 国家完善创新人才教育培养机制，在基础教育中加强科学兴趣培养，在职业教育中加强技术技能人才培养，强化高等教育资源配置与科学技术领域创新人才培养的结合，加强完善战略性科学技术人才储备。

第六十条　各级人民政府、企业事业单位和社会组织应当采取措施，完善体现知识、技术等创新要素价值的收益分配机制，优化收入结构，建立工资稳定增长机制，提高科学技术人员的工资水平；对有突出贡献的科学技术人员给予优厚待遇和荣誉激励。

利用财政性资金设立的科学技术研究开发机构和高等学校的科学技术人员，在履行岗位职责、完成本职工作、不发生利益冲突的前提下，经所在单位同意，可以从事兼职工作获得合法收入。技术开发、技术咨询、技术服务等活动的奖酬金提取，按照科技成果转化有关规定执行。

国家鼓励科学技术研究开发机构、高等学校、企业等采取股权、期权、分红等方式激励科学技术人员。

第六十一条　各级人民政府和企业事业单位应当保障科学技术人员接受继续教育的权利，并为科学技术人员的合理、畅通、有序流动创造环境和条件，发挥其专长。

第六十二条　科学技术人员可以根据其学术水平和业务能力选择工作单位、竞聘相应的岗位，取得相应的职务或者职称。

科学技术人员应当信守工作承诺，履行岗位责任，完成职务或者职称相应工作。

第六十三条　国家实行科学技术人员分类评价制度，对从事不同科学技术活动的人员实行不同的评价标准和方式，突出创新价值、能力、贡献导向，合理确定薪酬待遇、配置学术资源、设置评价周期，形成有利于科学技术人员潜心研究和创新的人才评价体系，激发科学技术人员创新活力。

第六十四条　科学技术行政等有关部门和企业事业单位应当完善科学技术人员管理制度，增强服务意识和保障能力，简化管理流程，避免重复性检查和评估，减轻科学技术人员项目申报、材料报送、经费报销等方面的负担，保障科学技术人员科研时间。

第六十五条 科学技术人员在艰苦、边远地区或者恶劣、危险环境中工作，所在单位应当按照国家有关规定给予补贴，提供其岗位或者工作场所应有的职业健康卫生保护和安全保障，为其接受继续教育、业务培训等提供便利条件。

第六十六条 青年科学技术人员、少数民族科学技术人员、女性科学技术人员等在竞聘专业技术职务、参与科学技术评价、承担科学技术研究开发项目、接受继续教育等方面享有平等权利。鼓励老年科学技术人员在科学技术进步中发挥积极作用。

各级人民政府和企业事业单位应当为青年科学技术人员成长创造环境和条件，鼓励青年科学技术人员在科技领域勇于探索、敢于尝试，充分发挥青年科学技术人员的作用。发现、培养和使用青年科学技术人员的情况，应当作为评价科学技术进步工作的重要内容。

各级人民政府和企业事业单位应当完善女性科学技术人员培养、评价和激励机制，关心孕哺期女性科学技术人员，鼓励和支持女性科学技术人员在科学技术进步中发挥更大作用。

第六十七条 科学技术人员应当大力弘扬爱国、创新、求实、奉献、协同、育人的科学家精神，坚守工匠精神，在各类科学技术活动中遵守学术和伦理规范，恪守职业道德，诚实守信；不得在科学技术活动中弄虚作假，不得参加、支持迷信活动。

第六十八条 国家鼓励科学技术人员自由探索、勇于承担风险，营造鼓励创新、宽容失败的良好氛围。原始记录等能够证明承担探索性强、风险高的科学技术研究开发项目的科学技术人员已经履行了勤勉尽责义务仍不能完成该项目的，予以免责。

第六十九条 科研诚信记录作为对科学技术人员聘任专业技术职务或者职称、审批科学技术人员申请科学技术研究开发项目、授予科学技术奖励等的重要依据。

第七十条 科学技术人员有依法创办或者参加科学技术社会

团体的权利。

科学技术协会和科学技术社会团体按照章程在促进学术交流、推进学科建设、推动科技创新、开展科学技术普及活动、培养专门人才、开展咨询服务、加强科学技术人员自律和维护科学技术人员合法权益等方面发挥作用。

科学技术协会和科学技术社会团体的合法权益受法律保护。

第七章　区域科技创新

第七十一条　国家统筹科学技术资源区域空间布局，推动中央科学技术资源与地方发展需求紧密衔接，采取多种方式支持区域科技创新。

第七十二条　县级以上地方人民政府应当支持科学技术研究和应用，为促进科技成果转化创造条件，为推动区域创新发展提供良好的创新环境。

第七十三条　县级以上人民政府及其有关部门制定的与产业发展相关的科学技术计划，应当体现产业发展的需求。

县级以上人民政府及其有关部门确定科学技术计划项目，应当鼓励企业平等竞争和参与实施；对符合产业发展需求、具有明确市场应用前景的项目，应当鼓励企业联合科学技术研究开发机构、高等学校共同实施。

地方重大科学技术计划实施应当与国家科学技术重大任务部署相衔接。

第七十四条　国务院可以根据需要批准建立国家高新技术产业开发区、国家自主创新示范区等科技园区，并对科技园区的建设、发展给予引导和扶持，使其形成特色和优势，发挥集聚和示范带动效应。

第七十五条　国家鼓励有条件的县级以上地方人民政府根据

国家发展战略和地方发展需要，建设重大科技创新基地与平台，培育创新创业载体，打造区域科技创新高地。

国家支持有条件的地方建设科技创新中心和综合性科学中心，发挥辐射带动、深化创新改革和参与全球科技合作作用。

第七十六条 国家建立区域科技创新合作机制和协同互助机制，鼓励地方各级人民政府及其有关部门开展跨区域创新合作，促进各类创新要素合理流动和高效集聚。

第七十七条 国家重大战略区域可以依托区域创新平台，构建利益分享机制，促进人才、技术、资金等要素自由流动，推动科学仪器设备、科技基础设施、科学工程和科技信息资源等开放共享，提高科技成果区域转化效率。

第七十八条 国家鼓励地方积极探索区域科技创新模式，尊重区域科技创新集聚规律，因地制宜选择具有区域特色的科技创新发展路径。

第八章　国际科学技术合作

第七十九条 国家促进开放包容、互惠共享的国际科学技术合作与交流，支撑构建人类命运共同体。

第八十条 中华人民共和国政府发展同外国政府、国际组织之间的科学技术合作与交流。

国家鼓励科学技术研究开发机构、高等学校、科学技术社会团体、企业和科学技术人员等各类创新主体开展国际科学技术合作与交流，积极参与科学研究活动，促进国际科学技术资源开放流动，形成高水平的科技开放合作格局，推动世界科学技术进步。

第八十一条 国家鼓励企业事业单位、社会组织通过多种途径建设国际科技创新合作平台，提供国际科技创新合作服务。

鼓励企业事业单位、社会组织和科学技术人员参与和发起国际科学技术组织，增进国际科学技术合作与交流。

第八十二条 国家采取多种方式支持国内外优秀科学技术人才合作研发，应对人类面临的共同挑战，探索科学前沿。

国家支持科学技术研究开发机构、高等学校、企业和科学技术人员积极参与和发起组织实施国际大科学计划和大科学工程。

国家完善国际科学技术研究合作中的知识产权保护与科技伦理、安全审查机制。

第八十三条 国家扩大科学技术计划对外开放合作，鼓励在华外资企业、外籍科学技术人员等承担和参与科学技术计划项目，完善境外科学技术人员参与国家科学技术计划项目的机制。

第八十四条 国家完善相关社会服务和保障措施，鼓励在国外工作的科学技术人员回国，吸引外籍科学技术人员到中国从事科学技术研究开发工作。

科学技术研究开发机构及其他科学技术组织可以根据发展需要，聘用境外科学技术人员。利用财政性资金设立的科学技术研究开发机构、高等学校聘用境外科学技术人员从事科学技术研究开发工作的，应当为其工作和生活提供方便。

外籍杰出科学技术人员到中国从事科学技术研究开发工作的，按照国家有关规定，可以优先获得在华永久居留权或者取得中国国籍。

第九章 保障措施

第八十五条 国家加大财政性资金投入，并制定产业、金融、税收、政府采购等政策，鼓励、引导社会资金投入，推动全社会科学技术研究开发经费持续稳定增长。

第八十六条 国家逐步提高科学技术经费投入的总体水平；国家财政用于科学技术经费的增长幅度，应当高于国家财政经常性收入的增长幅度。全社会科学技术研究开发经费应当占国内生产总值适当的比例，并逐步提高。

第八十七条 财政性科学技术资金应当主要用于下列事项的投入：

（一）科学技术基础条件与设施建设；

（二）基础研究和前沿交叉学科研究；

（三）对经济建设和社会发展具有战略性、基础性、前瞻性作用的前沿技术研究、社会公益性技术研究和重大共性关键技术研究；

（四）重大共性关键技术应用和高新技术产业化示范；

（五）关系生态环境和人民生命健康的科学技术研究开发和成果的应用、推广；

（六）农业新品种、新技术的研究开发和农业科技成果的应用、推广；

（七）科学技术人员的培养、吸引和使用；

（八）科学技术普及。

对利用财政性资金设立的科学技术研究开发机构，国家在经费、实验手段等方面给予支持。

第八十八条 设立国家科学技术计划，应当按照国家需求，聚焦国家重大战略任务，遵循科学研究、技术创新和成果转化规律。

国家建立科学技术计划协调机制和绩效评估制度，加强专业化管理。

第八十九条 国家设立基金，资助中小企业开展技术创新，推动科技成果转化与应用。

国家在必要时可以设立支持基础研究、社会公益性技术研究、国际联合研究等方面的其他非营利性基金，资助科学技术进步活动。

第九十条 从事下列活动的，按照国家有关规定享受税收优惠：

（一）技术开发、技术转让、技术许可、技术咨询、技术服务；

（二）进口国内不能生产或者性能不能满足需要的科学研究、技术开发或者科学技术普及的用品；

（三）为实施国家重大科学技术专项、国家科学技术计划重大项目，进口国内不能生产的关键设备、原材料或者零部件；

（四）科学技术普及场馆、基地等开展面向公众开放的科学技术普及活动；

（五）捐赠资助开展科学技术活动；

（六）法律、国家有关规定规定的其他科学研究、技术开发与科学技术应用活动。

第九十一条 对境内自然人、法人和非法人组织的科技创新产品、服务，在功能、质量等指标能够满足政府采购需求的条件下，政府采购应当购买；首次投放市场的，政府采购应当率先购买，不得以商业业绩为由予以限制。

政府采购的产品尚待研究开发的，通过订购方式实施。采购人应当优先采用竞争性方式确定科学技术研究开发机构、高等学校或者企业进行研究开发，产品研发合格后按约定采购。

第九十二条 国家鼓励金融机构开展知识产权质押融资业务，鼓励和引导金融机构在信贷、投资等方面支持科学技术应用和高新技术产业发展，鼓励保险机构根据高新技术产业发展的需要开发保险品种，促进新技术应用。

第九十三条 国家遵循统筹规划、优化配置的原则，整合和设置国家科学技术研究实验基地。

国家鼓励设置综合性科学技术实验服务单位，为科学技术研究开发机构、高等学校、企业和科学技术人员提供或者委托他人提供科学技术实验服务。

第九十四条 国家根据科学技术进步的需要，按照统筹规划、突出共享、优化配置、综合集成、政府主导、多方共建的原则，统筹购置大型科学仪器、设备，并开展对以财政性资金为主购置的大型科学仪器、设备的联合评议工作。

第九十五条 国家加强学术期刊建设，完善科研论文和科学技术信息交流机制，推动开放科学的发展，促进科学技术交流和传播。

第九十六条 国家鼓励国内外的组织或者个人捐赠财产、设立科学技术基金，资助科学技术研究开发和科学技术普及。

第九十七条 利用财政性资金设立的科学技术研究开发机构、高等学校和企业，在推进科技管理改革、开展科学技术研究开发、实施科技成果转化活动过程中，相关负责人锐意创新探索，出现决策失误、偏差，但尽到合理注意义务和监督管理职责，未牟取非法利益的，免除其决策责任。

第十章 监督管理

第九十八条 国家加强科技法治化建设和科研作风学风建设，建立和完善科研诚信制度和科技监督体系，健全科技伦理治理体制，营造良好科技创新环境。

第九十九条 国家完善科学技术决策的规则和程序，建立规范的咨询和决策机制，推进决策的科学化、民主化和法治化。

国家改革完善重大科学技术决策咨询制度。制定科学技术发展规划和重大政策，确定科学技术重大项目、与科学技术密切相关的重大项目，应当充分听取科学技术人员的意见，发挥智库作用，扩大公众参与，开展科学评估，实行科学决策。

第一百条 国家加强财政性科学技术资金绩效管理，提高资金配置效率和使用效益。财政性科学技术资金的管理和使用情况，应当接受审计机关、财政部门的监督检查。

科学技术行政等有关部门应当加强对利用财政性资金设立的科

学技术计划实施情况的监督，强化科研项目资金协调、评估、监管。

任何组织和个人不得虚报、冒领、贪污、挪用、截留财政性科学技术资金。

第一百零一条 国家建立科学技术计划项目分类管理机制，强化对项目实效的考核评价。利用财政性资金设立的科学技术计划项目，应当坚持问题导向、目标导向、需求导向进行立项，按照国家有关规定择优确定项目承担者。

国家建立科技管理信息系统，建立评审专家库，健全科学技术计划项目的专家评审制度和评审专家的遴选、回避、保密、问责制度。

第一百零二条 国务院科学技术行政部门应当会同国务院有关主管部门，建立科学技术研究基地、科学仪器设备等资产和科学技术文献、科学技术数据、科学技术自然资源、科学技术普及资源等科学技术资源的信息系统和资源库，及时向社会公布科学技术资源的分布、使用情况。

科学技术资源的管理单位应当向社会公布所管理的科学技术资源的共享使用制度和使用情况，并根据使用制度安排使用；法律、行政法规规定应当保密的，依照其规定。

科学技术资源的管理单位不得侵犯科学技术资源使用者的知识产权，并应当按照国家有关规定确定收费标准。管理单位和使用者之间的其他权利义务关系由双方约定。

第一百零三条 国家建立科技伦理委员会，完善科技伦理制度规范，加强科技伦理教育和研究，健全审查、评估、监管体系。

科学技术研究开发机构、高等学校、企业事业单位等应当履行科技伦理管理主体责任，按照国家有关规定建立健全科技伦理审查机制，对科学技术活动开展科技伦理审查。

第一百零四条 国家加强科研诚信建设，建立科学技术项目诚信档案及科研诚信管理信息系统，坚持预防与惩治并举、自律与监督并重，完善对失信行为的预防、调查、处理机制。

县级以上地方人民政府和相关行业主管部门采取各种措施加强科研诚信建设，企业事业单位和社会组织应当履行科研诚信管理的主体责任。

任何组织和个人不得虚构、伪造科研成果，不得发布、传播虚假科研成果，不得从事学术论文及其实验研究数据、科学技术计划项目申报验收材料等的买卖、代写、代投服务。

第一百零五条 国家建立健全科学技术统计调查制度和国家创新调查制度，掌握国家科学技术活动基本情况，监测和评价国家创新能力。

国家建立健全科技报告制度，财政性资金资助的科学技术计划项目的承担者应当按照规定及时提交报告。

第一百零六条 国家实行科学技术保密制度，加强科学技术保密能力建设，保护涉及国家安全和利益的科学技术秘密。

国家依法实行重要的生物种质资源、遗传资源、数据资源等科学技术资源和关键核心技术出境管理制度。

第一百零七条 禁止危害国家安全、损害社会公共利益、危害人体健康、违背科研诚信和科技伦理的科学技术研究开发和应用活动。

从事科学技术活动，应当遵守科学技术活动管理规范。对严重违反科学技术活动管理规范的组织和个人，由科学技术行政等有关部门记入科研诚信严重失信行为数据库。

第十一章　法律责任

第一百零八条 违反本法规定，科学技术行政等有关部门及其工作人员，以及其他依法履行公职的人员滥用职权、玩忽职守、徇私舞弊的，对直接负责的主管人员和其他直接责任人员依法给予处分。

第一百零九条 违反本法规定，滥用职权阻挠、限制、压制科学技术研究开发活动，或者利用职权打压、排挤、刁难科学技术人员的，对直接负责的主管人员和其他直接责任人员依法给予处分。

第一百一十条 违反本法规定，虚报、冒领、贪污、挪用、截留用于科学技术进步的财政性资金或者社会捐赠资金的，由有关主管部门责令改正，追回有关财政性资金，责令退还捐赠资金，给予警告或者通报批评，并可以暂停拨款，终止或者撤销相关科学技术活动；情节严重的，依法处以罚款，禁止一定期限内承担或者参与财政性资金支持的科学技术活动；对直接负责的主管人员和其他直接责任人员依法给予行政处罚和处分。

第一百一十一条 违反本法规定，利用财政性资金和国有资本购置大型科学仪器、设备后，不履行大型科学仪器、设备等科学技术资源共享使用义务的，由有关主管部门责令改正，给予警告或者通报批评，对直接负责的主管人员和其他直接责任人员依法给予处分。

第一百一十二条 违反本法规定，进行危害国家安全、损害社会公共利益、危害人体健康、违背科研诚信和科技伦理的科学技术研究开发和应用活动的，由科学技术人员所在单位或者有关主管部门责令改正；获得用于科学技术进步的财政性资金或者有违法所得的，由有关主管部门终止或者撤销相关科学技术活动，追回财政性资金，没收违法所得；情节严重的，由有关主管部门向社会公布其违法行为，依法给予行政处罚和处分，禁止一定期限内承担或者参与财政性资金支持的科学技术活动、申请相关科学技术活动行政许可；对直接负责的主管人员和其他直接责任人员依法给予行政处罚和处分。

违反本法规定，虚构、伪造科研成果，发布、传播虚假科研成果，或者从事学术论文及其实验研究数据、科学技术计划项目申报验收材料等的买卖、代写、代投服务的，由有关主管部门给予警告或者通报批评，处以罚款；有违法所得的，没收违法所得；情节严重的，吊销许可证件。

第一百一十三条 违反本法规定，从事科学技术活动违反科学技术活动管理规范的，由有关主管部门责令限期改正，并可以追回有关财政性资金，给予警告或者通报批评，暂停拨款、终止或者撤销相关财政性资金支持的科学技术活动；情节严重的，禁止一定期限内承担或者参与财政性资金支持的科学技术活动，取消一定期限内财政性资金支持的科学技术活动管理资格；对直接负责的主管人员和其他直接责任人员依法给予处分。

第一百一十四条 违反本法规定，骗取国家科学技术奖励的，由主管部门依法撤销奖励，追回奖章、证书和奖金等，并依法给予处分。

违反本法规定，提名单位或者个人提供虚假数据、材料，协助他人骗取国家科学技术奖励的，由主管部门给予通报批评；情节严重的，暂停或者取消其提名资格，并依法给予处分。

第一百一十五条 违反本法规定的行为，本法未作行政处罚规定，其他有关法律、行政法规有规定的，依照其规定；造成财产损失或者其他损害的，依法承担民事责任；构成违反治安管理行为的，依法给予治安管理处罚；构成犯罪的，依法追究刑事责任。

第十二章　附　　则

第一百一十六条 涉及国防科学技术进步的其他有关事项，由国务院、中央军事委员会规定。

第一百一十七条 本法自 2022 年 1 月 1 日起施行。

关于《中华人民共和国科学技术进步法（修订草案）》的说明

——2021年8月17日在第十三届全国人民代表大会常务委员会第三十次会议上

全国人大教育科学文化卫生委员会主任委员 李学勇

全国人民代表大会常务委员会：

我受全国人大教育科学文化卫生委员会委托，就修订《中华人民共和国科学技术进步法》作说明。

一、修法的必要性和重要意义

（一）修改科技进步法是贯彻落实以习近平同志为核心的党中央关于科技创新决策部署的重要举措。党的十八大以来，习近平总书记高度重视科技创新工作，对实施创新驱动发展战略、加快科技创新提出一系列新思想新论断新要求。党中央把创新作为一项国策，作出一系列重大决策部署，推动我国科技进步和创新发展取得历史性成就。贯彻习近平总书记关于科技创新的重要论述，落实党中央重大决策部署，深入实施创新驱动发展战略，完善国家创新体系，依靠科技创新支撑引领经济社会发展，加快建设科技强国，需要跟进修改科技进步法，使党的主张成为国家意志和行动，以更好引领促进科技进步与创新发展。

（二）修改科技进步法是立足新发展阶段、贯彻新发展理念、构建新发展格局、推动高质量发展的客观要求。进入新时代新阶段，我国社会主要矛盾转化在科技进步领域的突出表现，是高质量发展需要与科技创新能力不足的矛盾。建设现代化经济体系、满足人民对美好生活的向往、构建新发展格局，都迫切需要科学技术提供有力支撑。通过修改科技进步法，进一步突出科技创新的战略地位，按照“面向世界科技前沿、面向经济主战场、面向国家重大需求、面向人民生命健康”战略方向，加强统筹科技创新体系建设、能力建设和制度建设，运用法治力量不断提高科技创新质量和效率，加快推动新阶段高质量发展。

（三）修改科技进步法是应对百年变局、实现科技自立自强的迫切需要。当今世界百年未有之大变局加速演进，国际环境错综复杂，新一轮科技革命和产业变革突飞猛进，科技创新成为国际战略博弈的主要战场，围绕科技制高点的竞争空前激烈，不稳定性不确定性明显增加，科技创新统筹发展和安全的双重功能越来越凸显。当前，我国经济社会、民生改善、国防建设面临许多需要解决的现实问题。科技领域在创新能力、资源配置、体制机制、科技生态和创新环境等方面与新形势新任务还存在不相适应的地方，原始创新能力迫切需要提升，一些关键核心技术受制于人，激励和保障科技创新创造的体制机制还需要进一步完善。修改科技进步法，就是要从提高自主创新能力、实现高水平科技自立自强上抓关键、补短板、强弱项，健全社会主义市场经济条件下新型举国体制，强化国家战略科技力量，集中力量攻克“卡脖子”技术瓶颈，以体制机制改革创新激发创新创造活力，加快推动我国从科技大国向科技强国的战略性转变。

（四）修改科技进步法是在法治轨道上推进科技治理体系和治理能力现代化的有力保障。1993 年，八届全国人大常委会第二次会议通过了科技进步法。2007 年为适应当时国内外科技发展的形势变化作了重要修改。作为我国科技领域具有基本法性质的法律，科技进步法对保障和促进科学技术健康发展、推动科技创新为经济社会发展服务、提高全民科学素质、建设创新型国家发挥了重要作用。随着我国科技进步和创新发展面临的国内外环境的深刻变化，特别是实现我国全面建设社会主义现代化国家的奋斗目标，迫切需要与时俱进修改科技进步法，促进科技治理体系和治理能力有效提升，以更好适应新时代科技治理的新形势和新要求。

二、修法的总体要求和主要过程

坚持以习近平新时代中国特色社会主义思想为指导，全面贯彻党的十九大和十九届二中、三中、四中、五中全会精神，坚持把科技创新摆在国家发展全局的核心位置，把科技自立自强作为国家发展的战略支撑，聚焦“四个面向”，加快科技创新步伐，完善国家创新体系，深入实施创新驱动发展战略，为建设科技强国提供有力法治保障。

修法过程中，注重把握以下主要原则：一是坚持以党的创新理论为引领。把习近平总书记关于科技创新的重要论述贯穿于修法工作全过程，全面贯彻党中央决策部署，强化创新的核心地位。二是明确修法导向。坚持需求导向和问题导向，立足国家紧迫需要和长远需求，抓关键、补短板、强弱项，调整和完善相关法律制度。三是遵循科学规律。把握科技立法特点，遵循科学研究、创新发展、人才成长、成果转化等规律，建立完善激励保障机制。四是突出改革开放。把科技改革发展中的成功经验和做法上升为法律规范，激发科技创新主体活力，形成支持全面创新的基础制度。五是注重系统观念。处理好继承与创新、局部与整体、当前与长远的关系，做好相关法律法规的统筹衔接。

科技进步法修改是经党中央批准的十三届全国人大常委会立法规划的重要项目。栗战书委员长高度重视、作出重要指示，王晨副委员长主持召开座谈会听取意见、提出工作要求，艾力更·依明巴海、蔡达峰副委员长带队开展调研。2018 年 11 月，全国人大教科文卫委牵头会同科技部等15个部门和单位组成修法工作领导小组，并成立起草工作小组，扎实有序推进修法工作。一是加强学习贯彻。认真学习贯彻习近平总书记关于科技创新的重要论述，跟进学习贯彻总书记最新重要讲话精神，全面学习贯彻党的十九届五中全会精神，使修法与“十四五”规划和2035年远景目标紧密衔接、同向同行。二是广泛听取意见。赴地方、科研院所、高校和企业开展实地调研，多次召开座谈会听取科技界、产业界、有关部门、地方人大和科技工作者的意见建议，认真办理全国人大代表的相关议案建议。本届全国人大常委会两次听取审议国务院关于实施创新驱动发展战略和科技进步法实施情况专项报告，近百位常委会组成人员对修法提出了很好的意见和建议。三是深入研究论证。认真梳理修法中的重要问题，专门赴中国科学院、中国工程院、中国科协、国家自然科学基金委和部分高校深入开展研讨交流，召开科技、经济、法律、人文和管理领域专家参加的研究论证会，聚焦重点问题，深入研究论证。同时，开展了对国内外科技创新政策法规的研究，为借鉴经验提供参考。四是密切协作沟通。草案起草过程中，与修法工作领导小组各成员单位多次沟通协调，与有关部门面对面深入交换意见。积极与全国人大宪法法律委、常委会法工委等加强联系沟通，他们前期介入发挥了重要作用。2021年3月30日，全国人大教科文卫委召开第二十八次会议，审议通过了修订草案。4月1日，王晨副委员长主持召开中央深改委民主法制领域改革专项小组会议，听取了教科文卫委关于科技进步法修改情况的汇报。

三、修改的主要内容

本次科技进步法修改，在现行法律八章七十五条的基础上，对法律框架和内容作出部分调整，其中新增“基础研究”、“区域科技创新”、“国际科学技术合作”三章，共计十一章一百零六条。主要修改内容如下：

（一）进一步完善立法宗旨和指导方针

草案强调，坚持中国共产党对科学技术工作的全面领导，坚持新发展理念，坚持科技创新在国家现代化建设全局中的核心地位，坚持建设科技强国的战略目标，体现“四个面向”的战略要求，坚持统筹发展和安全。

（二）加强基础研究、提升原始创新能力

草案增加“基础研究”一章，主要包括：建立基础研究稳定支持的投入机制，提高基础研究经费在全社会研究开发经费总额中的比例，为基础研究发展提供良好的物质条件和有力的制度保障；围绕科学技术前沿、经济社会发展和国家安全重大需求，聚焦重大科学问题，提升科学技术的源头创新能力；鼓励科学技术研究开发机构、高等学校、企业等加强基础研究；完善学科和知识体系布局，支持基础研究基地建设等。

（三）强化国家战略科技力量

为更好发挥我国的制度优势，着力解决制约国家发展和安全的重大难题，草案明确，强化以国家实验室、国家科学技术研究开发机构、高水平研究型大学、科技领军企业为重要组成部分的国家战略科技力量，在事关国家安全和经济社会发展全局的重大科技创新领域设立国家实验室，完善稳定支持机制；推进科研院所、高校和企业科研力量优化配置和资源共享，形成体系化能力。

（四）推动关键核心技术攻关

为积极应对各种风险挑战和突破瓶颈制约，坚决打赢关键核心技术攻坚战，草案规定，完善社会主义市场经济条件下关键核心技术攻关新型举国体制；聚焦国家重大战略任务，推动关键核心技术攻关，实现自主可控；支持基础研究、前沿技术研究和社会公益性技术研究持续、稳定发展；建立和完善科研攻关协调机制，加强重点领域项目、基地、人才、资金一体化配置。

（五）完善和优化国家创新体系

草案规定，国家构建和完善高效、协同、开放的国家创新体系；充分发挥市场配置创新资源的决定性作用，更好发挥政府作用，促进各类创新主体紧密合作、创新要素充分有序流动；提升体系化能力和重点突破能力，增强创新体系整体效能；促进科学技术进步与经济社会发展相结合，建立和完善技术转移转化体系；建立以企业为主体、市场为导向、产学研相结合的技术创新体系。

（六）激发科学技术人员创新创造活力、加强创新人才教育培养

草案总则中，增加了科学技术人员应当受到全社会尊重的内容，强调创造有利的环境和条件，保障科学技术人员投入科技创新和研究开发活动。草案规定，国家采取多种措施提高科学技术人员的社会地位；建立健全创新人才教育培养机制，完善战略性科技人才储备；实行科学技术人员分类评价制度，突出创新价值、能力、贡献导向；促进科学技术人员的合理畅通有序流动；为青年科学技术人员成长创造环境和条件；鼓励老年科学技术人员在科学技术进步中发挥积极作用；规定每年5月30日为全国科技工作者日。

（七）优化区域创新布局

草案新增“区域科技创新”一章，主要包括：国家采取多种方式支持区域科技创新，县级以上地方各级人民政府应当支持科学技术研究和应用，为促进科技成果转化创造条件；发挥国家高新技术产业开发区、国家自主创新示范区等科技园区的集聚和示范带动效应；建设重大科技创新基地与平台，培育创新创业载体，打造区域科技创新高地；建立区域科技创新合作机制和协同互助机制等。

（八）扩大科学技术开放与合作

草案新增“国际科学技术合作”一章，主要包括：国家促进开放包容、互惠共享的国际科学技术合作与交流，促进国际科技资源开放流动，支持国内外优秀科技人才合作研发，扩大科学技术计划对外

开放合作；鼓励在国外工作的科学技术人员回国，吸引外籍科学技术人员到中国从事科学技术研究开发工作，并完善相关社会服务和保障；多种途径建设国际科技创新合作平台。

（九）营造良好创新环境

为加强科研诚信和科技伦理制度建设，草案规定，国家加强科研作风学风建设，建立和完善科研诚信制度和科技监督体系，健全科技伦理治理体制；科学技术研究开发机构应当建立和完善科研诚信、科技伦理管理制度；科学技术人员的科研诚信记录作为评聘、项目审批和奖励的依据；弘扬科学家精神和工匠精神；建立科技伦理委员会，健全审查、评估、监管体系；建立科技项目诚信档案及科研诚信管理信息系统，完善对科学技术活动违规行为的调查、处理机制；禁止危害国家安全、损害公共利益、危害人体健康、违背科研诚信和伦理道德的科学技术研究开发和应用活动，并完善相关法律责任。

为更好发挥科学技术普及对培育和提高全社会科学意识与科学素养的作用，草案规定，科学技术普及是全社会的共同任务，并对开展科学技术普及活动予以鼓励和支持。

为营造鼓励创新、宽容失败的良好氛围，草案对承担科学技术研究开发任务的科技人员和管理人员，在特定情况下予以免责作出了规定。

草案还对部分条款的顺序及文字作了调整修改。

草案及上述说明是否妥当，请审议。

全国人民代表大会宪法和法律委员会关于《中华人民共和国科学技术进步法（修订草案）》审议结果的报告

——2021年12月20日在第十三届全国人民代表大会常务委员会第三十二次会议上

全国人大宪法和法律委员会副主任委员　丛　斌

全国人民代表大会常务委员会：

常委会第三十次会议对科学技术进步法修订草案进行了初次审议。会后，法制工作委员会将修订草案印发中央和国家机关有关部门、部分省级和设区的市人大常委会、基层立法联系点、全国人大代表等征求意见；在中国人大网公布修订草案全文，征求社会公众意见；到海南、福建、浙江、上海调研，听取全国人大代表、地方有关部门、科研机构、高等学校、科技型企业等方面的意见；对常委会审议意见和各方面意见进行认真研究；还就修订草案主要问题与有关方面交换意见，共同研究。宪法和法律委员会于11月11日召开会议，根据委员长会议精神、常委会组成人员审议意见和各方面的意见，对修订草案进行了逐条审议。全国人大教育科学文化卫生委员会、科学技术部、司法部、财政部有关负责同志列席了会议。11月30日，宪法和法律委员会召开会议，再次进行了审议。宪法和法律委员会认为，为贯彻落实习近平总书记关于科技创新重要论述和党中央有关重大决策部署，全面促进科学技术进步，加快实现高水平科技自立自强，建设科技强国，修改科学技术进步法是必要的，修订草案经过审议修改，已经比较成熟。同时，提出以下主要修改意见：

一、贯彻落实习近平总书记对科学技术进步工作新的重要指示，宪法和法律委员会根据常委会组成人员的意见，建议增加规定：支撑实现碳达峰碳中和目标；中长期科学和技术发展规划、科技创新规划应当明确指导方针，发挥战略导向作用，引导和统筹科技发展布局、资源配置和政策制定；国家培育具有影响力和竞争力的科技领军企业，充分发挥科技领军企业的创新带动作用；建立健全以国家实验室为引领、国家重点实验室为支撑的实验室体系。

二、修订草案第七条中规定，超前部署和发展基础研究、前沿技术研究和社会公益性技术研究。有的常委会组成人员提出，超前部署的范围应当集中在重大基础研究、有重大产业应用前景的前沿技术研究和社会公益性技术研究。宪法和法律委员会经研究，建议采纳这一意见。

三、有的常委会组成人员和地方提出，基础研究是科技创新的源头，建议加大基础研究投入力度。宪法和法律委员会经研究，建议增加规定：县级以上地方人民政府合理确定基础研究财政投入；国家引导企业加大基础研究投入，鼓励社会力量通过捐赠、设立基金等方式多渠道投入基础研究；县级以上地方人民政府结合本地区经济社会实际情况和发展需要，可以设立自然科学基金，支持基础研究。

四、有的地方和社会公众建议，加大职务科技成果权属改革力度，促进科技成果转移转化。宪法和法律委员会经研究，建议增加规定：国家实行以增加知识价值为导向的分配政策，按照国家有关规定推进知识产权归属和权益分配机制改革，探索赋予科学技术人员职务科技成果所有权或者长期使用权制度。

五、有的地方和社会公众提出，“融资难”是科技型企业面临的突出难题，建议拓宽融资渠道，充分发挥资本市场促进科技创新的重要作用。宪法和法律委员会经研究，建议增加规定：国家完善科技型企业上市融资制度，畅通科技型企业国内上市融资渠道，发挥资本市场服务科技创新的融资功能。

六、有的常委委员、部门和地方建议，对新型创新主体作出规定，促进其健康有序发展。宪法和法律委员会经研究，建议增加规定：国家支持发展新型研究开发机构等新型创新主体，完善投入主体多元化、管理制度现代化、运行机制市场化、用人机制灵活化的发展模式，引导新型创新主体聚焦科学研究、技术创新和研发服务。

七、有的部门和社会公众提出，科技领军人才等战略人才对实现关键核心技术重大突破具有重要作用，建议对加强战略人才力量建设作出规定。宪法和法律委员会经研究，建议增加规定：国家加快战略人才力量建设，优化科学技术人才队伍结构，完善战略科学家、科技领军人才等创新人才和团队的培养、发现、使用、评价机制，实施人才梯队、科研条件、管理机制等配套政策。

八、修订草案第五十八条第二款中规定，技术开发、技术咨询、技术服务等活动的奖酬金提取，视同科学技术成果转化，依照法律规定办理。有的常委委员和部门建议上述规定与科技成果转化有关规定相衔接。宪法和法律委员会经研究，建议修改为：技术开发、技术咨询、技术服务等活动的奖酬金提取，按照科技成果转化有关规定执行。

九、有的常委委员和地方提出，人才是推动科技创新的关键力量，建议采取有效激励措施，调动广大科学技术人员的积极性。宪法和法律委员会经研究，建议增加规定：国家鼓励科学技术研究开发机构、高等学校、企业等采取股权、期权、分红等方式激励科学技术人员。

十、有的常委委员和社会公众建议，完善相关管理制度，减轻科学技术人员事务性负担，为科学技术人员潜心科研提供服务和保障。宪法和法律委员会经研究，建议增加规定：科学技术行政等有关部门和企业事业单位应当完善科学技术人员管理制度，增强服务意识和保障能力，简化管理流程，避免重复性检查，减轻科学技术人员项目申报、材料报送、经费报销等方面的负担，保障科学技术人员科研时间。

十一、有的常委会组成人员建议，充分重视女性科学技术人员在科学技术进步中的作用，给予女性科学技术人员更多的关切和支持。宪法和法律委员会经研究，建议增加规定：各级人民政府和企业事业单位应当完善女性科学技术人员培养、评价和激励机制，关心孕哺期女性科学技术人员，鼓励女性科学技术人员在科学技术进步中发挥更大作用。

十二、有的常委委员、部门和地方建议，鼓励地方结合国家重大战略和区域定位发挥自身优势，推动区域创新发展。宪法和法律委员会经研究，建议增加规定：国家重大战略区域可以依托区域创新平台，构建利益分享机制，促进人才、技术、资金等要素自由流动，推动科学仪器设备、科技基础设施、科学工程和科技信息资源等开放共享，提高科技成果区域转化效率；国家鼓励地方积极探索区域科技创新模式，尊重区域科技创新集聚规律，因地制宜选择具有区域特色的科技创新发展路径。

十三、有的常委委员和部门建议，对科技统计调查和科技报告制度作出规定，为科技决策提供依据。宪法和法律委员会经研究，建议增加规定：国家建立健全科学技术统计调查制度和国家创新调查制度，掌握国家科学技术活动基本情况，监测和评价国家创新能力；国家建立健全科技报告制度，财政性资金资助的科学技术计划项目的承担者应当按照规定及时提交报告。

十四、有的常委委员和地方提出，修订草案第九章“保障措施”中的禁止性和限制性规定不属于保障措施，建议作优化调整。宪法和法律委员会经研究，建议增加第十章“监督管理”，将修订草案第一章、第九章、第十章中有关具体监管制度的规定移至该章。

此外，还对修订草案作了一些文字修改。

11月26日，法制工作委员会召开会议，邀请部分全国人大代表、科学技术人员和科学技术研究开发机构、高等学校、科技型企业、技术交易市场代表，就修订草案主要制度规范的可行性、出台时机、实施的社会效果和可能出现的问题等进行评估。与会人员普遍认为，为应对百年变局、实现科技自立自强，修法正当其时，意义重大。修订草案贯彻落实以习近平同志为核心的党中央关于科技创新重大决策部署，在基础研究、应用研究与成果转化、区域科技创新、国际科学技术合作等方面增加系列规定。修订草案经过修改，内容更加丰富、措施更加完善，已经比较成熟，建议尽快审议通过。法律颁布实施后，将为全面促进科学技术进步、实现高质量发展提供有力法治保障。与会人员还对修订草案提出了一些具体修改意见，宪法和法律委员会进行了认真研究，对有的意见予以采纳。

修订草案二次审议稿已按上述意见作了修改，宪法和法律委员会建议提请本次常委会会议审议通过。

修订草案二次审议稿和以上报告是否妥当，请审议。

全国人民代表大会宪法和法律委员会关于《中华人民共和国科学技术进步法（修订草案二次审议稿）》修改意见的报告

——2021年12月24日在第十三届全国人民代表大会常务委员会第三十二次会议上

全国人民代表大会常务委员会：

本次常委会会议于12月21日上午对科学技术进步法修订草案二次审议稿进行了分组审议。普遍认为，修订草案已经比较成熟，建议进一步修改后，提请本次常委会会议表决通过。同时，有些常委会组成人员和列席人员还提出了一些修改意见和建议。宪法和法律委员会于12月21日晚召开会议，逐条研究了常委会组成人员和列席人员的审议意见，对修订草案进行了审议。教育科学文化卫生委员会、科学技术部有关负责同志列席了会议。宪法和法律委员会认为，修订草案是可行的，同时，提出以下修改意见：

一、有些常委会组成人员提出，保护人才、用好人才，为人才创造良好环境，是科学技术进步的重要前提，建议强化有关内容。宪法和法律委员会经研究，建议增加规定：一是，国家坚持人才引领发展的战略地位，深化人才发展体制机制改革，全方位培养、引进、用好人才，营造符合科技创新规律和人才成长规律的环境，充分发挥人才第一资源作用。二是，国家营造尊重人才、爱护人才的社会环境，公正平等、竞争择优的制度环境，待遇适当、保障有力的生活环境，为科学技术人员潜心科研创造良好条件。禁止以任何方式和手段不公正对待科学技术人员及其科技成果。三是，利用职权打压、排挤、刁难科学技术人员的，对直接负责的主管人员和其他直接责任人员依法给予处分。

二、修订草案二次审议稿第十七条第二款对科学技术奖励制度作了规定。有的常委委员提出，现有的国家最高科学技术奖等奖项对激励自主创新、激发人才活力、营造崇尚科学风尚发挥了重要作用，建议在法律中予以明确。宪法和法律委员会经研究，建议增加规定“设立国家最高科学技术奖等奖项”。

三、有的常委会组成人员提出，保障人民生命健康是科技创新的重要目标任务，建议在基础研究、应用研究与成果转化中增加相关规定。宪法和法律委员会经研究，建议采纳这一意见。

四、有些常委委员和列席人员提出，基础研究需要足够财力和人才，不宜普遍要求县级以上地方人民政府加强基础研究投入、设立自然科学基金，建议将有关条款中规定的“县级以上地方人民政府”修改为“有条件的地方人民政府”。宪法和法律委员会经研究，建议采纳这一意见。

五、有的常委委员提出，高等学校在基础研究人才培养、学科交叉融合等方面具有突出优势，应当强化高等学校在基础研究领域的重要作用。宪法和法律委员会经研究，建议增加规定：国家支持高等学校加强基础学科建设和基础研究人才培养，增强基础研究自主布局能力，推动高等学校基础研究高质量发展。

六、有的常委委员提出，应当充分保障科学技术人员权益，科学技术人员也应当诚实守信，恪尽职守。宪法和法律委员会经研究，建议增加规定：科学技术人员应当信守工作承诺，履行岗位责任，完成职务或者职称相应工作。

七、有的常委委员提出，科研单位应当按照中央关于加强科技伦理治理的要求，强化科技伦理日常监督管理，防范化解科技活动中的伦理风险。宪法和法律委员会经研究，建议增加规定：科学技术研究开发机构、高等学校、企业事业单位等应当履行科技伦理管理主体责任，按照国家有关规定建立健全科技伦理审查机制，对科学技术活动开展科技伦理审查。

经与有关方面研究，建议将修订后的科学技术进步法的施行时间确定为2022年1月1日。

此外，根据常委会组成人员的审议意见，还对修订草案二次审议稿作了一些文字修改。

修订草案修改稿已按上述意见作了修改，宪法和法律委员会建议本次常委会会议审议通过。

修订草案修改稿和以上报告是否妥当，请审议。

图书在版编目（CIP）数据

中华人民共和国科学技术进步法释义 / 李学勇，王志刚，张勇主编 . —北京：中国法制出版社，2022. 10

ISBN 978-7-5216-2821-0

Ⅰ. ①中… Ⅱ. ①李… ②王… ③张… Ⅲ. ①科学技术管理法规-法律解释-中国 Ⅳ. ①D922. 175

中国版本图书馆 CIP 数据核字（2022）第 142156 号

策划编辑：袁笋冰　　责任编辑：李璞娜　　封面设计：李　宁

中华人民共和国科学技术进步法释义

ZHONGHUA RENMIN GONGHEGUO KEXUE JISHU JINBUFA SHIYI

主编/李学勇，王志刚，张勇

经销/新华书店

印刷/三河市紫恒印装有限公司

开本/880 毫米×1230 毫米　32 开　　印张/ 15. 25　字数/ 341 千

版次/2022 年 10 月第 1 版　　2022 年 10 月第 1 次印刷

中国法制出版社出版

书号 ISBN 978-7-5216-2821-0　　定价：65. 00 元

北京市西城区西便门西里甲 16 号西便门办公区

邮政编码：100053　　传真：010-63141600

网址：http：//www. zgfzs. com　　**编辑部电话：010-63141670**

市场营销部电话：010-63141612　　**印务部电话：010-63141606**

（如有印装质量问题，请与本社印务部联系。）